Um contraponto baiano

B. J. Barickman

Um contraponto baiano

Açúcar, fumo, mandioca e escravidão no Recôncavo, 1780-1860

Com acréscimos e adaptações para a edição brasileira

Revisão geral da tradução pelo autor

CIVILIZAÇÃO BRASILEIRA

Rio de Janeiro
2003

TÍTULO ORIGINAL
A Bahian Counterpoint: Sugar, Tobacco, Cassava and Slavery in the Reconcavo, 1780-1860

CAPA
Evelyn Grumach

PROJETO GRÁFICO
Evelyn Grumach e João de Souza Leite

TRADUÇÃO
Maria Luiza X. de A. Borges

CIP-BRASIL. CATALOGAÇÃO-NA-FONTE
SINDICATO NACIONAL DOS EDITORES DE LIVROS, RJ

B232c

Barickman, B. J. (Bert Jude), 1958-
Um contraponto baiano: açúcar, fumo, mandioca e escravidão no Recôncavo, 1780-1860 / B. J. Barickman; tradução de Maria Luiza X. de A. Borges. – Rio de Janeiro: Civilização Brasileira, 2003.

Tradução de: A Bahian counterpoint
Inclui bibliografia
ISBN 85-200-0538-1

1. Agricultura – Aspectos econômicos – Recôncavo (BA) – História. 2. Plantações – Recôncavo (BA) – História. 3. Mandioca – Indústria – Recôncavo (BA) – História. 4. Escravidão – Recôncavo (BA) – História. I. Título.

03-0226

CDD – 338.1098142
CDU – 338.43(813.8)

Direitos desta edição adquiridos pela
EDITORA CIVILIZAÇÃO BRASILEIRA
um selo da
DISTRIBUIDORA RECORD DE SERVIÇOS DE IMPRENSA S.A.
Rua Argentina 171 – Rio de Janeiro, RJ – 20921-380 – Tel.: 2585-2000

PEDIDOS PELO REEMBOLSO POSTAL
Caixa Postal 23.052, Rio de Janeiro, RJ – 20922-970

Impresso no Brasil
2003

For my mother and my father

Sumário

Apresentação

Este é um livro há muito esperado. Quando fazia sua pesquisa de doutorado na década de 1980, Bert Barickman ficou conhecido pelo Brasil afora pelo entusiasmo com que levava adiante seu trabalho. Sempre atento e disposto a trocar informações, nunca escondia as fontes que encontrava. Pelo contrário, comentava abertamente suas descobertas. Cultivou muitas amizades. Compartilhou idéias e dúvidas. E no entanto, seu banco de dados era monumental. Não havia um códice relevante, uma referência que não quisesse olhar. Quem o conheceu naquela época sabia que dali tinha que sair coisa muito boa.

Sua tese de doutorado, defendida em 1990 na University of Illinois at Urbana-Champaign, sob a orientação de Joseph Love, obteve a maior nota possível e logo começou a circular através daquelas cópias feitas pela University Microfilm International. Mesmo inédita, passou a ser muito citada. Mas o limite da língua, o fato daquelas letras miúdas das edições da UMI dificultarem a reprodução xerográfica — a eterna salvação dos estudantes de pós-graduação — impediam uma melhor divulgação da obra. Parece piada, mas se este livro demorasse mais a sair, terminaria virando *cult*. O próprio autor ficava aflito. Várias vezes confessou a enorme satisfação que seria ver sua tese sendo publicada no Brasil.

Autor prolífico, Bert Barickman aumentou ainda mais a curiosidade em torno de sua tese de doutorado ao publicar artigos marcantes, tanto pela vastidão da pesquisa como pela erudição de seus argumentos. Seus textos não eram apenas releituras de velhas fontes. Muito menos o outro extremo: montanhas de dados com pouca teoria. Eram trabalhos que aliavam sólida pesquisa a análises perspicazes, baseadas em fino arcabouço teórico.

Nos anos seguintes foi polido o texto, eliminadas as redundâncias, cortados os academicismos que tornam as teses de doutorado leituras tão pesadas. O livro finalmente saiu em 1998 pela Stanford University Press. A tradução foi acompanhada minuciosamente pelo autor, que fez ainda algumas adaptações voltadas para o público leitor brasileiro. Finalmente está disponível em português um dos mais importantes estudos já feitos sobre a história social e econômica da escravidão em nosso país. Nele existe algo inteiramente novo. Pela primeira vez alguém aborda a economia escravista, tecendo o que o autor chama do contraponto entre a produção de farinha de mandioca, o tabaco e o açúcar. Essa relação dinâmica gerou padrões diferentes de posse e propriedade de terra e de escravos minuciosamente descritos e interpretados. Não é preciso muito esforço para lembrar que um dos problemas cruciais da nossa historiografia tem sido o estudo das relações entre a agricultura de exportação e a produção para o mercado interno. Este também é o maior estudo existente sobre a produção e comercialização de farinha para os mercados locais e regionais numa economia escravista. É leitura obrigatória para os historiadores do século XIX, não apenas pelo que revela mas também porque serve de modelo para pesquisas futuras sobre outras províncias do Brasil imperial.

E não espere o leitor encontrar aqui mais um daqueles ensaios abrangentes, rediscutindo teses clássicas, ilustrado por exemplos dispersos e que na maioria das vezes só servem para alimentar modismos. Os argumentos apresentados são baseados em fontes paroquiais, inventários, censos e uma multitude de manuscritos e impressos das mais diversas naturezas. Conhecedor profundo da historiografia sobre a escravidão no Recôncavo, no Brasil e nas Américas, Bert Barickman não se contenta em escrever um texto seco, linear. O percurso é mais instigante. Antes de apresentar suas hipóteses ele discute outras deduções possíveis a partir dos dados coletados, tornando este livro um verdadeiro manual prático de metodologia. Dos contrastes, das contradições, da trama de articulações possíveis entre a produção e comercialização de açúcar, fumo e farinha, resulta uma nova interpretação da economia escravista. As conclusões deste trabalho darão o que falar.

É livro para se ler, e para se ter em casa para consulta. De tão erudito, convém ser sorvido aos poucos. De tão didático e digo mesmo leve, pode entretanto ser lido irresponsavelmente. Desculpe-me o editor, e o próprio autor, mas se o leitor, preguiçosamente, só quiser saber aonde chegou a pesquisa, pode simplesmente pular as partes que não lhe interessam, consultar as tabelas apenas, ou mesmo sair lendo as conclusões de cada capítulo, que, por mais impactantes que sejam, terminam modestas ante a consistência da pesquisa. O que pode haver de melhor do que um livro denso, inovador, que pode ser lido com preguiça, na cadeira de balanço? Foi assim que eu fiz. Agora, minha cadeira de balanço não dá para emprestar. Muito menos o livro.

Marcus J. M. de Carvalho
Universidade Federal de Pernambuco

Prefácio à tradução e agradecimentos

Todo livro tem sua própria história. A história deste livro agora entregue ao público brasileiro é particularmente longa e feita de muitas idas e voltas entre os Estados Unidos e o Brasil. Pois, *Um contraponto baiano* é a tradução, com alguns acréscimos e modificações significativos, de um livro que publiquei nos Estados Unidos em 1998. Esse livro, por sua vez, representou uma versão bastante revista de uma tese de doutorado defendida em 1990 na Universidade de Illinois e baseada principalmente em pesquisas feitas na Bahia e no Rio entre 1985 e 1988. A idéia de eleger a escravidão como um dos temas centrais da tese surgiu já na graduação a partir de conversas com Amilcar Martins Filho, que, em fins da década de 1970, fazia seu doutorado em História em Illinois. Cresceu ainda mais meu interesse pela escravidão e pela história agrária quando, em 1981 e 1982, fiz cadeiras com Ciro Cardoso, Robert Slenes, Margarida de Souza Neves, Eulália Lahmeyer Lobo e Maria Yedda Linhares no programa de mestrado em História na Universidade Federal Fluminense. Nessas cadeiras, tomei conhecimento de vários debates que, na época, estavam a abrir novos caminhos na historiografia sobre a escravidão e sobre o Brasil colonial e oitocentista, e que terminariam por influenciar os rumos de minhas pesquisas. Foi também na Fluminense, numa conversa em 1983, que Robert Slenes sugeriu que eu considerasse a Bahia como o foco geográfico de uma tese sobre a escravidão rural e a economia escravista no século XIX. O projeto que deu origem a essa tese foi aos poucos amadurecendo enquanto cursava o doutorado em História da América Latina e em História da África na Universidade de Illinois. Contribuíram de modo decisivo para esse amadurecimento os seminários feitos com Nils Jacobsen e com Joseph Love, que, além de apoiar meus estudos em todas as etapas, habilmente orientou a tese.

Assim, o leitor brasileiro defronta-se aqui com um livro caracterizado por pelo menos dois tipos de distância. Por um lado, há a distância do tempo. Quase duas décadas separam a publicação desta tradução das minhas primeiras tentativas, ainda meio tímidas, de trabalhar com a documentação sobre a Bahia dos séculos XVIII e XIX. Um espaço de cerca de vinte anos também separa a tradução de alguns dos principais debates teóricos e historiográficos que inicialmente me levaram a compulsar inventários *post-mortem*, censos, ofícios de capitães-mores, juízes de paz e inspetores de farinhas e outras fontes manuscritas. Da mesma maneira, faz quase uma década e meia que foi defendida a tese que se transformou no livro. E, desde 1994, quando entreguei a versão final do livro em inglês à editora da Universidade de Stanford, já se passaram nove anos.

Por outro lado, há também a distância que uma tradução sempre interpõe entre o leitor e o livro original. Trabalhei durante vários meses ao longo de mais de três anos para tentar diminuir, na medida do possível, essa distância no caso deste livro. Já nos meus primeiros contatos com a Editora Civilização Brasileira, em 1998, aceitei fazer pessoalmente a "revisão técnica" da tradução. É que reconhecia que muitas vezes pode ser difícil traduzir um livro que discute em inglês a história brasileira e que se baseia principalmente em fontes brasileiras. As dificuldades surgem precisamente porque se trata quase sempre de um exercício de "re-tradução". No primeiro passo, o autor, em suas descrições e análises, tem que traduzir para o inglês e de maneira compreensível para o leitor de língua inglesa aspectos da realidade histórica brasileira, uma realidade vivida em português e documentada em fontes escritas em português. O tradutor, no segundo passo, deve "re-traduzir" para o português as traduções do autor. Por isso, em fins de 1998, preparei e enviei uma longa lista de instruções, explicando em detalhe como se deveria traduzir diversos termos para que as expressões usadas no livro em português correspondessem às encontradas nas fontes e às empregadas por historiadores brasileiros.

Mesmo sabendo, desde o início, que a "revisão técnica" não seria exatamente fácil, tinha subestimado em muito os desafios que havia de enfrentar.

Para tentar garantir que o livro em português fosse minimamente fiel ao original em inglês, aceitei os desafios e empreendi uma revisão geral de toda a tradução. Nesse processo bastante demorado, desengavetei fichas de pesquisa de campo com as quais, fazia anos, não mexia. Também corri repetidamente às estantes de minha biblioteca para tentar descobrir — nem sempre com sucesso — como um historiador brasileiro diria isso ou aquilo. E, de tanto consultá-lo, consegui destruir meu exemplar do *Aurélio*. Ao longo de todo esse processo, contei com o amplo apoio de Ana Paula Costa, a editora altamente competente encarregada do livro pela Civilização Brasileira. Compreendendo que seriam necessárias modificações na tradução original, Ana Paula e sua assistente, Andréia Amaral, aceitaram reprogramar a produção e o lançamento do livro. Também se mostraram compreensivas quando as obrigações profissionais me impediram de continuar trabalhando na tradução, deixando assim de fazer uma revisão tão completa como seria de desejar.

Em todo caso, ao fazer a revisão, dei-me conta da necessidade de introduzir algumas modificações e acréscimos para melhor adequar a tradução a um público leitor brasileiro. No livro original, muitas vezes, a falta de palavras em inglês que correspondessem às expressões usadas nas fontes obrigou-me a dar verdadeiras cambalhotas lingüísticas para descrever certos aspectos da vida rural na Bahia dos séculos XVIII e XIX. E, quando mantive termos em português no livro em inglês, tive de explicá-los, avisando, por exemplo, que a farinha (*flour*) feita das raízes da mandioca (*cassava*) é conhecida no Brasil como "farinha de mandioca". Claro está que, num livro em português e publicado no Brasil, não faria o menor sentido gastar papel e palavras explicando termos desse tipo. Assim, suprimi a maior parte dessas explicações na tradução. Recorrendo à linguagem utilizada nas fontes, também pude eliminar muitas cambalhotas lingüísticas, que, uma vez traduzidas ao português, resultavam, em alguns casos, num texto quase barroco. Ao mesmo tempo, porém, no sentido contrário, os recursos lingüísticos do inglês também tinham permitido, no livro original, evitar certas expressões potencialmente ambíguas que se encontram com freqüência na documentação. Mas, na tradução, voltaram à tona as ambigüidades dessas expressões. Foi, portanto, necessário às vezes acrescentar à tradução explicações e ter o cuidado de deixar claro o significado com que se empregam certos termos — como, por exemplo, *agregado, lavrador, doméstico* e *morador* — em determinadas passagens.

Diferenças de público e de mercado editorial levaram-me a introduzir ainda outras mudanças e acréscimos. Nos Estados Unidos, o livro destinava-se, pelo menos em princípio, a leitores interessados de uma maneira geral pela história da América Latina ou pela história da escravidão nas Américas. Já a tradução do livro, presumivelmente, atrairá sobretudo leitores com um interesse específico e já estabelecido pela história brasileira e pela história da escravidão no Brasil.

Também aproveitei a revisão da tradução para atualizar as referências à literatura secundária, tanto nas notas como na bibliografia. Desde 1994, a cada ano se vê a publicação de dezenas de trabalhos importantes sobre a escravidão no Brasil e sobre o Brasil colonial e oitocentista. Seria impossível citar todos esses trabalhos na bibliografia atualizada. Contudo, para os leitores interessados em ler mais sobre os temas tratados no livro, quis chamar a atenção para pelo menos algumas das obras mais relevantes publicadas entre 1994 e 2001.

Ao longo dos meses que dediquei à revisão, não só ganhei uma apreciação maior das dificuldades que os tradutores enfrentam em seu trabalho (freqüentemente mal remunerado), como também acumulei uma dívida enorme para com vários amigos e colegas. Ana Carvalho e Nívea Parsons, professoras de Língua Portuguesa na Universidade do Arizona, sempre se mostraram prontas para me ajudar a corrigir os problemas de português encontrados na versão original da tradução. Mas, obviamente, só puderam ajudar com aqueles problemas que eu reconheci e que levei à atenção delas. Maria Carmen Lemos, outra colega e amiga do Arizona, fez muitas sugestões para melhorar o texto, sobretudo naquilo que dizia respeito à tradução de termos técnicos. Outros amigos, no Brasil e nos Estados Unidos, fizeram o mesmo: José Vergolino, Tercina Vergolino, Ciro Cardoso, João Reis, Elizabeth Moreira dos Santos, Hendrik Kraay, Peter Beattie, Marcelo Moreira Rodrigues e Carolina Safar. A todos eles sou muito agradecido.

Tenho uma dívida especialmente grande junto a Marcus Carvalho, amigo e colega do curso de doutorado em Illinois. Marcus, muito generosamente e com muito cuidado, leu quase todos os capítulos da versão original da tradução. Além de dar inúmeras sugestões valiosíssimas para melhorar a tradução — inclusive de frases inteiras —, ajudou-me na redação de alguns dos trechos que introduzi para adequar o livro a um público brasileiro.

Ainda outros amigos contribuíram, de diversas maneiras, para que a tradução do livro chegasse às mãos dos leitores brasileiros. Entre eles estão Manolo Florentino, Fernanda Bicalho, Flávio Gomes, Suzanne Wilson, Armando Sarmento Tavares, Luciana Borgerth Vial Corrêa, João Fragoso, Fábio Koifman, Théo Piñeiro, Osvaldo Sarmento, Mary Ann Mahony, Laura Tabili, Maria do Socorro de Souza, Suzana Cavani, Celina Bebianno Costa e Carlos Roberto Oliveira.

Na edição publicada nos Estados Unidos, agradeci às diversas instituições, diretores de arquivos, colegas e amigos que me ajudaram e me apoiaram nas pesquisas que deram origem ao livro. Não é preciso reproduzir aqui essa lista — em parte porque muitos nomes citados também constam deste prefácio. Entretanto, não posso deixar de incluir aqui pelo menos alguns nomes ainda não mencionados: Epifania Firmo de Assis Neta, Iolanda do Nascimento, Ariadne Soares, Judith Allen, Jacira de Almeida Mendes, Francisco Carlos Teixeira da Silva, Stuart Schwartz, Martha Few, Luiz Mott e especialmente D. Katia Mattoso, que gentilmente me permitiu tirar uma cópia de sua tese de *doctorat d'État* com os dados sobre os preços de gêneros alimentícios no mercado de Salvador. Sem tais dados, não teria sido possível escrever este livro.

Também quero agradecer aqui aos vários amigos brasileiros que, em numerosas ocasiões, me abriram suas casas com excepcional generosidade e hospitalidade ao longo de quase três décadas: D. Rosinha Barreto Vianna e Silva e o falecido Sr. Celso Guilherme de Oliveira e Silva; César Barreto Vianna e Silva; Cláudia Stockler Portugal Grangier; Sandra e Frank Falkenhein; o falecido Sr. Alexandre Grangier Jr. e D. Marina Stockler Portugal Grangier; José e Tercina Vergolino; Osvaldo e Teca Sarmento; Amilcar e Cláudia Martins; Carlos Alberto e Isabel Braga; e Beth Santos. Durante os dois anos que corresponderam à fase mais intensiva da pesquisa, a saudosa D. Eglantina da Silva Vieira e Ivone Lucinda dos Santos fizeram mais do que meramente tolerar a minha presença em seu apartamento em Salvador; tornaram-se minhas amigas e responderam a todas as minhas perguntas sobre a vida em *Curralinho* e sobre *papa-jacas*. No Rio, em tempos mais recentes, passei a contar com a hospitalidade de

Armando Tavares, que, além de me acolher em sua casa, proporcionou o apoio logístico necessário para fazer parte das revisões da tradução.

Por fim, quero expressar a enorme gratidão que devo aos meus pais. Ao longo de muitos anos de estudo, pesquisa e trabalho, deram — como também o deram as minhas irmãs, Judy e Nancy — o maior apoio a este meu interesse, para eles um tanto excêntrico, pelo Brasil. Além disso, fizeram por mim, ao longo de todos esses anos, muito mais do que poderia esperar qualquer filho. A eles dedico este livro, tanto a versão em inglês como a tradução.

Escrevendo as últimas frases deste prefácio, posso finalmente deixar para trás um projeto de pesquisa que nasceu no início da década de 1980 e partir, de vez, nas minhas investigações, para outras praias — também brasileiras.

Tabelas, figuras e mapas

Tabelas

Figuras

Mapas

Pesos e medidas, moeda e anos fiscais e calendários

Pesos e medidas

A lista abaixo mostra os principais pesos e medidas brasileiros antigos e seus equivalentes métricos mais próximos.

1 alqueire = 36,27 litros
1 arroba = 14,746 quilogramas
1 braça = 2,2 metros
1 légua = entre 5.555 e 6.666 metros
1 tarefa = área de 30 braças por 30 braças (4.356 metros quadrados)
1 canada (da Bahia) = 6,85 litros

Moeda

Tanto antes quanto após a Independência, a unidade básica da moeda no Brasil foi o real (réis no plural), que existia apenas como moeda de cálculo. A soma de 100 réis era geralmente escrita Rs. $100. Somas maiores eram calculadas em mil-réis, sendo um mil-réis escrito Rs.1$000. Um milhar de mil-réis equivalia a um conto de réis (ou simplesmente um conto), escrito Rs.1:000$000 ou Rs.1:000$. Assim, uma soma de Rs.4:563$000 deveria ser lida como 4 contos e 563 mil-réis, e uma de Rs.1$320 como 1.320 réis.

Anos fiscais e calendários

Pelo menos desde 1817, as contas do comércio de exportação na Bahia eram abertas anualmente no dia 1° de outubro e fechadas no dia 30 de setembro do ano seguinte. Em conseqüência, as fontes por vezes fornecem informações em anos fiscais (por exemplo, 1853-54). Nas tabelas e figuras, sempre que necessário, os anos fiscais foram "convertidos" em anos calendários, usando-se, por exemplo, 1854 em vez de 1853-54. Essa conversão torna mais fácil apresentar dados graficamente nas figuras e facilita comparações com séries baseadas em anos calendários (por exemplo, a taxa de câmbio do mil-réis).

Abreviaturas

As abreviaturas que se seguem são usadas nas Tabelas, Mapas, Notas e Bibliografia.

AAPEB	*Anais do Arquivo Público do Estado da Bahia* (o título varia)
ABN	*Anais da Biblioteca Nacional*
adm.	administrador
AMS	Arquivo Municipal de Salvador
AN	Arquivo Nacional, Rio de Janeiro, Brasil
APEB	Arquivo Público do Estado da Bahia
	RET Registros Eclesiásticos de Terras
	SH Seção Histórica
	SH, MNC Seção Histórica, material não classificado (1986-88)
	SJ, IT Seção Judiciária, Inventários e Testamentos
ARC	Arquivo Regional da Cachoeira, Cachoeira, Bahia
	IT Inventários e Testamentos
	PAE Papéis Avulsos e Encaixotados
Bahia, *CL*	Bahia, *Collecção das leis e resoluções da Assembléa Legislativa...*
BN	Biblioteca Nacional, Seção de Manuscritos, Rio de Janeiro, Brasil
Cach.	Cachoeira
Câm.	Câmara
cap.-mor	capitão-mor
CHLA	*Cambridge History of Latin America*
CP	Celeiro Público
CPE	Centro de Planejamento e Pesquisas, Salvador
EL, [Bahia]	*Informações sobre o estado da lavoura*, "Trabalho da Commissão [da Bahia]".
Eng°	Engenho
Faz.	Fazenda(s)
Gov.	Governador (da Capitania da Bahia, a menos que diferentemente especificado)
HAHR	*Hispanic American Historical Review*

IBGE	Instituto Brasileiro de Geografia e Estatística, Rio de Janeiro
IHGB	Instituto Histórico e Geográfico Brasileiro, Rio de Janeiro
insp. de f.	inspetor de farinhas
int.	interino
inv. (invs.)	inventário (inventários)
Jag.	Jaguaripe
jz	juiz
jz mun.	juiz municipal
jz ord.	juiz ordinário
Marag.	Maragogipe
Naz.	Nazaré
N.S.	Nossa Senhora
ouv.	ouvidor
PP	*Parliamentary Papers* (Commons), Grã-Bretanha
	A&P Accounts and Papers
Pres.	Presidente (da Província da Bahia, a menos que diferentemente especificado)
pres.	presidente
RIGHBa	*Revista do Instituto Geográfico e Histórico da Bahia*
RIHGB	*Revista do Instituto Histórico e Geográfico Brasileiro*
S.	Santa, Santo ou São
SA	Santo Amaro
SFC	São Francisco do Conde
SEPLANTEC	Secretaria de Planejamento, Tecnologia e Ciência, Bahia
ST	Grã-Bretanha. Parlamento. *Slave Trade* (British Parliamentary Papers)
SUDENE	Superintendência do Desenvolvimento do Nordeste
vig.	vigário

Introdução

Monocultura, latifúndio e escravidão — com estes três elementos, Gilberto Freyre definiu na década de 1930 a sociedade que surgiu, floresceu e depois entrou em declínio nas regiões litorâneas do Nordeste brasileiro entre meados do século XVI e o final do século XIX.[1] Nas últimas sete décadas, vários esquemas teóricos e interpretativos entraram e saíram de moda, mas, até recentemente, o consenso entre os estudiosos permaneceu sólido: a monocultura, o latifúndio e a escravidão definiram e moldaram a sociedade e a economia do Brasil durante todo o período colonial e a maior parte do século XIX. Esse consenso produziu o que Maria Yedda Linhares chama, com muita acuidade, de uma "visão plantacionista" da história do Brasil.[2] Os historiadores dedicaram atenção quase exclusivamente à *plantation* — a grande propriedade que empregava a mão-de-obra escrava na monocultura de exportação — e, por extensão, à economia de exportação como um todo.[3] Na prática, isso significou muitas vezes descrever o Brasil como uma vasta *plantation* — como uma economia limitada ao cultivo extensivo e em grande escala de alguns gêneros tropicais e ao comércio destes e como uma sociedade composta de duas classes: os senhores que possuíam as *plantations,* e os escravos que nelas trabalhavam. Os grupos sociais e as atividades econômicas que não se encaixavam facilmente nesse quadro foram considerados "irrelevantes", "periféricos", "insignificantes" e, portanto, sem nenhuma importância para a compreensão da formação histórica do Brasil.

Apenas nos últimos anos a validade da "visão plantacionista" passou a ser questionada. Os historiadores que lançaram seu olhar além dos limites da *plantation* demonstraram que a agricultura de exportação não dominava todo o Brasil rural e que as maiores cidades brasileiras possuíam vigorosa vida social e econômica. Extensas redes de comércio abasteciam essas cidades de provisões essenciais, tecidos e outras manufaturas, tudo produzido no Brasil.[4] No entanto, apesar de suas valiosas contribuições, as pesquisas recentes sobre a economia interna só contestam a "visão plantacionista" de maneira indireta. Grande parte dos novos estudos focaliza centros urbanos ou regiões em que a agricultura de exportação não chegou a criar raízes firmes, deixando assim intacta a antiga idéia de que a *plantation* definiu e moldou completamente a vida social e econômica nos principais centros regionais da agricultura de exportação. De maneira semelhante, esses estudos geralmente deixam de investigar com profundidade questões ligadas à possível diversidade na agricultura escravista de exportação e à evolução das relações entre a agricultura de exportação, o desenvolvimento da economia interna e a escravidão no Brasil colonial e do século XIX.

Este livro também procura enxergar além dos limites da *plantation* para investigar a utilização do trabalho escravo no meio rural brasileiro entre o final do século XVIII e meados do século XIX. Mas, em contraste com grande parte da historiografia recente, não se esquiva de examinar as relações entre a agricultura de exportação, a escravidão e a economia interna. Nem evita abordar a própria *plantation,* pois o foco deste estudo é a história agrária do Recôncavo baiano. Um berço da agricultura de *plantation* no Novo Mundo, o Recôncavo fazia parte do Nordeste de Gilberto Freyre.[5] A região produziu, entre 1780 e 1860, grandes quantidades de açúcar e fumo para o mercado mundial. De fato, no começo do século XIX, a Bahia exportou mais açúcar do que qualquer outra capitania brasileira; e da Bahia também veio quase todo o fumo brasileiro vendido na Europa.

Este estudo, portanto, enfrenta a "visão plantacionista" em seu próprio terreno. Integrando uma pesquisa sobre a economia interna com uma investigação mais ampla sobre a agricultura escravista, demonstra que, mesmo quando aplicada a uma região arquetípica de *plantation*, a "visão plantacionista" se revela inadequada. A história agrária do Recôncavo na primeira metade do século XIX não é a da difusão desenfreada da monocultura em larga escala. É, isto sim, a história de como a *plantation* e outras formas de agricultura escravista, juntamente com um vigoroso mercado local, permitiram o crescimento e a expansão da economia de exportação baiana. É também a história de como os agricultores escravistas, adaptando-se às condições locais, às exigências de lavouras específicas e aos mercados externos e locais, criaram e recriaram no Recôncavo rural uma paisagem social e econômica complexa e variada.

Ao tentar desvendar a diversidade que caracterizou a agricultura escravista no Recôncavo rural e ao mapear a história agrária da região, este estudo segue duas estratégias principais. Primeiro, procura examinar a relação entre a agricultura voltada para o abastecimento local e a economia de exportação dominante, dando atenção especial à farinha de mandioca, componente fundamental do regime alimentar baiano na época. Isso significa mais do que simplesmente contestar, no caso da Bahia, proposições mais antigas, e agora bastante desacreditadas, segundo as quais as cidades, por serem pequenas e poucas, eram incapazes de estimular uma demanda substancial de mercadorias produzidas localmente no Brasil colonial e oitocentista. Significa também reexaminar generalizações mais amplas que parte da historiografia recente continua a sustentar e que, na verdade, muitas vezes não passam de simples conjecturas. Entre elas está a idéia de que não existia praticamente nenhum mercado rural no Brasil, porque os grandes proprietários produziam em suas terras a maior parte dos alimentos de que necessitavam para si mesmos, suas famílias e seus escravos. Outra é que o uso generalizado da mão-de-obra escrava impediu ou limitou fortemente o desenvolvimento de um mercado interno ao manter um grande segmento da população num nível de mera subsistência e ao lhe negar acesso a uma renda monetária.[6]

A idéia de que os mercados para mantimentos básicos eram frágeis e reduzidos, por sua vez, levou com demasiada freqüência à suposição de que a produção voltada para as necessidades locais era organizada de uma maneira extremamente precária. De fato, a historiografia raras vezes contestou a afirmação, feita pela primeira vez por Caio Prado Júnior em 1942, de que a tarefa de abastecer o mercado interno do Brasil recaía sobre "um elemento humano residual" da sociedade colonial: lavradores "decadentes" e "degenerados" que raramente utilizavam a mão-de-obra escrava e que praticavam "uma mesquinha agricultura de subsistência".[7]

Em vez de aceitar essas generalizações e presumir que não se desenvolveu nenhuma economia interna significativa na Bahia, este estudo investiga e analisa como a escravidão e a agricultura de exportação moldaram a produção e o comércio de gêneros de primeira necessidade no Recôncavo.

As evidências apresentadas aqui deixam claro que o uso generalizado do trabalho escravo não impediu que surgisse no Recôncavo um mercado urbano *e* rural bem desenvolvido para víveres básicos. Pelo contrário, a expansão da economia de exportação promoveu, e até exigiu, o crescimento de um mercado interno. As centenas de pequenos lavradores que abasteciam esse mercado utilizavam regularmente a mão-de-obra escrava para produzir excedentes substanciais de farinha de mandioca. Fora dos circuitos mais conhecidos do comércio internacional, esses lavradores desempenhavam um papel decisivo ao assegurar a reprodução diária de uma agricultura de exportação altamente especializada nos engenhos e fazendas de cana do Recôncavo.[8] Estando já ligados a uma economia monetária e tendo acesso à mão-de-obra escrava, os pequenos lavradores do Recôncavo valeram-se das oportunidades geradas pelo crescimento da economia de exportação baiana entre 1780 e 1860. Mas, em vez de abandonarem a agricultura de abastecimento e de se transformarem em donos de *plantations*, diversificaram suas atividades agrícolas, conseguindo com isso aumentar a produção tanto de gêneros de exportação quanto de farinha para o mercado local. O aumento da oferta de farinha, por sua vez, possibilitou uma expansão maior e mais rápida da produção de açúcar nos engenhos da região na primeira metade do oitocentos.

Não se pode, portanto, classificar a agricultura e o comércio de abastecimento como atividades meramente subsidiárias, simples acessórios da economia de exportação, ou mesmo, na linguagem cepalina, como "efeitos para trás" ("*backward linkages*"). Eram atividades indispensáveis ao crescimento e à expansão de uma economia regional mais ampla, dominada pela agricultura escravista de exportação. No entanto, as relações de mútua dependência que vinculavam a produção para a exportação e o mercado interno impunham também limites ao maior desenvolvimento desse mercado. Restrito em sua maior parte aos gêneros de primeira necessidade, o mercado interno da Bahia experimentou um crescimento extensivo entre o final do século XVIII e meados do século XIX; mas esse crescimento não ocasionou nenhuma transformação dinâmica da economia regional como um todo.

A segunda estratégia principal que este estudo adota é comparar a posse da terra, o uso da mão-de-obra escrava e as práticas agrícolas na produção das três lavouras mais importantes do Recôncavo: a cana-de-açúcar, o fumo e a mandioca. A comparação revela uma economia agrária em que, empregando a mão-de-obra escrava, grandes proprietários e pequenos lavradores adaptavam o uso da terra e as práticas agrícolas não só às exigências de lavouras específicas e às pressões de uma economia mundial emergente, mas também às condições locais e à expansão do mercado interno. As adaptações que fizeram não criaram um padrão único e uniforme de monocultura extensiva de exportação baseada em grandes propriedades. Pelo contrário, essas adaptações permitiram na primeira metade do século XIX aumentos na produção tanto para a exportação como para o abastecimento de mercados locais. Também possibilitaram a sobrevivência, no Recôncavo rural, de uma complexa variedade de estruturas sociais e econômicas.

Essa variedade revela-se de modo mais impressionante nos acentuados contrastes que se detectam entre a produção de açúcar e a de fumo na Bahia. Embora o açúcar e o fumo fossem ambos produtos de exportação vendidos no mercado mundial, as fazendas e sítios de fumo do Recôncavo não eram simplesmente versões menores das *plantations* açucareiras da região. Na estrutura fundiária, no uso da terra, no recrutamento da mão-de-obra, no abastecimento e nas técnicas agrícolas, o açúcar e o fumo exibiam diferenças significativas e fundamentais. Assim, a lavoura fumageira não representava um mero exemplo a mais da monocultura de exportação; nem tampouco constituía uma atividade estritamente camponesa. O que a produção de tabaco no Recôncavo demonstra é que *no âmbito* da agricultura escravista de exportação havia alternativas viáveis à *plantation.*[9]

Os argumentos apresentados aqui são, de certo modo, paralelos às conclusões a que chegou Fernando Ortiz em *Contrapunteo cubano*, um estudo clássico da agricultura de exportação cubana, publicado originalmente em 1940. "*La caña de azúcar y el tabaco*", escreveu Ortiz, "*son todo contraste.*" Sua obra efetivamente usa esse contraste para tecer um "contraponto" entre o açúcar e o tabaco em Cuba.[10] Do mesmo modo, este livro também destaca as diferenças entre o açúcar e o fumo no caso da Bahia. Mas vai além; compara esses dois produtos agrícolas de exportação com a mandioca e examina a densa rede de relações que, na Bahia, ligavam as vidas cotidianas de senhores de engenhos, consumidores urbanos, roceiros, escravos rurais e lavradores de fumo a mercados externos e *também* locais.

Assim, ao investigar o Recôncavo rural tanto fora como dentro dos limites da *plantation*, este estudo tenta criar um vínculo necessário entre duas vertentes de pesquisa: o crescente número de estudos sobre a economia interna do Brasil colonial e oitocentista e a literatura mais antiga e estabelecida sobre a escravidão e a agricultura de exportação. Na tentativa de forjar esse vínculo, este livro adere aos esforços que vêm sendo feitos para substituir a "visão plantacionista" por um paradigma, ou modelo explicativo, que seja mais adequado à interpretação da formação histórica do Brasil, especialmente sua história agrária, e que permita compreender melhor como, ao longo de mais de três séculos, a escravidão e a agricultura de exportação moldaram a vida social e econômica do Brasil.

Em termos mais abrangentes, este livro usa um estudo da produção de açúcar, fumo e farinha de mandioca no Recôncavo para melhor elucidar questões mais amplas da história comparativa da escravidão e da agricultura de exportação nas Américas. Durante vários séculos, a produção de gêneros de exportação baseada na mão-de-obra escrava caracterizou vastas áreas das Américas, de Maryland ao litoral da Venezuela, da Jamaica ao Sudeste do Brasil. No entanto, apesar de muitos traços comuns, as sociedades e economias que surgiram nessas áreas diferiam significativamente umas das outras, não apenas em momentos determinados, mas também na sua evolução e desenvolvimento ao longo do tempo. Para compreender e explicar essas diferenças, não basta invocar as demandas supostamente todo-poderosas da economia mundial ou recorrer a definições abstratas da *plantation*. A busca de uma explicação completa deve incluir, no mínimo, um exame atento das estratégias que, em cada área, asseguravam a reprodução da agricultura escravista: a reprodução diária da força de trabalho cativa, seja por meio de mercados locais e mesmo internacionais para gêneros de primeira necessidade, seja por meio de várias formas de produção interna que se davam à margem das trocas de mercado; a reprodução anual das *plantations*, fazendas e outras propriedades escravistas como empresas, o que significa atribuir maior importância às rotinas anuais de trabalho e aos padrões de uso da terra; e a reprodução a longo prazo da população escrava, cujo trabalho fornecia os produtos que promoviam o crescimento de uma economia mundial emergente.[11] A maneira específica como, em vários contextos políticos, essas estratégias se entrecruzaram com as condições locais, com as exigências de produtos agrícolas particulares e com as demandas mais amplas da economia mundial muito pode contribuir para explicar as diferenças entre as regiões escravistas das Américas e dentro de cada uma delas.

Sob este aspecto, um estudo sobre a história agrária do Recôncavo no final do século XVIII e na primeira metade do século XIX representa um ponto de partida ideal. O Recôncavo, no fim do século XVIII, não era apenas uma das áreas mais antigas e bem estabelecidas de agricultura escravista do Novo Mundo; dentro de seus limites bastante restritos, exibia um grau notável de diversidade física, social e econômica — como que combinando a Jamaica e São Domingos com a Tidewater da Virgínia e Maryland* numa única economia regional baseada na mão-de-obra escrava.

FONTES

Para investigar a economia agrária do Recôncavo da primeira metade do século XIX, este estudo recorre a uma grande variedade de fontes manuscritas. Entre elas estão os registros de propriedades rurais feitos em obediência à Lei de Terras de 1850, conhecidos na Bahia como "registros eclesiásticos de terras"; assentamentos cartoriais, como escrituras e contratos de arrendamento; a correspondência entre autoridades locais e o governo colonial, e mais tarde provincial, na capital baiana; e a documentação do Celeiro Público de Salvador.

Muitas das conclusões apresentadas aqui se baseiam num levantamento de mais de quinhentos inventários *post-mortem* de senhores de engenho

*A Tidewater, a planície litorânea ao leste da baía de Chesapeake, foi no período colonial o principal centro da produção de fumo na América inglesa.

e de lavradores de cana-de-açúcar, de fumo e de mandioca. Os inventários são, por natureza, uma fonte tendenciosa. Embora a legislação portuguesa, conhecida como as Ordenações Filipinas e válida no Brasil (com algumas modifições) até 1917, exigisse normalmente a feitura de um inventário após toda morte, a documentação que resta deixa claro que a grande maioria da população livre não recebia essa atenção. Só quando o espólio incluía bens de raiz ou escravos, os herdeiros se dispunham a fazer gastos com o inventário. São extremamente raros os inventários dos séculos XVIII e XIX que não arrolam escravos ou terras. Assim, como fonte, os inventários *post-mortem* lançam luz sobre o segmento da população rural que possuía terras ou escravos.[12]

Mas, apesar de sua tendenciosidade inerente, os inventários constituem uma fonte valiosíssima de informação sobre as práticas agrícolas, o tamanho e o valor dos estabelecimentos rurais, a escravidão e as condições de trabalho e de vida no campo. Ocasionalmente, esse tipo de documentação contém contas correntes de despesas e receitas. Quando questões judiciais ou outras complicações retardavam a partilha dos bens entre os herdeiros, o inventariante continuava responsável pela manutenção do espólio. Antes de se proceder à partilha final, ele apresentava contas mais ou menos detalhadas para justificar os gastos que fizera. No Brasil, onde raramente foram conservados os livros de despesas e receitas das fazendas e dos engenhos, as contas anexadas aos inventários estão entre as pouquíssimas fontes de informações diretas sobre as operações cotidianas desenvolvidas nas propriedades rurais.

Este estudo também faz amplo uso de censos manuscritos (listas nominativas) que datam das últimas décadas do século XVIII e dos anos 1825-26 e 1835. Juntos, os censos e os inventários fornecem informações sobre mais de vinte mil escravos que trabalharam nos engenhos, fazendas e sítios do Recôncavo no final do século XVIII e na primeira metade do século XIX. Essas informações permitem investigar detalhadamente a estrutura da posse de escravos e o recrutamento de mão-de-obra cativa no Recôncavo rural.

O livro que se segue está dividido em seis capítulos e mais um capítulo final dedicado às conclusões gerais. O Capítulo 1, que se baseia, em grande parte, em séries estatísticas do comércio de exportação, compiladas a partir de diversas fontes, examina a evolução da economia exportadora provincial entre 1780 e 1860.[13] Foi necessário compilar essas séries porque, até hoje, faltam na historiografia estudos detalhados sobre as principais tendências na economia de exportação baiana na primeira metade do oitocentos.[14] A análise dessas tendências fornece um ponto de partida para discutir as mudanças ocorridas na agricultura de exportação e as relações entre a economia exportadora dominante e a produção voltada para abastecer o mercado interno na Bahia. A análise também demonstra que, em geral, a economia de exportação baiana teve um crescimento real no período de 1780 a 1860 (aumentos no volume das exportações e nas receitas em termos reais). Esse crescimento contrasta com o declínio sofrido tanto nas décadas anteriores a 1780 quanto nas posteriores a 1860. Portanto, os oitenta anos que se estendem das últimas décadas do século XVIII a meados do século XIX constituem um período bem definido na história econômica da Bahia. Esses oitenta anos também representam o último período em que a agricultura escravista de exportação realmente floresceu no Recôncavo antes de entrar em decadência a partir de meados do século XIX. Muitas características e estruturas que vinham se desenvolvendo desde os inícios da colonização atingiram seu ponto máximo de amadurecimento entre 1780 e 1860. Assim, investigar o Recôncavo rural nesse período é examinar uma economia escravista madura.

O Capítulo 2 começa estabelecendo que a farinha de mandioca era o principal alimento na dieta dos baianos, tanto nas cidades como no meio rural. Além disso, procura avaliar o tamanho do mercado local para a farinha de mandioca. As crises no preço e no abastecimento de farinha nesse mercado são discutidas no Capítulo 3, que também apresenta dados para demonstrar que entre 1780 e 1860 a produção de mandioca no Recôncavo cresceu, apesar da disseminação da agricultura de exportação. O preço real da farinha de mandioca no mercado de Salvador durante esses mesmos anos não apresentou nenhuma tendência de alta persistente e duradoura. Nos Capítulos 4 a 6, o foco desloca-se dos mercados, externos ou locais, para o Recôncavo rural. Esses capítulos investigam a diversidade *interna* da agricultura escravista mediante a análise da posse da terra, da estrutura da propriedade escrava, dos padrões de recrutamento de mão-de-obra e das práticas agrícolas adotadas pelos senhores de engenho e pelos lavradores de cana, de fumo e de mandioca na Bahia. O restante desta introdução apresenta o cenário geográfico deste estudo.

O RECÔNCAVO

Recôncavo. A palavra significa simplesmente "a terra em redor de uma baía" — uma baía qualquer. No Brasil, porém, ela terminou se vinculando à região que circunda uma baía específica — aquela que os primeiros exploradores portugueses batizaram de baía de Todos os Santos.[15] A aproximadamente 13 graus latitude sul, um promontório assinala a entrada para um amplo golfo que o mar entalhou no litoral do Nordeste brasileiro (ver Mapa 1). Com cerca de 50 quilômetros de lado a lado em seu ponto mais largo, esse golfo contém 750 quilômetros quadrados de águas geralmente calmas e abriga em seus limites quase cem ilhas. As menores são meros pontinhos de terra perdidos em meio à vastidão de água azul e verde, ao passo que Itaparica, a maior, se estende por uma área de quase 250 quilômetros quadrados. Inúmeras enseadas e angras ao longo das margens da baía criam um contorno irregular; também contribuem para essa irregularidade as embocaduras de vários rios e ribeirões: o Sergi, o Acu, o Subaé, o São Paulo, o Guaí, o Jaguaripe, o Paramirim e o Batatã, para citar só alguns. O mais importante dos rios é o Paraguaçu, que atravessa centenas de quilômetros a partir de suas cabeceiras, no interior, até desaguar no lado ocidental da baía.

A partir das margens da baía estende-se uma paisagem suavemente ondulada, em que morros baixos dão lugar aqui e ali a terrenos bastante planos. Somente numas poucas serras baixas e ao longo dos rios, onde a erosão criou penhascos escarpados, é que a paisagem assume um aspecto verdadeiramente acidentado. Os morros, tabuleiros, penhascos e planícies do norte do Recôncavo exibem, em sua maior parte, solos de origem cretácea formados de misturas variadas de argila e areia. Hoje, como no passado, o vocabulário do Recôncavo rural dá aos mais leves e arenosos desses solos o nome de "areias". Os mais pesados, com maior teor de argila, são conhecidos como "massapés" (ou "massapês"); e o nome "salões" é utilizado para designar uma mistura intermediária de argila e areia. Os massapés e salões são encontrados em várias partes do norte do Recôncavo, mas, fora dali, nos lados sul e ocidental da baía, predominam solos geralmente mais arenosos e leves.

Mapa 1. A província da Bahia em meados do século XIX

Ao redor dessa baía, os colonizadores portugueses e seus descendentes criaram umas das mais duradouras sociedades escravistas do Novo Mundo. Durante mais de três séculos, homens e mulheres escravizados e trazidos à força da África e seus filhos nascidos no Brasil trabalharam no Recôncavo em quase todas as ocupações imagináveis. Serviram a seus senhores como braços na lavoura, artesãos, cozinheiras, carregadores, vendedores ambulantes, barqueiros, criadas, pescadores, feitores e marinheiros.

As feições dessa sociedade começaram a se delinear em meados do século XVI. Em 1549, Tomé de Sousa fundou, sobre o alto penhasco que domina a entrada da baía, um povoado que nasceu já com os foros de uma cidade e com o nome de Salvador. Desde o início, também foi sede do primeiro governo-geral e, portanto, principal centro administrativo da América portuguesa. Aventurando-se interior adentro, os primeiros colonos obrigaram os índios a limpar terrenos em meio à floresta tropical e a plantar cana-de-açúcar. Construíram engenhos para transformar a cana em açúcar, para vender nos distantes mercados europeus. Depois que, em poucas décadas, as doenças, o trabalho forçado e as guerras reduziram enormemente a população indígena, os colonos passaram a substituir os índios por escravos importados da África. Pouco a pouco, a combinação do comércio de exportação com as atividades administrativas transformou o povoado primitivo de Tomé de Sousa numa florescente cidade que, no início do século XVIII, já contava cerca de vinte mil habitantes. Embora a capital vice-real tenha sido transferida para o Rio de Janeiro em 1763, Salvador conservou sua posição de centro administrativo da vasta capitania da Bahia que, até 1820, incluiu o atual estado de Sergipe. Após a Independência, a cidade continuaria a servir como capital da Bahia, agora uma província, no recém-constituído Império do Brasil.

No coração dessa província situava-se o Recôncavo, o *hinterland* imediato de Salvador. Pequeno em relação aos mais de 561 mil quilômetros quadrados que formavam a Bahia, o Recôncavo manteve-se, durante todo o século XIX, como a região mais densamente povoada da província e a mais importante do ponto de vista econômico. Contudo, sempre foi difícil identificar com precisão seus limites. Os geógrafos e outros cientistas sociais, usando critérios diferentes, já propuseram definições diversas da região.[16] Num ponto, porém, quase todas as definições concordam: o acesso fácil à baía de Todos os Santos e, por conseguinte, o contato próximo e constante com a cidade de Salvador sempre moldaram a vida no Recôncavo. Essas definições também coincidem ao distinguir o Recôncavo das demais regiões da Bahia: por exemplo, do interior, com seus sertões semi-áridos, e do litoral sul, que corresponde às antigas comarcas de Ilhéus e Porto Seguro, onde, em contraste, a forte incidência de chuvas durante o ano inteiro permitiu o crescimento de florestas tropicais especialmente densas.[17]

Para Luís dos Santos Vilhena, o cronista que, nos últimos anos do século XVIII, escreveu uma das mais completas descrições da vida na Bahia colonial, o Recôncavo abrangia a cidade de Salvador, com suas freguesias suburbanas, e as cinco vilas (municípios) que cercavam a baía de Todos os Santos: São Francisco do Conde e Santo Amaro da Purificação na margem norte, Cachoeira no oeste, e Maragogipe e Jaguaripe no sul. Em meados do século XIX, essas vilas eram nove. Os distritos localizados ao norte de Salvador, que Vilhena classificara entre as freguesias suburbanas da cidade, haviam passado a formar os municípios de Mata de São João e Abrantes. A assembléia provincial transformou a ilha de Itaparica em município, e das freguesias interioranas de Jaguaripe, fez o município de Nazaré. O Recôncavo de Vilhena fica compreendido nos limites que Manoel Aires de Casal e Ferdinand Denis traçaram para a região na primeira metade do século XIX. Segundo ambos os autores, o Recôncavo estendia-se de 6 a 10 léguas (cerca de 36 a 60 quilômetros) em todas as direções a partir das margens da baía.[18] Esses limites aproximam-se notavelmente da definição do Recôncavo usada hoje pelo governo estadual da Bahia: uma região de cerca de 10.400 quilômetros quadrados em torno da baía de Todos os Santos. Esta é a definição que, em geral, este estudo adota.[19] (Ver Mapa 2.)[20]

No final do século XVIII, essa região abrigava três zonas agrícolas distintas. Muito cedo, os colonizadores portugueses estabelecidos na Bahia haviam descoberto que os solos pesados do norte do Recôncavo, os massapés, eram ideais para o cultivo da cana-de-açúcar. Haviam aprendido também que a cana cresceria quase tão bem — e, na realidade, melhor, em anos chuvosos — nos salões, terras mais leves. A distribuição de massapés e salões teve, de fato, grande influência na geografia da indústria açucareira no Recôncavo. Onde quer que encontrassem terras com esses solos argilosos em distritos próximos às margens da baía, os colonizadores e seus descendentes plantaram cana e construíram engenhos. A lavoura canavieira veio assim a dominar a paisagem num largo arco que,

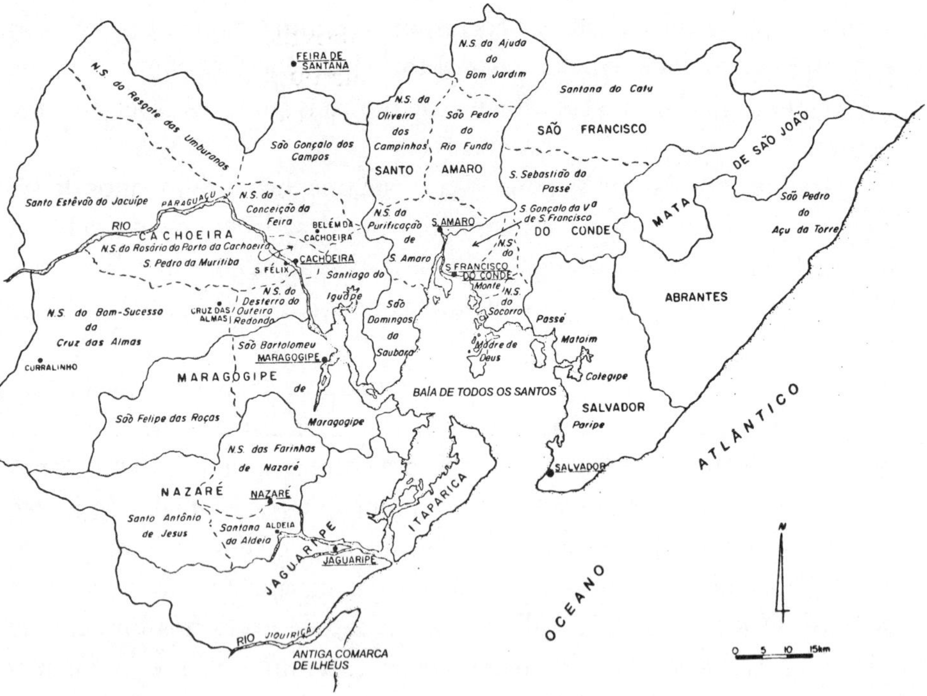

Mapa 2. Municípios e freguesias do Recôncavo em meados do século XIX
Fontes: Brasil, IBGE, *Enciclopédia dos municípios*; Bahia, SEPLANTEC,..., *Informações básicas*, vols. 4, 5; *Mappa estatistico da província da Bahia*. Ver n. 21.
Obs.: Os limites são aproximados. Os nomes em versal indicam municípios. Os nomes em itálico indicam freguesias. As linhas cheias indicam limites dos municípios. As linhas pontilhadas são limites entre as freguesias dentro dos municípios. Os nomes sublinhados em versalete são sedes de municípios. Os nomes de povoados e arraiais (que não são todos mostrados) também estão em versalete, mas não sublinhados.

das freguesias de Cotegipe e Pirajá, nos arredores de Salvador, se estendia para o oeste, ao longo da margem da baía, até abranger a freguesia de Santiago do Iguape, na foz do Paraguaçu. Nas vilas de São Francisco do Conde e Santo Amaro, os engenhos eram numerosos também nas freguesias de São Sebastião do Passé e de São Pedro do Rio Fundo. Juntas, as freguesias suburbanas de Salvador, as duas vilas de São Francisco do Conde e Santo Amaro e a freguesia do Iguape constituíam os principais centros da produção açucareira no Recôncavo. Aproximadamente 90% dos 221 engenhos que fabricavam açúcar na Bahia em meados da década de 1790 se localizavam nesses distritos.[21]

Muitos dos mais antigos e maiores engenhos da Bahia situavam-se em freguesias ao longo da margem norte da baía ou próximas dela, onde o acesso fácil ao transporte por água tornava o envio do açúcar para Salvador menos oneroso do que por terra. Pelo menos metade dessas propriedades próximas à beira da baía pertencia a cerca de vinte famílias, que compunham a "aristocracia" açucareira baiana, famílias que gozavam de grande prestígio social e exerciam uma influência igualmente grande na política local e, mais tarde, nacional. Esses ricos e respeitados proprietários rurais erguiam para si, em suas terras, casas imponentes, com grossas paredes de alvenaria, amplas varandas e, com freqüência, capelas pomposas. Ali passavam a maior parte do ano, supervisionando seus escravos e impondo sua autoridade sobre arrendatários e vizinhos menos prósperos. Raramente perdiam uma oportunidade de chamar atenção para seus laços, às vezes espúrios, com linhagens nobres da Europa; e sempre insistiam em ser conhecidos como *senhores de engenho*. No entanto, tinham de compartilhar esse título com muitos proprietários menos abastados. Na verdade, a despeito de todas as suas pretensões, a "aristocracia" açucareira baiana nunca formou um grupo fechado. O açúcar era um negócio; um "negócio nobre", mas ainda assim um negócio. Do mesmo modo que a má sorte nesse negócio podia atolar uma família "aristocrática" em dívidas, resultando na perda da propriedade e relegando-a, por fim, à obscuridade, proprietários prósperos podiam ascender às fileiras da "aristocracia". Além disso, através do casamento, as famílias dos grandes senhores de engenho traziam para o seu seio ricos negociantes imigrados de Portugal e burocratas do alto escalão do governo colonial.[22]

Nas freguesias ao norte da baía e em outras partes do Recôncavo, a cana era cultivada não só por senhores de engenho, mas também pelos chamados lavradores de cana.* Embora a maioria dos lavradores de cana

*Tanto nas fontes quanto na historiografia, muitas vezes os lavradores de cana são chamados simplesmente de "lavradores". Mas, na documentação sobre a Bahia colonial e oitocentista, o termo *lavrador* também é usado para designar quase qualquer tipo de agricultor, inclusive os produtores de fumo e de mandioca. Por esta razão e para evitar possíveis ambigüidades, resolvi, neste livro, adjetivar o termo ("lavradores de cana", "lavradores de fumo", "lavradores de mandioca") sempre que o contexto não deixar claro o tipo de lavoura cultivada. Em ainda outros contextos, utilizo "lavradores" para me referir de forma genérica a agricultores que não eram senhores de engenho, sem especificar o que produziam.

possuísse escravos, o tamanho dos seus plantéis variava enormente, de um ou dois a até trinta ou mais cativos. Alguns também possuíam terras próprias. Mas, por não ser dono de um engenho, todo lavrador de cana — mesmo aquele que tinha uma fazenda própria — participava da indústria açucareira num regime de parceria. Entregava sua cana a um senhor de engenho para que este a moesse e transformasse em açúcar. Em troca, o senhor de engenho geralmente retinha metade do açúcar produzido pela cana do lavrador; a outra metade cabia a este. E quando os lavradores de cana ocupavam terras arrendadas a um engenho, o proprietário do engenho também lhes cobrava outra parcela do açúcar a título de arrendamento.

Ao oeste da zona açucareira ficava a grande vila de Cachoeira, onde, em quase todas as freguesias, predominavam terras de solos mais arenosos e leves. Nessas terras, milhares de lavradores dedicavam-se ao cultivo de fumo a ser exportado para a Europa e a África ocidental. Os lavradores baianos especializavam-se na produção de fumo de corda, também conhecido como fumo de rolo; ou seja, fumo compactamente trançado em cordas e depois enrolado em fardos grandes que podiam pesar até 25 arrobas (367,5 quilogramas). A maior parte desse fumo vinha dos chamados "campos da Cachoeira", uma área com poucas matas, que se estendia em direção ao norte e ao oeste a partir do rio Paraguaçu, atravessando a freguesia São Gonçalo dos Campos e avançando para o interior. Cultivava-se o tabaco também nas fazendas e sítios* das freguesias menos densamente povoadas ao sul do Paraguaçu, onde os lavradores produziam grande parte do fumo em folha que o monopólio régio português remetia da Bahia para Goa, na Índia.[23]

Solos leves e arenosos também predominavam nas vilas de Maragogipe e Jaguaripe, ao sul da baía, onde a mandioca era a principal lavoura. Os roceiros de Maragogipe e Jaguaripe colhiam as raízes da mandioca, que contêm quantidades letais de ácido cianídrico. Depois, ralavam, prensavam e torravam essas raízes para retirar o ácido venenoso e transformá-

*Convém avisar que a documentação sobre o Recôncavo nos séculos XVIII e XIX não estabelece nenhuma distinção clara entre "fazenda" e "sítio". Ao contrário, às vezes, uma propriedade chega a ser designada como "sítio" e como "fazenda" na mesma fonte. Também convém observar que as expressões "fazendeiro" e "sitiante" são extremamente raras nas fontes.

las em farinha.* Ainda que contenha poucas vitaminas e uma quantidade insignificante de proteína, a farinha de mandioca é um alimento substancial, que satisfaz; com alto teor de amido, é uma rica fonte de calorias. Os nomes das freguesias de Nossa Senhora de Nazaré das Farinhas e de São Felipe das Roças atestam a importância da mandioca e da farinha nesse lado da baía. Os pequenos lavradores do sul do Recôncavo produziam farinha para consumo doméstico e para vender nas feiras semanais nos portos de Nazaré e Maragogipe. Ali, comerciantes e revendedores compravam as provisões que enviavam de barco pela baía para Salvador.[24]

Esse tríplice padrão de especialização confirma apenas em parte a idéia comum de que, no Brasil colonial, a agricultura de *plantation* monopolizava as melhores terras, relegando a produção de víveres e outras lavouras a áreas de solos mais pobres.[25] Não há dúvida de que os senhores de engenho tentaram controlar os férteis massapés do norte do Recôncavo. Mas os massapés só eram as "melhores terras" para a cana-de-açúcar. Nem o fumo nem a mandioca cresciam bem nesses solos argilosos e pesados — que durante os meses chuvosos do inverno se transformavam num lamaçal quase intransitável e no verão formavam uma crosta dura como pedra. Ambos desenvolviam-se muito melhor em solos mais leves e mais arenosos.[26]

Além disso, a especialização em termos geográficos estava longe de ser absoluta. A produção de açúcar, por exemplo, mal começara a se espalhar pelos distritos litorâneos ao norte de Salvador que mais tarde se tornariam os municípios de Mata de São João e Abrantes. Ali, em "aldeias" (povoados sob supervisão oficial), remanescentes da população indígena original cultivavam mandioca e uma pequena quantidade de algodão. As fazendas e os sítios que pertenciam aos demais moradores desses distritos produziam farinha, algodão e fumo; em algumas propriedades criava-se gado. O fumo e a mandioca também eram cultivados em Santana do Catu, São Pedro do Rio Fundo e Nossa Senhora da Oliveira dos Campinhos.

*Nos séculos XVIII e XIX, quando precisavam se referir à farinha de trigo, os baianos diziam, como freqüentemente dizem até hoje, farinha-do-reino. A palavra "farinha", sem qualificativo, era entendida como designação da farinha de mandioca. Da mesma maneira e também refletindo a herança colonial, ainda é comum na Bahia chamar de batata-do-reino o que em muitas partes do Brasil é conhecido como batata-inglesa.

Embora pertencessem às vilas canavieiras de São Francisco do Conde e Santo Amaro, essas freguesias localizavam-se todas a distâncias consideráveis da margem norte da baía.[27]

Até nas freguesias mais próximas da baía, onde a produção de açúcar estava bem estabelecida, agregados, pequenos arrendatários e outros lavradores pobres conseguiam cultivar mandioca em trechos de terra entre os engenhos e os canaviais. A mandioca, ao que tudo indica, era a principal lavoura da íngreme freguesia de São Domingos da Saubara. Apesar de pertencer à vila de Santo Amaro e de se situar à margem da baía, Saubara nunca se tornou um centro importante de produção de açúcar; seus solos eram muito arenosos. A maioria de seus habitantes vivia do corte da lenha, da pesca, da criação de gado e do fabrico de cal.[28]

De modo semelhante, os canaviais haviam começado a se expandir pelos distritos dedicados ao cultivo do fumo e da mandioca no oeste e no sul do Recôncavo. Mais de uma dúzia de engenhos haviam sido erguidos em pontos dispersos desses distritos. Ainda mais numerosas, sem dúvida, eram as engenhocas — os pequenos engenhos que fabricavam rapaduras para consumo local e destilavam cachaça. Em Cachoeira, os lavradores cultivavam não só o fumo como também gêneros alimentícios. Além disso, no final do século XVIII, o fumo já começara a se firmar em Maragogipe. Ali e na vila vizinha de Jaguaripe, olarias alinhavam-se às margens dos rios, produzindo telhas e louça de barro que chegavam a ser vendidas em mercados tão distantes quanto o do Rio de Janeiro. Jaguaripe possuía também uma indústria madeireira que fornecia pranchas para os estaleiros de Salvador.[29]

Contudo, mesmo levando-se em conta essas variadas atividades, fica claro que, de fato, prevalecia um certo grau de especialização geográfica no Recôncavo. O açúcar provinha sobretudo de São Francisco do Conde, Santo Amaro e da freguesia de Santiago do Iguape; o fumo, de Cachoeira; e a farinha, das vilas do sul.

No final do século XVIII, o Recôncavo — com uma economia baseada na produção de gêneros tanto de exportação quanto de subsistência, com seus engenhos, fazendas, roças e sítios e com suas numerosas vilas, povoados e arraiais — projetava-se como uma das regiões mais densamente povoadas de todo o Brasil. Não é fácil, no entanto, determinar o tamanho da população que vivia em Salvador e seus arredores. Embora o governo colonial e a Igreja tenham tentado ocasionalmente recensear a população da Bahia, viram muitas vezes seus esforços frustrados pela indiferença de autoridades locais. Como Vilhena notou, também precisavam vencer a idéia generalizada de que os censos só serviam para estabelecer novos impostos e para o recrutamento militar. As décadas que se seguiram à Independência mudaram pouco esse quadro. James Wetherell, vice-cônsul britânico em Salvador, observou na década de 1850 o mesmo medo dos censos que chamara a atenção de Vilhena meio século antes. "As pessoas", escreveu ele, "parecem em geral ter uma aversão firmemente arraigada 'a serem contadas'." As autoridades fracassavam continuamente em suas tentativas de realizar um censo completo e preciso de toda a província.[30]

No final das contas, porém, não nos resta senão confiar nos dados censitários que chegaram até nós. Embora raras vezes sejam completamente fidedignos, somente eles fornecem informações utilizáveis sobre o tamanho da população da Bahia. Os censos indicam que, por volta de 1780, a capitania da Bahia tinha quase 220 mil habitantes. Destes, mais de dois terços, ou aproximadamente 150 mil, moravam em Salvador e em seu *hinterland* imediato.[31] Ao longo das nove décadas seguintes, essa população iria triplicar, para chegar a um total de 451.678 em 1872, ano em que foi realizado o primeiro censo nacional no Brasil.[32]

Nos séculos XVIII e XIX, somente uma minoria — talvez menos de um quinto — dos habitantes do Recôncavo era branca.[33] Os índios também eram escassos. A grande maioria da população era formada por africanos, pretos nascidos no Brasil e "pardos", "mulatos" e "cabras".* Essa população negra e afro-mestiça incluía escravos alforriados, os descendentes ingênuos (i.e., nascidos livres) de escravos libertos e grande número de homens e mulheres cativos. Os escravos que viviam na região em 1816-17 somavam talvez 89 mil.[34] Mesmo no início da década de 1870, nada menos que vinte anos após o fim do tráfico negreiro, o número de escravos em Salvador e nos municípios em torno da baía de Todos os Santos continuava provavelmente superior a 70 mil.[35]

*Na documentação, "pardo" é o termo mais usado para designar qualquer pessoa afro-mestiça. "Cabra", pelo menos em princípio, referia-se a um indivíduo com um dos pais preto e o outro pardo, ou ao filho de dois cabras.

Quando, no século XVI, escravos africanos começaram a trabalhar nos engenhos, fazendas e sítios do Recôncavo, a Bahia era pouco mais que um posto avançado recém-estabelecido nos confins de uma economia mundial em expansão. Durante os trezentos anos que se seguiriam, o comércio de açúcar e fumo continuaria a ligá-la à economia mundial. O trabalho envolvido na produção desses gêneros, aos quais mais tarde se somaram o café e o algodão, iria, por sua vez, consumir a vida de milhares de escravos. O comércio de exportação é, portanto, um ponto de partida adequado para um estudo da escravidão e da agricultura nos municípios que circundam a baía de Todos os Santos.

CAPÍTULO 1 A economia de exportação, 1780-1860

Por volta de 1790, Luís Antônio de Oliveira Mendes preparou uma "descrição econômica" da Bahia no intuito de mostrar o progresso que a economia de exportação da capitania vinha alcançando nos últimos anos; ou, em suas palavras, para traçar "o paralelo entre a agricultura, a navegação e o comércio de tempos pregressos com seu estado presente". Mendes encontrou indícios de grande progresso. Segundo sua "descrição", os meados do século XVIII haviam sido "calamitosos tempos" em que a agricultura de exportação da Bahia definhara em "infortúnios", aproximando-se da "última ruína" e da "total aniquilação". Agora, tudo mudara. A agricultura restabelecera-se vigorosamente em apenas poucos anos. A recuperação, Mendes reconhecia, era incompleta e às vezes interrompida por declínios alarmantes. Ele até temia que já estivesse terminando. Apesar disso, a economia de exportação havia ingressado, ao que parecia, numa nova "época feliz".[1]

Um leitor de nossos dias pode criticar facilmente a "descrição econômica" de Mendes: a linguagem soa muitas vezes exagerada e imprópria para um tratado sobre o comércio e a agricultura; o autor deixa transparecer forte prevenção contra os comerciantes; e as estimativas do volume e valor das exportações que usa como prova às vezes são pouco mais que meras conjecturas. Ainda assim, Mendes conseguiu descrever com razoável precisão as tendências gerais da economia de exportação da capitania.

Os meados do século XVIII foram de fato marcados pela penúria e pela depressão econômica. Para os produtores de açúcar, os contratempos haviam começado cem anos antes, quando as invasões holandesas no Nordeste destruíram canaviais e engenhos e transtornaram o comércio. Os proprietários baianos reconstruíram seus engenhos e restabeleceram seus laços comerciais com a Europa, mas não encontraram nenhuma solução adequada para o problema novo e mais grave da concorrência. As lutas com os holandeses e as interrupções do comércio que delas resultaram haviam estimulado o desenvolvimento da produção de açúcar no Caribe. Do final do século XVII em diante, as colônias britânicas e francesas nas Antilhas passaram a exportar um volume cada vez maior de açúcar e a tomar do Brasil uma grande fatia do mercado mundial. Enquanto um número crescente de navios carregados de açúcar caribenho chegava aos portos europeus, o comércio açucareiro na Bahia estagnava. O fumo não se mostrava muito mais promissor; o crescimento experimentado pelas exportações do produto na primeira metade do século XVIII deu lugar ao declínio na década de 1750. Para piorar as coisas, a depressão alastrou-se além da Bahia e das demais regiões açucareiras do Nordeste. A produção de ouro, centrada na capitania de Minas Gerais, também entrou em declínio a partir de meados do século XVIII. Acompanhando a queda nas exportações de ouro, o comércio anglo-português do outro lado do Atlântico despencou. Em suma, "um prolongado mal-estar econômico" apossou-se tanto do Brasil quanto de Portugal nas décadas de 1760 e 1770. Os tempos, como Mendes escreveu mais tarde em seu estilo carregado, eram "calamitosos".[2]

A missão de reverter essa situação coube a Sebastião José de Carvalho e Melo, conde de Oeiras e depois marquês de Pombal, que governou Portugal com poderes quase ditatoriais de 1750 a 1777. Pombal reagiu à depressão econômica com toda uma série de reformas, tanto no reino quanto nas colônias, com que esperava restaurar a posição de Portugal na Europa e reduzir a dependência econômica portuguesa em relação à Inglaterra. No Brasil, suas reformas incluíram tentativas de revitalizar o tradicional comércio de açúcar e fumo e também de diversificar a agricultura de exportação da Colônia. Depois da queda de Pombal, seus sucessores abandonaram algumas de suas políticas, mas continuaram a trabalhar por uma revitalização do comércio colonial. Estimularam o plantio de novos produtos de exportação e promoveram melhoramentos no cultivo e no beneficiamento das culturas já estabelecidas. Em tudo isso, seus esforços foram secundados pelos de uma nova geração de intelectuais brasileiros inspirados pelo Iluminismo, que, como o baiano José da Silva Lisboa, acreditavam ser aquele "o século da agricultura".[3]

Ainda não há, entre os historiadores, um consenso em relação ao que a política colonial portuguesa adotada após 1750 fez pelo Brasil. Em particular, as reformas de Pombal (e o próprio Pombal) continuam sendo objeto de várias interpretações. Mesmo assim, está claro que as reformas não produziram nenhuma recuperação estável da agricultura de exportação num prazo curto. A avaliação dos seus efeitos num prazo mais longo é mais difícil. Com ou sem aquelas medidas, a Revolução Industrial teria, muito provavelmente, provocado um aumento da demanda dos produtos agrícolas exportados pelo Brasil. Além disso, as guerras e revoluções do final do século XVIII e início do século XIX resultaram, com freqüência, em preços mais altos para produtos tropicais e abriram novos mercados para as exportações brasileiras. Talvez a mais importante delas tenha sido a revolução na colônia francesa de São Domingos (Saint-Domingue), o Haiti atual. Antes de seu colapso na década de 1790, São Domingos havia sido a mais próspera de todas as colônias de *plantation* das Américas e o maior fornecedor mundial de açúcar e café. Qualquer que tenha sido o verdadeiro impacto das políticas coloniais de Pombal e seus sucessores, não há dúvida de que essas guerras e revoluções muito fizeram para provocar um verdadeiro "renascimento da agricultura" na Bahia e em todo o Brasil no fim do período colonial.[4]

Para o Brasil como um todo, esse ressurgimento foi caracterizado pela diversificação. O crescimento nas exportações de produtos tradicionais como o açúcar, o fumo e os couros foi acompanhado após 1780 por aumentos no comércio de produtos relativamente novos: o algodão, o café, o arroz, o cacau e até o trigo. Ao mesmo tempo, prosseguiram as experiências com a pimenta, a canela, o chá, o cravo-da-índia e uma dúzia de outros produtos. Essa expansão e maior diversificação do comércio de exportação puseram fim ao "mal-estar econômico" que afligira Portugal e Brasil nas décadas de 1760 e 1770. Além disso, provocaram mudanças nas relações comerciais entre Portugal e outros países europeus, e entre Portugal e o Brasil. Na Europa, onde os portugueses vinham havia muito tempo incorrendo em déficits comerciais, as balanças comerciais se inverteram em favor de Portugal a partir da década de 1790. As balanças positivas alcançadas na Europa, no entanto, só serviram para revelar que Portugal dependia cada vez mais do Brasil. Entre 1796 e 1811, os produtos brasileiros corresponderam a 60% de todas as exportações portuguesas para os demais mercados europeus. Assim, os superávits comerciais alcançados por Portugal na Europa tiveram por contrapartida déficits no seu comércio com o Brasil. O fluxo de moeda metálica desafiava agora quaisquer noções mercantilistas que orientassem as políticas coloniais portuguesas; o ouro e a prata fluíam da Inglaterra e da França para Portugal e de lá para o Brasil. Como Mendes observou, uma "época feliz" realmente começara.[5]

Este capítulo toma como ponto de partida o "renascimento da agricultura" no fim do período colonial e tenta mapear as principais tendências na economia de exportação da Bahia desde o início de sua recuperação até meados do século XIX, quando surgiram os primeiros sinais de transformações fundamentais. O exame dessas tendências também permite delinear algumas das mudanças ocorridas na geografia agrícola do Recôncavo entre 1780 e 1860.

CRESCIMENTO A LONGO PRAZO

Talvez interesse saber aqui, antes de mais nada, se a economia de exportação da Bahia como um todo cresceu ou sofreu um declínio entre 1780 e 1860, e como foi seu desempenho nesses anos em relação às tendências anteriores. Informações detalhadas sobre o valor total das exportações baianas responderiam de imediato a essas questões, mas, lamentavelmente, não se dispõe hoje de informações desse tipo para os anos anteriores a 1796. De maneira indireta, contudo, os tributos cobrados sobre as importações dão uma idéia aproximada da situação do comércio de exportação nas décadas de 1770 e 1780. As receitas alfandegárias indicam um aumento acentuado na atividade comercial depois de 1775, que atingiu um ponto alto no início da década de 1780 e que, após ligeira queda, alcançou novo pico no final da década de 1790. Testemunhos da época sugerem que, de modo geral, flutuações semelhantes caracterizaram o volume e o valor das exportações de açúcar, fumo e outros produtos naqueles anos.[6]

Embora a documentação melhore após 1796, faltam estatísticas oficiais sobre o comércio para a maior parte dos anos até o final da década de 1840, quando se torna possível montar uma série ininterrupta para o valor total das exportações baianas. Os números que compõem essa série são expressos em mil-réis, moeda cujo poder de compra variou consideravelmente entre 1796 e 1860. Isto significa que, antes de podermos interpretar a série com precisão, devemos corrigi-la pela inflação. Aqui, na falta de melhor deflator, a série foi corrigida por um índice de preços das exportações britânicas. Já que grande parte do que a Bahia importava, tanto antes quanto depois da Independência, consistia em produtos manufaturados britânicos, a série deflacionada por esse índice revela se, de ano para ano, a província podia comprar mais ou menos com as receitas de seu comércio exportador; em outras palavras, dá uma idéia das alterações reais no valor das exportações baianas. Um índice calculado a partir dessa série corrigida é apresentado graficamente na Figura 1.[7]

Várias observações se impõem aqui. Primeiro, a Figura 1 logo deixa evidente que o valor total das exportações às vezes flutuava muito de um ano para outro. Em muitos casos, as razões dessas flutuações permanecem obscuras; em outros, são facilmente explicáveis. Por exemplo, em 1807 os exércitos de Napoleão invadiram Portugal. A invasão perturbou o transporte entre o Brasil e Lisboa — daí a súbita queda nas receitas das exportações na Bahia no ano seguinte. A mesma invasão forçou o príncipe-regente, o futuro Dom João VI, a fugir para o Brasil, onde ele imediatamente anunciou a abertura dos portos brasileiros a comerciantes de todas as "nações amigas"; pela primeira vez, os produtores baianos puderam exportar seu açúcar e seu fumo diretamente para a Inglaterra e outros mercados do Atlântico Norte. A abertura dos portos do Brasil ao comércio direto contribuiu para a rápida recuperação das receitas das exportações após 1808 e seu crescimento entre 1809 e 1816. Ao que tudo indica, essas receitas sofreram também uma queda igualmente súbita, e talvez mais impressionante, em 1823. A guerra da Independência, que teve lugar quase exclusivamente na Bahia, praticamente paralisou o comércio de exportação nesse ano. De todo modo, essas flutuações tornam muito incertas quaisquer conclusões sobre o desempenho da economia de exportação baiana durante o longo período que se estende de 1817 a 1847, para o qual geralmente faltam informações sobre o valor total das exportações.

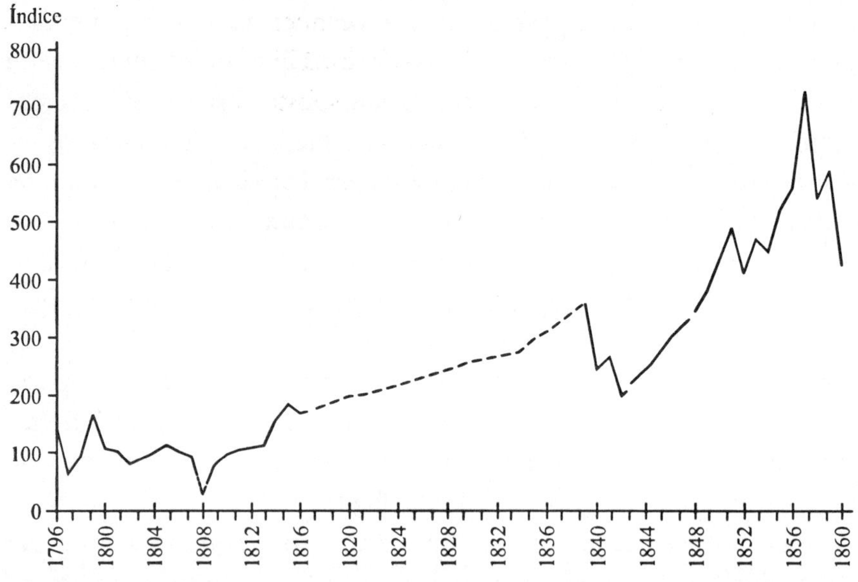

Figura 1. Bahia. Índice do valor deflacionado de todas as exportações, 1796-1860 (1800 = 100)
Fontes: Morton, "Conservative Revolution", p. 156; Simonsen, p. 364; Arruda, *O Brasil*, p. 204; "Mappa Geral da Exportação q. fez a Bahia... 1798 a 1807" e "Mappa da Exportação da... Bahia... 1808", BN, I-17,12,4; "Mappa da Exportação da Bahia... 1809", APEB, SH, 146, fl. 567; *Almanach*, p. 245; Lugar, "Merchant Community", p. 112; M. Calmon, *Memoria*, pp. 40-41; *ST*, 26: 338-40; Bahia, *Falla* (1841, P. J. de Mello Azevedo e Brito), p. 24; idem, *Falla* (1854, J. M. Wanderley), "Mappa... da Exportação... 1851... 1853", s.n.; idem, *Falla* (1855, J. M. Wanderley), "Mappa... da Exportação", s.n.; idem, *Falla* (1857, J. L. V. Cansanção de Sinimbu), "Mappa... dos generos nacionaes exportados", s.n.; idem, *Falla* (1861, A. da Costa Pinto), "Recapitulação das mercadorias nacionaes exportadas...", s.n.; Simonsen, 407-408, 431, 454 e Leff, 1: 246 (para taxas de câmbio); Imlah, pp. 93-98 (para índice de preços das exportações britânicas).
Obs.: A estimativa do valor nominal total das exportações de 1796 e 1797 foi calculada a partir do valor das exportações para Portugal nesses anos, com base no fato de que estas representaram 91,25% de todas as receitas das exportações (sua média entre 1798 e 1807). Em seu relatório sobre o comércio externo da província nos anos de 1840, 1841 e 1842, o cônsul britânico forneceu dados sobre o valor das exportações de nove produtos (açúcar, algodão, café, cacau, arroz, goma, fumo, aguardente de cana e melado). As exportações desses nove produtos em 1840 correspondem a 91,06% do valor total de todo o comércio exterior da Bahia em 1840, que consta do relatório apresentado pelo presidente da província em 1841. As estimativas do valor total das exportações em 1841 e 1842 foram calculadas a partir do pressuposto de que os mesmos nove produtos também corresponderam a 91,06% de todas as receitas das exportações nesses anos. O valor do índice de preços das exportações britânicas para 1813 foi calculado como o ponto médio entre os valores de 1812 e 1814. Ver também n. 7

Podemos descrever com muito mais segurança a tendência de longo prazo das receitas do comércio exterior entre 1796 e 1860; ela é claramente ascendente, indicando o crescimento substancial da economia de exportação como um todo. Esse crescimento pareceria, sem dúvida, ainda mais notável se a série mostrada na Figura 1 incluísse as receitas das exportações nas décadas de 1750 e 1760, marcadas pela depressão. Da mesma maneira, a tendência ascendente entre o final do século XVIII e meados do século XIX se destacaria mais se comparada com o melancólico desempenho da economia de exportação depois de 1860.[8]

Tudo isto não passa de um esboço rudimentar das mudanças ocorridas na economia de exportação entre 1780 e 1860. Um quadro bem mais detalhado surge quando se examinam as flutações no comércio de produtos específicos do final do século XVIII em diante.

PRINCIPAIS PRODUTOS DE EXPORTAÇÃO

As receitas do comércio exportador da Bahia provinham das vendas no exterior de ampla variedade de produtos. As listas das exportações baianas freqüentemente arrolam mais de cinqüenta itens, desde plantas medicinais pouco conhecidas e "objetos de história natural" a sacos vazios e louça de barro. Essas listas sugerem que não se deveria equiparar a Bahia às colônias de *plantation* das Antilhas, como Barbados, Saint Kitts ou mesmo Trinidad, onde o açúcar, o melado e o rum eram às vezes responsáveis por até 98% do valor total das exportações.[9] No entanto, as mesmas listas, por incluírem itens obscuros e inteiramente sem importância, dão a falsa impressão de que a província possuía uma economia de exportação extremamente diversificada. A Tabela 1 mostra a composição das exportações baianas por valor em três períodos: 1796-1807, 1840-1842 e 1851-1860. Como se pode ver, nove ou dez produtos dominavam a pauta de exportações da Bahia e eram, em geral, responsáveis por mais de 90% do valor total de seu comércio exterior. O açúcar e o fumo, os dois esteios tradicionais da economia de exportação da província, raramente geravam menos de dois terços de todas as receitas; o açúcar contribuía com cerca de 50%.

TABELA 1

Valor dos principais produtos de exportação como percentagem da receita total das exportações, Bahia, anos selecionados, 1796-1860

Ano	Açúcar	Fumo[a]	Algodão	Café	Aguar-dente	Cacau	Couros etc.[b]	Ouro	Madeira[c]	Diamantes	Soma
1796	68,2	14,4	8,7	0,2	*	*	6,1	1,3	0,2	–	99,1
1797	59,1	26,3	8,0	0,1	*	*	5,0	–	0,7	–	92,2
1798	67,0	18,6	7,4	0,6	*	*	5,9	–	0,3	–	99,8
1799	50,7	28,5	9,3	0,5	0,2	*	5,0	1,5	0,3	–	96,0
1800	42,3	12,9	15,7	0,8	0,2	0,1	13,0	9,9	0,3	–	95,2
1801	53,8	n.d	15,1	0,6	–	0,1	9,9	6,4	0,3	–	86,2[d]
1802	20,1	19,.0	22,4	0,5	–	–	9,0	4,4	0.3	–	75,7
1803	48,5	14,4	22,1	0,4	2,9	–	8,4	1,2	0,5	–	98,4
1804	50,6	15,6	15,0	0,7	0,5	*	14,5	0,3	0,4	–	97,6
1805	53,7	15,0	13,3	0,4	0,6	1,2	11,8	0,4	0,2	–	96,6
1806	44,4	11,8	12,2	0,7	0,3	*	17,4	1,4	0,3	–	88,5
1807	49,4	11,7	20,2	0,5	1,2	0,7	10,5	0,6	0,4	–	95,5
Média 1796-1807	*50,7*	*17,1*	*14,1*	*0,5*	*0,5*	*0,2*	*9,7*	*2,3*	*0,4*	–	*95,5*
Média corrigida, 1796-1807[e]	*47,3*	*24,9*	*13,1*	*0,5*	*0,5*	*0,2*	*9,0*	*1,9*	*0,4*	–	*97,8*
1840	63,6	7,7	11,7	3,4	4,1	0,2	n.d.	n.d.	n.d.	n.d.	90,7[g]
1841[f]	72,9	5,2	7,6	2,7	2,8	0,3	n.d.	n.d.	n.d.	n.d.	91,5[g]
1842[f]	64,4	10,6	8,2	4,0	3,4	0,3	n.d.	n.d.	n.d.	n.d.	90,9[g]
Média 1840-42	*67,0*	*7,8*	*9,2*	*3,4*	*3,4*	*0,3*	*n.d.*	*n.d.*	*n.d.*	*n.d.*	*90,9*[g]
1851	69,5	12,9	3,3	4,3	1,8	0,5	2,1	–	0,9	3,4	99,0
1852	58,3	14,5	3,5	4,2	2,2	0,5	3,1	*	1,6	10,8	98,7
1853	66,5	8,2	3,6	3,3	2,7	0,3	2,4	*	1,0	11,5	99,5
1854	59,5	17,0	0,8	4,7	4,1	0,6	4,3	*	2,1	5,6	98,7
1855	53,6	14,1	1,1	8,6	6,1	0,5	5,6	*	1,2	8,1	98,9

1856	49,4	12,8	2,0	8,0	4,1	0,9	5,6	*	0,7	15,2	98,4
1857	50,3	16,7	2,1	6,8	3,0	0,8	5,5	-	0,9	13,0	99,1
1858	43,8	14,4	1,1	8,9	4,4	2,3	7,2	*	1,4	10,1	93,6
1859	56,8	15,9	0,4	6,0	2,7	0,8	3,7	0,2	1,6	9,9	98,0
1860	26,6	21,9	0,6	9,3	1,2	1,6	6,7	0,3	3,6	14,5	86,3
Média 1851-60	*53,5*	*14,8*	*1,9*	*6,4*	*3,2*	*0,9*	*4,6*	*	*1,5*	*10,2*	*97,0*

Fontes: Arruda, *O Brasil*, pp. 204, 360-61, 375-76, 381-82, 400-401, 407-408, 418-19; *ST*, 26: 338-40; Bahia, *Falla* (1854, J. M. Wanderley), "Mappa... da exportação... 1851... 1853", s.n.; idem, *Falla* (1855, J. M. Wanderley), "Mappa... da exportação...", s.n.; idem, *Falla* (1857, J. L. V. Cansanção de Sinimbu), "Mappa... dos generos nacionaes exportados... ", s.n.; idem, *Falla* (1861, A. da Costa Pinto), "Recapitulação das mercadorias nacionaes exportadas...", s.n.

Obs.: n.d. = não há dados disponíveis sobre o valor das exportações; * = menos de 0,1%; — = não há exportações do produto registradas no ano em questão.

[a]Inclui charutos, rapé e outros produtos de fumo.

[b]Inclui couros crus e curtidos, meias-solas e outros artigos de couro.

[c]Exclui lenha.

[d]Exclui o valor do fumo e dos derivados do tabaco.

[e]As percentagens mostradas para o período 1796-1807 baseiam-se no valor das exportações para Portugal. Não levam em conta, portanto, as exportações para a África e a Índia portuguesa (Goa), sobre as quais não há informações sobre o valor e a composição. Essa falta de informações só representa um problema grave no caso do fumo. Na primeira metade do século XVIII, o volume do fumo exportado para a África ocidental foi ligeiramente inferior ao do fumo enviado para Portugal. (Ver Alden, "Late Colonial Brazil", pp. 622-23.) É bem provável que a Bahia tenha continuado a exportar grandes quantidades de fumo para a África ocidental e quantidades menores para Angola e o Congo e para Goa. Assim, as percentagens baseadas apenas no comércio com Portugal subestimam de maneira significativa o peso das exportações de fumo na economia baiana. Por isso, calculei médias corrigidas para o período 1796-1807. Os meus cálculos partiram dos pressupostos seguintes: (1) que as exportações feitas para a África e para Goa correspondiam a 47,6% de todo o fumo exportado (estimativa conservadora já que se baseia só nas remessas para a África ocidental) e (2) que o fumo exportado para a África e a Índia tinha, em média, metade do valor por unidade daquele exportado para Portugal.

[f]Percentagens calculadas em relação a estimativas do valor total das exportações. Em seu relatório sobre o comércio externo da província nos anos de 1840, 1841 e 1842, o cônsul britânico forneceu dados sobre o valor das exportações de nove produtos (açúcar, algodão, café, cacau, arroz, goma, fumo, aguardente de cana e melado). As exportações desses nove produtos em 1840 correspondem a 91,06% do valor total de todo o comércio exterior da Bahia em 1840, que consta do relatório apresentado pelo presidente da província em 1841. As estimativas do valor total das exportações baianas de 1841 e 1842 partem do pressuposto de que os mesmos nove produtos também corresponderam a 91,06% de todas as receitas do comércio exportador da província.

[g]Não inclui couros, ouro, madeira ou diamantes.

Os esforços feitos no final do período colonial para encontrar e desenvolver novos produtos de exportação haviam rendido poucos resultados na Bahia. No caso de vários produtos novos, esses esforços nunca foram além do estágio experimental. O cravo-da-índia, a canela e a pimenta nunca chegaram a ser produtos de exportação de peso, muito menos o cânhamo, o quinino ou o chá. Outros produtos, como o arroz e o algodão, que pareciam muito promissores na década de 1790, não conseguiram conquistar mercados estáveis no exterior nas décadas seguintes. Apenas dois produtos inteiramente novos, o café e o cacau, foram crescendo em importância de modo mais ou menos constante, mas nenhum dos dois figurava ainda como um item fundamental na pauta de exportações da província na década de 1850. O cacau, destinado a se tornar o principal produto de exportação da Bahia após 1900, respondia por menos de 1% das receitas totais das exportações em meados do século XIX. Assim, fica claro que a Bahia não desenvolveu uma economia de exportação significativamente mais diversificada nos oitenta anos contados a partir de 1780.

Em um exame mais atento, contudo, a Tabela 1 sugere trocas de posição e mudanças na composição das exportações baianas. Por exemplo, nos anos que vão de 1807 até o início da década de 1840, o fumo perdeu muito de sua importância anterior. Enquanto entre 1796 e 1807 chegara a gerar um quarto de todas as receitas das exportações, de 1840 a 1842 sua contribuição situou-se em menos de 8%. Igualmente notável foi a maior importância adquirida pelo açúcar, que sozinho respondeu por dois terços do valor de todas as exportações entre 1840 e 1842. Em nenhum outro momento desde o início do século XVII, a Bahia chegara mais perto de ser uma economia monocultora de exportação do que nesses anos.[10]

Na década de 1850 essa tendência foi revertida. Os diamantes e o café tornaram-se exportações significativas. Mais notável é o fato de o fumo ter recuperado parte de sua importância anterior; sua participação média no comércio de exportação da Bahia quase duplicou entre o início das décadas de 1840 e 1860. A participação do açúcar, ao contrário, tendeu a diminuir, caindo abaixo de 50% em 1856, e novamente dois anos depois, para chegar a menos de 27% em 1860. O açúcar iria se recuperar dessa baixa nos anos seguintes, porém o mais tradicional de todos os produtos de exportação da Bahia nunca voltou a ser responsável por mais de metade do comércio exterior da província.

Essas mudanças, embora significativas em si mesmas, ocorreram dentro de limites estreitos; não alteraram de modo algum a extrema dependência da Bahia em relação a quatro produtos de exportação: o açúcar, o fumo e o algodão até a década de 1840, e dali em diante o café. O restante deste capítulo examina mais detalhadamente o comércio desses produtos do final do século XVIII até meados do século XIX.

Algodão

Apesar de ser nativo do Brasil, o algodão só ganhou importância como produto de exportação depois que remessas feitas pela capitania do Maranhão na década de 1760 se mostraram altamente lucrativas. Daí em diante, a lavoura algodoeira expandiu-se rapidamente e, em poucos anos, o comércio desse artigo tornou-se um dos raros sucessos em meio aos esforços empreendidos para diversificar a economia brasileira no fim do período colonial. Em grandes áreas do Nordeste, o algodão logo se firmou como a principal cultura de exportação. Senhores de engenho em Pernambuco e na Paraíba às vezes cultivavam tanto o algodão como a cana em suas terras.[11]

Embora a lavoura algodoeira nunca tenha alcançado na Bahia a importância que assumiu em outras partes do Nordeste, as exportações de algodão a partir de Salvador tiveram de fato um aumento extraordinário no final do século XVIII e início do século XIX. Passaram de menos de cem arrobas por ano na década de 1770 para uma média anual de quase quarenta mil arrobas na segunda metade da década de 1790. As exportações continuaram a crescer durante as três décadas seguintes; dali em diante, porém, caíram bruscamente, passando de um total de quase trezentas mil arrobas em 1829 para uma média anual inferior a 45 mil arrobas na década de 1850.[12]

As razões dessa queda são bastante claras. Com o aumento das exportações do Sul dos Estados Unidos e, em menor medida, do Egito, o preço internacional do algodão caiu acentuadamente após 1820. O algodão brasileiro deixou de encontrar um mercado receptivo na Europa. As exportações baianas reanimaram-se durante a "fome" mundial de algodão da década de 1860, causada pela Guerra de Secessão nos Estados Unidos; mas essa recuperação durou poucos anos. No final da década de 1870, a quantidade de algodão que a Bahia enviava para o exterior voltara a níveis insignificantes.[13]

Além do problema geral da concorrência norte-americana e egípcia, que era comum a todas as regiões do Brasil, outra dificuldade afetava o algodão baiano: os elevados custos do transporte. Como José da Silva Lisboa observou em 1799, "a cultura do algodão feita em grande [escala] é inimiga das terras de beira-mar... [por causas das] fortes e irregulares chuvas". Efetivamente, as fortes chuvas de inverno impediram que o algodão se tornasse um produto agrícola importante no Recôncavo, onde seu cultivo ficava em grande parte confinado a freguesias na periferia ocidental da região. Seu plantio dava melhores resultados em municípios ao norte do Recôncavo, como Inhambupe, Itapicuru e Abadia, que tinham em geral climas mais secos. Esses distritos eram razoavelmente próximos do litoral, mas os principais centros da lavoura algodoeira na Bahia situavam-se em Caetité, Rio de Contas, Jacobina e Bom Jesus dos Meiras, municípios do sertão, muito distantes de Salvador. Enquanto os preços internacionais permaneceram altos, o custo do transporte não foi um problema sério, mas a partir do momento em que começaram a despencar, o algodão do interior deixou de ter condições de competir no mercado mundial.[14]

Se as razões da queda nas exportações são claras, não é fácil apurar se a maior parte do algodão embarcado em Salvador provinha sempre da própria Bahia. Desde a década de 1790, comerciantes sediados em Salvador estavam exportando algodão não só da Bahia como de outras capitanias do Nordeste. A produção de algodão na Bahia na década de 1830 alcançava uma média de apenas 51 mil arrobas por ano, ao passo que as exportações anuais feitas através de Salvador freqüentemente ultrapassavam duzentas mil arrobas. No início da década de 1850, o algodão cultivado na Bahia só representava uma pequena parcela — talvez menos de 25% — de todo o algodão que a província exportava.[15]

Café

O café acabaria se revelando o mais bem-sucedido de todos os novos produtos do "renascimento" da agricultura brasileira no fim do período colonial, mas poucos observadores nas décadas de 1780 e 1790 poderiam ter previsto sua futura importância. O cultivo do café no Brasil teve início na década de 1720. Nos oitenta anos seguintes, as exportações aumentaram, mas o café continuava sendo um item secundário no comércio exterior do Brasil; nos primeiros anos do século XIX, ocupava apenas o oitavo lugar entre todos os produtos de exportação. Dali em diante, porém, assumiu enorme importância na economia brasileira. Na década de 1830, o café, produzido principalmente no Sudeste, desbancou o açúcar como o mais valioso produto de exportação do país, e na década de 1850 chegou a corresponder a mais da metade de todas as exportações brasileiras. A essa altura, o país já se firmara como o maior fornecedor do mercado mundial.[16]

Ao contrário do Rio de Janeiro e São Paulo, a Bahia nunca se tornou um grande centro de produção de café. Ainda assim, a lavoura cafeeira fez considerável progresso na província. Os detalhes sobre os inícios da cafeicultura na capitania permanecem obscuros. Sabe-se, no entanto, que a primeira remessa de café de Salvador para Lisboa ocorreu em 1777 e foi de apenas 33 arrobas. No final da década de 1790, as exportações anuais haviam atingido uma média de 2.500 arrobas (ver Figura 2). Essa média duplicou nos primeiros cinco anos do século seguinte.[17]

Grande parte do café exportado pela Bahia nessa época vinha da comarca de Ilhéus, logo ao sul do Recôncavo. Ali, os lavradores da vila de Camamu haviam começado a plantar café pelo menos no início da década de 1780; de Camamu, a nova cultura espalhou-se pelas vilas vizinhas. É também possível que nesses anos já se exportasse café produzido na comarca de Porto Seguro, no extremo sul da Bahia. Reza uma tradição local que dois frades italianos errantes apresentaram a bebida a moradores de Porto Seguro por volta de 1788. Logo depois, os lavradores da área teriam começado a plantar cafezais com as sementes deixadas pelos frades.[18]

Após 1810, praticamente desaparecem as informações sobre as exportações totais de café. É evidente, contudo, que as exportações em geral

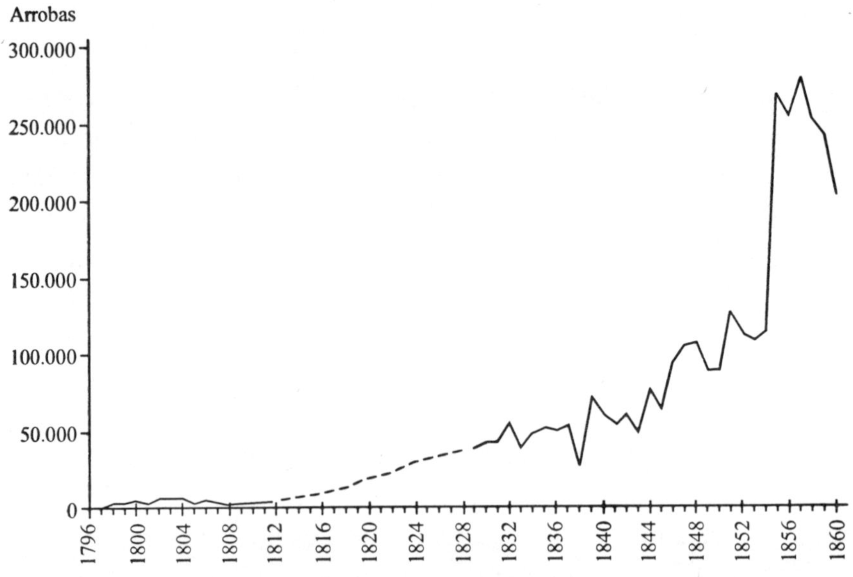

Figura 2. Bahia. Exportações de café, 1796-1860 (em arrobas)
Fontes: Arruda, *O Brasil*, pp. 418-19; "Mappa da Exportação... em 1808", BN, I-17, 12, 4; "Mappa da Exportação... em 1809", APEB, SH, 146, fl. 567; *Almanach*, p. 246; Spix e Martius, 2: 661; Soares, *Notas*, p. 241; *ST*, 26: 338-40; Bahia, *Falla* (1854, J. M. Wanderley), "Mappa... da Exportação... 1851... 1853", s.n.; idem, *Falla* (1855, J. M. Wanderley), "Mappa... da Exportação", s.n.; idem, *Falla* (1857, J. L. V. Cansanção de Sinimbu), "Mappa... dos generos nacionaes exportados...", s.n.; idem, *Falla* (1861, A. da Costa Pinto), "Recapitulação das mercadorias nacionaes exportadas...", s.n.

aumentaram entre 1810 e 1830. A lavoura cafeeira estava se expandindo nesses anos; a produção certamente também crescia. Na segunda década do século XIX, o café já não se restringia às áreas litorâneas ao sul do Recôncavo; estava sendo cultivado também na freguesia de Muritiba, no município de Cachoeira, e, ao que tudo indica, já começara a se espalhar pelos distritos produtores de mandioca no sul do Recôncavo.[19]

Em meados do século, haviam surgido três centros principais de cafeicultura na Bahia. O primeiro localizava-se perto de Porto Seguro e Caravelas, no extremo sul do litoral da província. Os lavradores dessa região escoavam sua produção sobretudo pelo porto do Rio de Janeiro. Grande parte dela vinha da Colônia Leopoldina, fundada em 1818 por imigrantes alemães e suíços. Bem mais ao norte, o café tornara-se o mais importante produto de exportação dos municípios de Camamu, Ilhéus e

Valença. A terceira área principal situava-se no Recôncavo e estendia-se de Nazaré para o norte em direção ao município de Cachoeira, até o rio Paraguaçu.[20] Ali, as elevações maiores e as chuvas mais abundantes favoreciam o café e permitiram que os lavradores desenvolvessem uma variedade superior, conhecida como "maragogipe", famosa pelo sabor, o aroma e os grãos graúdos.[21]

Os resultados da expansão da produção já eram evidentes na primeira metade da década de 1830, quando a Bahia estava exportando, em média, 46 mil arrobas por ano. Isso correspondia a um aumento de quase oito vezes ao longo de vinte anos. As duas décadas seguintes viram um crescimento ainda maior, de tal modo que, na segunda metade da década de 1850, as exportações atingiam uma média anual de mais de 243 mil arrobas.[22]

Mesmo assim, na década de 1850 a Bahia só fornecia cerca de 2% do café exportado pelo Brasil. Embora o comércio cafeeiro na província tenha continuado a crescer após 1860, a participação da Bahia no total das exportações brasileiras não aumentou substancialmente. Além disso, em terras baianas, a lavoura cafeeira raramente deu origem a grandes *plantations* como as do Sudeste, onde as fazendas de café chegavam a ter mais de cem escravos e os cafezais centenas de milhares de pés.[23] As 55 "fazendas" de café da Colônia Leopoldina, no extremo sul da Bahia, foram talvez as únicas exceções a essa regra, mas mesmo essas tendiam a ter áreas modestas. Algumas não tinham escravo algum. No resto da Bahia, os lavradores cultivavam café geralmente como uma lavoura apenas secundária. Seus cafezais raramente continham mais de alguns milhares de pés e com freqüência eram muito menores.[24]

Fumo

O fumo distinguia-se de novidades como o algodão, o café ou o cacau; havia muito, figurava como um dos principais itens do comércio de exportação da Bahia, só suplantado em importância pelo açúcar. O cultivo comercial do fumo, ou tabaco, começou antes de 1640, e, no início do século XVIII, o fumo baiano já dispunha de mercados consolidados na Europa, Ásia e América do Norte. Além disso, a Bahia praticamente monopolizava o comércio brasileiro de fumo. Os "campos da Cachoeira" e as fazendas e sítios em vilas além dos limites do Recôncavo produziam quase todo o fumo que se exportava para Portugal — talvez até 90% — nos séculos XVII e XVIII, e uma parcela ainda maior nos anos 1796-1811.[25]

A importância do fumo baiano não escapou à atenção das autoridades coloniais e metropolitanas, que cercaram seu comércio com uma incômoda carga de controles e restrições. Com esses controles pretendiam, por um lado, evitar o contrabando e a fraude e, por outro, assegurar a Portugal um suprimento regular de fumo de alta qualidade a ser reexportado para outros mercados europeus. As restrições incluíam a exigência de que todo o fumo levado para Salvador fosse armazenado num único depósito (a "casa de arrecadação"), onde funcionários da chamada Mesa de Inspeção o examinavam e aferiam sua qualidade. Selecionavam os rolos de fumo de corda de primeira e segunda classe para serem exportados para Portugal e reservavam o melhor fumo em folha para as remessas destinadas à Índia portuguesa (Goa) feitas anualmente por um monopólio da Coroa. Apesar das fraudes, às vezes menos da metade da safra total correspondia aos padrões de qualidade exigidos pela Mesa; o resto era rejeitado como "refugo".[26]

O refugo tinha amplo mercado no Brasil; porém, muito mais importante que a venda local desse fumo de baixa qualidade era sua exportação para a África ocidental, onde negociantes baianos o trocavam pelos escravos tão necessários a toda a economia da Colônia.[27] O comércio tornou-se mais livre após 1808 e muito mais ainda depois da Independência, em 1822, mas pelo menos algumas das restrições coloniais parecem ter vigorado até 1828, quando o governo provincial aboliu a Mesa de Inspeção.[28]

Essas restrições e controles nunca impediram flutuações acentuadas no comércio de fumo. Na década de 1670, por exemplo, a lavoura fumageira da Bahia, tal como a produção de açúcar, enfrentou grave depressão. Para o fumo, contudo, o declínio não durou muito; deu lugar a um novo período de crescimento e expansão na primeira metade do século seguinte. A produção de ouro em Minas Gerais e outras capitanias durante essas décadas exigia quantidades cada vez maiores de escravos, que comerciantes baianos adquiriam na África em troca de fumo. Assim, entre 1700 e 1750, enquanto as exportações anuais de fumo para Portugal se mantiveram em torno de 170 mil arrobas, aquelas destinadas à África ocidental aumentaram de menos de trinta mil arrobas para mais de duzentas mil. Depois de 1750, porém, quando a produção de ouro começou a diminuir e a demanda de escravos africanos nos distritos mineradores caiu, as exportações de fumo também tenderam a se estagnar. Entre 1750 e 1766, as exportações para Portugal e para a África ocidental foram, em média, de apenas 320 mil arrobas por ano.[29]

Nas últimas décadas do século XVIII, quando o ressurgimento da agricultura de exportação na Bahia e em todo o Brasil resultou na expansão da demanda de mão-de-obra escrava, os lavradores de fumo e os comerciantes tiveram novas oportunidades de aumentar a produção e as exportações. Nesse mesmo período, as várias guerras e revoluções provocaram muitas vezes a alta dos preços e abriram novos mercados. Já na década de 1780 as exportações anuais haviam quase duplicado, chegando a uma média de 615 mil arrobas (ver Figura 3). Picos posteriores, na década de 1790 e nos anos 1810-15, confirmaram a recuperação do fumo. Em 1835, Miguel Calmon du Pin e Almeida, o futuro marquês de Abrantes, lembrou a primeira década e meia do século XIX como uma época de grande prosperidade para a lavoura fumageira na Bahia. Os preços eram altos e o crédito fácil. O intenso comércio com os mercados europeus e africanos estimulava "vastas especulações", enquanto as plantações de fumo em Cachoeira se expandiam para formar um aparentemente interminável "pélago de verde".[30]

Nem "o espírito mais sombrio", observou Calmon em seguida, teria previsto então a depressão que pouco tempo depois se abateu sobre o comércio de fumo. De fato, as exportações começaram a cair a partir de 1816. Recuperaram-se em 1821, mas esse surto de um só ano não alterou a tendência geral de queda. As exportações atingiram seu ponto mais baixo na primeira metade da década de 1830, quando foram, em média, de apenas 165 mil arrobas por ano, cerca de um quarto da média anual no qüinqüênio 1810-14. Embora nos anos seguintes o comércio se tenha reanimado ocasionalmente, nenhuma tendência ascendente se tornaria visível nas exportações antes dos meados da década de 1840.

Condições meteorológicas adversas haviam contribuído para o declínio. Por exemplo, uma seca severa em 1817-19 "queimou" as planta-

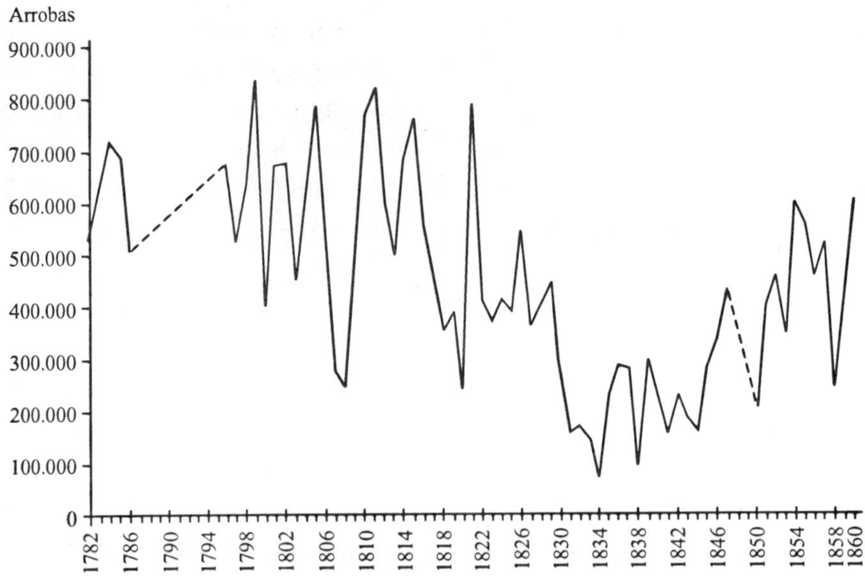

Figura 3. Bahia. Exportações de fumo, 1782-1860 (em arrobas)

Fontes: Alden, "Late colonial Brazil", pp. 632-33; Arruda, *O Brasil*, pp. 381-82; Lugar, "Merchant Community", p. 117; e "Portuguese Tobacco Trade", p. 54; "Mappa... da Exportação... da Bahia... 1800", APEB, SH, 141, fol. 89; "Mappa... da Exportação... da Bahia... 1806", APEB, SH, 144, fol. 129; M. Calmon, *Memoria*, p. 39; Soares, *Notas*, p. 237; *ST*, 26: 338-40; Bahia, *Falla* (1854, J. M. Wanderley), "Mappa... da exportação", s.n.; idem, *Falla* (1855, J. M. Wanderley), "Mappa... da exportação", s.n.; idem, *Falla* (1857, J. L. V. Cansanção de Sinimbu), "Mappa... dos generos nacionaes exportados...", s.n.; idem, *Falla* (1861, A. da Costa Pinto), "Recapitulação das mercadorias nacionaes exportadas...", s.n.

Obs.: As estimativas das exportações totais de 1782-86, 1796-1799, 1801-5 e 1807 foram calculadas a partir do volume de fumo enviado para Portugal. Alden ("Late colonial Brazil", pp. 632-33) calculou que, no século XVIII, 52,45% do fumo baiano, em média, ia para Portugal e os 47,6% restantes para a Costa da Mina na África ocidental e usou essas percentagens para chegar a estimativas do "total" das exportações de fumo em vários anos entre 1750 e 1801. Suas estimativas para os anos de 1782-1786 estão incluídas na série. Partindo dos mesmos pressupostos, calculei minhas próprias estimativas para os anos de 1796-99, 1801-05 e 1807 usando os volumes de exportação das "balanças gerais do comércio" tal como citados por Arruda (*O Brasil*, pp. 381-82) e Lugar ("Merchant Community", p. 117). Essas estimativas apenas se aproximam do verdadeiro volume das exportações de fumo da Bahia, uma vez que não levam em conta as quantidades menores de fumo remetidas para a África central e para Goa.

ções de tabaco. Os naturalistas alemães Johann Baptist von Spix e Carl Friedrich Philipp von Martius, que em 1818 viajaram pelos distritos fumageiros ao noroeste do Recôncavo, encontraram uma paisagem desoladoramente ressequida. Nos povoados, a falta de água levara os moradores a abandonar suas casas; os que tinham ficado recusaram-se até a vendê-la para os dois viajantes, que tomaram por "vagabundos ingleses". De fato, a falta de chuvas naqueles anos provavelmente explica boa parte da queda súbita das exportações entre 1816 e 1820. A seca voltaria a castigar em 1831 e 1832, apenas para ser seguida por trinta meses de chuvas intensas e depois por mais uma seca. Ao mesmo tempo, uma praga contagiosa conhecida como o "mal-triste" (que talvez tenha sido a babesíase) provocou grande mortandade entre o gado, necessário para adubar as plantações de fumo.[31]

Os caprichos do tempo explicam as safras reduzidas de anos específicos, mas dificilmente poderiam ter causado a prolongada depressão das exportações de fumo a partir de 1816. Antes, a principal causa da depressão foi o encolhimento dos mercados externos para o fumo baiano, tanto na África quanto na Europa, em conseqüência da Independência do Brasil e das tentativas britânicas de suprimir o tráfico negreiro

O parlamento britânico havia proibido a importação de escravos africanos pelas colônias britânicas após o dia 1º de janeiro de 1808. Sete anos mais tarde, no Congresso de Viena, a Grã-Bretanha patrocinou uma declaração, a ser assinada pelas grandes potências européias, pela qual se comprometiam a pôr fim ao tráfico de escravos num futuro próximo. Portugal, sob a pressão britânica, consentiu em assinar a declaração e chegou a ratificar um tratado com a Grã-Bretanha que proibia o tráfico negreiro entre a costa africana ao norte da linha do equador e o Brasil. Nas décadas seguintes, outros países adotaram medidas efetivas para encerrar sua participação no tráfico. Portugal não; e nem o governo independente do Brasil após 1822. Tanto Portugal antes de 1822 quanto o Brasil depois dessa data fizeram apenas esforços indolentes para cumprir o tratado de 1815 e abolir o tráfico negreiro ao norte da linha do equador. Da mesma forma, as autoridades brasileiras fizeram vista grossa a um tratado de 1826 que tornava ilegal a importação de cativos de qualquer parte da África depois de março de 1830. O tráfico para o Brasil, na verdade, floresceu como nunca entre 1830 e 1850; apesar dos tratados, bem mais de meio milhão de cativos foram importados da África nesses vinte anos. O tráfico só terminou mesmo depois de 1850, quando, de novo sob a coerção britânica, o parlamento brasileiro aprovou mais uma lei proibindo a importação de escravos africanos.[32]

Embora ineficaz para conter o tráfico de escravos, o tratado de 1815 parece ter tido impacto no comércio de fumo baiano. A notícia da sua assinatura provocou a queda do preço do fumo e pôs fim às "vastas especulações" com o tabaco refugado no mercado de Salvador. Claro está que, enquanto negociantes baianos continuavam a navegar para a costa da África para adquirir escravos, os lavradores ainda tinham um meio de escoar seu fumo de baixa qualidade. Eram cada vez mais limitadas, porém, as oportunidades de vender esse fumo a traficantes de escravos de outras nações. Por muito tempo, os holandeses estabelecidos na fortaleza de El-Mina (na Gana de hoje) haviam adquirido rolos de fumo baiano para seu próprio tráfico de escravos por meio da cobrança de um pedágio dos navios negreiros vindos da Bahia. Os comerciantes britânicos na costa africana haviam trocado regularmente produtos manufaturados por fumo baiano. Assim como os franceses, também costumavam comprar tabaco em Lisboa antes de rumar para a África. Em 1790, o diretor da fortaleza portuguesa de Ajudá (Ouida, no Benin atual) queixou-se de que os ingleses e os franceses estavam arruinando o tráfico de escravos naquele trecho da costa ao inundar os mercados locais de fumo baiano comprado em Lisboa.[33]

Mais importante para o fumo, talvez, foi que, enquanto o tráfico de escravos para o Brasil como um todo florescia, aquele destinado especificamente à Bahia parece ter sofrido uma queda substancial a partir de 1830. Nos cinco anos anteriores, os negociantes baianos haviam importado quantidades recordes de cativos, em parte por temor de que a proibição iminente viesse a se tornar efetiva. Com o mercado de Salvador abundantemente abastecido de cativos africanos, o volume das importações caiu a níveis muito mais baixos e só voltaria a crescer na segunda metade da década de 1840.[34] O declínio do tráfico certamente reduziu a demanda de fumo.

A essa altura, o fumo baiano já havia perdido alguns de seus mercados europeus tradicionais. A guerra da Independência de 1822-23 havia paralisado momentaneamente o comércio do produto. Durante os seis primeiros meses de 1823, nem um só barco carregado de fumo deixou Cachoeira, sede do governo provisório, para Salvador, ainda sob o controle das tropas portuguesas. As remessas foram reiniciadas após a guerra, no final de 1823, mas, nessa época, muitos negociantes portugueses começavam a abandonar a Bahia. Essa retirada rompeu ligações comerciais. Como conseqüência, os importadores em Portugal tiveram de procurar estoques em outros lugares, como o fizeram também seus clientes na Espanha e na Itália, que antes dependiam de reexportações portuguesas do fumo baiano. Além disso, o fumo do Brasil já não gozava de preferência automática nas compras feitas pelo monopólio régio português. Também estavam encerradas as remessas anuais da Bahia para a Índia feitas pelo monopólio.[35]

A perda desses mercados ocorreu num momento em que as formas de consumo do tabaco na Europa passavam por mudanças fundamentais. O costume de mascar fumo, para o qual o fumo de corda produzido na Bahia se prestava bem, já saíra de moda, e agora as preferências estavam mudando novamente. Cada vez mais, os consumidores europeus estavam trocando o rapé e o cachimbo por charutos. Estes, por sua vez, requeriam fumo em folha curado, como aquele fornecido pelos produtores cubanos. Assim, para reconquistar os mercados europeus, os lavradores baianos precisavam se adaptar às mudanças e passar a produzir fumo em folha em vez do fumo de corda, em que se haviam especializado tradicionalmente. Parecem, contudo, ter reagido lentamente às mudanças dos padrões europeus de consumo. A participação do fumo de folha no total das exportações de fumo na verdade diminuiu, caindo de 15% em 1820 para menos de 4% em 1829. Mesmo em meados da década de 1840, quando sua participação havia aumentado, ainda representava menos de um quinto de todo o fumo exportado da Bahia. É muito possível que a importância que o fumo de corda conservava no tráfico negreiro tenha desestimulado uma transição mais rápida para o tabaco em folha.[36]

A lenta reação dos produtores baianos não resultou da falta de familiaridade com o tabaco em folha ou seu preparo. As primeiras experiências com uma variedade cubana de fumo em folha e com métodos norte-americanos de cura ocorreram em 1757. Embora a variedade cubana pareça não ter conseguido a aceitação dos lavradores baianos, eles de fato começaram a produzir algum fumo em folha. De meados da década de 1770 em diante, um suprimento regular de fumo em folha curado e prensado em fardos chegava a Salvador para ser exportado a Goa. Variedades de Cuba e da Virgínia foram introduzidas na década de 1780 e novamente em 1810; depois da Independência, as autoridades provinciais continuaram a estimular seu cultivo e aperfeiçoamentos nos processos de cura e prensagem do fumo em folha. O registro da remessa de sete "fardos" de charutos de Cachoeira para Salvador em 1829 indica que, naquela altura, a arte de fazer charutos já era conhecida na província. No entanto, as poucas "fábricas" de fumo existentes na Bahia na primeira metade do século XIX produziam sobretudo rapé em vez de charutos.[37]

Foi na segunda metade da década de 1840 que os produtores baianos deram finalmente uma guinada do fumo de corda para o fumo em folha. Em toda a década seguinte, o tabaco em folha representou o grosso de todas as exportações de fumo (em média, mais de 75%). Essa mudança e a elevação dos preços internacionais permitiram um ressurgimento do comércio de fumo.[38] A tendência ascendente das exportações iniciada por volta de 1846 continuou pela década seguinte. Na segunda metade da década de 1850, a Bahia estava exportando uma média de quase 475 mil arrobas por ano — um aumento de quase três vezes em relação à média de 1830-34.

Embora ainda parcial, a recuperação foi sólida. Havia provocado a expansão geográfica do cultivo do fumo, que se tornou uma lavoura de exportação importante nos municípios produtores de mandioca do sul do Recôncavo. Ao mesmo tempo, uma indústria caseira de charutos havia-se desenvolvido em Cachoeira, São Félix, Maragogipe e Nazaré, proporcionando empregos de tempo integral ou parcial para grande número de trabalhadores livres e escravos. Nos mesmos distritos, também se estabeleceram fábricas de charutos. As fábricas recém-fundadas e a indústria caseira produziram, só para exportação, mais de 1,5 milhão de charutos e cigarros por ano na década de 1850. Também deve ter sido considerável a produção para consumo local. A transição para o tabaco em folha, a difusão da lavoura fumageira e o crescimento da indústria de charutos permitiriam que, nos anos posteriores a 1860, as exportações de fumo recuperassem plenamente seus níveis anteriores.[39]

Açúcar

Em qualquer discussão da economia de exportação baiana, o comércio de açúcar merece um lugar de destaque. O açúcar era o mais antigo produto agrícola de exportação da província; os colonizadores portugueses que se estabeleceram no Recôncavo em meados do século XVI haviam cruzado o Atlântico com planos de cultivar cana e construir engenhos. Nos séculos seguintes, outros produtos entraram no rol das exportações baianas; mas, até as últimas décadas do século XIX, nenhum jamais se equiparou ao açúcar. No período 1780-1860, raramente representou menos de 45% de todas as receitas das exportações, e muitas vezes sua participação foi maior. Como conseqüência, a economia de exportação não podia experimentar nenhuma prosperidade verdadeira quando o açúcar enfrentava uma conjuntura adversa.

Mas, durante quase cem anos a partir de aproximadamente 1680, a depressão e a estagnação marcaram o comércio açucareiro baiano. Uma recuperação firme só começou nas últimas décadas do século XVIII. Esse ressurgimento no fim do período colonial certamente se deveu muito às grandes rebeliões escravas que levaram ao colapso da colônia francesa de São Domingos na década de 1790. As rebeliões, ao se transformarem em luta revolucionária pela independência e contra a escravidão, abriram novas e vastas oportunidades para aumentar a produção de açúcar no Brasil e em outros lugares. Na Bahia, contudo, a recuperação do açúcar começou mais de uma década antes. A guerra da independência na América do Norte britânica perturbou o comércio entre o Caribe e a Europa no final da década de 1770 e impediu o acesso dos produtores das colônias inglesas nas Antilhas a provisões essenciais. O resultado foi uma alta dos preços do açúcar em Londres e também em Salvador.[40]

Embora devam ter comemorado a alta, os senhores de engenho baianos sem dúvida permaneceram cautelosos. No passado, tinham visto os preços do açúcar subirem de repente durante guerras e depois caírem de novo a níveis muito baixos assim que a paz era restabelecida. Os preços em Salvador de fato caíram bruscamente após 1782, para susto de observadores como Luís Antônio de Oliveira Mendes; no fim da década, porém, voltaram a subir. Com a elevação dos preços na década de 1790, os senhores de engenho ganharam confiança na recuperação e traduziram-na em expansão da produção. Enquanto as exportações de açúcar até 1770 haviam permanecido, em geral, em torno de 400 mil arrobas por ano, Mendes, em suas estimativas, calculou que na década de 1780 sua média anual era de 480 mil arrobas. Mesmo assim, ficavam aquém das 507 mil arrobas que, segundo João André Antonil, a capitania havia produzido em 1710.[41]

As exportações feitas através do porto de Salvador (que incluíam o açúcar dos engenhos sergipanos) haviam de superar essa marca na segunda metade da década de 1790, quando alcançaram uma média anual de quase 760 mil arrobas (ver Figura 4). As longas décadas de estagnação e declínio estavam definitivamente encerradas; o comércio exportador de açúcar, apesar de quedas ocasionais, permaneceria forte durante os trinta anos seguintes. Já em 1798, o governador da Bahia, Dom Fernando José de Portugal, pôde relatar a seus superiores em Lisboa que a produção de açúcar havia "crescido extraordinariamente" e que eram "infinitos os engenhos que durante o meu governo se têm construído de novo e atualmente se constroem".[42] A Tabela 2 mostra que o número de engenhos realmente aumentara, passando de 126 em meados da década de 1750 para 250 no fim do século XVIII.

Os dados sobre a produção anual dos engenhos baianos fornecem indicações adicionais da recuperação do açúcar no final do período colonial. Esses dados tornam-se disponíveis a partir de 1807, como conseqüência de uma reforma do dízimo real cobrado sobre o açúcar.[43] Até 1800, a Junta da Real Fazenda em Salvador havia arrendado o direito de arrecadar o dízimo a um "contratador", em geral um comerciante, por meio de leilões públicos regulares. O sistema funcionara bastante bem durante os muitos anos de estagnação no comércio açucareiro, mas com o açúcar alcançando "preços nunca antes imaginados", as autoridades começaram a duvidar de sua eficiência. Vendo os comerciantes disputando aos brados o direito de coletar o dízimo e oferecendo somas enormes pelo contrato, o governador da Bahia e a Junta da Real Fazenda local convenceram-se de que o dízimo geraria receitas maiores se o governo se encarregasse de arrecadá-lo diretamente. A Coroa aceitou a sugestão e, em 1800, aboliu a prática de arrendar o dízimo. Após algumas experiências iniciais, a Junta elaborou um novo sistema para a arrecadação do tributo, que se assemelhava ao que já era usado para o fumo e que havia de vigorar até 1842.[44]

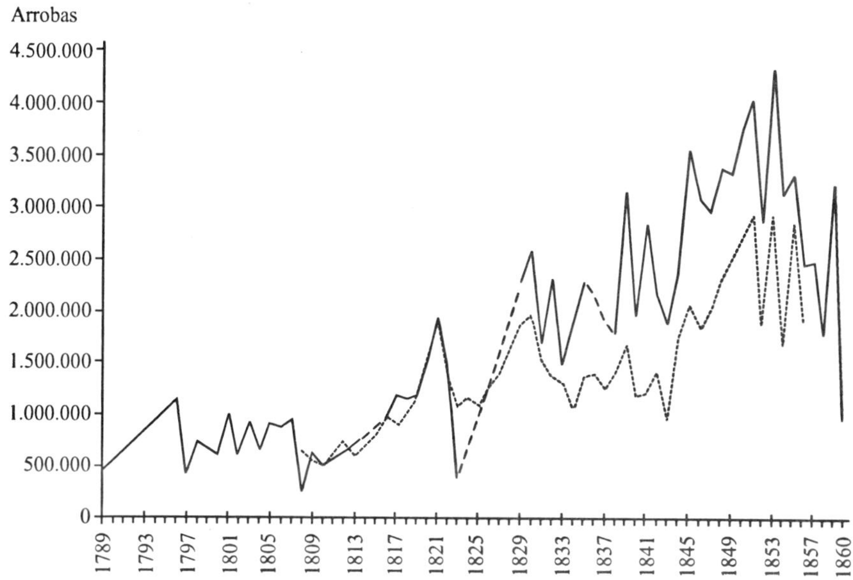

Figura 4. Bahia. Exportações de açúcar, 1789-1860; produção de açúcar, 1808-56 (em arrobas)
Fontes: Os dados sobre as exportações foram extraídos de: [Mendes], p. 315; Arruda, *O Brasil*, pp. 360-61, 375-76; "Mappa da Exportação da... Bahia... 1808", BN, I-17, 12, 4; "Mappa da Exportação da Bahia... 1809", APEB, SH, 146, fl. 567; *Almanach*, p. 246; Spix e Martius, 2: 661-62; Walsh, 2: 535; Sturz, p. 102; Fairbanks, p. xii; Soares, *Notas*, p. 230; Bahia *Falla* (1854, J. M. Wanderley), "Mappa... da Exportação... 1851... 1853", s.n; idem, *Falla* (1855, J. M. Wanderley), "Mappa... da Exportação", s.n.; idem, *Falla* (1857, J. L. V. Cansanção de Sinimbu), "Mappa... dos generos nacionaes exportados", s.n.; e idem, *Falla* (1861, A. da Costa Pinto), "Recapitulação das mercadorias nacionaes exportadas...", s.n.; Bahia,..., CPE, *A inserção*, 2: 20 e 4: 103, 106. Os dados sobre a produção foram extraídos de: Soares, *Notas*, p. 238; M. Calmon, *Ensaio*, pp. 188-89; Fairbanks, p. xiii; tabelas das "safras" anuais de açúcar e outros produtos em páginas sem numeração em Bahia *Falla* (1853, J. M. Wanderley); idem, *Falla* (1854, J. M. Wanderley); idem, *Falla* (1855, J. M. Wanderley); idem, *Falla* (1856, A. T. de Moncorvo e Lima); e idem, *Falla* (1857, J. L. V. Cansanção de Sinimbu).
Obs.: Linha cheia = exportações de açúcar (em arrobas); linha pontilhada = produção de açúcar (em arrobas).

Entre as inovações introduzidas, uma das mais importantes foi o fim do pagamento do dízimo em mercadoria. No antigo sistema, o contratador arrecadava um décimo de todo o açúcar produzido. Assim, em seus livros de contas, os senhores de engenho punham de lado uma décima parte da safra de cada ano, sob a rubrica "Cabe a Deus", a ser entregue ao contratador.[45] Após 1800, a Junta da Real Fazenda fixou o dízimo em 10% do valor de mercado do açúcar em Salvador, a ser pago em dinheiro.

TABELA 2

Número de engenhos na Bahia, anos selecionados, 1710-1925

Ano	Bahia e Sergipe	Bahia
1710	146	n.a.
1755	172	126
c. 1790-95	353	221
c. 1799	400	260
1818	469	315
1837		540+
1852		800[a]
1855		1,274[b]
1874		892
1925		705[c]

Fontes: Antonil, p. 274; J. Caldas, pp. 222-27; "Quadro dos engenhos" [c. 1790-95], BN, 7, 3, 27; Vilhena, 1: 57; "Matrícula dos Engenhos da Capitania da Bahia pelos Dízimos Reais administrados pela Junta da Real Fazenda" [1807-1874], APEB, SH, 642; Sturz, p. 102; Soares, *Notas,* p. 227; Bahia, *Falla* (1855, J. M. Wanderley), p. 38; *EL,* [Bahia], tabela "B", s.n.; Grangier, p. 54.

[a]"800 grandes engenhos de fabricar açúcar" e talvez mais de 400 engenhocas.

[b]Inclui engenhocas.

[c]Não inclui as 5.866 engenhocas na Bahia em 1925 e provavelmente exclui as 17 usinas de açúcar que funcionavam no estado na época.

Essa reforma permitiu à Junta acompanhar de perto a produção anual de açúcar na capitania. (Por "produção" entendia-se o açúcar levado para os armazéns, ou "trapiches", de Salvador, procedente da Bahia e de Sergipe, para venda local ou exportação.) As estatísticas sobre a produção compiladas pela Junta após 1807 mostram a mesma tendência ascendente revelada pelas exportações (ver Figura 4). O tamanho médio da safra de açúcar quase duplicou entre 1807 e 1820.

Com o novo sistema, a Junta tentou também deduzir os custos mais altos de transporte que oneravam os produtores de áreas mais distantes de Salvador. Cada engenho passou então a receber um "desconto" no dízimo com base na distância que o separava de Salvador. Conseqüentemente, a Junta passou a manter uma "matrícula", ou registro, dos engenhos existentes na capitania. À medida que engenhos recém-construídos começavam a enviar açúcar para Salvador, seus nomes eram acrescentados à matrícula. Graças a essa prática, temos mais uma medida para avaliar a revitalização do açúcar naqueles anos. Entre 1807 e 1818, a Junta matriculou 315 engenhos na Bahia propriamente dita e mais 154 em Sergipe, muitos deles de construção recente (ver Tabela 3).[46] Pouco antes da Independência, o total para a Bahia havia-se elevado a 341, pelo menos oitenta engenhos a mais do que os existentes do final da década de 1790.

TABELA 3

Engenhos matriculados pela Junta da Real Fazenda e pelo governo provincial, Bahia, 1807-1874

Anos	Nº médio de novos engenhos matriculados por ano	Nº total de novos engenhos matriculados	Total cumulativo
1807-1818[a]	–	–	315
1818-1820[b]	8,7	26	341
1821-1829	12,2	110	451
1830-1834	26,4	132	583
1835-1839	11,6	58	641
1840-1844[c]	3,2	16	657
1845-1849	10,8	54	711
1850-1854	13,2	66	777
1855-1859	6,2	31	808
1860-1864	3,6	18	826
1865-1869	1,8	9	835
1870-1874	1,0	5	840

Fonte: "Matrícula dos Engenhos...", APEB, SH, 642.

Obs.: Os números referem-se apenas aos engenhos localizados na Bahia propriamente dita (i.e., excluem os situados em Sergipe). Matrículas obviamente repetidas também foram excluídas.

[a]30 de setembro de 1807 a 24 de julho de 1818. Os engenhos matriculados nesse período incluem os que já existiam antes de 1807.

[b]25 de julho de 1818 a 18 de dezembro de 1820.

[c]Após 1842, deixou-se de exigir a matrícula de novos engenhos.

Os historiadores às vezes sustentam que a Independência interrompeu abruptamente a prosperidade do fim do período colonial. Nessa questão, concordam com a avaliação feita por Francisco Marques de Góes Calmon em 1925. Para Góes Calmon, a guerra da Independência (1822-23) representou um "golpe terrível" para a economia da província e desencadeou uma "série infindável de desgraças" que "perseguiram" a Bahia por todo o resto do século XIX. Engenhos arruinaram-se, vidas e capital se perderam.[47]

No cômputo geral, porém, as evidências disponíveis estão longe de corroborar a idéia de que a Independência provocou uma súbita retração na indústria açucareira da Bahia. É verdade que as exportações e também a produção caíram depois de 1822. Ao mesmo tempo, os preços pagos pelo açúcar em Londres entraram em queda quase constante. Mas um declínio semelhante na taxa de câmbio do mil-réis compensou em grande parte essa redução dos preços.[48] De qualquer modo, os preços mais baixos não parecem ter desanimado os senhores de engenho baianos, que trabalharam rapidamente para levar a produção de volta a seus níveis anteriores. Graças a seus esforços, no final da década de 1820 a produção de açúcar estava plenamente recuperada de qualquer dano que a guerra lhe tivesse causado. Além disso, a essa altura, Sergipe havia-se tornado uma província autônoma, não mais subordinada administrativamente à Bahia. As autoridades fiscais em Salvador deixaram, portanto, de incluir o açúcar sergipano em seus cálculos da produção anual da província. Assim, as safras maiores depois de 1825 refletem unicamente a produção dos engenhos baianos. Essas safras permitiram que a Bahia exportasse mais açúcar em 1829 e 1830 do que em qualquer ano anterior à Independência.

Um surto de investimentos em novos engenhos fornece mais uma prova do vigor persistente do açúcar. Na década de 1820 os proprietários baianos começaram a construir um número sem precedentes de engenhos. Matricularam, em média, 12 novos engenhos por ano, para dar à Bahia um total aproximado de 450 engenhos em 1830, quando muitos mais estavam sendo erguidos. Por si só, a construção de mais de uma centena de novos engenhos representava a canalização de um vasto fluxo de capital e energia para o açúcar — um investimento numa escala dificilmente concebível caso a indústria açucareira estivesse em depressão.

De fato, as condições eram favoráveis à instalação de novos engenhos e aos investimentos na expansão da lavoura canavieira. As perspectivas para as exportações de tabaco na época pareciam piorar a cada ano. Nas transações de crédito, é possível que a inflação tenha virado a balança entre comerciantes emprestadores e proprietários rurais devedores, em favor destes últimos. Uma oferta abundante de escravos recém-importados da África estava à disposição para suprir os novos engenhos da mão-de-obra de que precisavam. Um estímulo final veio do governo provincial, que, em 1827, aboliu a necessidade de se obter uma licença para construir um novo engenho.[49]

A construção de um engenho ainda demorava, em geral, de sete a oito anos; raramente menos de quatro.[50] Como resultado, muitos dos novos engenhos planejados na segunda metade da década de 1820 só começaram a fabricar açúcar no início da década de 1830. Entre 1830 e 1834, as autoridades fiscais matricularam uma média de 26 novos engenhos por ano.

À medida que esses engenhos começaram a operar, muitos proprietários devem ter lamentado a decisão, tomada alguns anos antes, de investir em moendas e outros equipamentos para beneficiar a cana. Constataram que as primeiras safras ficaram aquém de suas expectativas quando, no início de 1830, a Bahia sofreu vários anos de seca, entremeados com invernos excessivamente chuvosos. Mesmo antes que o clima se voltasse contra os senhores de engenho, os comerciantes britânicos com experiência em Salvador haviam-se convencido de que a indústria açucareira da província deixara de ser lucrativa. Sabiam que a restauração da paz na Europa e a expansão da produção em outros lugares da América (especialmente em Cuba) haviam provocado um declínio lento mas constante dos preços do açúcar. Os preços em Londres caíram de seu pico máximo de 95 xelins o quintal (*hundredweight;* i.e., 78,758 kg) em 1814 para menos de 40 xelins em meados da década de 1830. À medida que o mil-réis se valorizava em relação à libra esterlina, a taxa de câmbio deixava de compensar a queda dos preços. Os comerciantes também sabiam que barreiras tarifárias excluíam efetivamente o açúcar brasileiro do mercado britânico. Enquanto um quintal de açúcar das colônias inglesas nas Antilhas estava sujeito a uma tarifa de apenas 30 xelins, a mesma quantidade de açúcar estrangeiro pagava taxas de 63 xelins na Grã-Bretanha.[51]

Preços em queda e exclusão do mercado britânico sem dúvida contribuíram muito para dar origem a um novo período de estagnação da indústria açucareira baiana. Nem a produção nem as exportações conseguiram crescer de maneira significativa depois de 1830; alguns anos viram até ligeiros declínios. O açúcar também deixou de atrair o interesse de quem tinha capital para investir; não se matriculou sequer um novo engenho em 1841 e 1842.

Para superar a crise, os produtores baianos precisavam pelo menos encontrar mercados estrangeiros maiores para seu açúcar. Estes apareceram após 1845 na Alemanha e na Grã-Bretanha. Em 1845-46, o visconde (mais tarde marquês) de Abrantes, agindo em nome do governo brasileiro e no interesse de sua própria família (proprietária de vários grandes engenhos na Bahia), negociou um acordo comercial com a União Aduaneira alemã (*Zollverein*) que permitiu ao Brasil exportar açúcar mais livremente para os estados membros da União. Ao mesmo tempo, na Grã-Bretanha, os defensores do livre-comércio finalmente derrotaram os representantes dos produtores de açúcar das colônias antilhanas no Parlamento. Em 1846, conseguiram aprovar uma redução dos impostos sobre o açúcar estrangeiro. Leis posteriores eliminaram gradualmente a dupla tabela tarifária que onerava o açúcar produzido fora do Império Britânico.[52] O comércio açucareiro na Bahia reanimou-se de imediato. As exportações aumentaram rapidamente a partir de 1845 e atingiriam picos de mais de quatro milhões de arrobas no início da década de 1850. A produção também cresceu. Restaurada a sua confiança no açúcar, os proprietários baianos voltaram a construir novos engenhos.

Tratava-se, talvez, de uma confiança exagerada, pois a recuperação do açúcar, embora tenha impressionado alguns observadores, não foi sólida nem duradoura. Sem dúvida, o açúcar baiano entrava agora mais livremente na Grã-Bretanha e na Alemanha, mas os preços continuavam caindo — chegando em alguns anos a menos de 25 xelins o quintal em Londres. Além disso, os novos mercados europeus haviam sido conquistados a um custo considerável: os senhores de engenho tiveram de mudar a qualidade do açúcar que produziam. As reduções das tarifas britânicas e alemãs aplicavam-se sobretudo aos açúcares de baixa qualidade, matéria-prima para as refinarias da Grã-Bretanha e da Alemanha.

Assim, os senhores de engenho da Bahia não podiam mais produzir os açúcares brancos purgados em que haviam se especializado desde os tempos coloniais. Os brancos purgados, embora não refinados, prestavam-se à venda imediata em mercados externos; não precisavam de nenhum refino adicional. Embora isso significasse abrir mão dos preços mais altos pagos pelos brancos purgados, os senhores de engenho não perderam tempo em se adaptar às tabelas tarifárias européias. Enquanto no início da década de 1850 o açúcar branco era responsável por até dois quintos de todas as exportações, no final da mesma década o açúcar mascavo, de cor castanha, que exigia refino adicional, correspondia a 80% delas. A balança penderia ainda mais para o lado do mascavo nos anos seguintes, de tal modo que, em meados da década de 1860, poucos senhores de engenho ainda se davam ao trabalho de purgar algum açúcar.[53] Assim, os senhores de engenho baianos, que antes vendiam um produto acabado para o mercado mundial, passaram, na década de 1850, a ser fornecedores de uma matéria-prima barata para uma indústria estrangeira.

Entre as últimas décadas do século XVIII e os meados do oitocentos, as flutuações da demanda mundial fizeram mais do que provocar mudanças na qualidade do açúcar exportado pela Bahia; também estimularam uma grande expansão da lavoura canavieira na província. Embora nem o fumo nem a mandioca jamais tenham desaparecido do Recôncavo, as sucessivas altas nas exportações de açúcar a partir do final do século XVIII espalharam a cana por toda a região e além dela.

Graças à matrícula dos engenhos mantida pela Junta da Real Fazenda após 1807 e pelo governo provincial a partir de 1822, pode-se mapear com certa precisão a expansão geográfica da produção de açúcar até 1842. A matrícula traz o nome de cada engenho e de seu proprietário, sua localização (o município e muitas vezes também a freguesia) e a distância que o separava do porto mais próximo — informações de que a Junta precisava para implementar seu novo sistema de cobrar o dízimo do açúcar. A partir de 1842, quando um simples imposto de exportação substituiu o dízimo, deixou-se de exigir que os senhores de engenho matriculassem suas propriedades; alguns o faziam, outros não.[54] Além disso, as autoridades não fizeram nenhuma tentativa de retirar da matrícula os engenhos de fogo morto, isto é, os que por algum motivo haviam parado de produzir. Em conseqüência, para obter informações sobre a geografia da indústria açurareira depois de 1842, é preciso recorrer a um levantamento oficial feito em 1873-74. Mas, já que tudo indica que poucos engenhos foram construídos na década de 1860, o levantamento pode sevir como um guia razoavelmente confiável quanto à localização dos engenhos baianos em meados do século. Por fim, vale a pena notar que nenhuma das duas fontes contém informações sobre engenhocas, que fabricavam rapaduras para consumo local e destilavam cachaça para venda no Brasil e no exterior. Muitas vezes, a construção de engenhocas numa área representava o primeiro passo rumo ao desenvolvimento de verdadeiros engenhos que iriam produzir açúcar para mercados estrangeiros.

Em conseqüência, as Tabelas 4 e 5 mostram apenas a expansão da produção de açúcar *voltada para a exportação.* Embora os engenhos parecessem brotar por toda parte, essa expansão ocorreu ao longo de quatro frentes principais. A primeira delas estendia-se de Salvador para o norte, em direção aos municípios de Abrantes e Mata de São José e na direção das áreas litorâneas e interioranas além do Recôncavo; essas áreas incluíam distritos em que, até o início do século XIX, o fumo e o algodão haviam sido as principais lavouras de exportação. Embora o clima ali fosse em geral mais seco que nos distritos próximos à baía, os senhores de engenho encontraram, ao longo dos vales dos rios, terras de aluvião adequadas ao cultivo da cana.

TABELA 4
Distribuição geográfica dos engenhos na Bahia, 1818, 1829, 1842 e 1873

Local	1818		1829		1842		1873	
	Nº	(%)	Nº	(%)	Nº	(%)	Nº	(%)
Recôncavo	292	(92,7)	385	(85,4)	505	(78,2)	635	(71,2)
Municípios litorâneos ao norte do Recôncavo[a]	13	(4,1)	27	(6,0)	52	(8,0)	70	(7,8)
Municípios interioranos ao norte do Recôncavo[b]	3	(1,0)	22	(4,9)	54	(8,4)	54	(6,1)
Municípios ao oeste do Recôncavo[c]	5	(1,6)	7	(1,6)	12	(1,9)	9	(1,0)
Municípios ao sudoeste do Recôncavo[d]	0	(0,0)	0	(0,0)	0	(0,0)	82	(9,2)
Municípios litorâneos ao sul do Recôncavo[e]	2	(0,6)	9	(2,0)	17	(2,6)	42	(4,7)
Total	315	(100,0)	451[f]	(100,0)	646[f]	(100,0)	892	(100,0)

Fontes: "Matrícula dos Engenhos...", APEB, SH, 642; *EL*, [Bahia], tabela "B", s.n.
[a]Conde, Abadia e Entre Rios.
[b]Inhambupe, Alagoinhas e Itapicuru.
[c]Purificação e Feira de Santana.
[d]Tapera e Jequiriçá.
[e]Valença, Taperoá, Camamu, Barra do Rio de Contas, Maraú, Ilhéus e Porto Seguro.
[f]Inclui engenhos em municípios não especificados (1 em 1829 e 6 em 1842).

TABELA 5

Distribuição geográfica dos engenhos no Recôncavo, 1818, 1829, 1842 e 1873

Local	1818		1829		1842		1873	
	Nº	(%)	Nº	(%)	Nº	(%)	Nº	(%)
Distritos açucareiros tradicionais do norte do Recôncavo								
Freguesias à margem da baía[a]	128	(43,9)	141	(36,6)	157	(31,1)	166[b]	(26,1)
Outras freguesias[c]	90	(30,8)	115	(29,9)	136	(26,9)	154	(24,3)
Subtotal[d]	239	(81,8)	284	(73,8)	322	(63,8)	320	(50,4)
Freguesias fumageiras de Cachoeira[e]	19	(6,5)	27	(7,0)	48	(9,5)	20	(3,1)
Municípios produtores de mandioca do sul do Recôncavo[f]	19	(6,5)	35	(9,1)	69	(13,7)	214	(33,7)
Nordeste do Recôncavo[g]	14	(4,8)	38	(9,9)	61	(12,1)	81	(12,8)
Itaparica	1	(0,3)	1	(0,3)	5	(1,0)	0	(0,0)
Total	292	(100,0)	385	(100,0)	505	(100,0)	635	(100,0)

Fontes: "Matrícula dos Engenhos...", APEB, SH, 642; *EL*, [Bahia], quadro "B", s.n. A localização dos engenhos, quando as informações na "Matrícula" eram incompletas ou ambíguas, foi determinada com base nas seguintes fontes: Baltasar da Silva Lisboa, "Memoria sobre a Provincia da Bahia..." [ca. 1825], IHGB, lata 17, doc. 21; "Divizão dos Districtos das Freguezias da Villa de S. Franᶜᵒ, e seu termo" (1833), APEB, SH, 1433; levantamentos dos engenhos de diversas freguesias (1854) em APEB, SH, 4597; os "Registros eclesiásticos de terras", em APEB, SH; Sampaio, *Carta;* Brasil,..., IBGE,..., *Carta do Brasil — escala 1:100.000*, folha SD-24-J-I: *Jaguaripe;* idem, *Carta do Brasil — escala 1:100 000,* folha SD-24-X-A-IV: *Baía de Todos os Santos;* Brasil,..., SUDENE, *Região Nordeste do Brasil — 1:100.000,* folha SD-24-V-B-III: *Santo Estêvão;* idem, *Região Nordeste do Brasil — 1:100.000,* folha SD-24-V-B-IV: *Santo Antônio de Jesus;* idem, *Região Nordeste do Brasil — 1:100.000,* folha SD-V-D-III: *Valença;* SEPLANTEC, *Informações básicas,* vols. 4 e 5 (mapas municipais); e inventários *post-mortem,* APEB, SJ, IT e ARC, IT.

[a]Pirajá, Cotegipe, Paripe, Matoim, Santana da Ilha de Maré e Passé na cidade de Salvador; S. Gonçalo da Vila de S. Francisco, Monte e Socorro no município de S. Francisco do Conde; N. S. da Purificação e N. S. do Rosário no município de S. Amaro; e Iguape no município de Cachoeira.

[b]Inclui alguns engenhos situados na freguesia de N. S. do Rosário do Porto da Cachoeira.

[c]Todas as outras freguesias da cidade de Salvador e dos municípios de S. Amaro e S. Francisco do Conde.

[d]Inclui engenhos localizados em freguesias não especificadas da cidade de Salvador e dos municípios de S. Amaro e S. Francisco do Conde.

[e]Todas as freguesias de Cachoeira, exceto Santiago do Iguape.

[f]Maragogipe, Nazaré e Jaguaripe.

[g]Abrantes e Mata de S. João.

A segunda rota da expansão do açúcar tomou a direção dos municípios do sul do Recôncavo, que se haviam especializado na produção de farinha no final do século XVIII. Ali, grandes trechos de mata, numerosos ribeirões e rios de águas abundantes favoreceram o estabelecimento de engenhos — tanto assim que, em meados do século XIX, Nazaré e Maragogipe tinham quase tantos engenhos quanto os municípios canavieiros tradicionais de Santo Amaro e São Francisco do Conde, do outro lado da baía. Do sul do Recôncavo, a produção de açúcar continuou a se espalhar mais para o interior; e também ao longo do litoral, entrando por áreas que, como Nazaré e Maragogipe, antes haviam-se dedicado quase exclusivamente ao cultivo da mandioca.

A terceira frente compreendeu as freguesias fumageiras de Cachoeira. O acentuado declínio do fumo depois de 1820 sem dúvida estimulou lavradores mais abastados dessas freguesias a mudar para a cana e a investir na construção de engenhos. Assim que o comércio do tabaco começou a se recuperar em meados do século XIX, a expansão da cana cessou, e o número de engenhos nos distritos fumageiros caiu.[55]

Em quarto lugar, o açúcar expandiu-se no lado norte da baía, nos distritos canavieiros tradicionais. Graças à construção de cerca de oitenta novos engenhos, esses distritos continuariam a ser o centro da indústria açucareira baiana, apesar da difusão da cana por outras áreas. A maior parte da expansão no norte do Recôncavo ocorreu em freguesias interioranas como Rio Fundo e Bom Jardim, em Santo Amaro, e São Sebastião do Passé e Catu, em São Francisco do Conde. No entanto, também havia espaço para alguma expansão mais perto da baía. Para construir um engenho numa freguesia às margens da baía, era preciso subdividir uma propriedade existente; apesar disso, os novos engenhos instalados em terras próximas à baía não eram necessariamente pequenos. Ao contrário, alguns eram de grandes dimensões.[56]

Em suma, a expansão da cana transformou consideravelmente o Recôncavo. Enquanto no final do século XVIII a produção de açúcar estivera concentrada numa área relativamente pequena ao longo da margem norte da baía, oito décadas depois era possível encontrar engenhos em freguesias de toda a região.

TENDÊNCIAS, FLUTUAÇÕES E CONJUNTURAS

Seria possível concluir este capítulo com apenas algumas breves observações. As exportações baianas de açúcar e café experimentaram um crescimento de longo prazo entre 1780 e 1860; o comércio do algodão e do fumo sofreu um declínio a longo prazo. O declínio das exportações de algodão continuaria durante o resto do século XIX; mas, no caso do fumo, a tendência de queda se inverteu a partir de meados da década de 1840.

O conhecimento dessas tendências é, sem dúvida, valioso, mas mesmo um exame rápido da economia de exportação da Bahia não deveria deter-se aí. Por definição, as tendências de longo prazo nada revelam sobre as igualmente significativas flutuações de curto prazo que acompanham o crescimento e o declínio. Embora essas flutuações tenham sido esboçadas nas páginas anteriores, resta a tarefa de mostrar como às vezes coincidiram para formar conjunturas mais amplas na economia de exportação como um todo. De fato, quando se centra o foco sobre as flutuações observadas no comércio de diferentes produtos tomados isoladamente, sejam elas de longo ou curto prazo, corre-se o risco de perder de vista a economia de exportação baiana como um todo. Sua história ficaria então fragmentada nas histórias separadas do açúcar, do fumo, do café e do algodão.

Para evitar esse risco, é necessário aproveitar todas as informações apresentadas neste capítulo. Isto, por sua vez, torna possível estabelecer, para a economia de exportação como um todo, a seguinte periodização aproximada.[57]

1776-86: Recuperação marcada pelo aumento da atividade comercial de Salvador e, provavelmente também, das exportações, que atingiu seu auge no início da década de 1780.

1787-1821: Prosperidade baseada no crescimento substancial do comércio dos principais produtos de exportação, com pontos altos no final da década de 1790 e na década de 1810.

1822-29: Crescimento possivelmente mais lento em decorrência, primeiro, da perturbação do comércio durante a guerra da Independência e imediatamente depois; segundo, do persistente declínio das exportações de fumo; e terceiro, da inquietação política e social.[58]

1830-45: Depressão caracterizada por declínio ou estagnação nas exportações de açúcar, fumo e algodão; somente o comércio do café, ainda um produto secundário, registrou crescimento.

1845-60: Recuperação baseada no crescimento das exportações de açúcar e fumo e no persistente vigor das exportações de café, estimulada ainda pelo comércio de diamantes.

A recuperação iniciada em meados da década de 1840 não levou a outro período de grande prosperidade comparável ao ressurgimento da agricultura de exportação do fim do período colonial. Deu lugar, ao contrário, a longas décadas de estagnação e declínio. As receitas totais das exportações não aumentaram nos anos após 1860; para uma população em crescimento, isso equivalia a um declínio na renda oriunda do comércio exterior. Essa estagnação duradoura foi acompanhada por profundas mudanças na economia de exportação baiana, cujos primeiros sinais já se manifestavam no final da década de 1850. O crescimento registrado nas exportações de fumo e café nesses anos continuou em ritmo acelerado depois de 1860. Esses dois produtos vieram a representar uma parcela cada vez maior do comércio exterior da província; de fato, em alguns anos as receitas da exportação do fumo ultrapassaram as do açúcar. A participação do açúcar nessas receitas, em contraste, caiu de cerca de 50% em meados do século para menos de 30% no início da década 1870.[59]

Essas mudanças não foram apenas relativas; refletiram um declínio prolongado da indústria açucareira baiana. As exportações de açúcar da Bahia estagnaram a partir de meados da década de 1850, enquanto outras províncias nordestinas produziam cada vez mais açúcar para venda no exterior. Depois, no final da década de 1880, o comércio açucareiro baiano quase entrou em colapso. Em 1889, a Bahia exportou apenas 114.268 arrobas de açúcar, quantidade absolutamente irrisória, correspondente a menos de 3% do volume que exportara num ano médio em meados do século XIX. A indústria açucareira baiana nunca se recuperaria plenamente do colapso que sofreu em 1889. Entre 1900-1910, as exportações ainda eram, em média, de apenas 8.600 toneladas por ano, ou cerca de 600 mil arrobas — menos de um quinto dos níveis máximos alcançados no início da década de 1850.[60]

As mudanças foram ainda mais longe; atingiram as próprias bases da agricultura de exportação da Bahia. Na prática, a participação do Brasil no tráfico atlântico de escravos estava encerrada em 1852. Navios com porões abarrotados de africanos escravizados para reabastecer a força de trabalho nos engenhos e fazendas da província nunca mais aportariam nas praias baianas. Ainda havia grande quantidade de escravos na década de 1850, mas seu número sofreu um declínio constante nas décadas seguintes. Além disso, o fim do tráfico negreiro foi apenas a primeira de uma série de medidas que levaram à completa abolição da escravidão no Brasil, em 1888. À medida que a população cativa definhava e novas leis restringiam a escravidão como instituição, os senhores de engenho e outros agricultores baianos foram obrigados a encontrar alternativas para o sistema de trabalho que haviam utilizado desde os primeiros anos da colonização portuguesa no Recôncavo.

Stuart Schwartz, em seu estudo da indústria açucareira baiana no período colonial, escreve que "falar da Bahia era falar do Recôncavo, e este foi sempre sinônimo de engenhos, açúcar e escravos".[61] Embora muita coisa já tivesse mudado, a definição de Schwartz ainda poderia ser aplicada de certa forma ao Recôncavo de meados do século XIX; a partir de 1860, porém, tornou-se rapidamente um anacronismo.

CAPÍTULO 2 A farinha de mandioca — "o pão da terra" — e seu mercado

Nos bons tempos, as exportações de açúcar, fumo e café podiam render excelentes lucros para os comerciantes de Salvador e para os senhores de engenho e lavradores do Recôncavo, mas a agricultura de exportação, por si só, não podia sustentá-los. O açúcar e o café supriam, na melhor das hipóteses, uma pequena parte de suas necessidades nutricionais; o fumo não satisfazia nenhuma. No entanto, os escravos que plantavam cana, fumo e café, os senhores de engenho e lavradores que eram seus amos e os habitantes de Salvador cujo bem-estar dependia de uma maneira ou de outra de um fluxo regular de produtos para o exterior — todos precisavam comer. De algum modo, os baianos, na cidade e no campo, tinham de garantir sua subsistência.

Assim como as flutuações do comércio de exportação, a demanda de "gêneros de primeira necessidade" — para usar uma expressão já comum nos séculos XVIII e XIX — também ajudou a moldar a paisagem social e econômica do Recôncavo rural. A produção local voltada para essa demanda, por sua vez, mantinha relações tanto conflituosas quanto complementares com a economia de exportação dominante. Este capítulo dá um primeiro passo para a análise dessas relações, examinando o mercado regional da farinha de mandioca. Sobre nenhum outro gênero alimentício, exceto talvez a carne verde, há tanta documentação. Mas a relativa abundância de fontes sobre a farinha, sua comercialização e produção apenas reflete sua importância fundamental na Bahia. A mandioca, para o fabrico da farinha, era de longe a lavoura de subsistência mais amplamente cultivada no Recôncavo, e a farinha era um componente indispensável do regime alimentar baiano. Portanto, os objetivos deste capítulo são, primeiro, estabelecer a importância da farinha da mandioca como alimento básico e, segundo, avaliar a demanda da farinha comercializada.

A FARINHA NA DIETA COMUM

Os habitantes de Salvador nos séculos XVIII e XIX comiam, é claro, muito mais do que apenas farinha. Hoje os baianos orgulham-se da cozinha que desenvolveram combinando ingredientes e técnicas culinárias portugueses, africanos e indígenas. Muitos dos pratos que atualmente fazem a fama da cozinha baiana já eram conhecidos no fim do século XVIII. Nas ruas, mulheres escravas vendiam carurus, vatapás, acarajés, feijão de leite, abarás e "doces de infinitas qualidades". Além disso, o clima e a localização permitiam à população de Salvador consumir grande variedade de víveres. Safras que se prolongavam pelo ano inteiro mantinham o mercado da cidade abastecido com abundante sortimento de hortaliças e frutas tropicais. Graças à localização à beira-mar, os mariscos e a carne de baleia eram facilmente acessíveis; o peixe fresco, entretanto, costumava ser caro. Por ser Salvador uma cidade portuária, sua população também podia incluir em sua dieta carne-seca importada do Rio da Prata ou do Sul do Brasil; azeite-de-dendê da África ocidental; alho, azeite de oliva (azeite doce), vinho, queijos, farinha de trigo e bacalhau da Europa. Mas o litoral úmido tinha uma desvantagem: não favorecia a pecuária nos arredores de Salvador. Para a carne fresca, a cidade dependia dos rebanhos criados no interior distante, porém mais seco. Fazendeiros de gado dos sertões da Bahia, do Piauí e de Goiás mandavam suas boiadas para o litoral em longas viagens, assegurando um suprimento de reses adequado, ainda que irregular, para os currais dos abatedouros da cidade. Embora muitas vezes de baixa qualidade, a carne verde era amplamente consumida. Em contraste, o consumo de carneiro, porco e vitela era, ao que parece, reduzido.[1]

Contudo, por mais variada ou até rica que pudesse ser a cozinha baiana, o trivial dos moradores de Salvador resumia-se a um pequeno número de gêneros. Entre eles, o principal era a farinha de mandioca. Sob este aspecto, a dieta da maioria dos baianos assemelhava-se àquela que era consumida até recentemente em muitas sociedades predominantemente agrícolas. Essa dieta baseia-se tipicamente em carboidratos complexos, fornecidos sobretudo por um ou dois cereais ou raízes, comidos isoladamente ou combinados com leguminosas, como o feijão. Outros alimentos — verduras, frutas, óleos, gorduras, carne, peixe e condimentos — podem fornecer nutrientes vitais, mas seu papel como fonte de calorias é secundário.[2] A maior parte das calorias vem de um alimento principal e rico em amido; na Bahia, esse alimento era sem dúvida a farinha de mandioca.

Os baianos, decerto, comiam outras raízes e cereais de produção local: o aipim (a mandioca-mansa), o inhame, a batata-doce, o milho e o arroz, todos esses alimentos tinham um lugar em sua dieta. Também entrava nessa dieta o trigo importado. A partir de meados do século XVII, grandes quantidades de pão feito com trigo importado apareciam nas mesas dos moradores mais ricos da cidade. Entre a população como um todo, porém, o consumo de pão permaneceu limitado mesmo no fim do século XVIII. O cronista Luís dos Santos Vilhena observou, na década de 1790, que só imigrantes portugueses abastados insistiam em comer apenas pão de farinha de trigo. Para todos os demais, a farinha de mandioca geralmente tomava o seu lugar. Na verdade, segundo o cronista, "nem os filhos do Brasil, e África existentes nele [i.e., no Brasil] reputam o pão por sustento, mas sim regalo". Vilhena ainda acrescentou que "a experiência tem mostrado que, quando em caso de necessidade se lhes dá pão, pedem farinha para comerem com ele; e tanta força tem o uso, que os mesmos cães, dando-se-lhes pão, o cheiram, e não lhe pegam".[3]

O arroz, o milho e o feijão eram, sem dúvida, mais amplamente consumidos, mas seu papel na alimentação cotidiana era secundário. Não há melhor prova disso que os registros do Celeiro Público de Salvador. Entre 1785 e 1851, o arroz, o milho e o feijão corresponderam a só 12% de todos os gêneros que entraram no Celeiro. A farinha sozinha representou os outros 88%.[4]

Os baianos que dispunham de meios para tanto consumiam diariamente pelo menos um décimo de uma quarta de alqueire de farinha (0,907 litro ou aproximadamente 567 gramas). Era essa a ração que se distribuía aos soldados aquartelados em Salvador e aos escravos empregados pelo Celeiro Público. Essa era também a ração dos presos pobres das cadeias da cidade.[5]

A farinha também servia como alimento básico nas áreas rurais ao redor de Salvador. É até muito provável que compusesse uma parcela ainda maior da dieta dos escravos que moravam nas fazendas, engenhos e sítios do

Recôncavo. Dadas as condições árduas em que esses escravos trabalhavam, a dieta podia fazer grande diferença em suas chances de chegar à meia-idade. Portanto, serve indiretamente como um indicador do tratamento físico geral que os escravos recebiam. Mais que isso, a alimentação, sua quantidade e qualidade faziam parte da mistura complexa de coerção e recompensas que caracterizava as relações entre os senhores e seus cativos. Assim, autores como Jorge Benci e André João Antonil, no século XVIII, e Miguel Calmon e Francisco de Lacerda Werneck, no século seguinte, deram atenção especial à alimentação em suas recomendações aos senhores sobre o "governo dos escravos". Não obstante, hoje, a maioria dos historiadores concordaria que os escravos no Brasil eram muitas vezes alimentados de maneira insatisfatória ou até abominável.[6]

Qualificar o regime alimentar dos cativos de insatisfatório, contudo, nada diz sobre o que de fato comiam. Aqui enfrentamos uma séria dificuldade com as fontes disponíveis: mencionam quase exclusivamente um pequeno número de víveres básicos e geralmente não perecíveis ou comprados. Esses, certamente, não representavam toda a série de gêneros alimentícios que os escravos consumiam; eles alimentavam-se de qualquer coisa de comestível que estivesse ao seu alcance.[7] No entanto, as fontes não deixam de indicar que os dois principais componentes do regime alimentar dos escravos eram a carne-seca e a farinha de mandioca.[8]

A carne-seca importada, ou seu equivalente local, a carne-do-sertão, eram a maior fonte de proteínas para os escravos. Às vezes recebiam também quantidades menores de carne verde. Na Quaresma, alguns proprietários a substituíam por bacalhau. Mas frangos e galinhas raramente entravam na cuia da maior parte dos escravos, a não ser que eles próprios os criassem. Só os doentes recebiam galinhas dos senhores, e, mesmo assim, nem sempre tinham oportunidade de comê-las. O administrador de três engenhos na freguesia de Matoim, por exemplo, comprou várias galinhas em 1822 e 1823 para cativos doentes, mas as usou para preparar vomitórios caseiros.[9]

O toucinho também era uma raridade. Após a morte de Francisco de Oliveira Guedes, em 1858, um inventariante assumiu a administração de seus dois engenhos perto de Maragogipe até a partilha do espólio, em 1864. As compras feitas pelo inventariante, que incluíam não só carne-seca e carne verde como também manteiga e toucinho, provocaram uma discussão com um dos herdeiros. Esses itens, segundo o herdeiro, não faziam parte da dieta dos escravos. O inventariante respondeu que os comprara não para os escravos, mas para os feitores, caixeiros e artesãos que contratara para trabalhar nos engenhos. Esses empregados livres não podiam "ser tratados como escravos, e comer unicamente a carne-seca ou cozida sem toucinho".[10] Os mariscos, porém, serviam como uma fonte suplementar de proteína na dieta dos escravos rurais. Os engenhos e fazendas de cana localizados perto da baía às vezes tinham "mariscadores", cativos cuja função era apanhar caranguejos, ostras e camarões.

Para carboidratos e calorias, os escravos rurais dependiam do mesmo alimento que ocupava lugar de tanto relevo na dieta da população urbana: a farinha de mandioca. Sem dúvida, esses escravos também consumiam milho e feijão, talvez até em grandes quantidades nas fazendas e sítios de fumo; mas só ocasionalmente as fontes mencionam esses alimentos como parte da dieta dos cativos nos engenhos e fazendas de cana. Além disso, exatamente como na cidade, a ração padrão no Recôncavo rural era uma quarta de alqueire de farinha de mandioca a cada dez dias. Alguns senhores forneciam uma ração menor: meia quarta por semana (0,647 litro ou 405 gramas por dia).

Em ambos os casos, essa ração pode parecer implausivelmente grande. Supera de longe até o consumo de farinha entre os habitantes mais pobres de Salvador em tempos recentes. No início da década de 1960, nos domicílios com os níveis mais baixos de renda da cidade, o consumo médio *per capita* era de 130 gramas de farinha por dia. As rações fornecidas na Bahia nos séculos XVIII e XIX destacam-se não só pela quantidade como pela monotonia. Além disso, essa dieta, solidamente baseada em carne-seca e grandes quantidades de farinha, contrasta com as rações muito mais variadas distribuídas nas grandes fazendas de café do Sudeste do Brasil durante o mesmo período. Ali os cativos recebiam regularmente fubá, feijão, arroz, café e toucinho, além de carne-seca e farinha de mandioca.[11]

Mas, apesar desses contrastes, as fontes concordam neste ponto: tanto para a população livre quanto para os escravos rurais indicam, quase sem exceção, uma ração diária de 0,907 ou 0,647 litro de farinha. As poucas fontes conflitantes mencionam rações ainda maiores. Por exemplo, na década de 1870, o viajante alemão Julius Naeher, que visitou o Engenho Subaé, em Santo Amaro, observou que a ração diária dada aos escravos consistia em um pedaço de carne-seca e 1,5 ou dois litros de farinha. Os escravos não recebiam mais nada para sustentá-los ao longo de um dia de trabalho.[12]

Os dois alimentos que enchiam as cuias dos escravos no Engenho Subaé continuariam sendo os víveres básicos para os trabalhadores rurais depois de abolida a escravidão. As informações sobre o regime alimentar na Bahia *rural* em épocas mais recentes comprovam isso. Pesquisas feitas no Recôncavo nas décadas de 1940 e 1970 encontraram entre trabalhadores de usinas e fumicultores pobres um regime alimentar geralmente deficiente em calorias e composto sobretudo de carne-seca, peixe seco, carne de baleia e farinha de mandioca. O aipim, feijão e batata-doce de cultivo doméstico acrescentavam alguma variedade durante parte do ano, mas, terminada a colheita desses produtos, os trabalhadores rurais e pequenos lavradores voltavam a uma dieta baseada na farinha de mandioca. A carne e o peixe serviam sobretudo como "temperos"; tornavam mais fácil engolir grandes quantidades de farinha.[13] A alimentação cotidiana dos que trabalham nos canaviais e nos sítios de fumo do Recôncavo não parece ter mudado muito nos últimos cento e poucos anos. Como seus antepassados escravos, a sobrevivência do morador pobre dos distritos rurais continua a depender, em grande medida, da farinha.

Não se pode dizer o mesmo do pobre urbano de Salvador, onde, ao longo dos últimos duzentos anos, novos padrões de consumo surgiram e alteraram significativamente a dieta comum. Hoje, até os moradores pobres da cidade comem regularmente feijão, arroz e pão, além de farinha de mandioca. O pão feito de farinha de trigo ocupa um lugar importante na sua dieta. A tendência ao maior consumo de pão remonta provavelmente às primeiras décadas do século XIX. Em 1808, Henry Hill, o cônsul norte-americano em Salvador, observou que, enquanto os preços do açúcar continuassem "animados", podia-se esperar que as importações de farinha de trigo crescessem "vastamente... em poucos anos". Embora o preço do açúcar tenha às vezes caído após 1808, a farinha de trigo de fato tornou-se um item importante na pauta de importações da província. Em 1847, uma comissão que examinou o Celeiro Público de Salvador pôde relatar que o consumo de pão na cidade crescera consideravelmente nos trinta anos anteriores. O número de padarias também aumentara: em 1855, a cidade tinha 33 delas, além de 21 estabelecimentos especializados em massas. No final do século XIX, as padarias já eram comuns também nas pequenas cidades do Recôncavo. Fica assim evidente que o pão não estava mais restrito às mesas de imigrantes abastados. Até os prisioneiros pobres nas cadeias de Salvador, na década de 1860, consumiam todo dia, de manhã, café, açúcar e um pão de seis onças (172,5 gramas).[14]

Mais importante, contudo, é que esses mesmos prisioneiros recebiam para sua segunda e última refeição do dia um décimo de uma quarta de farinha de mandioca. Um pãozinho no café da manhã não diminuía sua ração diária. Embora até baianos pobres pudessem comer um pão no café da manhã, era da farinha, acompanhada de carne ou peixe seco ou, para os menos afortunados, apenas temperada com eles, que se valiam para encher seus estômagos ao meio-dia. James Wetherell, que serviu durante muitos anos como vice-cônsul britânico em Salvador, percebeu isso claramente. Wetherell, de tanto se interessar pela cozinha baiana, chegou a dar-se ao trabalho de colecionar receitas. Mas quando foi descrever a alimentação diária da maioria dos baianos em meados do século XIX mencionou apenas três víveres básicos: "carne de vaca, magra e secada ao sol, farinha, que é uma espécie de serragem, e bacalhau, peixe seco que é um pedaço de tábua salgada".[15]

A persistente importância da farinha na dieta comum ao longo de toda a primeira metade do século XIX tornava-se penosamente evidente sempre que a escassez provocava a elevação do seu preço no mercado da cidade. Nesses momentos, os pobres não se amotinavam nas ruas, como o faziam as multidões nas cidades européias, pedindo pão; o que pediam era farinha, o alimento que continuava a ser a base de sua subsistência. O pão provavelmente ganhou muito pouco terreno em detrimento da farinha na dieta dos escravos que viviam na cidade; para eles, continuou a ser, como no tempo de Vilhena, um "regalo", um alimento especial que lhes era dado quando adoeciam.[16]

Não há motivo, portanto, para duvidar das fontes neste assunto. Nas áreas rurais e na cidade, os baianos comiam grandes quantidades de farinha. Serviam a farinha seca e crua; faziam com ela bolinhos fritos e assados; fritavam-na levemente no azeite ou na manteiga para preparar farofa; ou, o que era mais comum, misturavam-na com água ou com caldo de peixe ou carne para fazer pirão. Como quer que a preparassem, a farinha era verdadeiramente "o pão da terra".[17]

O MERCADO LOCAL PARA A FARINHA DE MANDIOCA

A importância da farinha de mandioca é, pois, indiscutível. Presente tanto nas mesas dos ricos, como nas dos pobres, e nas cuias e baldes que os escravos usavam à falta de pratos, constituía a base da dieta comum. Era, portanto, um produto com um mercado local potencialmente grande. Mas será que esse mercado era de fato grande? E, o que é mais importante, será que era suficientemente grande para ter algum impacto real na paisagem social e econômica do Recôncavo? Já existia no final de século XVIII um comércio significativo de farinha? O primeiro passo para responder a estas questões é determinar, ainda que de modo aproximado, a demanda de farinha *comercializada*.[18] Em outras palavras, deve-se perguntar que parcela da população comprava farinha regularmente em vez de plantar mandioca e fazê-la para suprir suas necessidades imediatas.

A demanda urbana

A população urbana do Recôncavo e principalmente os habitantes de Salvador deviam comprar grande parte da farinha vendida no mercado local. Seus números não eram desprezíveis; no Brasil dos séculos XVIII e XIX, onde a vasta maioria da população ainda vivia em áreas rurais, o Recôncavo destacava-se como uma região de excepcional urbanização, e Salvador como uma das cidades mais populosas.

As tentativas de calcular o tamanho do mercado de farinha devem começar, portanto, com os dados censitários sobre a população de Salvador. Isso só pode ser feito, porém, com certas ressalvas. Para começar, nem todos os habitantes da cidade necessariamente compravam farinha. Os moradores mais ricos às vezes possuíam roças plantadas com hortas, pomares e mandioca nos arredores da cidade. A farinha feita com essa mandioca permitia-lhes escapar da dependência do mercado. Do mesmo modo, não era impossível que grandes proprietários que passavam parte do ano na cidade mandassem buscar mantimentos em suas terras. Até moradores pobres da cidade talvez recebessem farinha de parentes e amigos dos distritos rurais. As pesquisas feitas em diversas partes do mundo revelam toda uma série de trocas não monetárias entre as cidades e seus *hinterlands* rurais em sociedades pré-industriais.[19] Trocas semelhantes certamente ocorriam em Salvador nos séculos XVIII e XIX; mas, justamente porque essas trocas passavam ao largo do mercado, seu volume e freqüência não foram documentados. Tudo isso significa que as estatísticas sobre a população de Salvador dão apenas uma idéia aproximada do volume da demanda urbana de farinha.

A tarefa de localizar essas estatísticas apresenta problemas adicionais. Após a Independência, não foi feita nenhuma contagem razoavelmente confiável da população da cidade até 1872, a data do primeiro censo nacional. Cerca de sessenta anos separam esse censo do último realizado no período colonial. Além disso, a cidade de Salvador, com seus subúrbios ("a cidade e seu termo"), abrangia muito mais do que a área propriamente urbana. Incluía também freguesias suburbanas de caráter inteiramente rural. Felizmente, na época, distinguiam-se as nove e, mais tarde, onze freguesias "urbanas" que compunham a cidade propriamente dita dos subúrbios rurais. A distinção, porém, pode ser enganosa, pois várias freguesias "urbanas" abrigavam áreas totalmente rurais. No século XIX, com o crescimento da população, o perímetro urbano da cidade passou a incluir essas freguesias. Mesmo assim, na década de 1850, ainda era possível encontrar roças, sítios, fazendas e até alguns engenhos nas freguesias "urbanas" da Vitória, de Brotas e de Santo Antônio Além do Carmo.[20] Em conseqüência, os dados censitários relativos à cidade propriamente dita superestimam em certa medida a população estritamente urbana, e isso mais no século XVIII que no XIX; ou seja, tendem a exagerar o número de habitantes que geralmente não teriam outro recurso senão comprar farinha.

Apesar de suas deficiências, os censos continuam sendo a melhor fonte de informação sobre o tamanho e o crescimento do mercado urbano de Salvador e, por conseguinte, sobre a demanda de farinha na cidade. Por isso, a Tabela 6 reúne os resultados de vários censos dos séculos XVIII e XIX. Esses resultados sugerem que a população da cidade era de quase 40 mil em 1780 e pode ter chegado a 50 mil em 1807. Assim, Salvador destacava-se no fim do período colonial como a cidade mais populosa da América portuguesa. Embora depois de 1808 tenha perdido essa posição para o Rio de Janeiro, continuou sendo a segunda maior cidade do Brasil até mais ou menos 1900. A capital baiana constituía, portanto, um dos mais importantes mercados urbanos do Brasil nos séculos XVIII e XIX. Além disso, com seu porto movimentado e sua Cidade Baixa, alvoroçada e apinhada, dava a impressão de ser ainda maior. Nas estimativas que faziam, tanto autores brasileiros como visitantes estrangeiros costumavam calcular sua população em 70 mil a 185 mil.[21]

TABELA 6

População de Salvador, anos selecionados, 1706-1872

Ano	População	Ano	População
1706	21.601	1775	33.635
1755	37.453	1780	39.209
1757[a]	34.442	1805	45.600
1757[a]	37.323	1807	51.112
1759	40.263	1870	77.686[b]
1768	40.922	1872	108.138

Fontes: Th. de Azevedo, pp. 185, 188-89; J. Caldas, p. 38; Martinho de Mello e Castro, "Instrucção para o Marquez de Valença" (1779), *ABN*, 32 (1910): 437; "Mappa de todas as Freguezias que pertencem ao Arcebispado da Bahia" (1775), *ABN*, 32 (1910): 296-97; A. J. da Costa, estampa 3; "Mappa da enumeração da gente e povo desta Capitania" (1780), *ABN*, 32 (1910): 480; Mattoso, *Bahia: a cidade*, p. 129; Conde da Ponte (Gov.) ao Visconde de Anadia (16/6/1807), *ABN*, 36 (1914): 460; Repartição da Polícia, "Quadro da população livre e escrava da Provincia da Bahia" (1870), APEB, SH, 1600; Brasil..., *Recenseamento* (1872).

[a]Resultados de dois censos, ambos realizados em 1757.

[b]Resultados de um censo realizado pela polícia; obviamente uma subestimação.

Com relação a grande parte do século XIX, essas estimativas são a única fonte de informação disponível sobre a população da cidade, mas sua utilidade é limitada. Como provaram os censos de 1870 e 1872, a aparência de Salvador podia ser enganosa. Os resultados do censo de 1870, realizado pela polícia, certamente ficam aquém da realidade, mas dois anos depois o censo nacional, em geral mais confiável, registrou bem menos que os 185 mil habitantes da estimativa feita por Sebastião Ferreira Soares em 1865. Mas o mesmo censo nacional também revelou que nas sete décadas anteriores o tamanho da cidade mais do que duplicara. Pode-se, portanto, cautelosamente concluir que a população de Salvador cresceu de 40 mil por volta de 1780 para talvez 90 mil em 1860, e para mais de 110 mil no início da década de 1870.[22]

Ao lado dos moradores permanentes da cidade movia-se uma numerosa população flutuante. As centenas de barcos que chegavam de vários pontos do Recôncavo e os navios maiores do comércio costeiro e transatlântico podiam, a qualquer dia, pôr em terra até 2.200 marinheiros. Os navios que chegavam à cidade vindo da África traziam não só marinheiros, mas também escravos. Porto dos mais importantes no tráfico negreiro, Salvador abrigava os cativos africanos recém-chegados até que fossem vendidos para engenhos e fazendas no interior ou reexportados para outras partes do Brasil. O número de escravos importados variava muito de ano para ano, mas, em algumas décadas, as médias anuais ultrapassavam os sete mil.[23] Durante sua permanência na cidade, tanto marinheiros quanto escravos em trânsito tinham de comer; eles também, portanto, faziam sentir sua presença no mercado urbano de Salvador.

Nesse mercado, também se vendia farinha para consumo fora da cidade. Os navios que partiam levavam provisões. Do mesmo modo, os comerciantes do tráfico negreiro carregavam suas embarcações com farinha para alimentar os escravos na viagem de volta da África. Essas compras assemelhavam-se a uma espécie de exportação, mas a farinha negociada no mercado de Salvador ingressava também no comércio exportador propriamente dito. Geralmente em pequenas quantidades, constava muitas vezes da pauta das exportações baianas.[24]

Em resumo, a demanda urbana de farinha abrangia dois segmentos amplos, um relativamente estável, o outro mais variável. O primeiro era o dos moradores permanentes de Salvador. Embora seu número tenha crescido entre 1780 e 1860, a quantidade de farinha de que eles precisavam era, geralmente, mais ou menos a mesma de um ano para outro. Em contraste, o segundo segmento, menor e formado por escravos em trânsito, marinheiros, navios de partida e exportações, podia flutuar consideravelmente de um ano para outro. Juntos, esses dois segmentos formavam um mercado urbano para a farinha inegavelmente grande, cujo tamanho mais do que duplicaria entre as últimas décadas do século XVIII e meados do século XIX.

Ainda assim, este resumo fornece um quadro incompleto da demanda urbana. Os dados censitários e as estimativas da população flutuante dizem-nos quantas pessoas tinham de ser alimentadas num determinado ano; referem-se ao volume total da demanda de farinha. A elasticidade dessa demanda, no entanto, também influía no funcionamento do mercado urbano. Conseqüentemente, faz-se preciso perguntar se, quando os preços subiam, os baianos compravam menos farinha, reduzindo a demanda. Embora não se disponha das fontes necessárias para que se possa responder a esta pergunta com precisão, as informações sobre a composição da população de Salvador e a distribuição da riqueza entre os habitantes da cidade permitem especulações sugestivas.

Em Salvador, uma minoria branca vivia lado a lado com uma maioria de pretos e pardos, a qual sempre despertava comentários de visitantes estrangeiros. As observações de Robert Avé-Lallemant, feitas em 1859, são típicas: "Seria possível", escreveu, "com um pouco de imaginação tomar a cidade por uma capital africana, a residência de um poderoso príncipe negro, em que uma população de brancos estrangeiros passa despercebida." E acrescentou: "Tudo parece negro: negros na praia, negros na cidade, negros lá embaixo, negros lá em cima. Tudo que corre, grita, trabalha, tudo que carrega e vai buscar é negro."[25]

Avé-Lallemant e outros viajantes tendiam a exagerar em sua descrição da população da cidade. Ou não conseguiam avistar os brancos (que com freqüência ficavam dentro de casa, ao abrigo de olhares estrangeiros), ou estavam tentando dar maior efeito dramático às suas narrativas. Outros ainda podem ter exagerado porque, como escreveu um viajante português em 1788, uma população como aquela "dá logo nos olhos, a quem não está acostumado a ver colônias". De qualquer maneira, não exageraram muito a proporção de pretos e pardos. Segundo um censo de 1807, os brancos representavam 28% da população da cidade. A proporção de brancos registrada pelo censo nacional de 1872 foi quase a mesma (31%). Os pretos e pardos compunham o resto da população.[26]

Salvador devia sua grande população negra e afro-mestiça ao uso generalizado da mão-de-obra escrava em sua economia. A posse de escravos era tão comum na cidade que, na opinião de José da Silva Lisboa, era "prova de mendicidade extrema o não ter um escravo; ter-se-ão todos os incômodos domésticos, mas um escravo a toda a lei". Os cativos trabalhavam não só como criados domésticos, mas em todo tipo de faina manual, em muitos ofícios qualificados e no pequeno comércio. Em Salvador, longe de ser um privilégio de uma pequena minoria rica, a posse de escravos penetrava profundamente na estrutura social da cidade. Viúvas, solteironas e outros baianos de recursos modestos muitas vezes subsistiam com o que seu único cativo ganhava trabalhando como jornaleiro (i.e., diarista) ou como vendedor ambulante. Os próprios escravos forros compravam escravos quando tinham condições para tanto. Em conseqüência, os cativos representavam algo entre um terço e dois quintos da população da cidade no final do século XVIII e na primeira metade do XIX.[27]

Outro segmento considerável da população consistia em escravos libertos e homens e mulheres livres e pobres, cujas condições materiais de existência freqüentemente diferiam pouco daquelas suportadas pelos escravos. A extrema pobreza em que vivia a maior parte dos moradores da cidade estarreceu Louis-François de Tollenare, que morou em Salvador em 1817 e 1818. O viajante francês registrou em seu diário que "caminhando pelos arrabaldes e subúrbios mais distantes, fica-se impressionado ao ver ali o rebuliço de uma imensa população de brasileiros livres, amontoados em casinholas. Todos vivem de nada e estão vestidos da mesma coisa". Nas insurreições e motins das décadas de 1820 e 1830, esses homens e mulheres livres, pobres e, muitas vezes, desempregados, iriam para as ruas e saqueariam lojas e armazéns.[28]

Escravos ou livres, os baianos viviam, em sua maioria, à beira da subsistência, mesmo em tempos de prosperidade. Sobreviviam, de um dia para o outro, com os alimentos mais baratos: carne-seca, bacalhau e, sobretudo, farinha. Quando se defrontavam com preços altos da farinha, não podiam recorrer a substitutos mais baratos; o pão de farinha de trigo importada devia ser em geral, se não sempre, mais caro. O arroz, o milho e o feijão também não podiam servir, pois nunca chegavam ao mercado da cidade em quantidades suficientes. Portanto, quando o preço da farinha subia, a maior parte da população de Salvador não tinha escolha; tinha de pagar. Comprava-se menos carne; pedia-se dinheiro emprestado; mas só se comprava menos farinha em último caso, pois significaria fome. Em conseqüência, a demanda de farinha deve ter sido relativamente inelástica no mercado de Salvador.

Tudo isso ainda não esgota a discussão sobre a demanda da farinha comercializada. A cidade de Salvador não estava isolada, desligada dos distritos rurais que a cercavam; era parte de uma região. Da mesma maneira, seu mercado fazia parte de uma demanda regional maior de farinha e de outros gêneros de primeira necessidade. O Recôncavo era uma das áreas mais densamente povoadas do Brasil. Dentro de seus limites havia as sedes de mais de meia dúzia de vilas (municípios) e um número muito maior de povoados e arraiais que, junto com Salvador, formavam uma das mais antigas redes urbanas do Brasil. As sedes dessas vilas eram em geral pequenas, servindo sobretudo como centros de administração e de comércio para as áreas rurais próximas. Mesmo no início do século XIX, consistiam muitas vezes em pouco mais do que uma casa de câmara e uma igreja paroquial, em torno das quais se aglomeravam umas poucas casas, lojas e armazéns de açúcar ou fumo.[29]

Nem todas as sedes, contudo, eram povoados tão modestos. Por exemplo, Cachoeira, sede da maior vila do Recôncavo, já era um importante entreposto de comércio inter-regional em meados do século XVIII. Boiadas vindas dos sertões passavam por seus arredores a caminho de Salvador. Navios e barcos atracados no rio Paraguaçu recebiam ali cargas pesadas de fumo e açúcar das freguesias rurais da vila e de algodão, couros e ouro provenientes de áreas mais remotas do interior. Descarregavam tecidos, ferramentas e outras manufaturas européias que os comerciantes da vila, por sua vez, enviavam em lombos de mulas e cavalos para povoados de todo o vasto interior da Bahia. Graças a esse comércio rico e variado, Cachoeira cresceu e prosperou. Junto com São Félix, seu subúrbio na margem oposta do Paraguaçu, tinha 1.096 "fogos" (casas) em 1804 e uma população de talvez sete mil. Viajantes europeus encontravam nela uma aparência totalmente urbana. Cachoeira e São Félix continuaram a florescer na primeira metade do século XX com o desenvolvimento da indústria de charutos. As outras cidades da região também cresceram; na década de 1880, Santo Amaro e Nazaré já rivalizavam com Cachoeira em tamanho e riqueza.[30]

Pequenas ou grandes, todas as cidades do Recôncavo constituíam mercados que tinham de ser abastecidos. Seus moradores, como os de Salvador, dependiam do comércio local para obter mantimentos básicos. Assim, contribuíam para a demanda regional de farinha de mandioca.

A demanda rural

Fora das cidades e dos povoados do Recôncavo, nos engenhos, sítios e fazendas, os escravos cultivavam cana-de-açúcar, fumo e café para exportação. Será que também plantavam — por conta própria ou por ordem de seus senhores — mandioca e outros víveres para assim assegurar sua subsistência? São comuns na historiografia as afirmações de que esse era o caso. Mas muitas vezes essas afirmações não passam de conjecturas. Em vez de confiar em simples conjecturas, é melhor examinar cuidadosamente a questão da auto-suficiência dos engenhos e fazendas do Recôncavo.*

Nas fazendas e sítios de fumo, a auto-suficiência era de fato a regra. O cultivo constante de fumo esgotava rapidamente a fertilidade do solo. Para evitar esse desgaste, os lavradores de fumo do Recôncavo não só adubavam seus terrenos como também alternavam o fumo com a mandioca e freqüentemente também com o feijão e o milho. Com isso, conseguiam em geral colher mandioca suficiente para alimentar suas famílias e seus escravos. Muitas vezes até produziam um excedente de farinha.[31]

As questões da auto-suficiência e do abastecimento tornam-se mais complexas no caso dos engenhos e fazendas de cana. Essa complexidade aparece numa das primeiras fontes a tratar dessas questões, a "descrição econômica" da Bahia escrita por Luís Antônio de Oliveira Mendes por volta de 1790. Mendes tentou calcular os custos da operação de um engenho típico, mas não incluiu em seus cálculos quaisquer gastos com a ali-

*Na discussão que se segue, a auto-suficiência diz respeito unicamente àquela relacionada aos suprimentos necessários de farinha.

mentação porque, como explicou, um senhor de engenho podia produzir em sua propriedade tudo de que precisava para o sustento de sua família e de seus escravos. No mesmo texto, contudo, Mendes tentou convencer os senhores de engenho a pararem de comprar farinha. Argumentou que se eles se dessem ao trabalho de cultivar mandioca e outros mantimentos, poderiam reduzir seus custos e aumentar seus lucros.[32]

Mendes talvez tenha redigido sua "descrição econômica" às pressas, sem perceber que caíra em contradição. É muito possível, porém, que a contradição em sua obra reflita uma consciência da diversidade das práticas adotadas nos engenhos e fazendas de cana do Recôncavo. Embora seja difícil hoje discernir padrões claros em meio a essa diversidade, um primeiro passo nessa direção é considerar as possíveis estratégias de abastecimento a que os senhores de engenho e lavradores de cana podiam recorrer para obter farinha para suas famílias e escravos.

Eram efetivamente três as estratégias a sua disposição.[33] Primeiro, tal como os lavradores de fumo, podiam mandar seus escravos cultivarem mandioca e usar a mandioca colhida para preparar farinha; essa farinha distribuiriam como rações aos mesmos escravos. Segundo, podiam dar aos seus escravos a terra suficiente e o tempo "livre" necessário para que cultivassem toda a mandioca de que precisavam. Qualquer uma dessas estratégias tornaria suas propriedades auto-suficientes em tempos normais. A terceira estratégia, ao contrário, envolvia o recurso ao mercado. Senhores de engenho e lavradores de cana podiam comprar farinha e distribuí-la em rações regulares. Como as observações contraditórias de Mendes sugerem, todas as três estratégias podiam ser encontradas em uso no Recôncavo em qualquer momento. Além disso, não se excluíam mutuamente; era possível combiná-las, como de fato se fazia às vezes em algumas propriedades. Ainda assim, para tentar determinar qual a estratégia de abastecimento que predominava, é melhor examinar cada uma em separado. Além de ajudar a responder a questões sobre o tamanho do mercado local para a farinha, esse exame revela muito sobre a administração cotidiana dos engenhos e fazendas de cana do Recôncavo e sobre a vida que os escravos levavam.

O cultivo de mandioca por conta do proprietário

Para os senhores de engenho e os lavradores de cana, usar os próprios escravos para cultivar lavouras de subsistência não era apenas uma estratégia possível de abastecimento; era uma obrigação legal. Preocupadas com os problemas sociais e políticos que a escassez poderia ocasionar, a Coroa e as autoridades locais tentaram mais de uma vez garantir uma oferta adequada de gêneros alimentícios através de legislação. Alvarás e provisões régias de 1642, 1680 e 1690 obrigavam os senhores de engenho e lavradores de cana a cultivar mandioca. Decretos posteriores renovaram essa obrigação e especificaram que deviam cultivar pelo menos quinhentas covas de mandioca por cada escravo a seu serviço.[34]

A repetição dessas leis é por si mesma sugestiva; se tivessem sido obedecidas, não teria sido necessário reeditá-las a cada ameaça de escassez. O cronista Vilhena, escrevendo no final da década de 1790, não tinha dúvida sobre o assunto; não conhecia um só senhor de engenho que cultivasse o número obrigatório de covas de mandioca. Uma década e meia depois, o juiz de fora de Santo Amaro e São Francisco do Conde confirmou as observações de Vilhena quando, em 1817, informou ao governador que em sua jurisdição — o próprio coração da zona açucareira da Bahia — as leis sobre o plantio da mandioca se achavam "em desuso".[35]

Essas leis encontravam resistência em grande parte por serem onerosas. Quinhentas covas de mandioca teriam produzido muito mais farinha do que um escravo seria capaz de consumir em um ano. Os legisladores em Portugal e na colônia que conceberam tais leis não eram movidos propriamente pela preocupação com o sustento dos escravos rurais; procuravam, antes, assegurar estoques abundantes de farinha para os mercados locais. Calculavam que, com um terço da mandioca colhida, o senhor de engenho poderia sustentar sua família e seus cativos. Os dois terços restantes ficariam então disponíveis para venda para o "Povo".[36] Compreensivelmente, os senhores de engenho resistiam a essas leis que, em parte, visavam a transformar suas propriedades em fazendas de mandioca.

Plantações menores de mandioca, suficientes para o consumo interno, permitiriam aos senhores de engenho e lavradores de cana, é claro, evitar a despesa da compra de farinha. Além disso, como nas fazendas e sítios de fumo, certas práticas agrícolas os estimulavam a produzir farinha para consumo próprio. Às vezes, cultivavam mandioca em terreno recém-limpo para "amaciar" o solo antes de plantar cana pela primeira vez. Ocasionalmente, plantavam lavouras de subsistência, inclusive a mandioca, entre as fileiras de cana. Em outros casos, terras "cansadas", que já não produziam açúcar de boa qualidade, passavam a ser plantadas com mandioca por alguns anos. Talvez em conseqüência dessas práticas, o cultivo da mandioca tornou-se comum nos engenhos dos distritos açucareiros mais novos, como São Pedro do Açu da Torre, e também, ao que parece, das freguesias de Cachoeira (menos o Iguape) e do sul do Recôncavo.[37]

Nenhuma dessas áreas, porém, era em absoluto representativa dos tradicionais distritos açucareiros da Bahia. Seus solos eram mais leves e mais arenosos do que os massapés pesados e argilosos que os senhores de engenho do lado norte da baía consideravam ideais para a cana. Portanto, era mais fácil para senhores de engenho em Açu da Torre, em Cachoeira e no sul do Recôncavo cultivar tanto a cana como a mandioca em suas terras. Mesmo assim, a qualidade do solo não era em lugar algum um impedimento absoluto para o cultivo da mandioca. Ainda que a colheita possa ser mais difícil e o rendimento possa ficar abaixo da média, a mandioca cresce em solos de massapé. Além disso, mesmo nos distritos de massapé, a maioria dos senhores de engenho podia encontrar em suas propriedades algum pedaço de terra com solos leves e arenosos, adequados ao cultivo da mandioca. Ou então certamente tinham alguns terrenos em que a cana já não crescia bem. Em último caso, como Miguel Calmon sugeriu, podiam comprar ou arrendar fazendas ou sítios em distritos com solos arenosos para plantar mandioca.[38]

Não obstante, muitos senhores de engenho manifestavam franca hostilidade às lavouras de subsistência. Na sua opinião, o cultivo da mandioca apenas acelerava o desmatamento, privando seus engenhos da lenha necessária ao fabrico do açúcar. Cultivar mantimentos também implicava desviar recursos — terra e, mais importante, mão-de-obra — da produção mais rentável da cana-de-açúcar. Não é de surpreender, portanto, que, na década de 1810, os senhores de engenho de Santo Amaro tenham chegado a proibir seus arrendatários de plantar mandioca. Certamente concordavam com o desembargador João Rodrigues de Brito que, em 1807, afirmou ser disparatado obrigar "o lavrador a ocupar com a mesquinha plantação de mandioca, que se dá em toda a qualidade de terra, os raros e preciosos torrões de massapé". Na mesma ocasião, Manoel Ferreira da Câmara, um senhor de engenho rico e esclarecido, declarou com evidente orgulho e em desafio às leis, "não planto um só pé de Mandioca, para não cair no absurdo de renunciar a melhor cultura do País pela pior que nela há, e para não obstar a uma por outra cultura, e complicar trabalhos de natureza diferente". Quase trinta anos depois, Miguel Calmon, cuja família possuía vários engenhos, observou que raramente se encontravam lavouras de subsistência de qualquer espécie nas grandes propriedades açucareiras do Recôncavo.[39]

As observações de Calmon são confirmadas por uma amostra de mais de 150 inventários *post-mortem* realizados nos principais distritos canavieiros do Recôncavo entre 1780 e 1860. Na amostra, não passa de 36% a proporção de lavradores de cana que possuíam rodas de ralar mandioca e outros "acessórios de fazer farinha", e somente um quinto (23%) dos engenhos tinham "acessórios" desse tipo. Torna-se evidente que muitos senhores de engenho e lavradores de cana não cultivavam mandioca alguma.

Roças de escravos

Ainda assim, é possível que os engenhos e fazendas de cana do Recôncavo fossem, em grande parte, auto-suficientes. Aproveitando seu tempo "livre" para trabalhar em pequenos lotes de terra que seus senhores lhes concediam, talvez os escravos cultivassem mandioca suficiente para seu sustento. Nesse caso, mesmo que os senhores de engenho e lavradores de cana produzissem, por conta própria, pouca ou nenhuma mandioca, teriam evitado a despesa da compra da farinha no mercado.[40]

Permitir que os escravos cultivassem roças para proveito próprio era uma prática comum em muitas áreas de agricultura escravista nas Américas. Vários estudos sobre as Antilhas e o Sul dos Estados Unidos constatam que os escravos tinham freqüentemente, por costume, o "direito" a pequenas parcelas de terra e ao tempo necessário para nelas trabalhar. Esses estudos também demonstram que, mediante o cultivo de alimentos por conta própria, os escravos conseguiam um grau limitado, mas real, de autonomia em suas vidas cotidianas. Mais que isso, em algumas áreas, as roças lhes permitiam desenvolver ampla variedade de atividades produtivas e comerciais independentes. De modo semelhante, pesquisas recentes mostram que os escravos em outras regiões do Brasil também cultivavam roças.[41]

Embora as roças, sob diversos nomes, estivessem presentes em muitas áreas de agricultura de *plantation*, seu papel na subsistência dos cativos variava muito de uma região para outra e ao longo do tempo. Num extremo, os escravos da Jamaica, da Guiana Francesa, da Martinica e de Granada tiravam a maior parte de seu sustento do que cultivavam em seus lotes. Muitos conseguiam até colher excedentes consideráveis para vender em mercados locais. No outro extremo, os escravos de Barbados, de Antígua e do Sul dos Estados Unidos dependiam sobretudo das rações distribuídas pelos seus senhores.[42]

Diante dessa diversidade, é preciso ter cautela na avaliação do papel das roças na subsistência dos escravos rurais na Bahia. A necessidade de cautela é ainda maior porque Jacob Gorender afirma especificamente que as roças eram raras nos engenhos do Nordeste, onde o calendário agrícola não incluía quase nenhum período de inatividade e onde o trabalho na lavoura principal mantinha os cativos ocupados durante quase todo o ano.[43] A primeira tarefa que se impõe, portanto, é determinar se os escravos no Recôncavo geralmente tinham acesso a roças.

Sobre esta questão, não faltam informações nas fontes. A extensão do calendário agrícola, por si só, não excluía a possibilidade de conceder aos escravos tempo e terra para cultivarem lavouras de subsistência numa roça. Cronistas baianos do final do século XVIII, como José da Silva Lisboa, Luís Antônio de Oliveira Mendes e Luís dos Santos Vilhena, todos se referiram à prática. Manoel Ferreira da Câmara, proprietário de um grande engenho no Recôncavo, também a mencionou na década de 1830.[44] Escrevendo na mesma época, Miguel Calmon proclamou as vantagens que os senhores de engenhos obtinham quando concediam roças a seus escravos:

> É mui conveniente que o Senhor dê, ou habilite o escravo a ter alguma propriedade; e excite a sua indústria. É um poderoso meio para distraí-lo de idéias inseparáveis da sua triste condição, e inspirar-lhe o desejo de trabalho, e até convidá-lo a viver em família. A prática de movê-lo a que plante uma roça, mormente de víveres, de permitir-lhe que tenha alguma criação, ou exercite alguma indústria; é sem dúvida conducente para a sua possível felicidade, enquanto pode modificar as propensões desregradas, que a escravidão gera, e alimenta, e melhorar os seus costumes.[45]

Significativamente, Calmon falou em ceder "propriedade" aos escravos. Reconhecia que eles tinham "direitos", se não por lei, então por costume, sobre os lotes que cultivavam.[46]

Enquanto Calmon e Câmara escreviam sobre roças, o inventariante que administrava uma grande fazenda de cana, denominada Capela de Santa Maria, na freguesia do Iguape, estava pagando escravos para que trabalhassem aos domingos e dias santos, tempo que normalmente usariam para cuidar das suas roças. Miguel de Teive e Argolo, o proprietário do Engenho Santo Estêvão, fez o mesmo vinte anos depois. Mais ou menos na mesma época, dois quacres ingleses em visita ao Engenho Vitória, no Iguape, souberam que ali os escravos adultos cultivavam "roças (*provision-grounds*) para seu próprio proveito".[47]

Outros indícios vêm de um levantamento, feito, em 1854, dos engenhos da freguesia de Matoim (Salvador), a alguns quilômetros do Santo Estêvão, que descreve os engenhos Novo Caboto e Matoim como compostos "de terras occupadas em plantações de canas, pastos e as mandiocas dos escravos". Esse levantamento, ao mencionar as lavouras dos escravos, contrasta com outras descrições de engenhos baianos da época, que raramente se referem às roças, muito menos a sua localização, a sua extensão ou aos gêneros nelas plantados. O mesmo ocorre com outras fontes como os inventários *post-mortem,* nos quais talvez se esperasse encontrar informações desse tipo. Nos inventários, os avaliadores muitas vezes registravam em grande detalhe os limites da propriedade, o tamanho e a localização dos canaviais, o estado de conservação das cercas, a qualidade dos solos e as ferramentas, até enxadas e machados quebrados, que os escravos usavam em seu trabalho diário. Em alguns casos, davam-se até ao trabalho de arrolar e avaliar, um a um, dendezeiros, árvores frutíferas, coqueiros e touceiras de bananeiras. No entanto, quase nunca registravam as roças cultivadas por escravos. A falta de referências explícitas a roças obviamente torna o trabalho do historiador mais difícil. Mas, como João Fragoso e Manolo Florentino argumentam com razão, ao não registrar e avaliar roças, os avaliadores estavam a reconhecer implicitamente que as lavouras que os cativos nelas plantavam não pertenciam ao proprietário falecido. Com efeito, tanto avaliadores quanto herdeiros seguiam o costume generalizado e reconheciam que, na prática, os escravos tinham "direitos" sobre os gêneros que cultivavam para seu próprio uso.[48]

Assim, não surpreende que a mais detalhada descrição das roças de qualquer engenho baiano tenha sido deixada por um visitante europeu. Em 1847, o barão Forth-Rouen, um diplomata francês, aproveitou uma escala em Salvador para visitar vários engenhos do Recôncavo. Numa propriedade pertencente ao visconde de Pedra Branca, observou que

> cada [escravo] possui uma porção de terra que escolhe onde quer e cultiva quando e como lhe apetece. Todos têm também um cavalo; alguns têm vários cavalos que alugam para seu senhor. Têm também gado, ovelhas etc.[49]

Forth-Rouen acrescentou que, nessa questão, o visconde concedia a seus escravos liberdades excepcionais e tinha constante preocupação com o bem-estar deles. A maioria dos outros senhores de engenho certamente determinava onde os cativos podiam fazer suas roças e quando podiam trabalhar nelas. É também improvável que muitos escravos no Recôncavo possuíssem cavalos. O que não era excepcional, contudo, era a liberdade que os escravos do visconde tinham de plantar suas roças como lhes apetecia.[50]

A questão passa a ser agora a de saber se os escravos tiravam de suas roças o grosso de seu sustento. As observações de José da Silva Lisboa indicam que sim; em 1781, Lisboa escreveu: "a sustentação dos escravos ordinariamente não está a cargo dos senhores, porque, por um costume quase universal, se lhes dá o dia do sábado e domingo para neles lavrarem, o que lhes for mister, assinando-se-lhes o terreno". Lisboa pode ter exagerado; a Igreja na Bahia colonial queixava-se às vezes de que os senhores de engenho só permitiam que seus cativos trabalhassem em suas roças aos domingos, quando deveriam, como qualquer cristão, estar descansando. Quase vinte anos depois, no fim da década de 1790, Luís dos Santos Vilhena observou que apenas alguns senhores de engenho se recusavam a dar rações a seus escravos e os forçavam a viver exclusivamente do produto de suas roças. Esse senhores de engenho, na opinião de Vilhena, eram os mais cruéis e os mais desumanos no tratamento de seus cativos. Como Vilhena, Manoel Ferreira da Câmara, na década de 1830, também denunciou como desumanos os senhores que deixavam de distribuir rações. Os escravos, segundo Câmara, não podiam sobreviver apenas com o que produziam por conta própria; portanto, não distribuir rações equivalia a dizer-lhes: "Vão roubar para sustentar a vida." Câmara citou o exemplo de vizinhos seus que não distribuíam rações e afirmou que os escravos desses vizinhos "têm chegado a roubar-me até as talhadas de inhame metidas na terra, e não há cacho de banana que lhes escape".[51]

Miguel Calmon, escrevendo na mesma época, conseguiu encontrar todo tipo de vantagens para os proprietários rurais no costume de conceder roças aos cativos, mas, significativamente, não incluiu entre elas a possibilidade de transferir para os escravos a total responsabilidade pela própria subsistência. Ao contrário, fez eco a Vilhena e Câmara, condenando os senhores que davam a seus escravos "*um dia* em vez de *ração*". Esses senhores, segundo Calmon, agiam nem tanto por "crueldade", mas por "estólida indiferença" pelo bem-estar de seus cativos, mas o resultado pouco tinha de humano; ele descreveu os cativos pertencentes a esses senhores como o próprio quadro da "miséria, do vício e da morte".[52]

No todo, os comentários de Vilhena, Câmara e Calmon não nos levam muito longe. Apenas estabelecem que em *alguns* engenhos os escravos obtinham a maior parte de seu sustento das suas roças. Em nenhum momento esses autores sequer insinuaram que isso ocorria na maioria dos engenhos baianos. Além disso, ao denunciar os senhores de engenho que não distribuíam rações, todos os três fizeram pouco mais que exumar preceitos moralistas que autores reformistas, como os jesuítas André João Antonil e Jorge Benci, haviam proposto pela primeira vez no início do século XVIII.[53] No máximo e com muita cautela, poderíamos concluir que, com a revitalização do comércio açucareiro, o número de engenhos em que os escravos não recebiam rações diminuiu entre o início da década de 1780, quando Lisboa tratou do assunto, e as décadas posteriores, quando Vilhena, Câmara e Calmon o retomaram.

Para ir além destas observações limitadas, é preciso abordar a questão de um ângulo diferente e com fontes diferentes. Podemos, por exemplo, procurar indicações de que os escravos vendiam produtos colhidos de suas roças. Em quase todas as áreas das Américas em que se estabeleceu a agricultura de *plantation*, os escravos rurais vendiam parte do que colhiam por conta própria, mas o volume e a freqüência dessas vendas variavam consideravelmente. Nas regiões em que os cativos dependiam sobretudo do cultivo de roças para se sustentar, muitas vezes conseguiam também produzir excedentes comercializáveis. Assim, os escravos na Jamaica, em São Domingos, em Granada, em São Vicente, na Martinica e na Guiana Francesa tiravam de suas roças não só grande parte do próprio sustento como também quantidades expressivas de verduras e outros víveres (entre os quais a farinha de mandioca) para abastecer mercados locais.[54]

Os escravos dos engenhos e das fazendas de cana da Bahia faziam o mesmo? O conhecido exemplo da rebelião escrava de 1789-91 no Engenho Santana já foi citado como prova de que sim. No tratado de paz que negociaram com o senhor de engenho, ao estipular as condições pelas quais voltariam ao trabalho, os escravos do Santana pediram mais tempo para trabalhar em suas roças e maior liberdade para escolher onde poderiam limpar terreno para plantar seus víveres. E, numa outra cláusula, pediram "uma barca grande para, quando for para a Bahia [i.e., Salvador], nós metermos as nossas cargas para não pagarmos fretes". O Engenho Santana, no entanto, não é um exemplo que se possa generalizar. Não era típico nem das grandes propriedades açucareiras do Recôncavo, nem dos engenhos das outras principais regiões canavieiras do Nordeste; localizava-se fora do Recôncavo, a cerca de 320 quilômetros ao sul de Salvador, num ponto isolado em Ilhéus, que, além de ser uma vila pouco povoada, sofria na época de problemas crônicos de abastecimento.[55]

O Recôncavo, em contraste, tinha mais de duzentos engenhos, uma população relativamente densa e mercados locais bem abastecidos. Se os escravos das propriedades açucareiras do Recôncavo obtinham a maior parte de seu sustento do que cultivavam por conta própria, é possível que vendessem produtos de suas roças regularmente aos seus senhores; talvez até desempenhassem, como seus equivalentes caribenhos, um papel importante no abastecimento de mercados locais.

Nesse caso, indicações de atividades comerciais deveriam aparecer em inventários *post-mortem* de senhores de engenho e de lavradores de cana do Recôncavo. Por exemplo, esses processos contêm quase sempre declarações de dívidas passivas, inclusive dívidas para com escravos. Dívidas desse tipo podiam surgir facilmente quando os escravos vendiam a seus senhores produtos colhidos em suas roças. Além de listas de dívidas, os inventários incluem às vezes contas de despesas feitas pelos inventariantes; não só gastos maiores, como a aquisição de equipamentos novos ou salários pagos a feitores, mas também pequenas somas gastas na compra de verduras, galinhas, milho, feijão, farinha e outros víveres — itens que os cativos poderiam ter fornecido da produção de suas roças. Pesquisas feitas com inventários em outras áreas do Brasil demonstram que nelas os escravos rurais de fato vendiam a produção excedente de suas roças e, em alguns casos, até gado.[56]

Os inventários baianos também fornecem exemplos de escravos rurais que vendiam produtos por conta própria. Esses exemplos indicam que os escravos dos distritos açucareiros da Bahia podiam efetivamente alcançar um grau restrito, mas ainda assim real, de autonomia no cultivo de suas roças e em outras atividades que desenvolviam em seu tempo "livre". Mas, precisamente por serem poucos, os exemplos encontrados nos inventários baianos não permitem afirmar que a venda de excedentes por esses escravos era uma prática comum e regular.

O primeiro exemplo é a dívida, no montante de Rs.37$680, que José Manoel tinha para com Teodósio da Silva, um escravo pardo. Quando José Manoel, um morador pobre do Iguape e ocasionalmente lavrador de cana, morreu em 1824, Teodósio recebeu permissão de sua proprietária, filha de José Manoel, para apresentar a seguinte conta:[57]

Conta do quanto deve o Sr. Manoel a Teodósio da Silva as parcelas seguintes com suas devidas declarações, a saber

1ra vez em dinheiro quando plantou canas com o defunto Gabriel	Rs. 8$000
2ª dª [i.e., dita] Idem em dinheiro 11 patacas	Rs. 3$520
3ª dª Em fazenda que lhe vendi, a saber 11 côvados [7,26 metros] de chita e uma navalha — 13 patacas	Rs. 4$160
4ª vez por desoneramento de seu filho Florêncio que me devia e Vossa Mercê obrigou-se à dívida	Rs. 13$000
5ª vez do Importe de 2 capados que me pertenciam e Vossa Mercê os recebeu por mão do Senhor Pedro, seu conhecido na Cidade	Rs. 9$000
Soma — Salvo erro ou omissão	Rs. 37$680

A conta de Teodósio, embora endossada pelo vigário local, não é inteiramente clara. Como, por exemplo, havia Florêncio, filho de José Manoel, passado a dever Rs.13$500 a Teodósio? O primeiro item da conta é frustrantemente ambíguo: quem plantou cana com o defunto Gabriel — José Manoel ou Teodósio? Se foi José Manoel, teria então Teodósio financiado de algum modo o plantio de cana feito pelo falecido pai de sua proprietária? Se foi Teodósio, como parece mais provável, a conta mostra que os escravos rurais podiam usar seu tempo "livre" não só para cultivar roças, mas também para aceitar o trabalho remunerado na lavoura. Além de trabalhar como jornaleiro, Teodósio criava algum tipo de gado e era uma espécie de mascate ocasional. Tinha, portanto, ligações com comerciantes locais que lhe forneciam mercadorias. No todo, a conta mostra que Teodósio estava envolvido em notável e inusitadamente ampla variedade de atividades. A importância que José Manoel devia ao escravo da filha era, além do mais, substancial. Com Rs.37$680, Teodósio poderia ter comprado um ou dois cavalos, ou a liberdade de um escravo de dois ou três anos de idade. Poderia ter comprado também toda a farinha necessária para sustentar a si mesmo, uma mulher e três filhos durante um ano inteiro.[58]

Na mesma freguesia do Iguape em que, três décadas e meia depois, Teodósio iria apresentar sua conta, dona Ana Joaquina de São José, inventariante de seu falecido marido, assumiu plena responsabilidade pela administração do Engenho Maroim entre maio e dezembro de 1790. Nesses meses, contratou carpinteiros ("carapinas") para consertar a moenda da propriedade. Das contas que dona Ana Joaquina preparou e depois anexou ao inventário do marido constam, entre outras despesas, os salários que pagou aos carpinteiros e a comida que comprou para suas refeições. Pelo menos em uma ocasião, ela comprou para eles azeite-de-dendê e feijão de sua escrava Benta. Embora as contas, infelizmente, não especifiquem a quantidade de azeite e feijão que dona Ana Joaquina comprou, a soma que pagou a Benta, Rs.4$000, indica que deve ter adquirido uma boa quantidade de ambos. Essa importância teria comprado um terço de alqueire, ou aproximadamente 11 quilos, de feijão em Salvador; e Benta, muito provavelmente, não recebeu o preço corrente na cidade.[59]

Um terceiro exemplo vem do inventário de José Francisco das Neves, proprietário do Engenho Genipapo, no município de São Francisco do Conde. Como administrador do engenho, o inventariante fez a seguinte anotação em suas contas:

> 1842. 8 de fevereiro. Uma porção de mandioca comprada ao escravo Bento — Rs.6$000

Bento havia vendido uma quantidade respeitável de mandioca. Sua "porção" pode ter ocupado uma tarefa inteira (4.356 metros quadrados), plantada com mais de quatro mil covas de mandioca. Esse número de covas teria facilmente produzido farinha suficiente para alimentar Bento e mais quatro escravos durante um ano.[60]

Torna-se, portanto, evidente que os escravos dos distritos açucareiros da Bahia cultivavam roças e que, pelo menos ocasionalmente, colhiam delas uma produção excedente e comercializável. Como os escravos de muitas partes das Américas, encontravam em suas roças e em seu tempo "livre" uma "economia própria", que, embora restrita, não deixava de ser significativa. Muitas vezes, suas roças deviam ser meros retalhos de terra; as horas que a elas podiam dedicar, sem dúvida, eram poucas; e em geral as colheitas deviam ser mesquinhas. Mas, no cultivo dessas roças, eles mesmos, não seus donos, tomavam as decisões. Dentro dos limites impostos pela escravidão, eram escravos que, para usar a expressão de Eduardo Silva, "negociavam".[61] "Negociavam" com seus senhores e até com a própria escravidão.

Mas as fontes também sugerem que a "economia própria" dos escravos na Bahia era muito menos desenvolvida que em algumas colônias açucareiras do Caribe. A Bahia nada tinha que se comparasse aos mercados e feiras da Jamaica, São Domingos, Antígua, Granada, Martinica e Barbados, freqüentados por centenas e até milhares de escravos rurais. Além disso, as compras de feijão e azeite-de-dendê no Engenho Maroim e de uma "porção" de mandioca no Engenho Genipapo parecem insignificantes quando comparadas com os exemplos encontrados por João Fragoso e Manolo Florentino em inventários de fazendeiros de café da província do Rio de Janeiro. Na Fazenda Caxambu, o administrador adquiriu dos escravos da propriedade 39% de todos os gêneros alimentícios que comprou entre 1880 e 1882. Num período de apenas seis meses, os escravos forneceram 391 alqueires de milho, quase 29 alqueires de feijão e 60 sacos de arroz. Numa outra fazenda de café, na década de 1850, a participação dos escravos chegou a 60% de todos os víveres comprados.[62] Fica claro, portanto, que, no período de 1780 a 1860, os escravos dos engenhos baianos não produziam a maior parte do seu próprio sustento. A produção das roças servia principalmente para suplementar as rações que recebiam.

Dependência do mercado local

Resumindo: os senhores de engenho e lavradores de cana no Recôncavo geralmente não plantavam mandioca em quantidades suficientes, nem seus escravos costumavam cultivar em suas roças alimentos suficientes para se sustentar. Como, então, os senhores de engenho e lavradores de cana alimentavam seus escravos? Valendo-se da terceira estratégia a sua disposição: compravam farinha; isto é, recorriam ao mercado local.

São de fato abundantes as indicações de compras de farinha por senhores de engenho. Luís Antônio de Oliveira Mendes e Luís dos Santos Vilhena, escrevendo no final do século XVIII, mencionaram essas compras. Na década de 1830, Manuel Ferreira da Câmara e Miguel Calmon insistiram publicamente com os senhores de engenho para que cultivassem gêneros alimentícios porque acreditavam que já *deixara* de ser econômico comprar farinha. Chegara a hora, afirmavam, de os senhores de engenho mudarem seus hábitos e pararem de comprar farinha. Porém, tanto Câmara quanto Calmon estavam a reagir aos preços extraordinariamente altos da farinha no início da década de 1830, e ambos reconheciam que se estavam opondo a um hábito arraigado entre os senhores de engenho. Nem mesmo os próprios herdeiros de Câmara seguiram seu conselho; depois que ele morreu, compravam farinha para os mais de cem escravos de seu Engenho da Ponta, no Iguape. Esses herdeiros, como muitos outros senhores de engenho, continuavam a calcular que, em média, era mais barato comprar farinha que plantar mandioca.[63] Vilhena observou que os senhores de engenho calculavam havia muito que com uma arroba de açúcar podiam comprar com vantagem quatro alqueires de farinha. No tempo de Câmara, a relação havia mudado, mas o raciocínio continuava o mesmo. "A uma voz dizem todos", escreveu ele

> que, ano comum, com o produto de uma arroba de açúcar se compram dous alqueires de farinha; e que portanto o Lavrador de cana que deixasse de a plantar, para plantar mandioca, compraria a farinha por dobrado preço.[64]

Os senhores de engenho simplesmente acreditavam que comprar farinha era mais vantajoso que produzir a sua própria.

As autoridades dos distritos produtores de mandioca e de Salvador, em sua correspondência com o governo colonial e depois provincial, freqüentemente mencionavam remessas de farinha para as áreas açucareiras do Recôncavo. Em alguns casos, especificavam que a farinha se destinava ao abastecimento de engenhos. Às vezes, senhores de engenho chegavam a mandar seus próprios barcos até os portos desses distritos para comprar farinha. Sem ir tão longe, podiam também comprá-la de roceiros vizinhos. Outros senhores de engenho recorriam ao mercado de Salvador para abastecer suas propriedades. Em Salvador, a farinha era vendida tanto no Celeiro Público da cidade quanto "no mar", isto é, em barcos ancorados

TABELA 7

Compras de farinha por senhores de engenho e lavradores de cana, 1788-1864

Anos[a]	Inventário de	Tipo de propriedade (própria ou alugada) e localização: freguesia (quando conhecida) e município	Tipo de evidência
1788-89	Manoel Dias Rocha	Faz. de cana, Iguape, Cach.	Contas
1789-90	João Pereira de Magalhães	Faz. de cana, Iguape, Cach.	Contas
1790	Félix Alves de Andrade	Eng° Maroim, Iguape, Cach.	Contas
1797	André Gonçalves da Costa	Eng° Cruz das Almas, Santana do Catu, SFC	Dívida
1800-01	Sebastião Vieira Tosta	Eng° Esconso, Outeiro Redondo, Cach.	Contas
1804	Luís da Costa Ribeiro Correia	Faz. de cana, S. Gonçalo, SFC	Dívida
1810-12	Diogo Antônio de Sá Barreto	(1) Eng° Laranjeiras, S. Sebastião do Passé, SFC; (2) Eng° Cabaxi, Monte, SFC	Contas
1822-23	[João Teixeira Barbosa?[b]]	Eng° Passagem, Eng° S Inês e Eng° Cachoeirinha, todos: Matoim, Salvador	Contas
1823-24	Diogo José Ferreira	Faz. de cana, Iguape, Cach.	Contas
1826-27	Serafim dos Santos Araújo	Faz. de cana, S. Sebastião do Passé, SFC	Contas
1833-34	Antônio Lopes Ferreira e Souza	Eng° Preguiça, (?), S. Amaro	Contas
1836-39	Luísa Rosa de Gouveia e Portugal	Eng° S. Gonçalo, Socorro, SFC	Contas
1836-40	José Francisco da Costa Lobo	Faz. de cana, S. Sebastião do Passé, SFC	Contas
1837-41	Manoel Estanislau de Almeida	Faz. de cana, Iguape, Cach.	Contas
1838-41	Maria Bernardina da Conceição e Vasconelos	Faz. de cana, Iguape, Cach.	Contas
1839	Domingos Américo da Silva	Eng° S. Domingos e Eng° S. Catarina, ambos: Iguape, Cach.	Contas
1839-40	Ponciano da Costa Araújo	Faz. de cana, S. Sebastião do Passé, SFC	Contas

1839-42	Antônio Joaquim de Meneses Dória e Ana Egídia de Araújo Góes	Faz. de cana, S. Sebastião do Passé, SFC	Contas
1842	João Francisco das Neves	Eng° Genipapo, S. Sebastião do Passé, SFC	Contas
1842-43	Joaquim Ferreira Bandeira	Eng° Macaco e Eng° Buranhém, ambos: S. Gonçalo, SFC	Contas
1842-45	Maria Rosa de Matos	Eng° Marapé, S. Gonçalo, SFC	Contas
1846	Joana Maria de Vasconcelos	Faz. de cana, Monte, SFC	Contas
1849-50	Barão de Maragogipe (Bento de de Araújo Lopes Vilas Boas)	(1) Eng° S. Antônio das Varas, Cotegipe, Salvador; (2) Eng° Pimentel e (3) Eng° Bom-gosto, ambos: S. Sebastião do Passé, SFC	Contas
1849-50	Guilhermina Galo Gomes	Faz. de cana, Socorro, SFC	Contas
1854-59	[Miguel de Teive e Argolo][c]	Eng° S. Estêvão, Socorro, SFC	Contas
1854-57	Visconde e viscondessa de Pirajá	(1) Eng° Nazaré, Rio Fundo, SA; e (2) Eng° S. Miguel, N.S. da Purificação, SA	Contas
1855-56	Antônio Pedreira de Cerqueira	Eng° da Pedra, N.S. da Purificação, SA	Contas
1857-60	Hilária Maria de Jesus	Eng° do Mocambo, (?), Maragogipe	Contas
1858-63	Francisco de Oliveira Guedes	Eng° Vira-saia e Eng° Sururu, ambos: (?), Maragogipe	Contas
1860-65	Matilde Flora da Câmara e Chaby	Eng° da Ponta, Iguape, Cach.	Contas

Fontes: Inventários *post-mortem*, APEB, SJ, IT e ARC, IT; APEB, SH, 247.

[a]Anos abrangidos pelas contas ou data da dívida.

[b]As contas citadas aqui, embora catalogadas junto com a correspondência recebida pelo governo colonial, representam, muito provavelmente, um fragmento extraviado de um inventário. Na "Matrícula dos Engenhos", João Teixeira Barbosa consta como proprietário dos engenhos Passagem, Santa Inês e Cachoeirinha.

[c]As contas do engenho de Miguel de Teive e Argolo foram anexadas ao inventário de Maria de Assunção Freire de Carvalho para ajudar a decidir uma disputa entre os herdeiros desta.

no porto. Enquanto a farinha desembarcada estava reservada aos consumidores urbanos, os estoques que permaneciam "no mar" estavam disponíveis para venda a senhores de engenho.[65] A existência desse tipo de arranjo atesta a regularidade com que senhores de engenho compravam farinha para alimentar seus escravos.

Os inventários *post-mortem* fornecem evidências ainda mais diretas. A Tabela 7 cita trinta inventários de senhores de engenho e lavradores de cana em que as dívidas passivas ou as prestações de contas indicam compras de farinha. Esses exemplos, que vêm das principais áreas açucareiras do Recôncavo e que cobrem quase todo o período de 1780 a 1860, reforçam as evidências já apresentadas e corroboram a conclusão de que muitos senhores de engenho e lavradores de cana costumavam comprar farinha para alimentar seus escravos.

Entre os inventários que constam da tabela, um pequeno número refere-se a propriedades que tinham instalações para o fabrico de farinha; algumas tinham até plantações de mandioca. Esses exemplos mostram que até mesmo senhores de engenho e lavradores de cana que dispunham dos meios para fazer a própria farinha às vezes preferiam comprá-la. Comprar farinha, portanto, era uma estratégia que escolhiam, não uma imposição.

Isto suscita um ponto importante: precisamente porque os engenhos e fazendas de cana eram empresas agrícolas escravistas, seus proprietários tinham toda uma gama de opções. Num extremo estava a auto-suficiência: senhores de engenho como os de Açu da Torre cultivavam mandioca suficiente ou concediam a seus escravos bastante terra e tempo para que pudessem se sustentar com a produção de suas roças. No outro extremo, havia senhores de engenho que dependiam inteiramente do mercado para abastecer suas propriedades. As contas anexadas aos inventários freqüentemente registram compras de farinha em quantidades suficientes para fornecer a todos os escravos da propriedade uma ração completa de farinha. Entre os dois extremos, havia senhores de engenho que combinavam estratégias. Na Tabela 7, o Engenho Genipapo serve como exemplo da combinação de estratégias. Ali, os escravos cultivavam mandioca não só nas suas roças, mas também nas plantações do proprietário. Além disso, o engenho comprava farinha. A qualidade dos solos, as distâncias de feiras locais e os preços relativos do açúcar e da farinha sem dúvida determinavam a estratégia que um senhor de engenho escolhia. As opções da produção doméstica e da compra, contudo, estavam sempre disponíveis a todos eles.

Essa gama de opções, potencialmente, permitia aos senhores de engenho e lavradores de cana grande flexibilidade na administração de seus engenhos e fazendas. Podiam passar de uma estratégia para outra sempre que mudassem os preços relativos da farinha e do açúcar. Quando a escassez elevava o preço da farinha, ou as receitas do açúcar caíam, podiam recorrer à produção doméstica para reduzir seus custos monetários. Inversamente, quando os preços do açúcar estavam altos ou a farinha barata, podiam novamente recorrer ao mercado para abastecer suas propriedades. A tendência relativamente prolongada de alta nos preços do açúcar, iniciada em fins do século XVIII, sem dúvida estimulou muitos senhores de engenho e lavradores de cana a trocar a produção doméstica pela compra de farinha.

Pelo menos em princípio, os senhores de engenho podiam também mudar suas estratégias de abastecimento ano a ano, conforme as variações do preço da farinha. Esses ajustes de curto prazo teriam resultado numa demanda extremamente elástica da farinha comercializada. Ao que tudo indica, porém, poucos senhores de engenho tentavam se adaptar às mudanças dos preços de curto prazo pela troca constante de uma estratégia de abastecimento por outra. A Tabela 7 inclui exemplos de anos em que a farinha era vendida por preço alto. Os senhores de engenho sabiam por experiência que o preço desse produto flutuava muito de um ano para outro. Sabiam também que quem tentasse se ajustar a todas essas flutuações poderia facilmente se ver, nas palavras de Manoel Ferreira da Câmara, comprando "a farinha por dobrado preço". Além disso, a mandioca não leva menos de meio ano para amadurecer; a maioria das variedades exige de 12 a 18 meses. Quando um senhor de engenho tivesse condições de colher alguma mandioca, o preço da farinha já poderia ter caído. Fazer ajustes também acarretava transtornos nas rotinas de trabalho estabelecidas na propriedade. Obrigava a transferir alguns escravos para o cultivo da mandioca e o preparo da farinha, ou a conceder a todos os cativos mais tempo "livre" para trabalharem em suas roças. Nos dois casos, o trabalho na lavoura principal, a cana-de-açúcar, seria prejudicado.[66]

Todas as evidências apontam, portanto, para a mesma conclusão: em grau variado, muitos, e talvez até a maioria, dos engenhos e fazendas de cana não eram auto-suficientes. Os senhores de engenho e lavradores da cana compravam farinha para alimentar seus escravos. O resultado era um mercado rural surpreendentemente grande. Numa estimativa grosseira, mas conservadora, em 1818 esse mercado compreendia pelo menos 9.300 escravos.[67] Este número certamente não exagera a demanda rural de farinha comercializada; na verdade, uma estimativa de 13 mil talvez fosse mais realista. De qualquer modo, para alimentar 9.300 escravos teriam sido necessárias compras anuais de quase 85 mil alqueires de farinha, ou um quinto de toda a farinha que, na época, entrava anualmente no Celeiro Público de Salvador.[68] À medida que a lavoura canavieira continuou a se expandir por todo o Recôncavo após 1818 e o número de engenhos se multiplicou, seriam necessárias quantidades de farinha cada vez maiores para abastecer esse mercado rural.

AGRICULTURA DE *PLANTATION*, ESCRAVIDÃO E MERCADO INTERNO

A demanda de farinha comercializada estendia-se, portanto, muito além da capital baiana; abrangia também os distritos açucareiros. Salvador, as outras cidades e povoados do Recôncavo e os engenhos e fazendas de cana da região combinavam-se para formar um mercado notavelmente grande e crescente. No fim do século XVIII, cerca de cinqüenta mil consumidores talvez dependessem desse mercado para seu sustento diário; em 1860, eles já somavam certamente mais de cem mil. Esses números, devido aos problemas com os dados censitários, não passam de estimativas aproximadas. Mas, fosse qual fosse o verdadeiro número de consumidores, a própria existência desse mercado urbano *e* rural tinha amplas implicações.

Para começar, introduzia a competição na relação, sob os demais aspectos complementar, entre Salvador e os distritos açucareiros de seu *hinterland* imediato. Negociantes baseados na cidade forneciam aos senhores de engenho os escravos e muitos dos serviços e insumos de que precisavam para manter suas propriedades em pleno funcionamento. Os senhores de engenho, por sua vez, pagavam aos negociantes com consignações de açúcar. Das vendas no exterior desse açúcar, que correspondia, em geral, a pelo menos metade do comércio de exportação da Bahia, dependia, em última instância, a prosperidade da economia urbana de Salvador. Mas as trocas complementares entre a cidade e o campo davam lugar à competição quando o consumidor urbano se defrontava com o senhor de engenho no Celeiro Público ou em outros mercados locais, ambos regateando a mesma farinha. A competição entre eles pelo mais importante de todos os elementos da dieta comum podia facilmente tornar-se acirrada quando a oferta de farinha escasseava.

Aos consumidores urbanos e às autoridades coloniais, essa competição parecia uma completa anomalia; violava o que deveria ser a relação apropriada entre uma cidade e seu *hinterland* agrícola. O campo, acreditavam, devia não só alimentar a si próprio como produzir um considerável excedente para abastecer os mercados urbanos próximos. As autoridades, tanto na Bahia quanto em Lisboa, tentaram repetidas vezes arrancar precisamente esse excedente de farinha dos engenhos e fazendas de cana. Todas essas tentativas fracassaram porque, no final das contas, nem a Coroa nem os comerciantes que tinham assento na câmara de Salvador estavam dispostos a abrir mão dos lucros a serem auferidos com maiores exportações de açúcar.

A existência de um mercado rural para a farinha também indica o elevado grau de especialização que a indústria açucareira baiana já havia alcançado no início do século XIX. Estreitamente ligados a uma economia mundial emergente, os senhores de engenho do Recôncavo tendiam a concentrar todos os seus recursos na produção de um pequeno número de mercadorias: açúcar, aguardente e melado.

Convém ressaltar que a especialização representava apenas uma tendência, muitas vezes contrabalançada pela gama mais ampla de atividades produtivas desenvolvidas em engenhos específicos. Ainda assim, como sugerem as compras de farinha, era uma tendência forte. No século XIX, a indústria açucareira da Bahia certamente não constituía uma "economia semifechada" em que os senhores de engenho compravam "somente ferramentas indispensáveis e uns poucos produtos europeus para seu próprio consumo" e os escravos viviam de gêneros de subsistência cultivados na propriedade.[69] Ao contrário, a racionalidade que governava o funcionamento cotidiano dos engenhos e fazendas de cana baianos criava múltiplos e variados vínculos entre a indústria açucareira e outros setores da economia regional. Por exemplo, muitos senhores de engenho não possuíam em suas propriedades fornalhas para fabricar tijolos e fôrmas de barro de purgar açúcar; assim, tinham de comprar tijolos e fôrmas das olarias do sul do Recôncavo. Em 1766, mais de vinte olarias e "casas de louça" já se achavam estabelecidas nas margens dos rios das vilas de Maragogipe e Jaguaripe. Perto delas ficavam os sítios e fazendas em que, em 1780, mais de setecentos roceiros plantavam mandioca para a produção mercantil de farinha.[70]

Havia também fluxos de renda dos engenhos para os bolsos das centenas de artesãos livres que viviam nos distritos açucareiros. As contas anexadas aos inventários *post-mortem* de senhores de engenho estão cheias de anotações sobre pagamentos feitos a ferreiros, carpinteiros, calafates, pedreiros, barqueiros, serradores, marceneiros, carreiros e barbeiros (para aplicar sangrias em escravos doentes). As contas registram também as compras de numerosos itens de produção local: corda, azeite de baleia e de mamona (ambos para iluminação), couros, sebo, lenha, madeira e cal, para citar apenas alguns. Quando não possuíam alambiques próprios, os senhores de engenho chegavam a comprar até cachaça. Portanto, a especialização na indústria açucareira tornava possível a especialização em outras áreas da economia. Em conseqüência, a expansão da produção de açúcar entre 1780 e 1860 teria estimulado o crescimento de outras atividades econômicas. A produção comercial de farinha, em particular, teria crescido ao longo do mesmo período. Uma oferta maior de farinha nos mercados locais teria incentivado mais senhores de engenho e lavradores de cana a abandonar o cultivo de mandioca em suas propriedades. Ao mesmo tempo, os escravos rurais teriam tido menos oportunidades de comercializar os produtos de suas roças.[71]

As compras de farinha por senhores de engenho também põem em xeque a tese de que o predomínio do trabalho escravo, em vez de alguma forma de mão-de-obra livre, impediu ou restringiu severamente o surgimento de um mercado interno. É evidente que o uso da mão-de-obra cativa nos engenhos baianos não representou um obstáculo intransponível para o desenvolvimento de um mercado rural significativo. Os senhores de engenho e lavradores de cana compravam habitualmente para seus escravos não só farinha de mandioca como também carne-seca, bacalhau e carne fresca, além de tecidos. Justamente porque a indústria açucareira se caracterizava por elevado grau de especialização, a reprodução diária da força de trabalho escrava nela utilizada dependia, em grande parte, desse mercado. Os componentes mais fundamentais da alimentação dos cativos e os panos ordinários de algodão que os vestiam chegavam aos engenhos e fazendas de cana *através* desse mercado.

Seria tentador aqui cair num revisionismo exagerado e afirmar que a escravidão não obstou em nada o desenvolvimento do mercado interno. A demanda de alimentos básicos nos distritos açucareiros do Recôncavo sem dúvida suplantaria o mercado rural presente numa região cuja população fosse composta sobretudo por camponeses livres e em grande medida auto-suficientes. Por definição, camponeses desse tipo não comprariam víveres básicos; poderiam até fabricar em casa outros artigos de uso diário.[72] Mas se o ponto de referência fosse uma sociedade industrial moderna, teríamos necessariamente de concluir que, pelo menos em parte como conseqüência do uso generalizado do trabalho escravo na agricultura, o mercado rural do Recôncavo era pouco desenvolvido e precariamente estabelecido. Os produtos que os senhores de engenho e lavradores de cana compravam para seus escravos — alguns víveres básicos e panos baratos de algodão — não podem de modo algum ser comparados com o volume e a variedade das mercadorias que circulam numa economia capitalista madura.

As possibilidades de maior desenvolvimento, além disso, eram limitadas. O mercado certamente cresceu à medida que o número de engenhos se multiplicou após 1780 e que a força de trabalho cativa empregada na indústria açucareira aumentou; mas não passou por mudanças qualitativas importantes. Os senhores de engenho queriam escravos que, na chamada de cada manhã, se apresentassem saudáveis e prontos para marchar para os canaviais e assumir seus postos na casa da moenda e na das caldeiras. Suas compras de farinha, carne-seca, chitas, baetas e outros tecidos baratos tinham o objetivo de garantir esse mínimo. Eles nada teriam a ganhar se seus cativos consumissem maiores quantidades de mercadorias cada vez mais variadas; ao contrário, a compra dessas mercadorias apenas lhes aumentaria as despesas e reduziria a renda.

As contas anexadas aos inventários *post-mortem* das últimas três décadas antes da abolição mostram que os senhores de engenho baianos entre 1861 e 1888 continuavam a comprar para seus escravos exatamente os mesmos itens que seus avós costumavam comprar no fim do século XVIII. Os poucos acréscimos — frascos do purgativo LeRoy e de láudano além de galinhas, sanguessugas e vinho do porto, ou os serviços de um médico em vez dos de um barbeiro — estão longe de representar mudanças substanciais. Os "luxos" que os escravos norte-americanos compravam logo que podiam após a emancipação — roupas vistosamente coloridas, pratos, panelas, talheres, queijos, presuntos, sardinhas, botas, bijuteria de cobre — nunca aparecem entre os artigos que os senhores de engenho compravam "para o sustento da fábrica", isto é, para seus cativos. Restrito aos alimentos mais essenciais e aos tecidos de algodão mais baratos, o mercado rural no Recôncavo dificilmente poderia estimular mudanças em outras áreas da economia regional.[73] Além disso, em princípio esse mercado podia contrair-se a qualquer momento. Os senhores de engenho e lavradores de cana sempre tinham a opção de cultivar mandioca, e nada os impedia de empregar alguns cativos na fiação e tecelagem.

Havia ainda outro obstáculo ao crescimento e desenvolvimento desse mercado rural: os víveres essenciais e os tecidos baratos de algodão ali vendidos só asseguravam a reprodução *diária* da mão-de-obra empregada na indústria açucareira baiana. Para aumentar e até para simplesmente conservar o tamanho de seus plantéis de escravos *a longo prazo,* os senhores de engenho e os lavradores de cana recorriam a outro mercado: importavam cativos da África. A farinha produzida e comercializada na Bahia não sustentava os homens e mulheres jovens que os comerciantes adquiriam na costa da África. Alimentos produzidos na África, não na Bahia, sustentavam esses jovens até que chegassem à idade em que podiam ser lucrativamente transportados, à força, para o Brasil e vendidos como escravos aos senhores de engenho e lavradores de cana do Recôncavo.

Em suma, direta e indiretamente, a economia escravista de exportação fomentou e até exigiu o desenvolvimento no Recôncavo de um mercado urbano *e* rural significativo de farinha e de outros gêneros essenciais. As relações complementares que ligavam a produção para suprir as necessidades locais à ecomomia de exportação permitiram o crescimento *extensivo* do mercado interno. Mas essas mesmas relações limitaram severamente a possibilidade de que a expansão do mercado interno acarretasse mudanças *qualitativas* dinâmicas na economia como um todo.

CAPÍTULO 3 O mercado regional de farinha: crises e tendências

Em fins do período colonial, um ativo comércio de farinha de mandioca e de outros gêneros de primeira necessidade havia transformado Salvador no centro de uma rede de trocas que ligava a cidade a seu *hinterland* imediato e a outras regiões do litoral do Brasil. O mercado baiano de farinha, por si só, era tão vigoroso que José da Silva Lisboa, um autor geralmente ponderado, cometeu o exagero de estimar, no início da década de 1780, que mais de um milhão de alqueires de farinha eram vendidos na cidade a cada ano.[1]

O volume e a variedade das mercadorias negociadas no mercado interno baiano impressionaram até Thomas Lindley, tarimbado comerciante inglês. De olho em futuras aventuras comerciais, Lindley escreveu em 1805 que "o comércio praticado nos confins imediatos da baía, situados em grande parte no interior, é assombroso. Há nada menos de oitocentas lanchas e sumacas de diferentes tamanhos, trazendo todos os dias seu tributo de comércio para a capital". As mercadorias que essas embarcações transportavam incluíam, segundo Lindley, fumo, açúcar, algodão e madeira para exportação, bem como milho, lenha, óleo de baleia, hortaliças, "o maior sortimento de louças de Iaguaripe [*sic*]", peixe seco, e, é claro, farinha para consumo local. O comerciante acrescentou que, com esse intenso tráfego, "um grau de riqueza, desconhecido na Europa, é assim posto em circulação". Lindley também ficou impressionado com a "abundante exibição" de "frutas e verduras tropicais" e "provisões culinárias" que encontrou no mercado de Salvador.[2]

Nos anos seguintes, outros viajantes europeus deixaram expressivas descrições do movimentado mercado à beira do cais. Ali, em meio a montes de verduras, sacos de farinha e pilhas de frutas, os fregueses regateavam com vendedoras negras enquanto escravos carregadores seminus trafegavam espremidos entre crianças pequenas, galinhas soltas, papagaios, cachorros e até macaquinhos. Uma "frota em miniatura" de embarcações de todo tipo e tamanho, "carregadas de produtos da terra para o consumo da cidade", enchia o porto. De vez em quando, um dos "barcos vivandeiros" aproximava-se do cais para descarregar engradados de aves vivas, sacas de farinha e cestas, feitas de folha de palmeira, com toda sorte de frutas e verduras. Enquanto isso, outros barcos, "formando uma loja flutuante", ficavam ancorados no porto, esperando que os fregueses embarcassem em pequenas canoas e fossem fazer suas compras a bordo.[3]

Os saveiros, lanchas, bergantins, sumacas e chalupas que formavam essa "loja flutuante" freqüentemente vinham de muito longe. No final do período colonial, a farinha chegava a Salvador de quatro áreas principais: de Sergipe, que, além de farinha e milho, remetia também o açúcar produzido por seus mais de cem engenhos; da pouco povoada comarca de Porto Seguro, no extremo sul da Bahia; das vilas litorâneas da comarca de Ilhéus, logo ao sul do Recôncavo; e das vilas do sul do Recôncavo, Maragogipe e Jaguaripe (incluindo a freguesia de Nazaré das Farinhas), que, em razão de sua proximidade de Salvador, constituíam a área mais importante para o abastecimento do mercado baiano.[4]

Assim, no final do século XVIII, Salvador e os distritos açucareiros do Recôncavo dependiam da produção proveniente de um longo trecho de litoral, que se estendia por mais de 250 quilômetros para o norte e por quase setecentos quilômetros para o sul. Ao longo dessa costa, o impacto do mercado baiano penetrava nas bordas da colonização portuguesa, onde lavradores derrubavam matas e, em certos lugares, expunham-se a ataques de índios para plantar mandioca e produzir farinha para as refeições diárias de consumidores urbanos e escravos rurais. Muitas vezes, porém, nem toda essa produção era capaz de suprir a demanda, e a Bahia precisava importar farinha do Rio de Janeiro, de São Paulo e de Santa Catarina.[5]

O fluxo constante de farinha dessas áreas fornecedoras ajudava a criar o mercado à beira do cais que parecia tão colorido e exótico aos viajantes europeus; lembrava-lhes os bazares do Cairo e de Constantinopla ou as feiras dos portos da África ocidental. Para os moradores de Salvador, porém, as barulhentas multidões de fregueses e vendedores eram cenas corriqueiras, que não lhes pareciam merecer a prosa exuberante dos viajantes do século XIX. O que chamava a atenção dos baianos era não encontrar a "frota em miniatura" de barcos vivandeiros enchendo o porto e ver os escravos carregadores, ociosos no cais, sem nenhum saco de farinha para transportar. Esses eram sinais seguros da chegada de uma crise ao mercado da cidade; à medida que os estoques escasseavam, os preços subiam. Então, os pobres passavam fome, e sua fome desnudava as tensões e os conflitos da sociedade baiana.

Salvador, como outras cidades pré-industriais, sofria numerosas crises de abastecimento, momentos de escassez que se alternavam com épocas de fartura. Algumas crises eram relativamente curtas e moderadas, outras, prolongadas e intensas. Todas, qualquer que fosse a gravidade ou duração, suscitavam, no mínimo, a perspectiva de fome e de penúria para os habitantes de Salvador, especialmente os mais pobres. A elevação dos preços da farinha muitas vezes revelava também as contradições inerentes à economia urbana de Salvador. Embora toda a vida econômica da cidade dependesse, em última instância, de um comércio constante e crescente de açúcar, fumo e café, a população de Salvador freqüentemente constatava que o aumento da produção para exportação a deixava sem condições de comprar farinha para suas refeições diárias. A prosperidade na economia de exportação só agravava o problema dos preços altos num mercado em que condições precárias de cultivo resultavam na escassez periódica de mantimentos. A longo prazo, porém, não havia contradição entre uma economia de exportação em expansão e a produção para abastecer mercados locais. O avanço da agricultura de exportação na primeira metade do século XIX não prejudicou o abastecimento de farinha nem elevou seus preços reais de maneira constante. Para demonstrar essa relação, este capítulo analisa as flutuações a curto prazo e as tendências de longo prazo no mercado baiano.

O estudo dessas flutuações e tendências tornou-se possível nos últimos anos em grande parte graças às pesquisas pioneiras de Katia M. de Queirós Mattoso. Trabalhando com os livros de despesas da Santa Casa de Misericórdia de Salvador, Mattoso construiu séries de preços médios anuais da farinha e de 17 outros produtos básicos.[6] Infelizmente, não lhe foi possível localizar os livros referentes a vários anos das décadas de 1830 e 1840; em conseqüência, suas séries apresentam uma lacuna de dez anos entre 1833 e 1843. Os preços da farinha extraídos dos registros do Celeiro Público de Salvador preenchem parcialmente essa lacuna.[7] Os registros também complementam as séries de Mattoso com informações detalhadas sobre as quantidades de farinha, arroz, milho e feijão que entraram na cidade entre 1786 e 1851. Essas fontes permitem montar séries anuais dos estoques desses quatro gêneros disponíveis em Salvador.[8]

O CELEIRO PÚBLICO

Mas para compreender o significado dessas séries estatísticas, é preciso primeiro entender como funcionava o Celeiro.[9] O próprio nome "Celeiro Público" induz ao equívoco ao sugerir analogias falsas com os depósitos municipais de algumas cidades da Europa e da América espanhola no século XVIII.[10] Esses sim eram verdadeiros celeiros públicos: guardavam reservas de trigo, de milho ou de outros cereais, que as autoridades municipais usavam para regular o preço e a oferta nos mercados locais. Quando havia ameaça de escassez e os preços começavam a subir, vendiam-se as reservas para evitar uma alta ainda maior dos preços, que poderia provocar protestos e tumultos.

O governador Dom Rodrigo José de Meneses, que fundou o Celeiro em setembro de 1785, talvez esperasse que também fosse funcionar assim. Na prática, porém, o Celeiro Público de Salvador — a única instituição do gênero no Brasil colonial e da primeira metade do século XIX — nada tinha de depósito. Inspirado provavelmente nos terreiros do trigo (mercados municipais de grãos) de Lisboa e de outras cidades portuguesas, seria mais precisamente descrito como um mercado oficial e fiscalizado para a farinha e também para o milho, feijão e arroz que chegavam à cidade por barco. Seus funcionários não costumavam interferir diretamente no comércio desses gêneros, comprando estoques para formar reservas ou vendendo reservas em tempos de carestia. O que faziam era fiscalizar as vendas de farinha na cidade para evitar as práticas monopolistas dos comerciantes e as tentativas de açambarcar os estoques com a meta de desviá-los para outros mercados ou revendê-los, por um preço mais alto, em Salvador. Cabia também aos funcionários do Celeiro assegurar que os comerciantes não cobrassem dos fregueses mais do que o preço legal máximo de Rs.$640 por um alqueire de farinha; pelo menos até a abolição desse limite, em 1795. Como Salvador dependia principalmente do comércio de cabotagem para seu abastecimento, as vendas supervisionadas pelos funcionários do Celeiro correspondiam a grande parte, talvez à maior parte, da farinha negociada na cidade.[11]

Essas vendas realizavam-se no prédio do Celeiro e no pátio adjacente, bem como "no mar", isto é, nas embarcações ancoradas no porto. Os negócios feitos dentro do Celeiro e em seu pátio envolviam sobretudo a farinha para venda a varejo aos consumidores urbanos, enquanto o mercado "no mar" se especializava em vendas em grosso de farinha proveniente de áreas fornecedoras de fora do Recôncavo ("barra fora") para senhores de engenho, comissários de navios, traficantes de escravos, comerciantes exportadores e, provavelmente, alguns varejistas. Cada alqueire de farinha, milho, feijão ou arroz, fosse destinado à venda no Celeiro ou "no mar", pagava uma "contribuição" de Rs.$20, que custeava as despesas de funcionamento do Celeiro e sustentava um hospital de leprosos, também fundado em 1785.[12]

A cobrança dessa contribuição nos dois mercados de Salvador exigia os serviços de dois "feitores". Um verificava os sacos de farinha desembarcados por comerciantes e revendedores, enquanto o outro — que no século XIX viria a ser acompanhado por um cabo da polícia — fazia as rondas diárias no porto num pequeno saveiro. Abordando os barcos vivandeiros que acabavam de chegar, o segundo feitor comparava suas cargas com seus manifestos, instruindo os mestres a se apresentarem no Celeiro para pagar os Rs.$20 por alqueire.

Essa taxa devia ser paga até por comerciantes e mestres de barcos vivandeiros que não pretendessem vender farinha em Salvador. O mestre de uma embarcação não podia, por exemplo, levar uma carga de farinha diretamente de Nazaré para Santo Amaro ou São Francisco do Conde, do outro lado da baía. Tinha de rumar primeiro para Salvador, apresentar seus documentos no Celeiro e pagar a contribuição. Com isso, recebia permissão para seguir para Santo Amaro ou São Francisco do Conde, desde que não houvesse ameaça de escassez de farinha em Salvador. De volta ao porto de partida, o mestre tinha de mostrar um recibo do Celeiro antes que as autoridades locais lhes fornecessem uma "guia" (licença) para navegar novamente. Embora, na década de 1830, essas restrições tenham caducado para o comércio feito dentro da baía de Todos Santos, continuavam a ser aplicadas à farinha proveniente de áreas fora do Recôncavo pelo menos até 1851.[13] Os comerciantes sempre precisavam de uma licença do administrador do Celeiro ou do presidente da província para poder enviar farinha para outras partes do Brasil.[14]

O Celeiro, portanto, era muito mais que um simples mercado público. Tinha ampla autoridade sobre todo o comércio de farinha feito por cabotagem na província. Toda a farinha não consumida nas cercanias de seu local de produção ia, pelo menos em princípio, para Salvador, onde uma administração centralizada determinava sua distribuição posterior segundo as necessidades da cidade. As séries estatísticas extraídas dos registros do Celeiro referem-se, portanto, à maior parte da farinha negociada e consumida na cidade, àquela legalmente exportada para outras regiões do Brasil, às provisões vendidas a navios de partida e também a uma parcela da farinha comprada por senhores de engenho para alimentar seus escravos.

Se o Celeiro tivesse exercido um controle realmente eficaz, teria deixado registros quase completos de todo o comércio de farinha por cabotagem na província da Bahia. Mas, como não é de surpreender, esse controle, embora tivesse melhorado um pouco ao longo do tempo, nunca foi de todo eficaz. Comerciantes e mestres de barcos recorriam a inúmeros subterfúgios, alguns engenhosos, outros óbvios, para contornar as restrições a seus negócios e manipular o preço e a oferta da farinha em proveito próprio. Às vezes valiam-se da colaboração de funcionários corruptos nos portos locais dos distritos produtores de farinha ou no próprio Celeiro. Mesmo quando as autoridades recusavam suborno, muitas vezes fiscalizavam o comércio de farinha com pouco rigor. Na prática, por exemplo, era-lhes impossível monitorar todas as angras e enseadas isoladas do extenso litoral baiano; em qualquer uma delas, uma embarcação poderia ser sorrateiramente carregada com farinha e partir para qualquer destino. É claro que, se apanhado, o mestre da embarcação sofreria penalidades. Podia passar alguns dias na cadeia; em outros casos, mandava-se tirar temporariamente as velas e o leme do seu barco. Após 1806, o mestre também tinha de pagar o "duplo", ou seja, uma contribuição de Rs.$40 sobre cada alqueire de farinha que trazia. Da mesma maneira, os comerciantes suspeitos de serem "monopolistas" ou "açambarcadores" podiam ser expulsos do Celeiro.

Diante dessas penalidades, talvez os negociantes pensassem duas vezes antes de "contrabandear" farinha ou tentar burlar os controles do Celeiro. Mas quando a escassez elevava o preço da farinha, aceitavam os riscos. Para desespero de algumas autoridades, como um ouvidor de Ilhéus, faziam então "uma guerra terrível" às restrições. Segundo o ouvidor, "A tudo resiste a ambição dos homens, principalmente depois que se persuadiram [de] que a pena deste contrabando não passa de alguns dias de prisão, ficando depois dela o lucro n'algibeira... É tal o desaforo, e tal a desobediência destes homens".[15]

Em conseqüência, parte substancial do comércio da farinha feito por cabotagem escapava ao controle e à fiscalização do Celeiro Público. Mesmo antes da década de 1830, sumacas e lanchas mantinham um comércio mais ou menos intenso entre os portos das vilas produtoras de mandioca no sul do Recôncavo e os distritos açucareiros no outro lado da baía. Da mesma forma, a farinha do extremo sul da Bahia muitas vezes ia parar nos mercados do Rio de Janeiro e Pernambuco.[16] Apesar disso, as comparações feitas com as evidências de outros tipos de documentação sugerem que as séries baseadas nos registros do Celeiro são fontes razoavelmente fidedignas; permitem-nos acompanhar as flutuações da quantidades de farinha que chegava ao mercado de Salvador.

CRISES DE CURTO PRAZO

Os preços e os estoques de fato variavam enormemente, mesmo durante períodos muito curtos. Luís dos Santos Vilhena recordou uma ocasião, no fim da década de 1790, em que o preço de um alqueire de farinha subira de Rs.$960 para Rs.1$280 entre 9 e 11 horas da mesma manhã — mais de 30% em apenas duas horas. Flutuações violentas aparecem também nos registros semanais do Celeiro Público, que existem apenas para alguns meses de 1835 e 1836. Inúmeras causas podiam provocar aumentos acentuados e quedas abruptas, como as mostradas na Figura 5. Compras grandes e inesperadas por navios prestes a partir — isto é, um aumento repentino e breve da procura — podiam facilmente elevar os preços. Notícias da chegada de recrutadores militares podiam provocar uma queda temporária na oferta de farinha, primeiro nos portos dos distritos produtores de mandioca e depois em Salvador. Em vez de ir até as feiras nos portos, onde eles e os filhos correriam o risco de serem recrutados à força, roceiros amedrontados preferiam ficar em casa e abrir mão dos ganhos pela venda de sua farinha.[17] Eventualmente, até um temporal podia perturbar o transporte e prejudicar assim o abastecimento.

Muito mais graves do que essas flutuações semanais eram os aumentos, freqüentemente bruscos, do preço médio da farinha de um ano para

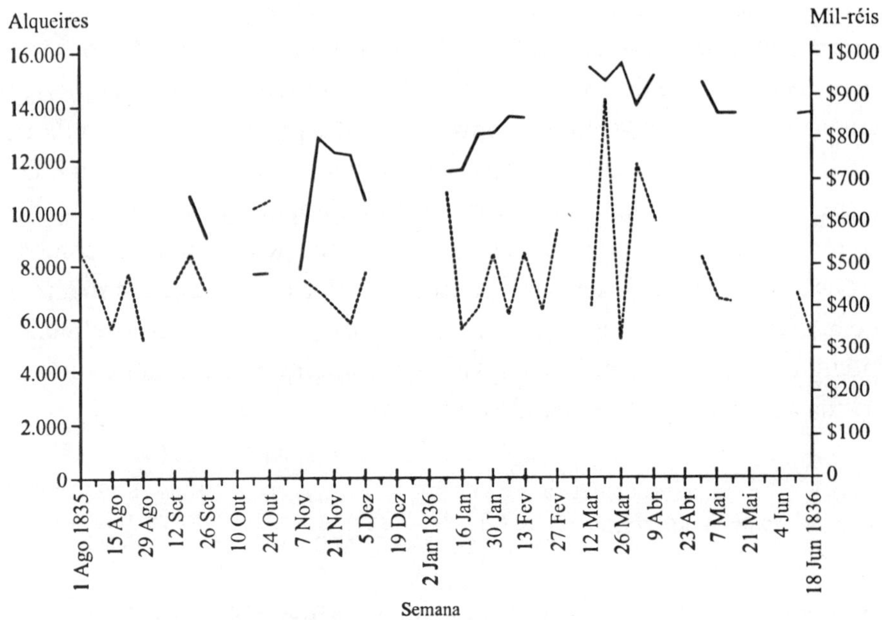

Figura 5. Salvador. Volume da farinha que deu entrada no Celeiro Público (em alqueires) e preço do alqueire de farinha (em mil-réis correntes), semanas de 1º de agosto de 1835 a 18 de junho de 1836.

Fontes: "Mappa semanario da far[a] entrada, consumida e exist[e] nos meses de agt[o] a dezbr[o], 1835" e o boletim mensal "Relação do n[o] alqueires de farinha na presente semana..." (19/1/1835-18/6/1836, com interrupções), todos em APEB, SH, 1609.

Obs.: Linha pontilhada = volume de farinha (em alqueires); linha cheia = preço de um alqueire (em mil-réis correntes).

outro, que marcavam períodos mais ou menos prolongados de escassez crítica. Embora, ao que parece, nunca tenha experimentado uma fome de proporções catastróficas, a população de Salvador conhecia muito bem esses períodos de carestia e escassez.[18]

A penúria provocada por essas crises transformou o preço e o abastecimento de farinha em assuntos de constante preocupação para os governadores coloniais nas décadas de 1780 e 1790. Baixando numerosos decretos e ordens todo ano, sucessivos governadores tentaram garantir por força de leis estoques de farinha abundantes a preços moderados. Para as freguesias do sul do Recôncavo, foram designados "inspetores de farinhas", que mantinham o comércio do produto sob estreita vigilância, informavam regularmente sobre as condições de cultivo e preparavam relatórios semanais ou mensais sobre as remessas feitas para Salvador. Ocasionalmente, também faziam levantamentos para determinar a quantidade de mandioca que os lavradores tinham plantado. Em outras partes da Bahia, essas responsabilidades cabiam aos juízes locais, às câmaras municipais ou aos capitães-mores e outros oficiais das ordenanças. O Celeiro Público, criado nessa época, além de ser o primeiro mercado oficial de farinha de Salvador, constituía a peça fundamental das tentativas de garantir, por meio de leis, estoques abundantes e preços baixos.[19]

Crises freqüentes no abastecimento de farinha também contribuíram para fomentar a inquietação social e política entre os últimos anos do século XVIII e o final da década de 1830. Poucas províncias brasileiras registraram uma crônica tão turbulenta quanto a da Bahia nesses anos: rebeliões, assassinatos, conspirações, uma impressionante série de revoltas escravas, motins antilusitanos (os chamados "mata-marotos"), levantes militares, rebeliões de índios aldeados, uma guerra oficial de extermínio contra índios ainda não subjugados e as únicas grandes batalhas terrestres da curta guerra travada no Brasil pela Independência. A inquietação não era simplesmente uma reação "espasmódica" aos preços altos dos alimentos; explicá-la assim seria ignorar todo o clima de instabilidade política e social que marcou o Brasil na primeira metade do século XIX. Mas, mesmo quando se consideram os fatores nacionais e regionais, as crises de escassez de farinha e outros alimentos básicos continuam sendo parte importante de qualquer explicação geral da turbulenta história da Bahia nesse período.[20]

Ao tornar inseguras as vidas de comerciantes e roceiros, a inquietação passou a ser, por sua vez, parte do problema. Soldados dispensados de seus batalhões após a guerra da Independência vagavam pelo Recôncavo, atacando povoados. Em 1832, ameaçaram invadir Nazaré e interromper todo o comércio de víveres. Três anos depois, o perigo chegou ao mar: bandidos armados em canoas roubavam as cargas de barcos vivandeiros nos estreitos que separavam a ilha de Itaparica do continente. Enquanto isso, o medo de revoltas escravas generalizou-se entre toda a população livre do Recôncavo.[21]

Embora não se tenha notícia de nenhuma revolta numa fazenda ou sítio de mandioca, os roceiros não podiam descartar a possibilidade de que seus escravos também se voltassem contra eles. Provavelmente lembravam-se do grupo de duzentos a trezentos cativos em fuga que haviam tentado, sem sucesso, tomar o povoado de Nazaré das Farinhas em 1809. Sem dúvida, também tinham ouvido falar dos bandos de escravos quilombolas que atacavam sítios isolados na vila produtora de mandioca de Camamu, logo ao sul do Recôncavo, entre 1825 e 1837.[22] A insegurança da vida rural naqueles anos certamente não favorecia um fluxo regular de farinha das fazendas e sítios produtores de mandioca para os portos do Recôncavo e, dali, para Salvador. Para piorar a situação, entre a Independência e meados da década de 1830, o mercado baiano foi inundado de moedas falsas de cobre, chamadas na época de “xenxém”. O dinheiro falso dificultou as vendas de farinha e outros gêneros de primeira necessidade e, em mais de uma ocasião, transtornou completamente o comércio de Salvador e dos mercados do Recôncavo.[23]

No final da década de 1850, os altos preços da farinha novamente deixaram expostas as mal disfarçadas tensões sociais e políticas. Em 1857, na esperança de deter uma elevação particularmente exorbitante dos preços, a câmara municipal de Salvador votou uma postura de emergência que impunha controles rigorosos sobre todas as vendas de farinha na cidade. Quase um ano depois, como a postura ainda não fora aprovada por João Lins Vieira Cansação de Sinimbu, presidente da província, a câmara decidiu agir por conta própria e pôs em prática os controles. Sinimbu suspendeu imediatamente cinco vereadores e com isso provocou a ira das camadas mais pobres da população de Salvador. No centro da Cidade Alta, juntou-se uma multidão que exigia medidas oficiais para baixar os preços, gritando o refrão "Carne sem osso e farinha sem caroço". Quando a cavalaria chegou e começou a dispersar a multidão com violência, muita gente fugiu com tanta pressa que as ruas da cidade ficaram — segundo reza a tradição — coalhadas de sapatos e chinelos.[24]

A crise que resultou na chamada "Revolta dos Chinelos", como as que a antecederam, atingiu uma sociedade em que grande parte da vida rural girava em torno da produção para exportação e não para mercados locais. Esse fato está no cerne do "modelo mais conhecido" para explicar as crises de abastecimento no Brasil colonial e do século XIX. Esse modelo, que tem ampla aceitação precisamente por se ajustar tão bem a uma "visão plantacionista" da história do Brasil, associa os momentos de escassez e carestia à prosperidade e ao crescimento na economia de exportação. Embora poucos estudos tenham tentado testar o modelo de maneira sistemática, já que a maioria dos autores só o menciona de passagem, são bastante claros os mecanismos que, supostamente, provocavam as crises.[25]

O modelo parte da premissa de que, em geral, a agricultura de exportação se expandiu em detrimento da produção voltada para o mercado interno. À medida que o cultivo da cana-de-açúcar, do fumo ou do café se disseminava, os lavradores que plantavam gêneros de subsistência foram-se retirando para áreas marginais, de solos pobres, cada vez mais distantes dos mercados urbanos do litoral. Segundo o modelo, quando os preços internacionais dos produtos que o Brasil exportava subiam, esse processo acelerava-se.

Nessas conjunturas, a agricultura de exportação se expandiria ao longo de três frentes principais. Primeiro, os senhores de engenho e grandes fazendeiros tenderiam a reduzir as lavouras de subsistência em suas propriedades e usar todos os seus escravos e toda a sua terra arável para o cultivo de produtos de exportação. Assim, um número crescente de grandes proprietários passaria a comprar mantimentos para alimentar seus escravos, aumentando dessa maneira a procura de farinha e de outros víveres comercializados. Segundo, para aumentar suas plantações de cana, café ou fumo, os grandes proprietários iriam adquirindo, de uma maneira ou de outra, terras até então ocupadas por pequenos lavradores que cultivavam gêneros alimentícios. Terceiro, os lavradores de mandioca que conseguiam conservar suas terras e que possuíam escravos suficientes, abandonariam a produção para o mercado interno para se dedicar à agricultura de exportação. Somente os roceiros mais pobres continuariam a plantar mandioca, mas seriam incapazes de satisfazer a crescente demanda de farinha. Mais cedo ou mais tarde, a combinação de uma demanda crescente e uma produção em declínio resultaria, inevitavelmente, numa crise caracterizada pela escassez acentuada e por preços altos.

Deveria ser óbvia a pertinência deste modelo para um estudo das crises de abastecimento na Bahia entre 1780 e 1860. Vários períodos de expansão particularmente rápida deram impulso ao prolongado crescimento da economia de exportação naquelas oito décadas. Esse crescimento disseminou a agricultura de exportação por áreas do Recôncavo e de outras regiões da Bahia que, no final do século XVIII, haviam se especializado na produção de farinha para o mercado de Salvador. Além disso, testemunhos da época parecem confirmar o modelo. Observadores nas décadas de 1780 e 1790, e novamente na de 1850, freqüentemente viam uma relação entre preços mais altos da farinha e o aumento do cultivo de gêneros de exportação. Assim, no final do século XVIII, Vilhena traçou um esboço do modelo quando, ao comentar o alto preço da farinha vendida em Salvador, afirmou que

> tem o preço do açúcar chegado a um tal auge (...) que não há quem não queira ser lavrador de canas-de-açúcar e esta é a razão por que os lavradores, que sempre foram de farinhas, vão deixando de o ser, só para lavrarem açúcar, de que uma arroba lhes dá para comprarem quatro alqueires de farinha.[26]

Referindo-se especificamente ao mercado baiano, Stuart Schwartz apresentou uma das versões mais recentes do modelo. Segundo ele, à medida que o "surto exportador se intensificou" na Bahia no final do período colonial, "o problema do abastecimento de víveres na capitania agravou-se... Atraídos pelos preços altos do açúcar e do fumo", os lavradores de mandioca "abandonaram a produção de alimentos" destinados ao mercado local, buscando tirar proveito da recuperação da economia de exportação.[27]

O crescimento da economia de exportação de fato interferia no abastecimento de farinha e contribuía para elevar seu preço no mercado de Salvador. A estreita relação entre os preços do açúcar e da farinha é claramente visível na Figura 6, que mostra o movimento dos preços dos dois produtos entre 1770 e 1865. Como o modelo sugere, o aumento do preço do açúcar geralmente provocava uma alta correspondente, mas gradual, do preço da farinha.[28]

No entanto, por levar em conta apenas as flutuações na economia de exportação, o modelo resulta numa visão incompleta e, na verdade, distorcida das crises no mercado local. Sua fragilidade aparece quando o foco se desvia dos movimentos dos preços em geral para os momentos específicos em que o preço da farinha chegava a um pico e em que,

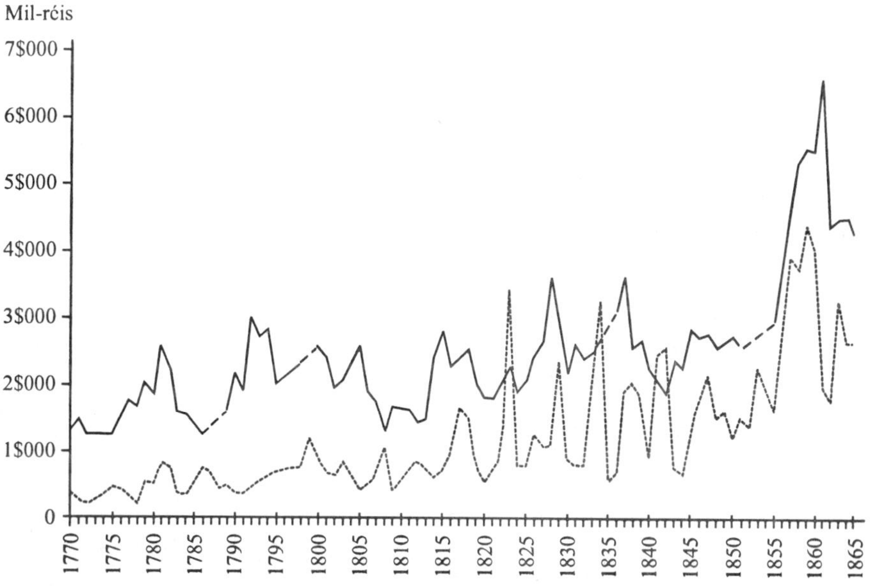

Figura 6. Salvador. Preços do alqueire de farinha e da arroba de açúcar branco, 1770-1865 (médias anuais em mil-réis correntes)

Fontes: Mattoso, "Au Nouveau Monde", Annexes, pp. 445-61; "Conta corrente da despeza e receita que houve no Celleiro Publico..." (1834-43, com interrupções), APEB, SH, 1609 e 1610; faturas de venda de açúcar branco anexadas a inventários *post-mortem*, APEB, SH, IT e ARC, IT. Ver n. 7

Obs.: Linha cheia = preço do açúcar; linha pontilhada = preço da farinha.

presumivelmente, a escassez era mais aguda. Às vezes, esse picos realmente ocorriam na esteira de altas do preço do açúcar; outras vezes, porém, o preço da farinha subia bruscamente e chegava ao pico embora o preço do açúcar se tivesse mantido estável ou tivesse caído nos anos anteriores.

De fato, algumas das crises mais graves que a Bahia sofreu ocorreram nas duas décadas que se seguiram à Independência, quando o crescimento da economia de exportação se desacelerou, dando lugar à estagnação e depois a um breve declínio. Uma medida da intensidade dessas crises é dada pelas obras de Manoel Ferreira da Câmara. Em 1807, influenciado pela economia política clássica, este senhor de engenho rico e ilustrado havia proclamado sua crença no princípio da divisão do trabalho. Afirmou que esse princípio impunha aos senhores de engenho cultivar apenas a cana e dispor-se a comprar farinha pelo preço que o mercado estipulasse. Ainda que algumas vezes a compra de mantimentos fosse dispendiosa, ao longo dos anos os senhores de engenho teriam mais a ganhar do que a perder com a especialização. As crises do final da década de 1820 e do início da de 1830 abalaram a fé que Câmara tinha na economia política. Em 1834, escreveu: "O certo é que nunca se vendeu o açúcar pelo preço que se compra hoje a farinha; e que o líqüido produto deste não tem chegado a ninguém para se sustentar, e aos escravos." Diante disso, passou a propor que senhores de engenho não confiassem mais no mercado para supri-los com mantimentos para seus cativos a preços módicos e que, em vez disso, cultivassem mandioca e outros gêneros de subsistência.[29]

Se os ricos renunciavam a seus princípios, os pobres renunciavam a muito mais. Como em toda crise, passaram fome; esta foi, porém, a única vez em que as fontes fazem menção explícita a mortes. A câmara de Cachoeira relatou em 1834 que vários moradores desse município já haviam morrido por falta de mantimentos. George Gardner, botânico inglês que visitou a Bahia pouco depois, soube que alguns escravos tinham sido obrigados a se sustentar comendo só jaca.[30] Crises semelhantes abateram-se sobre o mercado baiano no final da década de 1830 e no início da década de 1840.

Torna-se, pois, evidente que as flutuações da economia de exportação não são suficientes para explicar inteiramente a cronologia das crises. Inúmeros fatores, muitos deles sem qualquer relação com as variações do preço do açúcar, combinavam-se para determinar o preço que se pagava no mercado baiano por um alqueire de farinha em um qualquer ano específico. Um fator que se destaca por sua influência recorrente e especialmente acentuada são as condições meteorológicas. Os anos de crise, com poucas exceções, coincidiam com secas ou com invernos excepcionalmente chuvosos, tanto no Recôncavo como em outras regiões (ver Tabela 8).[31] Isto é, os preços chegavam ao pico quando condições precárias de cultivo provocavam reduções temporárias da produção. Assim, embora a agricultura de exportação dominasse grande parte do *hinterland* de Salvador, as crises de escassez de farinha que ocorriam no mercado baiano assemelhavam-se às crises de subsistência que, nos séculos XVIII e XIX, atingiam as cidades da Europa e de outras áreas de América Latina.[32]

Devido à merecida reputação da mandioca como um cultivo particularmente resistente, pode parecer surpreendente que as condições meteorológicas pudessem ter alguma influência no preço e no abastecimento de farinha. A mandioca efetivamente se destaca entre outras culturas alimentares por sua excepcional resistência à seca. Um pé de mandioca raramente morre em tempos de chuva escassa. Perde as folhas e torna-se "essencialmente inerte", mas, com a volta das chuvas, revive rapidamente. As secas, contudo, prejudicam a lavoura da mandioca: sem chuvas, as manivas (pedaços de caule usados no plantio) não germinam, tornando-se inútil plantá-las. Além disso, ao endurecerem os solos, as secas dificultam a colheita e, em casos extremos, a tornam praticamente impossível. As chuvas intensas também dificultam o trabalho na roça e, ao contrário das secas, podem destruir uma plantação rapidamente.[33] Portanto, quando o verão era longo e seco ou quando o inverno trazia chuvas torrenciais, as colheitas eram inteiramente perdidas ou, na melhor das hipóteses, o plantio e a colheita eram adiados.

As colheitas adiadas ou goradas por causa dos caprichos atmosféricos passavam a jogar no mercado consumidores que normalmente não compravam farinha: os donos das roças suburbanas que cercavam Salvador; os senhores de engenho que, nos anos bons, produziam mandioca suficiente para alimentar seus escravos; e os lavradores de fumo normalmente auto-suficientes. Na seca de 1817-18, por exemplo, a viúva Maria Francisca das Virgens viu as plantações de fumo e mandioca de sua fazenda em

TABELA 8

Picos no preço da farinha de mandioca, Salvador, 1780-1860

Ano	Preço[a]	Observações
1781	$831	1779: Uma "grande falta" prevista porque a seca adiara o plantio e porque uma praga de lagartas atacara as plantações em Nazaré. Surto de varíola na Bahia.
1786	$751	1783-84: Seca no Nordeste. 1785: Em Sergipe, "o inverno rigoroso... destruiu tudo". Previsões de escassez. Exportações de farinha de Salvador para Pernambuco. 1786: Denuncia-se a fome generalizada em Sergipe como decorrência das colheitas perdidas.
1796	$740	1791-93: A "grande seca" do século XVIII no Nordeste. 1792: Pedidos urgentes de farinha feitos pelo governo do Rio Grande do Norte, onde sertanejos que fogem da seca morrem a caminho do litoral. A seca impede o plantio em Sergipe, onde o interior passa por uma "falta total" de farinha. 1793: A seca continua a impedir o plantio em Sergipe; perdem-se as colheitas e as manivas. 1793-95: Exportações de farinha de Salvador, da comarca de Ilhéus e de Sergipe para Pernambuco. 1794: Uma praga de lagartas reduz as colheitas em Nazaré.
1799	1$147	Chuvas excessivas causam "prejuízo formidável" às plantações de mandioca em Nazaré. Impacto cumulativo das secas em anos anteriores?
1803	$847	1802: A estiagem impede o plantio em Sergipe. No Rio de Janeiro, as chuvas destroem as plantações de mandioca. 1803: Seca no Nordeste. Em Sergipe, "a monstruosa seca... reduziu tudo a nada".
1808	1$052	1807: Seca na Bahia. Chega em Salvador a família real, acompanhada de vários milhares de refugiados e de navios da Marinha britânica, que, depois, seguem viagem para o Rio de Janeiro
1812	$867	1809-10: Seca na Bahia e em outras partes do Nordeste. 1812: As lagartas destroem as plantações de mandioca no Rio de Janeiro.
1817	1$632	1814: A seca no Rio de Janeiro provoca a escassez de farinha em 1816. 1815-17: Grande seca na Bahia (inclusive no Recôncavo) e em todo Nordeste. 1817: Acham-se esgotadas as reservas de farinha na vila produtora de mandioca de Estância (Sergipe).
1823	3$417	1822-23: Guerra da Independência. Cerco da cidade do Salvador.
1826	1$280	1824-26: Seca no Nordeste. 1825: Seca na Bahia. 1825-26: Exportações de farinha para Pernambuco.
1829	2$390	1827: Seca na Bahia. 1828-29: Seca no Nordeste.
1834	3$209	1830-32: Seca na Bahia. 1832: Seca no Nordeste. 1833: Às chuvas intensas do inverno, que destroem as plantações de mandioca na Bahia e que impedem novos plantios, segue-se outro ano marcado pela seca (1834).

TABELA 8 (cont.)

Ano	Preço[a]	Observações
1838	1$958	1835-37: Seca na Bahia e no resto do Nordeste. 1836: Exportações para Alagoas. Nov. de 1837-maio de 1838: Cerco da cidade durante a Sabinada. 1838: Exportações de farinha para as províncias do norte.
1842	2$504	1839: Seca no Recôncavo. 1841: Uma "seca terrível" Recôncavo reduz as colheitas.
1847	2$057	1844-45: Seca rigorosa no interior da Bahia provoca grandes migrações. 1845: Exportações para as províncias do norte.
1851	1$476	1850-51: Seca no Recôncavo.
1853	2$183	1852: Chuvas excessivas na Bahia seguidas por um ano de seca (1853).
1857	3$866	1857-61: Seca catastrófica na Bahia.
1859	4$360	

Fontes: José Moniz Nunes ao Gov. (7/2/1779), BN, I-31, 29, 62; Gov. a Martinho de Mello e Castro (19/1/1779), *ABN*, 32 (1910): 421; Alden e Miller, p. 83; Câm. de Sergipe ao Gov. (11/1/1782), APEB, SH, 201-7; jz. ord. (S. Luzia) ao Gov. (14/9/1785), APEB, SH, 201-9; [José da Silva Ribeiro (tesoureiro, CP)], "Discurso" [1807 ou 1808], BN, II-33, 24, 40; Câm. de Natal ao Gov. da Bahia (7/12/1792) e Gov. (Rio Grande do Norte) ao Gov. da Bahia (11/12/1792), ambos em APEB, SH, MNC; Câm. de S. Luiza ao Gov. (7/12/1792), APEB, SH, 201-8; idem ao Gov. (10/7/1802) e Câm. de Sergipe ao Gov. (10/11/1802), ambos em APEB, SH, 216; idem ao Gov. (1/4/1803), APEB, SH, 205; João Gomes da Cruz ao Gov. (1/6/1793 e 17/6/1793), APEB, SH, 201-40; ouv. (Ilhéus) ao Gov. (28/5/1793), APEB, SH, 184; insp. de f. (Naz.) ao Gov. (31/3/1794), APEB, SH, 201-31; idem ao Gov. (3/12/1799), BN, II-33, 18, 14; Cunniff, pp. 34-35, 51 n. 66; Brown, "Internal Commerce", p. 113; M. Calmon, *Ensaio*, p. 70; E. A. de C. Britto, p. 83; ouv. (Sergipe) ao Gov. (31/3/1817), APEB, SH, 235; Henderson, p. 341; jz. de fora (SA e SFC) ao Gov. (8/6/1817), APEB, SH, 241; Câm. de Camamu ao Pres. (22/7/1826), APEB, SH, 1282; Camara, *Memoria* (1834), p. 5; adm. (CP) ao Pres. (27/7/1836 e 7/6/1838), APEB, SH, 1609; idem ao Pres. (28/3/1845 e 6/6/1845), APEB, SH, 1610; Bahia, *Falla* (1840, T. X. Garcia de Almeida), p. 17; idem, *Falla* (F. Gonçalves Martins), pp. 16, 35; idem *Falla* (1853, J. M. Wanderley), p. 15; inv. de Antônio Joaquim de Menezes Dória e Ana Egídia de Araújo Góes (1841), APEB, SJ, IT; Góes Calmon, pp. 63-64, 72; Mansfield, pp. 426-27; a correspondência sobre secas em APEB, SH, 1607; R.H. Brooks, p. 41; e Mattoso, *Bahia: a cidade*, p. 343.

[a]De um alqueire de farinha de mandioca em mil-réis correntes.

São Gonçalo dos Campos murcharem e secarem. Como resultado, durante nove meses foi obrigada a comprar um alqueire de farinha por semana a um custo total de Rs.45$980, mais de dois terços de tudo o que arrecadara com sua minguada safra de fumo naquele ano (Rs.64$550). Assim que as chuvas voltaram, Maria Francisca tratou imediatamente de garantir abundantes excedentes de farinha para sua família no ano seguinte; mandou seus três escravos plantarem 14 mil covas de mandioca. As crises da calamitosa década de 1830 afetaram até lavradores de mandioca empobrecidos. Assim, por volta de 1834, depois de vários anos de seca só interrompidos por um inverno excepcionalmente chuvoso, Manoel Anselmo de Souza, um roceiro que ocupava um sítio arrendado em Maragogipe, teve de vender sua única vaca e dois bezerros para comprar farinha para si mesmo e para os três filhos pequenos.[34]

A combinação de colheitas insuficientes e o aumento da demanda deixava Salvador e o Recôncavo ainda mais dependentes da farinha produzida fora da região. As câmaras municipais enviavam pedidos urgentes de carregamentos de farinha às autoridades da capital, onde acreditavam que os estoques eram mais abundantes. Comerciantes baianos compravam estoques onde quer que conseguissem encontrá-los no litoral do Brasil, enquanto as autoridades nos distritos produtores de mandioca ao norte e ao sul do Recôncavo recebiam ordens terminantes de despachar toda a farinha possível para Salvador. O governo provincial interveio de maneira ainda mais direta em 1853, quando providenciou a importação de cerca de seis mil alqueires de farinha de Camamu à custa do erário.[35]

O aumento das importações explica um paradoxo nos registros do Celeiro Público: em anos em que os preços subiam e contemporâneos se queixavam da escassez, o volume de farinha que entrava no Celeiro nem sempre caía. Ao contrário, às vezes aumentava.[36] Mas, ainda que nesses anos de crise Salvador conseguisse, mediante importações, receber farinha em quantidades maiores que as normais, não era nem por isso menos real a carestia que provocava as queixas. As colheitas reduzidas no Recôncavo criavam nesses momentos uma demanda tão grande que não podia ser suprida pelo aumento das importações.

Mesmo quando as condições de cultivo no Recôncavo eram boas, a falta de chuva em outros lugares podia influenciar os preços e os estoques em Salvador. Em todo o Nordeste, o sertão é periodicamente castigado por secas rigorosas e prolongadas. Quando a seca assolava o sertão, muitos sertanejos, tal como hoje em dia, migravam para as áreas litorâneas mais úmidas em busca de refúgio e comida. Os que optavam por permanecer no interior também procuravam obter farinha e outros alimentos no litoral. Assim, no início da década de 1790, os lavradores dos distritos produtores de mandioca de Sergipe preferiram, em vez de enviar sua farinha para Salvador, vendê-la por um preço excepcionalmente alto para os comboios de cavalos que os sertanejos enviavam ao litoral. Esses comboios voltaram à cena na seca de 1817, mas desta vez os sertanejos dispensaram as formalidades da compra de farinha; simplesmente tomaram à força as reservas dos roceiros.[37] De qualquer maneira, se os sertanejos migravam para fugir das secas ou se ficavam no interior, sua demanda por farinha fazia-se sentir no mercado de Salvador.

Mais graves, talvez, eram os problemas causados pela seca em outras províncias, principalmente as situadas ao norte da Bahia. A mesma facilidade de transporte marítimo, que permitia a Salvador importar farinha quando os estoques locais escasseavam, evitando assim uma verdadeira fome, expunha o mercado da cidade às flutuações nas colheitas e nos preços em outras partes do Brasil e até do outro lado do Atlântico.[38] Negociantes de Pernambuco e Alagoas, ávidos por comprar grandes quantidades de farinha, tomavam Salvador de assalto sempre que a seca provocava escassez nos mercados dessas províncias. As autoridades coloniais, e mais tarde provinciais, tentavam limitar e às vezes até proibir essas compras, mas os controles sobre a exportação raramente eram eficazes. Quando eram impedidos de comprar farinha em Salvador, os comerciantes das províncias assoladas pela seca a subtraíam clandestinamente da cidade ou iam de barco até um dos distritos produtores de mandioca na extensa e mal vigiada costa da Bahia. Ali obtinham facilmente a farinha que não podiam comprar legalmente em Salvador.[39]

Como disse Vilhena, em tempos de escassez o Nordeste recorria à Bahia, tal como a antiga Roma se valera da Sicília. Mas a Bahia estava longe de poder ser o celeiro do Nordeste; ao contrário da Sicília, não era uma província rica em reservas de grãos excedentes. As exportações de farinha produziam rapidamente a escassez e a carestia em Salvador. A crise que desencadeavam era tão severa quanto a provocada por uma seca no Recôncavo.[40]

No conjunto, as evidências referentes à Bahia endossam o modelo proposto pela historiografia para explicar as crises de subsistência, mas *apenas* em suas linhas mais gerais. A curto prazo, as alterações dos preços do açúcar de fato influenciavam significativamente o preço da farinha de mandioca no mercado de Salvador; uma alta do preço do açúcar tendia a provocar uma elevação correspondente, *porém gradual*, do preço da farinha. No entanto, as crises — os saltos repentinos do preço da farinha que os consumidores temiam e que as autoridades coloniais e provinciais tentavam em vão evitar por meio de leis — obedeciam a uma cronologia que não pode ser diretamente deduzida apenas do movimento do preço do açúcar. Esses momentos de extrema escassez e carestia geralmente começavam nas roças de mandioca — nem tanto porque os lavradores tivessem trocado de repente o cultivo da mandioca pelo da cana-de-açúcar nessas roças, mas porque a seca havia inviabilizado o plantio da mandioca ou porque as chuvas excessivas haviam reduzido a colheita. Em última instância, o preço que os baianos pagavam por um alqueire de farinha em Salvador ligava suas vidas cotidianas tanto às flutuações da demanda de açúcar nos distantes mercados estrangeiros quanto aos ritmos de plantar e colher nos engenhos e nas roças de mandioca do vizinho Recôncavo.

TENDÊNCIAS A LONGO PRAZO

As crises que pontuaram a vida da população baiana entre 1780 e 1860 coincidiram com um período prolongado de crescimento da economia de exportação da província. À primeira vista, poderia parecer que esse crescimento teria apenas agravado os problemas perenes de escassez e carestia no mercado de Salvador. A expansão da agricultura de exportação por todas as partes do Recôncavo poderia assim ter ocasionado um declínio a longo prazo da produção de mandioca na região. À medida que os senhores de engenho e lavradores de fumo aumentavam suas propriedades, os roceiros seriam obrigados a se deslocar para distritos cada vez mais distantes do interior. A cana, o fumo e outras culturas de exportação acabariam mopolizando toda a terra arável em torno da baía de Todos os Santos. No mercado de Salvador, esse monopólio se manifestaria numa elevação constante e excepcionalmente acentuada do preço da farinha. Todas estas hipóteses equivaleriam, em suma, a uma extensão lógica do "modelo mais conhecido" para explicar as crises de subsistência no Brasil: tanto a curto quanto a longo prazo, a produção para mercados locais teria perdido terreno para a agricultura de exportação.

Embora plausíveis, essas hipóteses, como um todo, não combinam com as informações de que dispomos com relação à Bahia. O crescimento da economia de exportação da província não resultou em preços reais consistentemente mais altos da farinha; também não provocou, no Recôncavo, qualquer queda perceptível na produção de farinha comercializada.

Nos registros do Celeiro Público certamente não há nenhum sinal de produção decrescente. Entre 1786 e 1851, o volume de farinha que entrou no Celeiro cresceu a uma taxa anual de 0,8% — apesar dos controles em geral menos rígidos sobre o comércio de farinha dentro da baía de Todos os Santos depois da década de 1830 e do maior consumo de pão (ver Figura 7).[41] Sem informações de outras fontes, porém, esse crescimento talvez não seja particularmente significativo. A população de Salvador também cresceu entre 1786 e 1851, e esse crescimento pressupunha maiores suprimentos de farinha e outros víveres. Na verdade, portanto, seria extremamente improvável que as quantidades de farinha disponíveis no mercado da cidade tivessem caído com o decorrer do tempo. Assim, a tendência ascendente encontrada nos registros do Celeiro poderia refletir apenas um aumento constante das importações de farinha do sul do Brasil, mascarando uma redução a longo prazo da produção de mandioca na Bahia.

Foi exatamente isso que teria acontecido segundo um "veterano da Independência e da lavoura" que publicou anonimamente um "opúsculo" sobre a agricultura na província em 1874. Afirmou que, entre a década de 1820 e a de 1870, a mandioca por pouco não desaparecera do Recôncavo. Em conseqüência, a região tornara-se quase inteiramente dependente da farinha importada de outras províncias. As afirmações desse "veterano" correspondem aproximadamente às conclusões a que chegara poucos anos antes uma comissão do Imperial Instituto Baiano de Agricultura.[42] Outras fontes, contudo, as desmentem. Em meados e também no final do século XIX, viajantes e autoridades locais continuavam a descrever a mandioca como uma lavoura amplamente cultivada em muitas áreas do litoral baiano. Além disso, em 1844, quando o presidente da província procurou informações sobre as áreas que abasteciam Salvador regularmente de farinha, o administrador do Celeiro Público relacionou Nazaré e Maragogipe, assim como municípios ao longo de todo o litoral sul da Bahia — exatamente as mesmas áreas que já produziam farinha para o mercado da cidade em fins do século XVIII.[43]

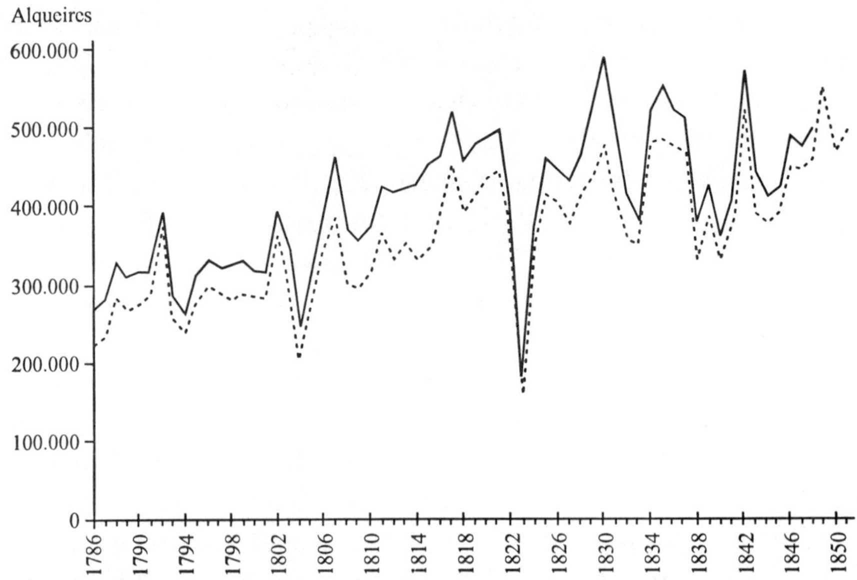

Figura 7. Salvador. Volume de farinha, milho, feijão e arroz que deu entrada no Celeiro Público, 1786-1851 (em alqueires)

Fontes: "Mappa da farinha, arros, milho e feijão q. introu no Celeiro publico da Bahia..." (1813), AN, Códice 623; "Mappa demonstrativo do numero d'alqueires" (1849) e o balanço de 1850, ambos em APEB, SH, 1611; séries completas de balanços mensais e balanços anuais (com informação mês a mês sobre entradas, incluindo a farinha sujeita ao duplo) para 1839, 1842-44, 1846, 1848 e 1850, em APEB, SH, 1610 e 1609. O volume total que deu entrada em 1849 e 1851 foi estimado a partir de uma série incompleta de balanços mensais que indicam entradas de 493.219,5 alqueires em jan.-nov. de 1849 e de 157.217 alqueires em jan.-abr. de 1851 (incluindo novamente a farinha sujeita ao duplo). Ver também n. 8.

Obs.: Linha cheia = volume de todos os gêneros (farinha, arroz, milho e feijão) (em alqueires); linha pontilhada = volume de farinha (em alqueires).

Felizmente, é possível confrontar estes testemunhos contraditórios e um tanto vagos com os dados proporcionados por outras fontes. Espalhados em meio à documentação, há "mapas estatísticos" de colheitas anuais, "relações de lavradores de mandioca", relatórios sobre o comércio nos distritos produtores de mandioca tradicionais e estimativas da produção de farinha feitas por várias autoridades locais. Algumas dessas fontes arrolam o número de covas de mandioca plantadas em certo distrito em determinado ano; outras mencionam a quantidade de farinha produzida, e outras ainda registram as quantidades de farinha comercializadas por produtores. Essa falta de uniformidade obviamente dificulta as comparações; impõe cautela na hora de tirar conclusões sobre as mudanças na produção de mandioca ao longo do tempo numa área específica. Mesmo assim, podemos em geral discernir com razoável segurança a direção dessas mudanças e, em alguns casos, sua dimensão.

Nos distritos produtores de mandioca da antiga comarca de Porto Seguro, no extremo sul da Bahia, por exemplo, a primeira metade do século XIX de fato viu uma queda na produção. No início desse século, Caravelas, Vila Viçosa, Alcobaça e Prado talvez tenham enviado quase 130 mil alqueires de farinha por ano para Salvador e outros mercados. No final da década de 1840, as remessas feitas por esses mesmos quatro distritos mal passavam de 76 mil alqueires anuais. Ao que tudo indica, a introdução e a rápida disseminação do café explica em grande parte a redução das remessas de Caravelas e Vila Viçosa. Por volta de 1848, as exportações de café dos dois distritos já chegavam a mais de 65 mil arrobas. Mas a competição da agricultura de exportação não pode explicar por que a produção de farinha deixou de aumentar significativamente em Alcobaça e Prado. Em meados do século XIX, os lavradores de Alcobaça só produziam café em quantidades irrisórias; os de Prado não produziam nenhum.[44]

Portanto, os dados colhidos nas fontes sobre o extremo sul da Bahia não confirmam de maneira inequívoca a hipótese de que a expansão da agricultura de exportação resultou num declínio da produção de farinha para o mercado interno. É possível, porém, que as evidências dos distritos produtores de mandioca de Porto Seguro não sejam adequadas para confirmar a hipótese. O extremo sul da Bahia continuou sendo durante todo o século XIX uma região pobre e escassamente povoada, que mantinha ligações apenas tênues com a economia brasileira de exportação.[45]

Evidências menos ambíguas deveriam vir da antiga comarca de Ilhéus, logo ao sul do Recôncavo. Ali, no final do século XVIII, a agricultura de exportação fixou-se solidamente em distritos que por muito tempo haviam fornecido farinha ao mercado baiano. Em 1799, os lavradores e senhores de engenho de Camamu, Maraú e São Miguel do Rio de Contas produziram pelo menos 44 mil canadas (301.400 litros) de cachaça e duas mil arrobas de café, além de quantidades menores de cacau e arroz. Isso alarmou os ouvidores e outras autoridades da comarca, que temiam que o maior cultivo da cana e do arroz viesse a ameaçar inevitavelmente a produção de farinha.[46] As tentativas ocasionais que fizeram no sentido de reforçar as leis que obrigavam todos os lavradores a plantar apenas mandioca deram em nada. Durante as seis décadas seguintes, enquanto o cultivo de café e cacau se expandiu, cerca de quarenta engenhos foram construídos ao longo desse trecho da costa baiana. No entanto, longe de minguar, a produção de farinha também cresceu nessas mesmas décadas (ver Tabela 9).

Em Camamu e Valença, a produção parece ter no mínimo duplicado; em Rio de Contas, o crescimento talvez tenha sido até maior. Igualmente notável é que em 1864 o município de Ilhéus exportou mais de 2.600 alqueires de farinha e, no ano seguinte, quase 4.500. Eram sem dúvida quantidades modestas — quase insignificantes se comparadas às exportações de açúcar, cacau e café do mesmo município. Mas Ilhéus, ao contrário de outros municípios da região, não produzira farinha para o mercado de Salvador no final do século XVIII; na verdade, seu mercado local era tão mal abastecido na época que moradores e viajantes muitas vezes tinham dificuldades para comprar mantimentos ali.[47] Agora, apesar da expansão enorme das lavouras canavieira, cacaueira e cafeeira, Ilhéus enviava um excedente de farinha para Salvador. Portanto, na antiga comarca de Ilhéus, a maior participação na economia de exportação não impediu aumentos na produção para o mercado interno.

O mesmo pode ser dito sobre o Recôncavo. Ali, mais que em qualquer lugar, a competição com a agricultura de exportação deveria ter provocado um declínio acentuado e visível do cultivo da mandioca. A partir do final do século XVIII, as lavouras de exportação transformaram as vilas produtoras de mandioca de Maragogipe e Jaguaripe (incluindo a freguesia de Nazaré, que se tornou um município em 1831). Em freguesias onde, nas décadas de 1780 e 1790, a economia rural fora dominada pela produção de mandioca e havia no máximo uns doze engenhos, em meados do século XIX, várias dezenas de engenhos fabricavam açúcar para a exportação.

Os engenhos instalados no sul do Recôncavo conviviam com incontáveis fazendas e sítios menores, onde, na década de 1840, os lavradores utilizavam seus escravos no cultivo do fumo e do café. Mas, em vez de abandonar a mandioca pela monocultura de exportação, continuavam a fazer farinha para abastecer Salvador e outros mercados próximos. Mais ainda, os dados apresentados na Tabela 10 indicam que a produção de farinha aumentou no sul

TABELA 9

Estimativas da produção de farinha na comarca de Ilhéus, 1785-1865

Vila ou município	Ano	Alqueires de farinha	Observações
S. Miguel do Rio de Contas	1799	30.000	Remessas para Salvador.
S. Miguel do Rio de Contas	1866	100.000-150.000[a]	Remessas totais.
Camamu	1799	40.000	Produção.
Camamu	c.1860	30.000	Remessas para Salvador "nos anos mais escassos".
Camamu	c.1860	80.000	Remessas para Salvador "em anos favoráveis". Estimativas feitas pela Câmara Municipal.
Valença[b]	1786	20.550	Excedente comercializável. Estimativa baseada na quantidade de mandioca plantada por 188 lavradores.[c]
Valença	1844	65.000-70.000	Remessas totais. Estimativa feita pelo juiz municipal após consulta a comerciantes locais.
Valença	1875	208.000-390.000[d]	Remessas totais. Estimativa feita por comerciantes locais.
Ilhéus	1864	2.656	Remessas para Salvador.
Ilhéus	1865	4.466	Remessas para Salvador.

Fontes: B. da S. Lisboa, "Memoria sobre a Comarca dos Ilhéos" (1802), pp. 13, 15; Hartt, p. 261; "Relação da planta da mandioca, q. fez distribuir o Sen[do] da Camr[a] da V[a] do Cayru..." (1786), BN, I-31, 30, 51; jz mun. e delegado (Valença) ao Pres. (22/10/1845), APEB, SH, 2629; Representação dos comerciantes da Cidade de Valença (1875), APEB, SH, 1456; quadros das exportações de Ilhéus nos anos de 1864 e 1865 em Bahia, *Falla* (1866, M. P. de Souza Dantas), s.n.

[a]Baseando-se em informações recebidas em Rio de Contas, o viajante Hartt citou remessas anuais de 50.000 sacos de farinha. Um documento de 1803, que se refere a remessas de farinha feitas em Nazaré, menciona sacos de farinha de dois alqueires. "Relação das Lanxas de fr[a] q. remette p[a] a B[a]..." (11/5/1803), APEB, SH, 417. Esses sacos teriam tamanho quase igual ao dos que hoje em dia se usam no comércio de farinha no Recôncavo. Mas, em meados do século XIX, utilizavam-se também sacos maiores. Uma sondagem na documentação do Celeiro Público do início da década de 1860 indica um volume médio de aproximadamente três alqueires por saco. AMS, 55.1 e 55.2.

[b]A fonte em que se baseia esta estimativa é uma relação dos lavradores de vários distritos que, na década de 1780, ainda faziam parte da vila de Cairu. Os nomes das localidades citados na relação (por exemplo, Sítio de Mapendipe, Rio da Una, Fonte da Prata) referem-se a distritos que mais tarde seriam desmembrados de Cairu para formar o município de Valença.

[c]A estimativa do excedente comercializável pressupõe um rendimento de 40 alqueires por 1.000 covas e foi calculada com os mesmos métodos utilizados no Cap. 6 para estimar a produção e os excedentes comercializáveis de lavradores de mandioca no Recôncavo.

[d]Segundo os comerciantes, as remessas semanais somavam entre 2.000 e 3.000 sacos, o que equivaleria a remessas anuais de 104.000 a 130.000 sacos. Assim, o volume da farinha exportada estaria entre 208.000 e 390.000 alqueires, dependendo do tamanho dos sacos utilizados (2 ou 3 alqueires; ver nota *a* acima).

TABELA 10

Estimativas da produção de farinha no Recôncavo, 1780-1845

Local (vila ou município, freguesia etc.)	Ano	Alqueires de farinha[a]	Observações
Jaguaripe (incluindo Nazaré)	1780	100.126	Excedente comercializável. Estimativa baseada na quantidade de mandioca plantada por 310 lavradores.[b]
Jaguaripe (incluindo Nazaré)	1781	86.577	Excedente comercializável. Estimativa baseada na quantidade de mandioca plantada por 218 lavradores.[b]
Jaguaripe (incluindo Nazaré)	1789	156.411	Excedente comercializável. Equivalente a 60,0% de toda a farinha que entrou no Celeiro.[c] Estimativa baseada na qantidade de farinha feita semanalmente por 299 lavradores.
Jaguaripe (incluindo Nazaré)	1825-26	235.571	Remessas para Salvador. Equivalente a 61,1% de toda a farinha que entrou no Celeiro.[c] Estimativa baseada na quantidade de farinha remetida nos 12 meses de 1º de outubro de 1825 a 31 de outubro de 1826 (exceto junho de 1826 para o qual falta informação).
Nazaré e Aldeia	1788	197.455	Remessas para Salvador. Equivalente a 61,1% de toda a farinha que entrou no Celeiro.[c] Estimativa baseada na quantidade de farinha remetida entre 14 de maio de 1788 e 9 de junho de 1788.
Nazaré e Aldeia	1789	152.297	Excedente comercializável. Equivalente a 56,2% de toda a farinha que entrou no Celeiro.[c] Estimativa baseada na quantidade de farinha feita semanalmente por 290 lavradores.
Nazaré e Aldeia	1789	169.338	Excedente comercializável. Equivalente a 62,5% de toda a farinha que entrou no Celeiro.[c] Estimativa baseada na quantidade de mandioca plantada por 305 lavradores.
Nazaré	1813	229.840	Quantidade de farinha que entrou na feira semanal de Nazaré. Estimativa baseada na quantidade de farinha levada para a feira na semana que terminou em 11 de maio de 1803.

Nazaré	1823	320.736	Quantidade de farinha que entrou na feira semanal de Nazaré. Estimativa baseada na quantidade de farinha levada para a feira na semana que terminou em 23 de outubro de 1803.
Recôncavo (Jaguaripe e Maragogipe)	1780	179.964	Excedente comercializável. Estimativa baseada na quantidade de mandioca plantada por 712 lavradores.[b]
Recôncavo	1835-36	252.161	Volume de farinha procedente do Recôncavo que deu entrada no Celeiro. Equivalente a 57,3% de toda a farinha que entrou no Celeiro.[c] Estimativa baseada na quantidade de farinha do Recôncavo que deu entrada no Celeiro nas 36 semanas entre 1º de agosto de 1835 e 18 de junho de 1836.
Recôncavo	1836	246.841	Volume de farinha procedente do Recôncavo que deu entrada no Celeiro. Equivalente a 56,1% de toda a farinha que entrou no Celeiro.[c] Estimativa baseada na quantidade de farinha do Recôncavo que deu entrada no Celeiro nas 17 semanas entre 16 de maio e 10 de novembro de 1836.
Recôncavo	1845	260.000-312.000	Volume de farinha recebido dos portos do Recôncavo. Equivalente a 66,8-80,1% de toda a farinha que entrou no Celeiro.[c] Estimativa feita pelo administrador do Celeiro.

Fontes: Lista dos lavradores de mandioca de Jaguaripe (1780), APEB, SH, 199; cap.-mor (Jag.) ao Gov. (30/11/1781), BN, I-31, 30, 52; "Lista dos lavradores de mandioca das rossas de Nazareth..." (1789) e insp. de f. (Naz.) à Câm. de Jaguaripe (25/2/1789), ambos em BN, II-34, 5, 28; "Rellação das farinhas que forão exportados para o Celleiro Publico... deste termo de Jaguaripe" (mensal, 1825-1826) em APEB, SH, 1609, 2440 e 2470; Câm. de Jaguaripe ao Gov. (2/8/1788), BN, II-33, 21, 64; cap.-mor (Jag.) ao Gov. (11/5/1803), APEB, SH, 417; "Mappa especulativo dos efeitos entrados pellas estradas territorios da Povoação de Nazr^e^... na Semn^a^ de 15 a 22 d8br^o^ [*sic*] de 1813" e "Mappa especulativo da esportação dos efeitos entrado [*sic*] pelas estradas de Nazaré Termo de Jaguaripe e feira de 12 de Janr^o^ de 1823", ambos em BN, II-34, 8, 29; "Lista das mandiocas que se achão nos lavradores do districto da Villa de Maragog^e^..." (1780), APEB, SH, 187; "Mappa semanario da far^a^ entrada, consumida e exist^e^ nos meses de agt^o^ a dezbr^o^, 1835," "Relação do n^o^ de alqueires de farinha na presente semana..." (9/1/1835-18/6/1836, semanal; com interrupções) e "Entradas e descargas dos barcos do Reconcavo" (17/9/1836), todos em APEB, SH, 1609; adm. (CP) ao Pres. (28/3/1845), APEB, SH, 1610.

[a]Quando necessário, as quantidades citadas nas fontes foram convertidas em quantidades anuais.

[b]Os pressupostos feitos nos cálculos dessas estimativas (que se baseiam num rendimento de 40 alqueires por 1.000 covas) são discutidos no Cap. 6.

[c]Percentagens calculadas em relação ao volume médio anual de farinha que deu entrada no Celeiro num período de cinco anos centrado no ano em questão.

do Recôncavo. Por exemplo, toda a mandioca colhida pelos roceiros de Maragogipe e Jaguaripe em 1780 teria rendido um excedente comercializável de cerca de 180 mil alqueires de farinha. É mais do que provável que boa parte desse excedente comercializável nunca tenha chegado a Salvador. Depois de separar parte dele como reserva, os lavradores teriam vendido outra porção a moradores das povoações próximas e a proprietários das olarias vizinhas. O restante do excedente teria sido vendido a comerciantes que, em vez de mandá-lo todo a Salvador, sem dúvida desviaram boa quantidade para os engenhos do outro lado da baía ou para outras partes do Brasil.

Em todo caso, meio século depois, a quantidade de farinha de fato enviada para Salvador apenas por Jaguaripe superou esse excedente comercializável em nada menos que 30%. Num período de 12 meses entre 1º de outubro de 1825 e 31 de outubro de 1826, os barcos vivandeiros transportaram cerca de 235 mil alqueires de farinha dos portos de Jaguaripe para a capital da província. Tal como no final do século XVIII, durante toda a primeira metade do século XIX, os municípios em torno da baía de Todos os Santos continuavam a fornecer mais da metade de toda a farinha que chegava ao Celeiro Público de Salvador.* Assim, embora a agricultura de exportação se tivesse espalhado por todo o Recôn-

*Os lavradores do sul do Recôncavo continuavam a produzir não só farinha, mas também uma variedade ampla e, na verdade, impressionante de gêneros para abastecer o mercado interno. É o que se constata a partir de uma relação dos "efeitos" que entraram na feira do então povoado de Nazaré na semana de 12 a 19 de janeiro de 1823. Constam da relação 25 alqueires de feijão e 405 alqueires de milho, além de 6.168 alqueires de farinha. Também entraram na feira de Nazaré naquela semana 6 mil limões, 2 mil cajus, 191 cargas de bananas, 117 cargas de melancias, 96 cargas de "ananases" e, em quantidades menores, quiabos, repolhos, cachos de dendê, pepinos, jacas, maxixes e cocos — tudo isso sem falar nas onze cargas de itens genericamente descritos como "verduras". A lista dos produtos que os roceiros e demais lavradores mandaram para a feira continua, arrolando cem dúzias de ovos, azeite-de-dendê, gamelas, algodão em pano, sabão, 120 bois e um número ainda maior de galinhas, frangos, patos e perus. A agricultura de exportação também animou a feira de Nazaré naquela semana na forma do "tabaco em corda" e "em pó" e do açúcar, além de 2.320 canadas (6.176 litros) de aguardente e cem cargas de rapaduras. "Mappa especulativo da esportação dos efeitos entrado [*sic*] pelas estradas de Nazaré... feira de 12 de Janrº de 1823", BN, II-34, 8, 29. Assim, não obstante a expansão da agricultura de exportação a partir de 1780, a feira de Nazaré continuava sendo, na primeira metade do século XIX, um dos maiores centros abastecedores do mercado baiano. Tamanha era sua importância que, em 1829, Domingos Rebello a classificou como "a maior da província"; ainda acrescentou que, "com razão, se pode dizer que [a vila de] Nazaré é o Egito da Bahia pela sua grande fertilidade e diversidade de mantimentos, quase todos de primeira necessidade". Rebello, pp. 180-81.

cavo, os lavradores da região parecem ter conseguido aumentar sua produção de farinha para suprir a demanda crescente no mercado baiano.

A total ausência de uma tendência de alta constante no preço real da farinha entre 1770 e 1865 reforça essa conclusão. A Figura 8 mostra que, quando deflacionado por um índice baseado nos preços de 12 mantimentos básicos, o preço da farinha volta a exibir sua volatilidade característica de um ano para outro. Durante esse período, às vezes subia abruptamente, mas sempre caía nos anos seguintes. No fim das contas, cada queda cancelava o aumento anterior. Em conseqüência, o preço real do mais importante componente da dieta baiana mostrou-se notavelmente estável ao longo do tempo. O número de engenhos na Bahia mais do que triplicou entre 1780 e 1860; as exportações de açúcar da província aumentaram em mais de 400%. A cana, o fumo e o café alteraram profundamente a paisagem rural do sul do Recôncavo, mas o preço médio de um alqueire de farinha em Salvador na década de 1850 não era mais alto em termos reais do que na década de 1780. Assim, a longo prazo, a expansão do cultivo da mandioca parece ter acompanhado o crescimento da demanda urbana e rural de farinha.[48]

Nas mesmas décadas em que se manteve estável em termos reais, o preço médio da farinha teve um aumento considerável em relação ao do açúcar (ver Figura 9). Em outras palavras, o preço do açúcar, medido em alqueires de farinha de mandioca, tendeu a cair a longo prazo.[49] Os senhores de engenho e lavradores de cana, como resultado, tinham de produzir cada vez mais açúcar para sustentar seus escravos. No início da década de 1790, com o que apuravam vendendo uma arroba de açúcar, podiam comprar os 5 1/4 alqueires de farinha necessários para alimentar sete escravos adultos por um mês inteiro. Sessenta anos depois, na segunda metade da década de 1850, essa mesma quantidade de açúcar lhes permitia comprar pouco mais que 1 1/2 alqueire de farinha, o que mal garantia o sustento de dois escravos durante um mês. No entanto, muitos senhores de engenho e lavradores de cana em meados do século XIX continuavam a comprar farinha de mandioca em vez de recorrer à produção doméstica. Ao que parece, raciocinavam que a maior receita que obtinham concentrando o trabalho de todos os braços no cultivo da cana e no fabrico do açúcar ainda compensava os custos agora mais altos de mantimentos comprados.

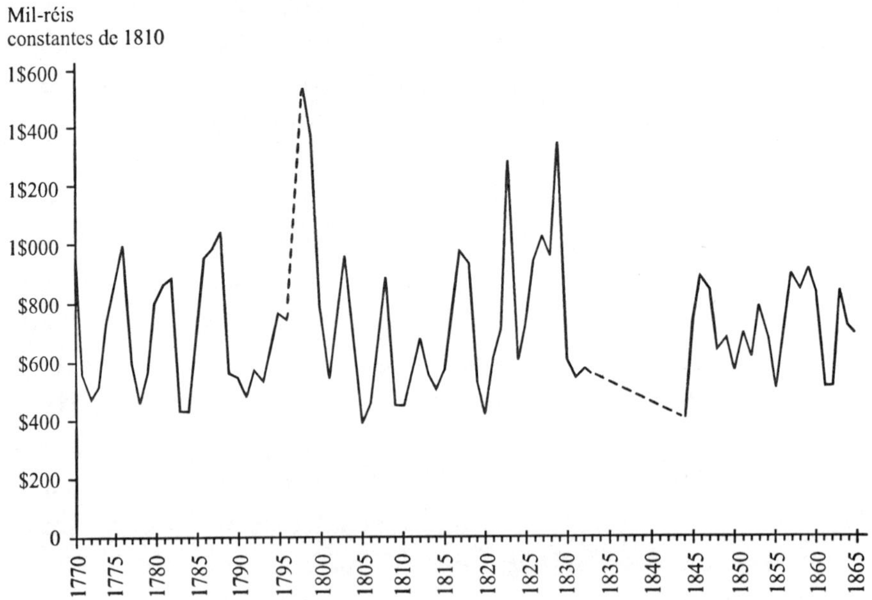
Mil-réis
constantes de 1810
1$600
1$400
1$200
1$000
$800
$600
$400
$200
0
1770
1775
1780
1785
1790
1795
1800
1805
1810
1815
1820
1825
1830
1835
1840
1845
1850
1855
1860
1865

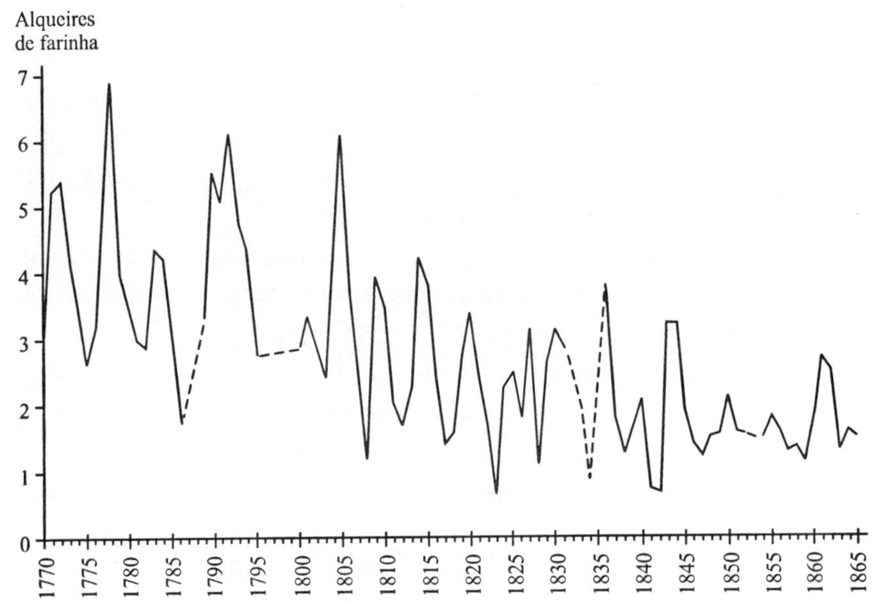
Alqueires
de farinha
7
6
5
4
3
2
1
0
1770
1775
1780
1785
1790
1795
1800
1805
1810
1815
1820
1825
1830
1835
1840
1845
1850
1855
1860
1865

Figura 8. Salvador. Preço deflacionado do alqueire de farinha, 1770-1865
Fontes: Mattoso, "Au Nouveau Monde", Annexes, pp. 445-61; "Conta corrente da despeza e receita que houve no Celleiro Público..." (1834-43, com interrupções), APEB, SH, 1609 e 1610; Bahia, *Falla* (1868, J. B. Nascentes de Azambuja), *Documentos annexos*: Franklin Americo de Menezes Doria, "Relatorio do Chefe de Policia", "Tabella para fornecimento dos presos pobres das cadeias desta cidade", s.n. Ver n. 7.
Obs.: Para deflacionar os preços da farinha, construí um índice de preços para o custo anual de uma cesta de gêneros baseada nos alimentos dados aos presos pobres nas cadeias de Salvador. Ver o relatório de 1868 do chefe de polícia (citado acima). Essa é a única fonte que consegui localizar que indica os tipos de alimentos consumidos e suas quantidades. Os presos recebiam semanalmente: 42 onças (1,21 kg) de pão, 1 3/4 onças (50 g) de café, 1 3/4 onças (50 g) de açúcar, 2 libras (0,918 kg) de carne verde, 7/10 de quarta de alqueire (6,349 litros) de farinha de mandioca, 3 onças (86 g) de toucinho, 8 onças (230 g) de arroz, 2 libras (0,918 kg) de carne-seca, 1/2 libra (230 g) de bacalhau,15 onças (431 g) de feijão, 1/400 de uma canada (17 ml) de azeite doce (i.e., de oliva) e 1/400 de uma canada (17 ml) de vinagre. (As onças citadas no relatório do chefe de polícia são onças de uma libra, ou arrátel, de 460 g; i.e., não são de uma libra *avoirdupoids*, de 454 g.) (Os presos recebiam também "temperos" e "verduras". Como as quantidades desses itens não estavam especificadas e como eles não constam das séries de preços de Mattoso, não os incluí no índice.) Essas quantidades, multiplicadas por 52 e assim convertidas em volumes do consumo anual, podem ser usadas com as séries de preços de Mattoso para se construir um índice ponderado para uma cesta básica de alimentos. Como Mattoso coletou informações sobre o preço da farinha de trigo e não do pão, converti pão em farinha usando uma proporção de 13,5 libras (6,124 kg) de farinha para 23 libras (10,43 kg) de pão francês, proporção essa que é considerada comum na panificação. Para os anos anteriores a 1810, Mattoso não conseguiu localizar informações sobre o preço do café. É improvável que ele fosse amplamente consumido em Salvador antes dessa data. Por isso, o índice não inclui o café nos anos anteriores a 1810. Quando as outras séries de Mattoso continham lacunas, o preço do produto em questão foi excluído dos cálculos para esse ano. O índice pode ser considerado como representativo das despesas feitas com a alimentação de um adulto nas camadas pobres da população.

Figura 9. Salvador. Preço da arroba de açúcar branco medido em alqueires de farinha, 1770-1865
Fontes: Mattoso, "Au Nouveau Monde", Annexes, pp. 445-61; "Conta corrente da despeza e receita que houve no Celleiro Público..." (1834-43, com interrupções), APEB, SH, 1609 e 1610; faturas de venda de açúcar branco anexadas a inventários *post-mortem*, APEB, SJ, IT e ARC, IT. Ver n. 7

Para os roceiros e outros pequenos lavradores, a variação dos preços relativos da farinha e do açúcar na primeira metade do século tornou a cana cada vez menos atraente como alternativa à mandioca. Se tivesse vivido na década de 1850, o cronista Vilhena certamente não teria escrito "não há quem não queira ser lavrador de canas-de-açúcar". Mesmo nos últimos anos do século XVIII, quando Vilhena fez essa afirmação e quando os preços estavam mais atraentes do que nunca, toda uma série de obstáculos interpunha-se entre a maioria dos roceiros e os ganhos em prestígio social e renda que a lavoura canavieira prometia.[50]

Com o passar do tempo, contudo, os roceiros teriam poucos estímulos para continuar plantando mandioca. Dada a estabilidade a longo prazo do preço da farinha, só podiam esperar aumentar seus ganhos com esse produto plantando mais mandioca. Uma produção maior, porém, envolvia riscos proporcionalmente maiores. Em "anos bons", quando prevaleciam condições favoráveis ao cultivo e as colheitas eram abundantes, podiam despencar os preços. Quando isso acontecia, os roceiros às vezes tinham de vender sua produção maior de farinha com prejuízo. Manoel Ferreira da Câmara testemunhou "a desgraçada sorte" que se abateu sobre os lavradores de mandioca em Nazaré em 1805, quando os preços caíram tanto que já não cobriam nem o frete. Câmara deixou Nazaré convencido da "miséria e infelicidade" dos lavradores.[51]

Cerca de quatro décadas depois, em 1844, o presidente da Bahia, Joaquim José Pinheiro de Vasconcelos, anunciou com muito orgulho à assembléia provincial que seu mandato marcara o fim da "excessiva carestia" de anos anteriores. O maior cultivo de mandioca havia produzido "tal abundância desse gênero, que há muitos anos não conta por tão baixo o preço". Os lavradores que forneciam essa farinha estavam longe de partilhar da satisfação do presidente da província. No mesmo ano, os vereadores de Camamu escreveram a Pinheiro de Vasconcelos para "deplorar... a total decadência da lavoura, e do comércio deste município" que "o diminuído preço" da farinha causara. Os lavradores, segundo a câmara municipal, já não podiam sustentar suas famílias com as receitas da venda de farinha.[52]

Todo agricultor cultiva suas lavouras sabendo que está a incorrer num risco: quando, alguns meses depois, a cultura está pronta para a colheita, uma queda inesperada nos preços pode forçá-lo a vender a safra por um preço que não cobre os custos de produção. Entretanto, quando a tendência geral dos preços é ascendente, aumentos reais na renda podem compensar o agricultor dos riscos assumidos de ano a ano e encorajá-lo a expandir sua produção. Embora não pudessem esperar esse tipo de compensação do preço da farinha, os roceiros da Bahia, na primeira metade do século XIX, não só continuaram a cultivar mandioca como passaram de fato a produzir mais farinha.

CONCLUSÕES

O movimento dos preços em Salvador entre 1780 e 1860 revela um mercado local que, apesar de seu tamanho e vigor, era vulnerável de um ano para outro tanto às flutuações de uma economia mundial moderna emergente, bem como às forças muito mais primitivas da seca e da chuva. Uma participação maior nessa economia mundial só exacerbava os problemas de escassez e carestia que acompanhavam as colheitas atrasadas ou minguadas. A longo prazo, porém, o mercado local da Bahia mostrou-se capaz de se ajustar às exigências do crescimento da economia de exportação da província. A expansão da agricultura de exportação na primeira metade do século XIX não fez a mandioca desaparecer do Recôncavo nem provocou qualquer tendência ascendente significativa no preço real da farinha.

Ao contrário, a complementaridade caracterizava a relação de longo prazo entre a economia de exportação e o mercado local. Como os senhores de engenho e lavradores de cana dependiam principalmente do mercado local para alimentar seus escravos, a expansão da produção de açúcar no Recôncavo aumentou a demanda rural de farinha e outros mantimentos básicos. Uma oferta maior de farinha produzida localmente era, por sua vez, essencial não só para assegurar o bem-estar da população crescente de Salvador, como também para permitir a expansão de uma agricultura de *plantation* altamente especializada no Recôncavo rural. Assim, as flutuações dos preços em Salvador reforçam a conclusão de que, no final do século XVIII, o mercado interno baiano já se havia tornado parte integrante e até decisiva de uma economia regional mais ampla dominada pela agricultura de exportação e baseada no trabalho escravo.

Para compreender como se conseguiu aumentar a longo prazo a produção tanto de gêneros de exportação como de farinha, devemos desviar nossa atenção dos preços nos mercados locais e estrangeiros e considerar mais de perto o Recôncavo rural — as terras em torno da baía de Todos os Santos que os senhores de engenho e lavradores cultivavam, os escravos de que se valiam e as práticas agrícolas que adotavam. Os demais capítulos deste estudo tratam desses temas.

CAPÍTULO 4 Terra

Todo morador do Recôncavo sabia que as chuvas que caíam nas últimas semanas de fevereiro ou no começo de março anunciavam não só o final do verão como o princípio da época do plantio. Os escravos começavam a se dirigir aos canaviais nos engenhos do lado norte da baía. Munidos de enxadas, abriam regos na terra pesada onde poriam e cobririam pedaços cortados de cana. Nas fazendas e sítios de fumo de Cachoeira, os escravos, geralmente em grupos menores, preparavam cuidadosamente as sementeiras. Nas roças de mandioca do sul do Recôncavo, o número de escravos muitas vezes não passava de um ou dois; lado a lado com seus senhores, faziam os montinhos de terra, conhecidos como covas, onde esperavam ver as manivas criarem raízes e florescerem. Qualquer que fosse a lavoura, era preciso abrir a terra e trabalhar o solo. Um exame da economia agrícola do Recôncavo poderia, portanto, começar com a própria terra — os ricos massapés cobiçados pelos senhores de engenho e os solos mais leves e mais arenosos, apreciados pelos lavradores de fumo e mandioca. Em relação à terra, este capítulo concentra-se em duas questões: sua disponibilidade para aumentar a produção de gêneros tanto de exportação quanto de subsistência e as estruturas que determinavam a distribuição da propriedade fundiária e a ocupação da terra no Recôncavo.

UMA FRONTEIRA AGRÍCOLA

Ao contrário do que sustentam alguns historiadores, a Bahia no final do século XVIII e na primeira metade do século XIX possuía uma oferta abundante de terras para aumentar a produção agrícola.[1] Uma avaliação completa dessa abundância requer uma perspectiva mais ampla do que o foco regional adotado neste estudo. Nem os limites vagos que os observadores da época usavam para definir o Recôncavo, nem as divisas que os geógrafos atuais traçam em torno da região jamais constituíram barreiras para a migração ou para a expansão da agricultura. Por esta razão, devemos também ter em mente que além do Recôncavo estendia-se uma província vasta e escassamente povoada, com área igual à da França de hoje. Dispersos pelo meio milhão de quilômetros quadrados da Bahia, havia núcleos de povoamento separados por enormes extensões de território, em grande parte vazio e não cultivado. Embora o crescimento populacional e a migração tivessem começado a encher essa "*hollow frontier*", o interior permaneceria pouco povoado durante todo o século XIX. Ainda em 1872, menos de 1,5 milhão de pessoas vivia em toda a província. A densidade populacional era portanto extremamente baixa.[2]

Sem dúvida, algumas regiões do interior baiano eram escassamente povoadas porque seu clima seco e inclemente desestimulava a ocupação. Poucas atividades, além da pecuária extensiva, podiam prosperar nas caatingas áridas do nordeste da Bahia. Essa era a região que mais tarde Euclides da Cunha tornaria famosa com seu relato de Canudos, a grande rebelião de cunho messiânico da década de 1890. Embora merecidamente celebrada como obra-prima da literatura brasileira, *Os sertões* contribuiu para a noção equivocada de que a caatinga cobria todo o interior da Bahia e de que todos os sertanejos eram criadores de gado, vaqueiros ou peões. O livro só menciona de passagem as terras de aluvião ao longo de rios aqui e ali por todo o sertão. Também deixa de descrever as diversas áreas do interior onde, em anos normais, chove o suficiente para tornar a agricultura possível. Os lavradores dessas áreas efetivamente produziam uma ampla variedade de gêneros. Por exemplo, nas últimas décadas do século XIX, os cereais que colhiam começaram a chegar até os mercados do litoral pelas estradas de ferro. Os lavradores do interior plantavam também café, fumo e algodão; e com a cana que cultivavam, centenas de engenhocas fabricavam rapaduras e aguardente. A cana plantada mais perto do litoral, em municípios ao norte e ao noroeste do Recôncavo, abastecia engenhos que, a partir de 1800, produziriam açúcar para exportação.[3]

Baixas densidades populacionais caracterizavam não só os sertões, mas também o extenso litoral sul da Bahia, onde as chuvas nada tinham de escassas. O litoral ao sul do Recôncavo, que corresponde às antigas comarcas de Ilhéus e Porto Seguro, recebe pelo menos 1.500 milímetros de chuva por ano. Já em meados do século XVII, vilas situadas ao longo desse trecho do litoral tinham começado a fornecer farinha para o mercado de Salvador. Apesar disso, mesmo no fim do século XVIII, o povoamento nas duas comarcas mal começara a abrir brechas nas matas costeiras. Dessas matas vinha grande parte da valiosa madeira de lei que Salvador exportava e usava em seus estaleiros.[4]

As densas matas que se estendiam ao longo do litoral sul abrigavam também escravos fugidos e índios ainda não subjugados, que, às vezes, atacavam viajantes solitários e fazendas isoladas. A partir de 1780, a população das duas comarcas cresceu com o aumento da produção de farinha e de gêneros para exportação. Contudo, a verdadeira transformação dessa região de fronteira de matas fechadas só ocorreu a partir da década de 1890, quando a promessa de enriquecimento rápido e fácil em conseqüência da acelerada expansão das exportações de cacau atraiu milhares de migrantes para Ilhéus e outros municípios vizinhos. Na furiosa e muitas vezes violenta corrida pela terra que se seguiu, foram poucos os migrantes que conseguiram se estabelecer como grandes fazendeiros de cacau. Os outros, em sua maioria, acabaram sem terra e como simples trabalhadores rurais.[5] Assim, quer rumassem para o oeste, penetrando no interior, quer para o sul, ao longo da costa, os baianos encontravam grande quantidade de terras não cultivadas e despovoadas (a não ser por índios).

Não era preciso, contudo, empreender penosas viagens pelo interior nem enfrentar ataques de índios no litoral sul; no final do século XVIII, ainda havia terra disponível para a expansão agrícola até nas vilas em torno da baía de Todos os Santos. Não há dúvida de que, a essa altura, o Recôncavo já se distinguia das outras áreas da Bahia. Dois séculos e meio de colonização trouxeram enormes mudanças. Ali onde os primeiros exploradores europeus haviam encontrado apenas algumas aldeias indígenas cercadas por imensas matas antigas, colonos portugueses e escravos africanos haviam limpado terrenos para plantar cana, fumo e mandioca.

Haviam construído também uma rede de pequenas cidades e povoados, muitas vezes separados por menos de um dia de caminhada.[6] Apesar desse padrão de povoamento relativamente denso, o Recôncavo ainda dispunha de muita terra sem cultivo.

Sobre este assunto, podemos acreditar no testemunho de José da Silva Lisboa, que, em 1781, observou que "a Bahia só no seu recôncavo tem terras capazes de quadruplicar a lavoira do açúcar sem muito incômodo". Pensava, talvez, nas extensões de terras boas para a cana que podiam ser encontradas em Santo Amaro e São Francisco do Conde nas freguesias mais afastadas da baía. Essas freguesias só viriam a ser plenamente exploradas por senhores de engenho a partir da segunda ou terceira década do século XIX.[7]

Lisboa sem dúvida tinha em mente também as extensas matas que, em seu tempo, ainda cobriam grande parte do Recôncavo e que a historiografia raramente menciona. Quando os historiadores mencionam essas matas, é apenas para chamar a atenção ao processo quase constante de desmatamento a que a região foi submetida desde o início da colonização portuguesa. É verdade que os primeiros colonos e seus descendentes destruíram imprudentemente grandes extensões de florestas virgens para abrir terrenos para a lavoura e também, de maneira talvez mais devastadora, para obter combustível. A lenha cortada das matas mantinha acesas as fornalhas nas casas das caldeiras dos engenhos da região. Usando metáforas que logo se tornariam comuns na literatura sobre o açúcar, o jesuíta André João Antonil descreveu essas fornalhas, no início do século XVIII, como "bocas verdadeiramente tragadoras de matos, cárcere de fogo & fumo perpétuo". Comparou-as também a vulcões em erupção e até ao próprio inferno. As fornalhas realmente tragaram florestas inteiras. Em meados do século XVII, alguns engenhos mais antigos já não tinham matas próprias; todo ano, quando chegava a época da safra, seus proprietários tinham de desembolsar somas consideráveis na compra de lenha.[8]

A recuperação da produção de açúcar no fim do período colonial não só acelerou o desmatamento como reduziu a quantidade de terra não cultivada disponível no norte do Recôncavo. À medida que os engenhos se multiplicavam e os canaviais se espalhavam em todas as direções, a falta de lenha generalizava-se. Com o apoio do governo colonial, os proprietários baianos começaram a procurar maneiras de diminuir o consumo de lenha sem reduzir a produção de açúcar. Fizeram experiências com modelos de fornalhas mais eficientes e com o uso do bagaço da cana como combustível. A partir de 1816, os novos modelos de fornalhas e a introdução de uma nova variedade de cana-de-açúcar, mais fibrosa e em geral mais produtiva, a chamada cana caiana, finalmente permitiram que muitos senhores de engenho trocassem a lenha pelo bagaço.[9]

No entanto, apesar de seu voraz apetite por lenha e terra, a indústria açucareira não conseguiu desmatar inteiramente o Recôncavo nem esgotar a oferta de terras não cultivadas. Um relatório preparado em 1790 por Joaquim de Amorim Castro, ouvidor de Cachoeira, deixa claro que ainda restavam matas por toda a região. As florestas virgens que o ouvidor descreveu começavam na freguesia de Santiago do Iguape, situada quase à margem da baía e importante centro açucareiro com mais de uma dúzia de engenhos. A partir do Iguape, uma mata de cerca de sete léguas (aproximadamente 42 quilômetros) de comprimento atravessava a vila de Santo Amaro, também um centro tradicional da lavoura canavieira; enquanto outra mata se estendia para o oeste, penetrando nos principais distritos fumageiros de Cachoeira. Mais ao oeste, segundo Amorim Castro, encontravam-se matas virgens ainda mais extensas.[10] Quatro décadas mais tarde, em 1834, Miguel Calmon iria observar que os proprietários dos engenhos do Recôncavo deixavam ociosas grandes áreas de terra boa para a cana. As descrições de engenhos feitas no século XIX confirmam essas observações. Mencionam a presença de grandes reservas de mata até mesmo em propriedades situadas à beira da baía e próximas a ela. Por exemplo, ao morrer em 1842, Joaquim Ferreira Bandeira deixou um espólio que incluía três propriedades em São Francisco do Conde: os engenhos Buranhém e Macaco e, adjacente a este, a Fazenda Pitombeira. O Buranhém já não tinha reservas de mata. Mas no Engenho Macaco, situado a menos de 5 quilômetros da baía, e na Fazenda Pitombeira, as matas ocupavam 460 tarefas (200,4 ha); ou seja, 20% da área conjunta das duas propriedades.[11]

Outras evidências de que a indústria açucareira baiana não se ressentia de nenhuma escassez de terra vêm de um censo feito em 1835 na freguesia de Santiago do Iguape. Como em outros distritos canavieiros tradicionais, a recuperação do comércio de açúcar a partir da década de 1780 animou os senhores de engenho do Iguape a fazer grandes investimentos em suas propriedades, consertando moendas e fornalhas, erguendo novos engenhos e plantando mais cana. Se o número de cativos que possuíam serve de medida, a expansão do cultivo da cana foi substancial; entre 1780 e 1835, o tamanho dos plantéis de escravos em alguns engenhos do Iguape mais do que duplicou.[12]

Talvez o aumento mais impressionante tenha ocorrido no Engenho Vitória, que, na década de 1780, fora um engenho de tamanho inferior à média. Em 1814, o Vitória havia passado às mãos de Pedro Rodrigues Bandeira, um rico comerciante que tinha ligações com o tráfico negreiro. Bandeira começou a aumentar rapidamente a força de trabalho do engenho, de tal modo que ao morrer, em 1835, deixou no Vitória 242 escravos. Isso representava um aumento de mais de 400% em relação aos 48 escravos que haviam trabalhado na mesma propriedade em 1786. No conjunto, o Iguape, com seus numerosos engenhos e fazendas de cana e sua grande população cativa, parecia a observadores da época uma freguesia bem cultivada e densamente povoada.[13]

Não obstante, quando o vigário do Iguape fez o censo de 1835, registrou os nomes de 42 "serradores" que viviam de cortar madeira e lenha nas matas da freguesia. Evidentemente, nem todas as matas descritas por Amorim Castro em 1790 haviam sido queimadas nas fornalhas das casas das caldeiras dos engenhos do Iguape. Muito mais numerosos que os serradores eram os pequenos lavradores, que cultivavam principalmente mandioca e outros gêneros de subsistência em terras que, no mais das vezes, pertenciam a senhores de engenho. Segundo o censo, somavam mais de 200. Ora, se aos senhores de engenho do Iguape tivesse realmente faltado terra para plantar mais cana, certamente não teriam hesitado em expulsar esses lavradores pobres de suas propriedades. A presença de mais de 200 pequenos agricultores na freguesia é um forte indício de que os senhores de engenho do Iguape possuíam mais terra do que podiam usar.[14]

No entanto, se os produtores de açúcar do Iguape, ou de qualquer outra freguesia canavieira do norte do Recôncavo, tivessem precisado ou simplesmente desejado mais terras, teria sido suficiente que voltassem os olhos para as vilas do outro lado da baía, Jaguaripe, Nazaré e Maragogipe, onde a mandioca era tradicionalmente a principal cultura. Ali, numa fronteira agrícola ainda aberta, teriam podido encontrar facilmente terras novas, sem cultivo, em meio às densas matas que ainda cobriam grande parte do sul do Recôncavo no início do século XIX. Essas matas sustentavam uma indústria madeireira em Jaquaripe que fornecia grandes quantidades de lenha para os engenhos do outro lado da baía e pranchas de madeira de lei para os estaleiros de Salvador.[15]

As sumacas e lanchas que cruzavam regularmente a baía entre Jaguaripe e Salvador, além de lenha e madeira, carregavam farinha. Embora Jaguaripe e Maragogipe fornecessem grande parte da farinha vendida no mercado de Salvador, as roças de mandioca só ocupavam uma pequena fração da área total do sul do Recôncavo. Em 1780, por exemplo, os lavradores dessas duas vilas plantaram 5,6 milhões de covas de mandioca, que talvez lhes tenham rendido 224.576 alqueires de farinha, tanto para consumo próprio como para venda. Para plantar esse número de covas, teriam precisado, numa estimativa extremamente generosa, de 18.682 hectares, ou seja, apenas 7% da área total do sul do Recôncavo.[16] Sessenta e cinco anos mais tarde, depois que o cultivo da mandioca crescera consideravelmente no Recôncavo, o administrador do Celeiro Público relatou que Salvador recebia anualmente entre 260 mil e 312 mil alqueires de farinha da região. A mandioca necessária para produzir 312 mil alqueires de farinha teria exigido, novamente numa estimativa extremamente generosa, não mais do que 51.909 hectares; isso corresponde a menos de 20% da área total do sul do Recôncavo. Seria possível reduzir essa estimativa à metade sem risco de subestimar a área necessária para a produção da mesma quantidade de farinha. Mesmo em 1869, a câmara de Nazaré ainda podia relatar que seu município, que nessa altura contava mais de cem engenhos, ainda dispunha de grandes extensões de terra inexplorada e adequada para a agricultura.[17]

A terra, portanto, não era um recurso escasso na Bahia do século XIX. Mesmo dentro dos limites do Recôncavo, senhores de engenho e lavradores podiam incorporar novas áreas à lavoura e com isso aumentar de modo mais ou menos simultâneo a produção de culturas de exportação e também de farinha para abastecer o mercado de Salvador.

A cana, o fumo e o café de fato se espalharam por essas novas áreas. Essa expansão mudou a geografia agrícola da Bahia, transformando o sul do Recôncavo e outros distritos litorâneos produtores de mandioca em centros da agricultura de exportação. Esse processo, já descrito no Capítulo 2, não precisa ser revisto aqui. Em vez disso, podemos nos concentrar na mandioca, em relação à qual a documentação disponível, embora exígua e muitas vezes imprecisa, deixa pouca margem para dúvidas: o cultivo da mandioca expandiu-se a partir do final do século XVIII, ao mesmo tempo que a produção de açúcar, fumo e café também aumentava. Numa fronteira ainda aberta, os roceiros baianos derrubaram "a ferro e fogo" grandes extensões de matas no sul do Recôncavo e na antiga comarca de Ilhéus para plantar áreas cada vez maiores de mandioca.[18] Os resultados dessa expansão ficaram evidentes em Salvador, onde o volume de farinha que entrou no Celeiro Público teve crescimento acentuado e os preços se mantiveram constantes, em termos reais, de uma década para outra.

O aumento da produção de mandioca deveria ter agradado às autoridades do sul do Recôncavo e da comarca de Ilhéus; afinal, recebiam constantemente ordem para estimular o plantio da mandioca e enviar a maior quantidade possível de farinha para Salvador. Mas, surpreendemente, essas autoridades às vezes viam com receio a expansão das lavouras de mandioca. Em Maragogipe, por exemplo, preocupavam-se com o comércio local. Acontece que a expansão afastava a produção da mandioca da sede da vila e de seu porto. Os roceiros, por isso, preferiam cada vez mais passar ao largo da feira semanal de Maragogipe e comercializar sua farinha através de Cachoeira ou Nazaré.[19] Em Jaguaripe e nas vilas litorâneas da comarca de Ilhéus, áreas em que a exploração da madeira continuava sendo uma indústria importante, as autoridades locais viam os roceiros como "incendiários" que, no seu afã de aumentar a produção de mandioca, devastavam aleatoriamente matas com muita madeira de lei valiosa. Quando os preços da farinha subiam, o ritmo da destruição acelerava-se. No início da década de 1780, por exemplo, os lavradores de Nazaré começaram a expandir suas roças para o sul, ao longo do rio Jiquiriçá, penetrando na comarca de Ilhéus. Francisco Nunes da Costa, ouvidor da comarca, queixou-se de que em menos de seis anos eles haviam "reduzido a cinzas matas preciosas e tão antigas como o mundo... fazendo uma perda qual não há cálculo que a possa computar". A única solução, segundo o ouvidor, era mandar "se guardarem, defenderem e demarcarem" as matas restantes de madeira de lei e obrigar os "rústicos e ambiciosos" roceiros a plantar sua mandioca em outra parte.[20]

Estavam em jogo, como Nunes da Costa bem sabia, os interesses da Coroa. O desmatamento indiscriminado e não autorizado significava nada menos que a destruição de propriedade régia. Por direito, toda madeira de lei, mesmo em terras particulares, pertencia à Coroa. Com pranchas, vigas e mastros cortados dessa madeira, os arsenais reais de Lisboa e Salvador construíam os navios que formavam a armada portuguesa. A Coroa, no entanto, esperou mais de uma década antes de impor as medidas recomendadas por Nunes da Costa. Em 1797, imediatamente depois de revogar, por decreto, todas as sesmarias existentes na área — que, na verdade, eram poucas —, a Coroa designou Baltasar da Silva Lisboa para ouvidor da comarca e encarregou-o de elaborar um "plano" para controlar a exploração da madeira. Silva Lisboa começou reafirmando os direitos da Coroa a toda madeira de lei e impondo novos regulamentos que restringiam a derrubada e o comércio de madeira. Os regulamentos também limitavam os direitos dos proprietários de Ilhéus; em suas propriedades, não podiam desmatar novos terrenos para plantar mandioca.

O "plano" logo pôs o ouvidor em conflito com todos os principais interesses locais naquela economia de fronteira: os "fabricantes" (madeireiros e donos de serrarias), os comerciantes que negociavam com pranchas e vigas e os lavradores de mandioca. Seus protestos, que culminaram numa "greve" dos fabricantes em 1799-1800, forçaram a Coroa e Silva Lisboa a ceder. Depois disso, não se fizeram mais tentativas sérias de impor os novos regulamentos. Os fabricantes puderam voltar a explorar a madeira de lei sem maiores impedimentos; foram eliminadas as novas restrições sobre o comércio; e o governo colonial explicitamente reconheceu os direitos dos proprietários de usarem livremente suas terras.[21]

É particularmente revelador que esse conflito — o mais bem documentado em torno do uso da terra envolvendo lavradores de mandioca — nada tenha tido a ver com a agricultura de exportação. Não lançou roceiros contra senhores de engenho ansiosos para expulsá-los de suas terras para plantar mais cana. Em vez disso, os roceiros de Ilhéus, desbravando terras novas na fronteira para produzir mais farinha para o mercado interno, entraram em choque com a burocracia real, determinada a defender os direitos da Coroa e a preservar valiosas matas de madeira de lei. Essa disputa proporciona, portanto, um fecho apropriado para uma discussão da disponibilidade de terra para a expansão agrícola na Bahia da primeira metade do século XIX.

A ESTRUTURA FUNDIÁRIA NO RECÔNCAVO

Essa disputa lança luz também sobre outras questões relativas à terra. Ao revogar as sesmarias e limitar os direitos dos proprietários na comarca, a Coroa visava a um maior controle sobre o uso da terra para limitar o desmatamento. A expansão da agricultura, como a Coroa reconhecia, dependia não só da disponibilidade de terra como também de quem a controlava. Determinar quem detinha esse controle significa indagar sobre a propriedade fundiária e sua distribuição no Recôncavo rural.

Propriedade, localização e qualidade do solo

Investigar questões desse tipo pode, à primeira vista, parecer irrelevante ou até um equívoco. Afinal, que importância podia ter a propriedade fundiária numa área em que uma fronteira agrícola aberta oferecia uma abundância aparentemente inesgotável de terras?[22] A existência de uma fronteira sem dúvida diminuía o valor da propriedade fundiária. A terra na Bahia colonial e da primeira metade do século XIX nunca se tornou um recurso tão precioso que sua mera posse garantisse automaticamente poder social e econômico. E certamente não assegurava o controle sobre a mão-de-obra. Ainda assim, os senhores de engenho e lavradores baianos, longe de negar valor à terra, atribuíam considerável importância à sua posse. A terra sempre representou parte significativa dos bens que os proprietários do Recôncavo rural deixavam para seus herdeiros, que, por sua vez, nunca cessavam de se enredar em intermináveis litígios e até rixas violentas para preservar seus direitos legítimos ou presumidos à propriedade da terra.[23]

Em certas ocasiões, chegavam até a menosprezar o risco de uma rebelião escrava. No final da década de 1820, por exemplo, o capitão Tomé Pereira de Araújo, proprietário do Engenho da Cruz na freguesia de Santiago do Iguape, pediu permissão aos vizinhos para construir, através das terras deles, uma levada, ou aqueduto, para seu engenho. Todos concordaram, com uma exceção: dona Maria Ana Rita de Meneses, do Engenho Cassucá. Mesmo depois que o capitão Tomé conseguiu uma ordem judicial em seu favor, dona Maria Ana Rita continuou se recusando terminantemente a ceder o direito de passagem. Ainda assim, o capitão Tomé levou a construção adiante, e dona Maria Ana Rita, por sua vez, mandou duas vezes seus escravos destruírem a levada. Na segunda ocasião, em 1830, cerca de duzentos escravos de ambos os lados, fiscalizados apenas por alguns feitores livres, confrontaram-se no local da levada. O juiz de paz da freguesia, assim que soube do confronto, foi a toda pressa para o Cassucá, na esperança de evitar a violência. Encontrou os escravos já quase fora de controle. Grandes aglomerações de escravos eram sempre perigosas, e o perigo, como o juiz sabia, era na época maior do que nunca.[24]

Desde o início do século XIX, os escravos na Bahia tinham promovido uma série de insurreições e revoltas. Por volta de 1830, o clima generalizado de medo que tomara conta da população livre do Recôncavo certamente reinava no Iguape, onde os escravos de diversos engenhos haviam-se rebelado em 1814, 1827 e 1828. A última insurreição fizera vítimas: morreram um feitor e quatro escravos forros no próprio Engenho da Cruz do capitão Tomé.[25] No entanto, num desprezo temerário pelo perigo bastante real, o capitão Tomé e dona Maria Ana Rita haviam juntado seus escravos, empurrando-os para uma situação potencialmente explosiva. Essa disposição de se expor ao risco de uma revolta de escravos atesta a importância que se atribuía à propriedade da terra na Bahia da primeira metade do século XIX.

O paradoxo entre a abundância da terra e seu alto valor pode ser desvendado se desviarmos nossa atenção da terra em geral, ou em abstrato. A terra não é um bem homogêneo; a localização e a qualidade do solo são fatores decisivos que distinguem um pedaço de terra de outro. O posseiro cujo único objetivo era assegurar a própria subsistência e a de sua família podia ignorar essas diferenças sem maiores problemas. Em praticamente qualquer lote de terra minimamente fértil, até no mais remoto rincão do interior, podia plantar uma roça de mandioca, feijão e milho. Mas os agricultores que pretendiam vender suas safras precisavam de terras a pouca distância dos mercados e que lhes proporcionassem os maiores rendimentos pelo menor esforço.

A importância da localização deveria ser óbvia; em grande medida, determinava os custos da comercialização. Se uma propriedade ficasse a grande distância de Salvador, o custo do transporte poderia reduzir ou até anular os lucros com a venda da safra. O algodão cultivado no remoto interior do sudoeste da Bahia, por exemplo, praticamente desapareceu da pauta de exportações da província depois de 1830. Onerado por pesados custos de transporte, não pôde mais competir no mercado mundial numa época de preços internacionais em queda. Os lavradores de fumo, mandioca e cana em terras mais próximas do litoral tinham as mesmas preocupações. O governo colonial levou em conta essas preocupações quando introduziu o sistema de "descontos" na cobrança do dízimo sobre o fumo após 1768 e sobre o açúcar após 1800; esse sistema "descontava" uma parte do dízimo pago por produtores de fumo e açúcar em freguesias mais distantes para compensar os custos maiores de transporte.

Na lavoura canavieira, a questão não era só a distância até Salvador, mas também o acesso a um engenho próximo. Depois de cortada, a cana começa a apodrecer após 36 horas; diminui rapidamente seu conteúdo de sacarose e, com isso, seu valor como matéria-prima no fabrico de açúcar. Assim, um canavial só podia estar separado de um engenho, na mesma propriedade ou não, por uma distância que os lentos carros de boi fossem capazes de transpor em no máximo um dia e meio. Até a década de 1830, essa necessidade de acesso fácil a um engenho restringia ainda mais, para os roceiros do sul do Recôncavo, as possibilidades de participar da indústria açucareira. Na última década do século XVIII, quando os preços altos do açúcar atraíram muitos produtores novos para a indústria, plantar cana na esperança de produzir açúcar para exportação era simplesmente impraticável para a maioria dos lavradores de mandioca de Jaguaripe e Maragogipe. Não havia mais que uma dúzia de engenhos nessas duas vilas. Mesmo em 1829, os engenhos no sul do Recôncavo ainda eram apenas 36, em contraste com os 141 que confinavam uns com os outros ao longo da margem norte da baía.

Não bastava que a terra tivesse uma localização conveniente; seus solos deviam também ser férteis e, além disso, o menos desgastados possível. Mais ainda, deviam ser do tipo apropriado para os gêneros que neles se queria cultivar. Autores baianos, a começar pelos cronistas do início do período colonial, repetidamente classificaram, descreveram e graduaram os tipos de solo encontrados no Recôncavo. Todos concordavam que, para a cana-de-açúcar, os melhores eram as argilas pesadas, conhecidas como massapés, que só cobriam parte relativamente pequena da região. Logo abaixo vinham os salões, mais leves e mais comuns. Em último lugar vinham as areias, solos arenosos em que o fumo ou a mandioca podiam florescer, mas que eram pouco apropriados para a cana.[26]

Os preços atribuídos à terra correspondiam a essa graduação. Os salões custavam a metade do preço de uma área equivalente de massapé; as areias valiam ainda menos.[27] As fontes também sugerem que o preço real de terras de massapé subia e baixava ao sabor da variável prosperidade da indústria açucareira baiana.[28] A Tabela 11 mostra que o preço de uma tarefa de massapés em libras esterlinas constantes geralmente se mantinha estável ou baixava quando a indústria estagnava. Inversamente, nos períodos em que a produção de açúcar se expandia rapidamente, o valor dessa terra aumentava. Os massapés, por combinarem as vantagens da localização e do tipo de solo, podiam alcançar preços altos nessas épocas. Pelos direitos e privilégios de possuir essas terras — não a terra em geral, ou em abstrato — os proprietários e herdeiros baianos brigavam dentro e fora dos tribunais.

TABELA 11

Preço de uma tarefa de terra de massapé no Recôncavo, anos selecionados, 1805-1888 (1 tarefa = 4,356 m²)

Ano	Preço em mil-réis correntes	Preço em libras esterlinas constantes de 1810[a]	Índice do preço em libras esterlinas constantes (100,0=1810)[b]
1805	30$000	£7 18*s*	94,6
1810	30$000	£8 7*s*	100,0
1832	80$000	£32 4*s*	386,5
1834	100$000	£38 11*s*	462,4
	70$000	£26 18*s*	322,7
1836	43$103	£15 5*s*	182,9
1837	30$000	£8 17*s*	106,4
1839	40$000	£13 10*s*	162,1
	80$000	£27 1*s*	324,5
1848	90$000[c]	£32 17*s*	394,3
1850	40$000	£16 17*s*	201,5
	50$000	£21 — *s*	252,0
	70$000	£29 8*s*	352,6
1852	90$000	£37 1*s*	444,5
	50$000-60$000	£18 14*s*-£22 9*s*	224,4-269,3
	60$000-80$000	£22 9*s*-£29 18*s*	269,3-359,1
	100$000	£37 8*s*	448,8
1856	70$000	£26 5*s*	314,3
1857	50$000	£17 11*s*	210,6
1858	80$000	£27 12*s*	331,1
1871	50$000	£15 — *s*	179,8
1874	40$000-100$000	£11 18*s*-£29 14*s*	142,6-356,6
1875	80$000[d]	£26 14*s*	320,5
	60$000	£20 — *s*	240,4
1881	60$000	£20 4*s*	242,3
1883	55$000	£18 12*s*	223,3
1888	25$000	£11 4*s*	134,5
	20$000	£8 19*s*	107,6

Fontes: Inventários *post-mortem*, APEB, SJ, IT e ARC, IT; levantamentos dos engenhos das freguesias de Matoim, Socorro, N. S. da Purificação e Rio Fundo (1854), todos em APEB, SH, 4597; *EL*, [Bahia], p. 14; Simonsen, pp. 407-408, 431, 454 e Leff, 2: 246 (valores da taxa de câmbio); e Imlah, pp. 93-98 (índice do valor das exportações britânicas).

Obs.: *s* = xelim (*shilling*). (Vinte xelins = £1.)

[a]Arredondado para o xelim mais próximo.

[b]Índice calculado antes do arredondamento.

[c]Preço de "terras de massapé e salões de ótima qualidade".

[d]Preço de terras de massapé "em atenção à sua [boa] localidade".

Engenhos, sítios e fazendas: propriedades pequenas e grandes

Há muito tempo, um amplo consenso na historiografia sustenta que, no Brasil colonial, esses direitos e privilégios pertenciam quase exclusivamente a uma pequena classe de grandes proprietários rurais. O duradouro monopólio que essa classe detinha sobre a propriedade fundiária teria suas origens nas sesmarias, as generosas concessões de terras, de uma a três léguas quadradas (de 44 a 131 quilômetros quadrados), que a Coroa portuguesa deu a colonos abastados e bem relacionados. Nessas terras, os senhores de engenho no litoral e os pecuaristas no interior estabeleceram enormes propriedades, "a serem medidas em milhas quadradas",[29] deixando pouco espaço para o desenvolvimento de qualquer classe de pequenos proprietários.

O fim da concessão de sesmarias em 1822 não teria alterado em nada o predomínio do latifúndio e o monopólio da posse da terra nas mãos de grandes proprietários. Durante quase três décadas, o parlamento do Império não conseguiu aprovar nenhuma lei para substituir o sistema colonial de concessão de terras. A Lei de Terras, finalmente aprovada em 1850, mostrou-se completamente ineficaz para controlar a aquisição de terras devolutas por particulares. Poderosos proprietários tiraram proveito primeiro da absoluta ausência de legislação e, depois, da implementação pouco rigorosa da Lei de 1850 para aumentar suas propriedades mediante a apropriação de grandes extensões de terras devolutas. Segundo a interpretação tradicional, no caso das áreas litorâneas do Nordeste, o resultado foi que, exatamente como nos primeiros séculos do período colonial, as grandes propriedades continuavam a dominar a paisagem rural.[30]

Recentemente, no entanto, Katia Mattoso questionou a aplicação dessa interpretação ao Recôncavo. Mattoso observa que o Código Filipino (válido, com algumas modificações, no Brasil até 1917) só reconhecia o direito de primogenitura em alguns casos excepcionais. Nos demais casos, a regra era a partilha igual: todos os filhos legítimos e reconhecidos herdavam em partes iguais o patrimônio deixado pelos pais. Senhores de engenho, é claro, ainda podiam aumentar as propriedades que herdavam comprando mais terras, mas depois de suas mortes estas eram, mais uma vez, divididas entre todos os herdeiros. Segundo Mattoso, em meados do século XIX, o "jogo das partilhas" já havia acabado com os latifúndios do início do período colonial, substituindo-os por uma colcha de retalhos de propriedades pequenas e fragmentadas. Muitos engenhos, ela afirma, haviam-se tornado tão pequenos que não podiam mais produzir açúcar. Uma família só conseguiria manter intacta uma propriedade com mais de um engenho moente e corrente se os herdeiros concordassem com a posse em comum. Assim, para Mattoso, o regime de sucessão de partilha igual é um elemento importante para explicar o declínio da indústria açucareira baiana na segunda metade do século XIX.[31]

Mattoso, na verdade, reabriu toda a questão da posse da terra no Recôncavo e nas demais áreas açucareiras do Nordeste para novas pesquisas. No Recôncavo, estas pesquisas envolvem o exame de uma estrutura fundiária realmente complexa, na qual a propriedade da terra assumia várias formas diferentes. Por exemplo, havia imóveis rurais considerados "bens livres", que podiam ser, sem maiores restrições, transferidos ou alienados e, portanto, também divididos. As propriedades desse tipo podiam pertencer tanto a uma pessoa só como a um grupo de indivíduos (a posse em comum). Na região, também existiam dois tipos de vínculos — morgados e capelas (ou encapelados) —, em que um "administrador" tinha o usufruto da terra enquanto vivesse. O admininistrador não podia alienar ou transferir a propriedade permanentemente, no todo ou em parte. Com sua morte, o direito de usufruto passava para um único herdeiro designado, quase sempre o filho mais velho. Além disso, reconhecia-se mais de uma forma de enfiteuse; embora as propriedades enfitêuticas pudessem ser transferidas e alienadas, sua posse ficava sujeita ao pagamento de um foro perpétuo ou a obrigações de outro tipo. Não menos variados eram os contratos, geralmente verbais, que os proprietários do Recôncavo rural estabeleciam com seus arrendatários.[32] Também contribuía para a complexidade da estrutura fundiária o fato de que, na indústria açucareira, a unidade produtiva nem sempre coincidia com os limites de uma propriedade, pois muitos engenhos moíam não só a cana do proprietário e a de lavradores arrendatários, mas também a cana de lavradores com terras próprias.

Qualquer tentativa de examinar exaustivamente a evolução dessa estrutura fundiária complexa ao longo do tempo logo enfrentaria dificuldades aparentemente insuperáveis com relação às fontes. Os assentamentos cartoriais, como as escrituras de venda e arrendamento e os inventários *post-mortem*, estão freqüentemente dispersos e muitas vezes não trazem informações capazes de responder às perguntas que mais interessam ao historiador. Em geral, deixam de mencionar a extensão da terra vendida, legada, ou arrendada; em muitos casos, fazem apenas menção a "terras". Em outros casos, descrevem a propriedade como tendo tantas braças de frente e "os fundos que houver de ter".

Os legisladores brasileiros poderiam ter fornecido às gerações futuras de historiadores pelo menos uma fonte facilmente utilizável para investigar a posse da terra na Bahia se, na Lei de Terras de 1850, tivessem incluído dispositivos para um verdadeiro cadastro da propriedade rural. Mas a lei e os regulamentos ministeriais para sua implementação só exigiam que os proprietários "registrassem" suas terras com o vigário local. Os registros compilados pelos párocos baianos no final da década de 1850 e início da de 1860 parecem muitas vezes ter sido feitos com a intenção de frustrar a análise sistemática. Os proprietários raramente mencionavam a área das terras que registravam. Em geral, descreviam as divisas de suas propriedades, mas as descrições, quando não enigmáticas para o leitor de hoje, são extremamente vagas; chegam a citar, como "marcos divisórios", pés de café, bananeiras e até pedras já desaparecidas. Às vezes, declarava-se a posse de várias propriedades, nem sempre contíguas, num único registro; em outros casos, os declarantes descreviam suas propriedades como compostas de vários "pedaços", "sortes", "porções" ou "partes" de terras, que podiam ou não ser contínuas e que podiam ou não formar uma única fazenda, engenho ou sítio.

Em conseqüência, raramente é possível fazer mais do que contar — contar o número de registros feitos em determinada freguesia, o número de proprietários que fizeram registros e o número de registros que citam a posse de pelo menos um engenho.[33] Os resultados desse procedimento, reconhecidamente simples, mostrados na Tabela 12, sugerem várias conclusões provisórias. Para começar, a expansão da agricultura de exportação durante a primeira metade do século XIX não criou uma estrutura fundiária única e uniforme em todas as partes do Recôncavo. Na década de 1850, diferenças notáveis continuavam a caracterizar a distribuição da propriedade da terra nas três zonas agrícolas da região: grandes propriedades nos distritos açucareiros tradicionais e fazendas e sítios geralmente menores no sul e no oeste do Recôncavo. Mais da metade dos registros feitos em seis freguesias na margem norte da baía ou em suas proximidades são de engenhos. Da mesma forma, 98 dos 182 proprietários nessas paróquias podem ser identificados como senhores de engenho.[34]

TABELA 12

Registros de propriedades rurais no Recôncavo, c. 1859: freguesias selecionadas

Freguesia	Nº de registros feitos[a]	Nº de proprietários[b]	Nº de registros que incluem pelo menos um engenho[c]
Freguesias açucareiras tradicionais			
N.S. do Socorro do Recôncavo	23	21	10
N.S. do Monte	45	37	21
S. Gonçalo da Vila de S. Francisco	21	21	14
N.S. da Purificação de S. Amaro	71	49	47
S. Pedro do Rio Fundo	39	38	19
Santiago do Iguape	46	41	23
Total	245	182[d]	131[e]
Freguesias fumageiras tradicionais			
N.S. do Rosário do Porto da Cachoeira	70	50	3
N.S. da Conceição da Feira	232	177	3
N.S. do Bom Sucesso da Cruz das Almas	341	267	8
Freguesias tradicionalmente produtoras de mandioca			
S. Bartolomeu de Maragogipe	174	164	13
N.S. de Nazaré das Farinhas	172	148	18
S. Antônio de Jesus	590	492	5

Fontes: APEB, SH, RET, 4661, 4677, 4697, 4701, 4712, 4739, 4748, 4758, 4787, 4795, 4801, 4815.

[a]Exclui os registros das propriedades que se pôde identificar como urbanas e os das propriedades rurais vendidas após o primeiro registro.

[b]Entende-se aqui por proprietário qualquer indivíduo que tinha a posse exclusiva de uma propriedade rural ou qualquer grupo específico de pessoas que possuía em comum uma propriedade rural.

[c]Não é igual ao número total de engenhos numa freguesia porque alguns senhores de engenho declararam a posse de mais de um engenho em um único registro.

[d]Exclui contagem dupla (i.e., casos em que um único proprietário registrou terras em mais de uma freguesia).

[e]Exclui contagem dupla (i.e., casos em que as terras pertencentes a um único engenho transpunham os limites de uma freguesia e em que, por isso, a mesma propriedade foi registrada em duas freguesias diferentes).

Os senhores de engenho também possuíam terras em outras partes do Recôncavo. Mas lá dividiam o controle da terra com muitos outros proprietários. Apesar do grande aumento da produção de açúcar, a descrição que B. W. Higman faz de Barbados como "uma vasta *plantation* açucareira" não se aplicaria de modo algum ao Recôncavo dos meados do século XIX. Uma classe considerável de pequenos e médios proprietários sobrevivia nas freguesias do oeste e do sul da região. A sobrevivência dessa classe, que também pode ser constatada através dos inventários *post-mortem*, ajuda a explicar o crescimento da produção de farinha entre fins do século XVIII e meados do século XIX.[35] Não tendo investido na construção de engenhos, esses proprietários, donos de sítios e fazendas de porte médio e pequeno, não tinham nenhum compromisso com a monocultura canavieira. Eram livres para usar suas terras no cultivo de outros gêneros.

Uma indicação do predomínio de propriedades pequenas e médias no sul e no oeste do Recôncavo vem do número de proprietários que se registraram. Aqui é particularmente revelador o contraste entre os distritos açucareiros e as freguesias do sul e do oeste. Nas freguesias na margem norte da baía, os proprietários não somavam, em nenhum caso, mais de 49. Mesmo uma freguesia grande, como Nossa Senhora da Purificação de Santo Amaro, um centro da produção de açúcar desde os fins do século XVI, tinha menos proprietários do que a freguesia, menor e mais compacta, de Nossa Senhora do Rosário do Porto da Cachoeira, onde o fumo era tradicionalmente a principal cultura. Por sua vez, as freguesias de Nossa Senhora de Nazaré das Farinhas e São Bartolomeu de Maragogipe tinham três vezes mais proprietários rurais que Nossa Senhora da Purificação. Os proprietários eram ainda mais numerosos em Santo Antônio de Jesus, onde a posse da terra estava dividida entre quase quinhentos proprietários.

Essas disparidades apontam para diferenças significativas no tamanho das propriedades, que se tornam mais evidentes na Tabela 13. Esta compara a extensão das propriedades em seis freguesias canavieiras tradicionais e em Cruz das Almas, um centro da lavoura fumageira e a única freguesia fora dos distritos açucareiros em que os proprietários declararam rotineiramente as áreas de suas terras.

TABELA 13

Áreas ocupadas pelas propriedades rurais registradas na freguesia de Cruz das Almas e em seis freguesias açucareiras tradicionais, c. 1859

Área em hectares	Freguesia de Cruz das Almas Nº	%	Seis freguesias açucareiras tradicionais[a] Nº	%
Menos de 10	74	36,5	21	13,3
11-20	18	8,9	14	8,9
21-40	26	12,8	7	4,4
SUBTOTAL	118	58,2	42	26,6
41-100	37	18,2	17	10,8
101-400	26	12,8	24	15,2
401-1.000	11	5,4	29	18,4
1.001-2.000	9	4,4	39	24,7
Mais de 2.000	2	0,8	7	4,4
TOTAL	203	100,0	158	100,0

Fontes: APEB, SH, RET, 4661, 4701, 4712, 4748, 4787, 4795, 4815; Sonneville, p. 39.

Obs.: Inclui somente propriedades sobre as quais os registros fornecem informações sobre a área. As áreas das propriedades de Cruz das Almas provêm da análise feita por Sonneville do livro de registro de terras da freguesia, mas excluí dos dados apresentados por ele o pequeno número de propriedades urbanas registradas em Cruz das Almas. (Fiz a exclusão com base num exame do livro de registros de terras da freguesia.) Nas seis freguesias açucareiras, assim como em outras áreas do Recôncavo, muitos proprietários não declararam a área de suas terras. Em alguns casos, porém, foi possível localizar essa informação em inventários *post-mortem* de meados do século XIX e nos levantamentos dos engenhos das freguesias de Rio Fundo e Socorro feitos em 1854, em APEB, SH, 4597. Nas freguesias açucareiras (mas não em Cruz das Almas), os proprietários freqüentemente registraram várias propriedades ao mesmo tempo. Nesses casos, somei as áreas de todas as terras registradas numa declaração para chegar à área total. Nos casos em que um proprietário fez mais de uma declaração, não somei as áreas das propriedades registradas nas declarações para chegar a um total. (Isto é coerente com o procedimento usado por Sonneville.) A única exceção a esta regra foi feita nos três casos em que as terras de um único engenho transpunham os limites de duas freguesias.

[a]Freguesias de Socorro, Monte, S. Gonçalo da Vila de S. Francisco, N.S. da Purificação de S. Amaro, S. Pedro do Rio Fundo e Santiago do Iguape, todas localizadas na margem norte da baía ou próximas dela.

Em Cruz das Almas, predominavam os estabelecimentos pequenos e médios. Cerca de 60% das propriedades registradas na freguesia tinham no máximo quarenta hectares, e só 23% tinham mais de cem hectares. Já nas freguesias açucareiras, apenas 27% das propriedades tinham até quarenta hectares, e mais de 60% tinham pelo menos 101 hectares. A Tabela 13 demonstra, portanto, que as propriedades nos distritos açucareiros tradicionais eram grandes pelos padrões vigentes no Recôncavo em meados do século XIX.

Com uma área média de cerca de 481 hectares, os engenhos encontrados nessas freguesias não eram enormes latifúndios (ver Tabela 14). Nenhum engenho do Recôncavo podia se comparar à *Hacienda* Casagrande, no Peru, uma propriedade açucareira com mais de 40 mil hectares no final da década de 1920.[36] Mas o fato de os engenhos baianos não se estenderem por áreas equivalentes não autoriza a conclusão de que se haviam transformado em propriedades pequenas e extremamente fragmentadas. Os critérios de "grande" e "pequeno" não são absolutos no que diz respeito à propriedade agrícola; variam segundo o gênero produzido e as tecnologias usadas no cultivo e no beneficiamento. Até meados do século XIX — quando o uso da energia a vapor se generalizou e, mais importante, quando a introdução de aparelhos de cozimento a vácuo, centrífugas e outras inovações revolucionou o fabrico do açúcar —, uma série de limitações tecnológicas restringia a quantidade de cana — e, com isso, de terra plantada — que um engenho podia moer numa safra. Cultivar mais terra, portanto, para nada servia, a menos que se construísse outro engenho.

Nas Antilhas, a capacidade máxima de um *sugar mill* (engenho) correspondia à cana plantada em 243 hectares. Assim, levando-se em conta as reservas de mata, roças de víveres, pastos e pousios, o tamanho ideal de uma propriedade açucareira no Caribe até meados do século XIX era de cerca de 810 hectares. Mas propriedades açucareiras dessas dimensões parecem ter sido raras na maior parte do Caribe.[37] Mesmo na Jamaica e em Cuba, até a década de 1850, uma *sugar plantation* ou um *ingenio* com mais de 800 hectares situava-se muito acima da média. Colonos franceses na ilha de Guadalupe na década de 1830 conseguiam produzir açúcar com lucro em unidades que tinham entre cinqüenta e cem hectares.[38] Estes, portanto, são critérios que permitem avaliar a área dos engenhos baianos: 810 hectares como o tamanho ideal e talvez 75 hectares como o mínimo para garantir a rentabilidade. O engenho médio do Recôncavo, com 481 hectares, encaixava-se perfeitamente dentro dessa faixa.

TABELA 14

Áreas ocupadas pelos engenhos em seis freguesias açucareiras tradicionais, c. 1859[a]

Área em hectares	Nº de engenhos	%
130-149	4	4,8
150-199	10	11,9
200-299	11	13,1
300-399	14	16,7
400-499	14	16,7
500-599	10	11,9
600-699	10	11,9
700-799	0	0,0
800-899	5	6,0
900-999	1	1,2
1000 +	5	6,0
TOTAL	84	100,0

Fontes: APEB, RET, 4661, 4701, 4712, 4787, 4795, 4815.
Obs.: Em alguns dos casos em que os proprietários não declararam a área de suas propriedades, foi possível localizar essa informação em inventários *post-mortem* de meados no século XIX e nos levantamentos dos engenhos das freguesias de Rio Fundo e Socorro feitos em 1854, em APEB, SH, 4597. As áreas dizem respeito unicamente aos engenhos, não incluem as de fazendas de cana adjacentes quando estas foram registradas em separado ou quando os registros especificaram sua área.
[a]Freguesias de Socorro, Monte, S. Gonçalo da Vila de S. Francisco, N.S. da Purificação de S. Amaro, Rio Fundo e Santiago do Iguape.

O tamanho de propriedades individuais, contudo, só conta parte da história. Quase um terço (29,6%) dos 98 senhores de engenho estabelecidos nas seis freguesias da margem norte da baía, ou próximas dela, tinha pelo menos dois engenhos. Um grupo menor tinha três ou mais engenhos. Dele faziam parte figuras como Antônio Pedroso de Albuquerque, o conhecido traficante de escravos, e representantes de antigas famílias aristocráticas como Antônio Bittencourt Berenguer César; o segundo barão de São Francisco, José de Araújo de Aragão Bulcão; o barão de Cajaíba, Alexandre Gomes de Argolo Ferrão; e Inácio Borges de Barros. A partilha igual dificultava a preservação de grandes propriedades, mas, como mostram estes exemplos, não a tornava impossível.

De fato, apesar do sistema de herança, algumas propriedades cresceram ao longo do tempo. Por exemplo, ao morrer em 1808, o capitão

José Pires de Carvalho e Albuquerque deixou três engenhos na vila de Santo Amaro: Nazaré, São Miguel e Rosário. Dos três, só o Nazaré foi para seu filho, Joaquim Pires de Carvalho e Albuquerque, o futuro visconde de Pirajá. Quando morreu em 1848, o visconde possuía (provavelmente por herança) também o Engenho São Miguel. O filho dele, o barão de Pirajá, superou o avô e o pai, acumulando uma fortuna fundiária que, já na década de 1850, incluía o São Miguel e mais quatro engenhos próximos, além de várias fazendas. O barão, junto com a esposa, era o único proprietário dos cinco engenhos, sem dividir sua posse com outros herdeiros. Na verdade, a posse em comum de um engenho era bastante rara no Recôncavo.[39]

Vale a pena ressaltar também que a ênfase na partilha igual entre todos os herdeiros e na extensão dos engenhos baianos pode ser enganosa. Dos meados do século XIX em diante, a modernização da indústria açucareira passou a exigir, acima de tudo, capital — capital para adquirir aparelhos de cozimento a vácuo, máquinas pneumáticas de secagem e centrífugas, para construir estradas de ferro de bitola estreita para transportar a cana rapidamente do canavial para o engenho, e para aumentar a extensão das propriedades quando necessário. Na grande *hacienda* açucareira de Casagrande, no Peru, vultosos investimentos da firma alemã Gildemeister ajudaram a financiar a aquisição de terras; com esse capital, a propriedade, que em 1850 ocupava uma área relativamente modesta de 725 hectares, cresceu até atingir proporções gigantescas depois de 1900. De modo semelhante, a partir da década de 1890, subsídios governamentais forneceram aos senhores de engenho baianos o capital necessário para modernizar a indústria açucareira, e também eles começaram a consolidar propriedades rurais no Recôncavo. No final da década de 1920, as usinas — que, com suas modernas fábricas de açúcar, aos poucos foram substituindo os velhos engenhos semimecanizados — teriam uma área média de 4.010 hectares.[40]

Em resumo, apesar do sistema de herança de partilha igual, os senhores de engenho conservaram firme controle sobre a propriedade rural nas freguesias da margem norte da baía. Seus engenhos não só se destacavam como grandes propriedades pelos padrões locais, como tinham dimensões adequadas para a produção lucrativa de açúcar. Ao mesmo tempo, essa concentração da posse da terra nas mãos de um grupo relativamente pequeno de proprietários distinguia os distritos açucareiros tradicionais das áreas do oeste e do sul do Recôncavo.

DUAS FREGUESIAS AÇUCAREIRAS TRADICIONAIS

Pode-se compreender melhor essa distribuição extremamente concentrada da propriedade da terra através do exame atento de duas freguesias açucareiras tradicionais: Nossa Senhora do Socorro do Recôncavo, no município de São Francisco do Conde, e Santiago do Iguape, no município de Cachoeira.[41] Nessas duas freguesias, a lavoura canavieira começou nas últimas décadas do século XVI. Trezentos anos depois, na década de 1880, a firma inglesa Dennis, Blair and Company as escolheria para sediar dois dos seis engenhos centrais* que pretendia construir no Recôncavo. A firma de fato chegou a construir um engenho central no Iguape, que funcionou durante algum tempo.[42] Além desses pontos em comum, diferenças notáveis distinguiam as duas freguesias. Isso não deve ser motivo de surpresa, pois cada freguesia era, por definição, única; tinha sua própria história e uma topografia distinta. Apesar disso, em meados do século XIX, tanto Socorro quanto o Iguape exibiam muitos dos traços que caracterizavam a posse da terra nas freguesias açucareiras tradicionais da região.

Socorro, situada na margem norte da baía de Todos os Santos, era uma freguesia relativamente pequena, limitada ao oeste pelo rio Paramirim e ao leste pelo rio São Paulo (ver Mapa 3). Junto à margem da baía e ao longo dos rios há extensões consideráveis de terra plana que depois dão lugar a uma paisagem de morros baixos. Por toda parte, áreas de massapé alternam-se com pequenos trechos de salões e areias. Em 1817, nove engenhos fabricavam açúcar em Socorro, e mais um entraria em operação em meados da década de 1850.

*Os engenhos centrais, com modernas instalações completamente mecanizadas para o fabrico do açúcar, foram de certa forma os precursores das usinas. Mas, ao contrário das usinas, muitas vezes dependiam exclusivamente de fornecedores de cana para sua matéria-prima. Era esse o caso do engenho central do Iguape e dos outros propostos pela Dennis, Blair and Company.

Como se pode ver no Mapa 3, esses dez engenhos, pertencentes a oito proprietários, controlavam a maior parte do território de Socorro. O coronel Miguel José Maria de Teive e Argolo, o maior proprietário da freguesia, era dono de dois engenhos, Almas e Santo Estêvão, com uma área conjunta de 1.200 hectares. Em segundo lugar vinha Joaquim Egas Moniz Barreto e Aragão, cujos dois engenhos adjacentes, Mataripe e do Tanque, formavam uma propriedade de quase 1.100 hectares. As propriedades dos outros seis senhores de engenho tinham em média 394 hectares.

No fim das contas, os dez engenhos de Socorro deixavam pouco espaço para pequenas e médias propriedades. É verdade que a freguesia tinha 14 fazendas e sítios, mas algumas dessas propriedades menores estavam sob o controle de senhores de engenho. Por exemplo, Antônio Moniz Barreto de Aragão, irmão de Joaquim Egas, possuía, além das fazendas Caípe de Fora e da Ponta, um engenho no município de Santo Amaro. A Fazenda do Engenho de Baixo, por sua vez, pertencia a Salvador Moniz Barreto de Aragão, o barão de Paraguaçu e um dos maiores proprietários do Recôncavo. Em duas fazendas adjacentes, João Dias e Noviciado, Paulo José de Teive e Argolo, irmão do coronel Miguel, planejava construir seu próprio engenho. Assim, a propriedade da terra em Socorro estava firmemente concentrada nas mãos de menos de uma dúzia de senhores de engenho, com freqüência aparentados.

Laços de parentesco também ligavam esses senhores de engenho a alguns proprietários na freguesia de Santiago do Iguape, que se transformou, no século XIX, numa espécie de vitrine da indústria açucareira baiana. Em seu Engenho da Ponta, Manoel Ferreira da Câmara recebeu a visita do engenheiro de minas alemão Wilhelm Christian Gotthelf von Feldner em 1816 e, dois anos depois, dos naturalistas Johann Baptist von Spix e Carl Friedrich Philipp von Martius. Na década de 1850, Robert Avé-Lallemant e também os quacres ingleses John Candler e Wilson Burgess passaram temporadas nos engenhos vizinhos Vitória e Buraco.[43]

A freguesia que esses viajantes europeus visitaram situa-se logo acima da foz do Paraguaçu, onde, antes de chegar à baía de Todos os Santos, o rio se alarga para formar uma grande bacia (ver Mapa 4). Nas primeiras décadas do século XIX, as águas calmas e salobras dessa bacia garantiam o sustento de talvez uma centena de pescadores que apanha-

Mapa 3. Propriedades rurais na freguesia de Nossa Senhora do Socorro do Recôncavo (São Francisco do Conde), 1858
Fontes: RET, APEB, SH, 4815. Ver também n. 41. Baseado em parte também em Brasil..., *Carta do Brasil*, folha SD-24-X-A-IV: *Baía de Todos os Santos*; e Sampaio, *Carta.* Os limites das propriedades são aproximados.
Obs.: Não foram traçados os limites entre propriedades contíguas de um mesmo dono. Os nomes da maioria das propriedades menores também não são mostrados. A maior parte das ilhas mostradas não pertencia à freguesia de N.S. do Socorro. As áreas sombreadas indicam mangues. Os nomes em versal indicam um arraial ou povoado.

Mapa 4. Propriedades rurais na freguesia de Santiago do Iguape (Cachoeira), c. 1859
Fontes: RET, APEB, SH, 4712. Ver também n. 41. Baseado em parte também em Brasil..., *Carta do Brasil*, folha SD-24-X-A-IV; e Sampaio, *Carta.* Os limites são aproximados.
Obs.: Não foram traçados os limites entre propriedades contíguas de um mesmo dono. Os nomes da maioria das propriedades menores também não são mostrados. Os engenhos Buraco, Vitória e Conceição pertenciam todos ao barão de Paraguaçu. O Conceição situava-se na freguesia de N.S. do Rosário do Porto da Cachoeira; os engenhos Vitória e Buraco, na freguesia de Santiago do Iguape. Os engenhos Caimbongo e Brandão pertenciam conjuntamente, cada um, a três proprietários. Os engenhos da Praia e Acutinga não constam do registro de terras realizado na freguesia, mas foram mencionados por outros declarantes ao descreverem os limites de suas propriedades no registro. As áreas sombreadas indicam mangues. Os nomes sublinhados em versal indicam sedes de municípios. Os nomes dos povoados e arraiais aparecem em versal, mas não estão sublinhados. Os outros são nomes de povoados e arraiais.

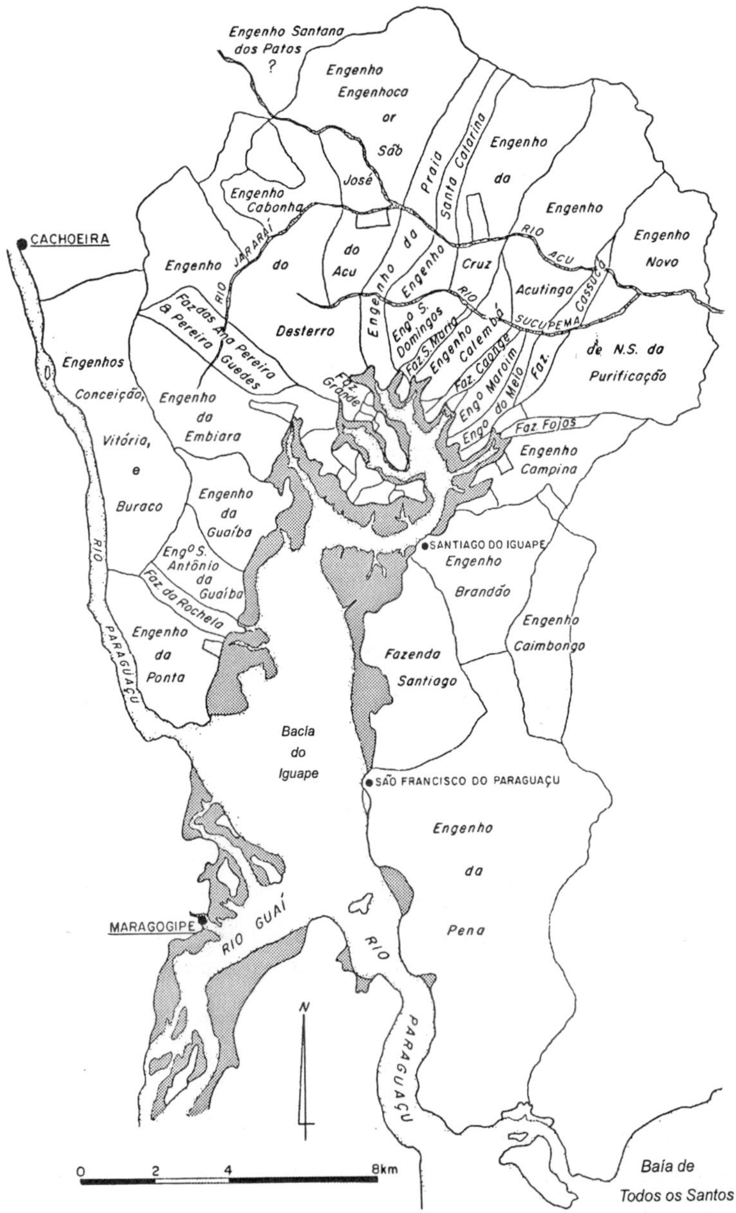

Engenho Santana dos Patos ?
Engenho Engenhoca or São José
Engenho Cabonha
CACHOEIRA
Engenho do Desterro
RIO JARARAÍ
do Acu
Engenho da Praia
Santa Catarina
Engenho da Cruz
Engenho Acutinga
RIO ACU
Engenho Novo
Faz. dos Ana Pereira & Pereira Guedes
Engenho S. Domingos
Faz. S. Maria
Engenho Calembá
RIO SUCUPEMA
Cassucá
de N.S. da Purificação
Faz. Caonge
Engº Maroim
Engº do Melo
Faz.
Faz. Fojos
Faz. Grande
Engenhos Conceição, Vitória, e Buraco
Engenho da Embiara
Engenho Campina
Engenho da Guaíba
Engº S. Antônio da Guaíba
Faz. da Rochela
SANTIAGO DO IGUAPE
Engenho Brandão
Engenho Caimbongo
Engenho da Ponta
Fazenda Santiago
RIO PARAGUAÇU
Bacia do Iguape
SÃO FRANCISCO DO PARAGUAÇU
Engenho da Pena
MARAGOGIPE
RIO GUAÍ
RIO PARAGUAÇU
N
0
2
4
8km
Baía de Todos os Santos

vam robalos, tainhas e cavalas com armadilhas e redes de arrasto. Os que eram pobres demais para comprar redes e barcos de pesca catavam caranguejos e mariscos nos mangues.[44] Além dos mangues estendiam-se trechos, mais ou menos estreitos, de terreno plano, que separavam as margens da bacia da serra de São Francisco, ao leste, e da serra da Guaíba, ao oeste. Aqui e ali nessas serras acidentadas, riachos abriam vales estreitos e escarpados. Embora salões e areias cobrissem a maior parte dos vales e morros das duas serras, era possível encontrar solos de massapé ao longo da margem oeste da bacia e nas duas pequenas penínsulas que se projetavam nela.

Ao norte da bacia abria-se uma "extensa planície", cortada pelos rios Sucupema e Acu, que terminava abruptamente numa escarpa a cerca de seis ou sete quilômetros da beira d'água. Essa era a área conhecida como o "célebre vale do Iguape". Vilhena a chamou "o famoso sítio do Iguape". O "massapé legítimo" ali encontrado, escreveu, era "tão valente" que, apesar de muitos anos de cultivo, ainda não mostrara sinal de "fraqueza". Vilhena acrescentou que os engenhos do Iguape produziam "o melhor açúcar do Recôncavo". Fazendo eco a esse louvor, José Joaquim de Almeida e Arnizáu, na década de 1820, descreveu os solos do vale como "sem contradição, o terreno mais apropriado que se conhece" para a cana-de-açúcar. Um século depois, em 1927, o agrônomo Alexandre Grangier considerou os mesmos massapés "de uma fertilidade extraordinária".[45]

A distribuição desses solos e a topografia tiveram uma influência clara sobre o uso e a repartição da terra no Iguape. Os engenhos situados no vale ocupavam longas faixas que se estendiam da beira d'água em direção à escarpa. Com isso, seus proprietários tinham acesso a terrenos planos de massapé e também a morros cobertos de mata. Estes forneciam lenha e madeira e, depois de desmatados, serviam de pasto.[46] De modo semelhante, os proprietários, do Engenho do Desterro até o da Ponta, procuravam possuir terras tanto à margem da bacia como na serra da Guaíba. Para preservar intactas suas propriedades, alguns senhores de engenho haviam vinculado parte de suas terras, instituindo morgados e encapelados. Assim, um vínculo instituído antes de 1790 transformou partes do grande Engenho Engenhoca (ou São José do Acu) num encapelado e ajudou a evitar o parcelamento gradativo de seus 1.300 hectares. Vínculos também protegiam a integridade dos engenhos da Pena, Santo Antônio da Guaíba e Embiara.

Mas essas salvaguardas eram excepcionais. A maior parte da terra no Iguape era de propriedades consideradas "bens livres"; portanto, estavam sujeitas, de tempos em tempos, à partilha por herança. Embora, sem dúvida, o sistema de herança tenha contribuído para criar as propriedades que, ao norte da bacia, se estendiam por longas faixas, a partilha igual entre todos os herdeiros não teve conseqüências desastrosas no Iguape. Nem os menores engenhos da freguesia eram excessivamente pequenos; os engenhos do Meio e Maroim tinham, cada um, cerca de 140 hectares de terra boa para a cana.

Em 1839, vinte anos antes de o vigário do Iguape compilar o registro de terras de sua paróquia, uma partilha resultou no desmembramento de uma das maiores propriedades da planície ao norte da bacia. Até esse ano, os engenhos São Domingos e Santa Catarina formavam uma única propriedade, que pertencia ao coronel Domingos Américo da Silva. Os dois engenhos foram divididos em duas propriedades distintas com a morte do coronel, mas a divisão certamente não empobreceu seus herdeiros. Júlio Américo da Silva tornou-se proprietário do Santa Catarina, com seus 260 hectares, ao passo que seu irmão mais velho, Domingos Américo, o futuro barão de Santiago, recebeu o Engenho São Domingos e três fazendas próximas ou adjacentes, que em conjunto tinham uma área de cerca de 270 hectares.

A freguesia do Iguape oferece também um exemplo de uma propriedade que se manteve intacta porque o proprietário não deixou filhos reconhecidos. Era essa a situação de Pedro Rodrigues Bandeira, que, ao morrer em 1835, legou seus três engenhos, Buraco, Vitória e Conceição, para uma sobrinha, os filhos e o marido dela. O marido era ninguém menos que Salvador Moniz Barreto de Aragão, o dono da Fazenda do Engenho de Baixo na freguesia de Socorro, que, em 1848, se tornou o barão de Paraguaçu. Em meados do século XIX, ele possuía, além dos três engenhos no Iguape e a fazenda em Socorro, outros dois grandes engenhos e mais uma fazenda na freguesia de Monte. Esses engenhos e fazendas, com uma área conjunta de mais de 2.400 hectares, faziam do barão um dos maiores proprietários do Recôncavo.[47]

Quando as partilhas ou a venda de terras geravam propriedades menores no Iguape, estas, como as de Socorro, pertenciam com freqüência a senhores de engenho ou a homens que estavam perto dessa condição. Assim, Egas Moniz Barreto de Aragão, filho do barão do Paraguaçu, que na década de 1850 possuía as fazendas Grande e Capoeira, mais tarde herdaria o Engenho Vitória. A Fazenda Calolé, por sua vez, pertencia a Tomás Pedreira Geremoabo, dono do vasto Engenho Novo do Paraguaçu, em Maragogipe. Outra fazenda, próxima à Calolé, era propriedade de Francisco Ferreira Viana Bandeira, que, através de sua esposa, herdaria o Engenho da Ponta. Além disso, algumas dessas propriedades menores, aparentemente independentes, estavam de fato ligadas a engenhos próximos por "obrigações de encargo real"; ou seja, por uma forma de enfiteuse que obrigava seus proprietários a moer em determinado engenho toda a cana que produzissem. João Francisco de Souza Paraíso, por exemplo, era dono das fazendas Ana Pereira e Pereira Guedes. Embora também possuísse seu próprio engenho (o Engenho da Guaíba), toda a cana que plantava na Ana Pereira e na Pereira Guedes era "cativa", isto é, só podia ser moída no Engenho da Embiara.[48]

Assim, em meados do século XIX, os senhores de engenho do Iguape, tal como os de Socorro, conservavam um quase-monopólio sobre a propriedade da terra em sua freguesia. Somente 41 proprietários haviam registrado suas terras perante o vigário local. Desses, 17 eram senhores de engenho e donos de 19 dos 23 engenhos do Iguape. Num arranjo pouco normal no Recôncavo, quatro pessoas possuíam em comum os engenhos Caimbongo e Brandão. Dos 21 proprietários restantes, três tinham engenhos em outras partes do Recôncavo; outros dois logo se tornariam senhores de engenho por herança ou por casamento. Isso deixava apenas 16, entre os que fizeram registros, para formar uma classe de pequenos proprietários.[49] O contraste entre o Iguape e qualquer uma das freguesias fumageiras ou produtoras de mandioca tradicionais é tão grande que dispensa comentários.

SENHORES DE ENGENHO, AGREGADOS, MORADORES DE FAVOR E LAVRADORES DE CANA

O tamanho médio das propriedades rurais, o número de proprietários por freguesia e as divisas entre engenhos, sítios e fazendas constituem apenas os componentes mais básicos da estrutura fundiária. Sua importância maior acha-se na influência que exerciam sobre a vida cotidiana dos senhores de engenho, lavradores e outros moradores do Recôncavo rural. Uma comparação do registro de terras do Iguape com os resultados de um censo realizado em 1835 na mesma freguesia permite investigar essa influência. Embora feito duas décadas e meia antes da compilação do registro de terras, o censo de 1835 provavelmente reflete de maneira mais ou menos exata a população da freguesia em meados do século XIX.[50]

Essa população incluía 272 pequenos agricultores: "roceiros", "lavradores de mandioca" e outros cuja profissão foi anotada simplesmente como "lavoura".[51] Numa freguesia em que toda a propriedade rural estava nas mãos de menos de cinqüenta pessoas, é óbvio que esses pequenos agricultores raramente tinham direitos sobre a terra que trabalhavam com suas famílias. Sua presença na freguesia certamente não interferia na produção de açúcar, porque os senhores de engenho do Iguape desfrutavam daquilo que Henry Koster chamou, referindo-se a Pernambuco, de um "excesso de terras que dá espaço para as moradias de gente livre das condições inferiores de vida". Esses pequenos agricultores plantavam suas roças em terras que muitas vezes pertenciam a senhores de engenho, mas que eram em geral inadequadas para a cana-de-açúcar: nos morros da serra da Guaíba, nos taludes da escarpa ao norte do "vale do Iguape" e também nos terrenos íngremes da serra de São Francisco que se estendiam do povoado de Santiago do Iguape para o sul. De fato, quase metade dos pequenos agricultores do Iguape vivia nesses terrenos íngremes do canto sudeste da freguesia, em propriedades que João Calmon du Pin e Almeida e Jerônimo Vieira Tosta iriam registrar em 1859 como a Fazenda Santiago e o Engenho da Pena. As duas propriedades, segundo seus donos, continham "terras apropriadas para pequena cultura" — isto é, para a mandioca, o feijão e o milho.[52]

Em outras províncias do Nordeste, muitos desses pequenos agricultores provavelmente teriam sido classificados como "moradores de favor", ou simplesmente "moradores". Mas, na Bahia, como no Sudeste, era mais comum usar o termo "agregado". Tanto o morador como o agregado vivia "de favor" em terras alheias. Essa relação de "favor" foi captada com bastante precisão por M. A. de Mornay, um engenheiro francês que viveu em Pernambuco na década de 1840. Num pequeno texto escrito em inglês, de Mornay descreveu o morador dos engenhos pernambucanos como *"a kind of tenant at will"*, ou seja, uma espécie de arrendatário, sem direitos, que dependia da vontade do proprietário. Como tal, o morador pagava, no máximo, um "aluguel irrisório" em dinheiro ou espécie pela terra que ocupava; mas, em geral, "não paga[va] nenhum aluguel". Garantia seu acesso — sempre precário — à terra prestando "favores" ao proprietário: "fazendo pequenas incumbências,... cuidando das matas para que não sejam destruídas por pessoas não autorizadas a derrubar árvores, e outros serviços do mesmo tipo". Nas eleições, os moradores deviam estar prontos a votar no candidato que o proprietário indicasse. Se necessário, um senhor de engenho podia também recorrer a esses homens para servir de capangas em suas rixas com outros proprietários. Em troca de tudo isso, os moradores recebiam do senhor de engenho o "favor" de ocupar um pedacinho de terra e também proteção em disputas com vizinhos ou perante a justiça.[53]

Os pequenos agricultores do Iguape deviam se assemelhar muito aos moradores de favor que viviam nos engenhos de outras partes do Nordeste. O certo é que, assim como os moradores pernambucanos descritos por de Mornay, não possuíam um contrato de arrendamento escrito que lhes assegurasse algum direito sobre a terra que cultivavam.[54] Podiam, portanto, ser expulsos a qualquer momento, segundo a vontade ou capricho do proprietário. Mas numa região em que os engenhos tinham grandes extensões de terra não cultivada e seus senhores sempre podiam encontrar serventia para mais um dependente, a expulsão raramente representava mais do que um inconveniente passageiro. O pequeno agricultor reunia a família e seus poucos trastes, deixava sua choupana de sapé e tratava de arranjar outro pedaço de terra numa propriedade próxima.

O censo de 1835 no Iguape também registrou 98 lavradores de cana.[55] Os lavradores de cana da Bahia, em épocas anteriores, haviam ocupado uma posição logo abaixo dos senhores de engenho na escala social. De fato, durante o primeiro *boom* do açúcar do período colonial, haviam constituído, na expressão de Stuart Schwartz, uma classe de "*proto-planters*", ou seja, de "senhores de engenho em potencial". Mas, com a mudança das condições na economia açucareira, mudou também o *status* dos lavradores de cana, que acabaram por formar um dos grupos sociais mais heterogêneos do Nordeste. Essa heterogeneidade chamou a atenção do engenheiro francês, M. A. de Mornay, que, depois de comentar que o cultivo da cana num regime de parceria ainda era considerado, em Pernambuco, "uma ocupação bastante fidalga", apressou-se a acrescentar que havia "Lavradores de todos os quilates em cor e respeitabilidade; alguns plantam suas lavouras muito extensivamente, produzindo até cinqüenta toneladas de açúcar por ano, ao passo que outros produzirão... uma ou duas toneladas".[56]

Bastam poucos exemplos para mostrar que a descrição de M. A. de Mornay se aplica, com igual justiça, aos lavradores de cana na Bahia. Os primeiros exemplos vêm do "Livro da Caixaria" do Engenho Nossa Senhora do Amparo, em Santo Amaro, onde, durante a safra de 1795-96, oito lavradores entregaram cana para moer. Todos os oito, por definição, cultivavam a cana num regime de parceria com o engenho, mas, como o "Livro de Caixaria" revela, havia grandes diferenças no tamanho de seus canaviais. Num extremo estava José Justino de Freitas, cuja cana produziu mais de 355 arrobas de açúcar. No outro estava Pedro Correia Coutinho, um produtor de importância absolutamente secundária; sua cana rendeu apenas seis arrobas. A freguesia do Iguape fornece exemplos parecidos. Ali, em 1827, Manoel Lopes da Paixão conseguiu plantar cinco tarefas de cana em terras da Fazenda do Acu antes de morrer, mas seus canaviais estavam em estado tão lastimável que os avaliadores que visitaram a fazenda julgaram que não valiam mais do que duas tarefas e meia bem cultivadas. Seu vizinho, Manoel Estanislau de Almeida, ao falecer em 1838, deixou para seus herdeiros 65 tarefas plantadas com cana.[57]

Como os lavradores de cana que de Mornay observou em Pernambuco, os do Iguape diferiam entre si pelo tamanho dos seus canaviais e também pela cor e pela condição legal. Os brancos predominavam, mas havia entre eles pretos e pardos livres e até alguns escravos forros.[58]

Apesar dessa diversidade, a maioria dos lavradores de cana tinha uma característica comum: ocupavam terra arrendada. Mais uma vez, os dados do Iguape exigem pouca explicação. Dos 98 lavradores de cana arrolados no censo de 1835, pouquíssimos poderiam ter sido donos das terras que cultivavam. Os inventários *post-mortem* do Iguape, de Santo Amaro e de São Francisco do Conde apontam na mesma direção; indicam que só 20,3% de todos os lavradores de cana possuíam terras próprias. Em sua grande maioria, portanto, os lavradores baianos não só cultivavam a cana num regime de parceria, como também eram arrendatários.

Os acordos de parceria e de arrendamento estabelecidos entre os lavradores de cana e os senhores de engenho beneficiavam ambas as partes. Permitiam que os senhores de engenho aumentassem sua produção de açúcar sem arcar com todo o custo e risco de expandir o cultivo da cana. O número de lavradores por engenho variava de uma propriedade para outra e de ano para ano; no entanto, uma média de dois a quatro parece ter sido comum nos engenhos do norte do Recôncavo.[59] A cana fornecida por esses lavradores podia, em certos casos, render até dois terços de todo o açúcar produzido num engenho durante a safra.[60]

Do mesmo modo, os acordos de parceria e arrendamento permitiam que homens e mulheres sem condições de montar seus próprios engenhos participassem da indústria açucareira, que, além de socialmente prestigiosa, era em geral lucrativa. Mesmo pessoas de recursos bastante modestos, como Félix Júlio de São José, podiam empreender o cultivo da cana, desde que tivessem acesso a um engenho próximo. Provavelmente escravo forro ou, no mínimo, filho de uma escrava liberta, Félix Júlio trabalhava como feitor no Engenho Novo da Guaíba, na paróquia de Monte, onde ganhava Rs.150$000 por ano. Quando morreu, em 1815, deixou uma arca, algumas roupas, um cavalo, uma enxada, uma foice, alguns talheres de prata e três escravos. Mas como vivia num engenho em que lhe era permitido cultivar um pedaço de terra, Félix Júlio — que estava longe de ser o lavrador mais pobre do Recôncavo — deixou também oito tarefas de cana.[61]

O cultivo da cana atraía homens e mulheres como esse feitor porque a indústria açucareira prometia, além de lucros, mobilidade social aos que dela participavam. Com bastante sorte e muito trabalho, um lavrador de cana com maiores recursos podia dar o salto que o transformaria em senhor de engenho. Mas, mesmo quando não davam esse salto, o que era o mais comum, os lavradores e seus descendentes continuavam tendo possibilidades de ascensão social. Podiam considerar-se membros, ao lado dos senhores de engenho, do socialmente prestigioso setor açucareiro. Os dois grupos tinham, em comum, o interesse pela prosperidade da indústria açucareira. Além disso, um grupo dependia do outro. Por um lado, sem acesso a um engenho, de nada adiantava os lavradores cultivarem cana; por outro lado, o lavrador que entregava grande quantidade de cana na época da safra podia contribuir decisivamente para a renda que o senhor de engenho auferia com a produção de açúcar. Essa dependência mútua, reforçada em alguns casos pelo parentesco, revelava-se no dinheiro, nos bois e nos braços que ocasionalmente os senhores de engenho emprestavam para seus lavradores de cana.[62]

A dependência mútua, no entanto, não implicava igualdade. Embora a balança às vezes oscilasse, os senhores de engenho sempre mantiveram a primazia, e os lavradores de cana pagavam caro pelo privilégio de participar da indústria do açúcar. Tornar-se um lavrador de cana significava entrar num ramo da agricultura dominado por um círculo relativamente pequeno de senhores de engenho; nas mãos deles estavam tanto as melhores terras para a cana às margens da baía quanto o equipamento necessário para transformar a cana em açúcar. Esse duplo monopólio lhes permitia impor contratos extorsivos aos lavradores de cana, sobretudo aos que não tinham terras próprias. Os acordos de arrendamento do início do século XVII exigiam que os lavradores, em troca da moagem de sua cana, entregassem todo o melado e metade do açúcar com ela produzidos, e, além disso, a título específico da renda da terra, um quarto ou um terço do açúcar restante. Assim, os lavradores arrendatários, ao fim da safra, viam-se sem melado nenhum e só com uma pequena parte do açúcar produzido com sua cana: não mais que 37,5%, e às vezes só 16,5%.[63]

Arrendamentos nessas condições só conseguiram atrair lavradores enquanto os preços do açúcar estavam altos, as perspectivas de vendas em mercados externos eram boas e os engenhos eram pouco numerosos no Recôncavo. Isso explica por que, no século XVIII, os senhores de engenho, em número cada vez maior, passaram a conceder arrendamentos em termos mais generosos. Entre outras concessões, às vezes permitiam aos lavradores conservar parte do melado produzido com a cana deles. Reduziram também a parcela de açúcar deduzida a título da renda da terra. Antonil em 1711 e Vilhena na década da 1790 mencionaram arrendamentos de apenas 6,6% da parte do açúcar que cabia ao lavrador ("um pão de açúcar por cada quinze"). Contas anexadas a inventários de 1801 e do final da década de 1830 mostram casos em que lavradores de cana em São Francisco do Conde pagavam arrendamentos exatamente nessa taxa. Havia senhores de engenho que cobravam pela renda da terra apenas a vigésima parte do açúcar do lavrador. Alguns lavradores obtinham arrendamentos ainda mais liberais; pelo menos nominalmente, nada pagavam pelo uso da terra. A renda da terra, nesses casos, estava implicitamente incluída na parte do açúcar que o senhor de engenho recebia pela moagem da cana.[64] Ainda assim, todos os lavradores abriam mão de metade de sua safra, num arranjo que não tinha equivalente exato nem na produção de fumo nem na de mandioca.

Além de renunciar à metade ou mais de sua safra, os lavradores de cana sem terras próprias tinham de enfrentar a "justiça tirânica" dos senhores de engenho, que raramente hesitavam em violar os contratos verbais de arrendamento e de parceria. Vilhena na década de 1790 e, duas décadas depois, em Pernambuco, Louis-François de Tollenare comentaram os abusos que os lavradores de cana sofriam nas mãos dos senhores de engenho. Por exemplo, dos canaviais que plantava, um lavrador arrendatário podia esperar obter duas ou três safras. Mas, às vezes, no fim da primeira safra, recebia ordem do proprietário para deixar as terras do engenho imediatamente. Nesse caso, considerava-se feliz se recebia a compensação plena e justa pela cana que plantara e por outras benfeitorias que tivesse realizado. Entre os lavradores mais pobres, a situação de insegurança na ocupação da terra dava origem a uma existência quase nômade. Após algumas safras num engenho, querendo ou não, tinham de sair em busca de maior segurança e contratos de arrendamento mais generosos. Essa parece ter sido a vida de José Torquato de Barros, um lavrador de cana de São Francisco do Conde. Ao morrer, em 1859, não deixou nenhum traste doméstico de valor além de algumas colheres de prata. Sua viúva explicou que os poucos móveis do casal haviam sido todos perdidos nas muitas mudanças que José Torquato e sua família tinham feito. Depois da última mudança forçada, ela tivera de vender um dos sete escravos do casal para fazer face às "indispensáveis despesas de sua onerosa família".[65]

Quando conseguiam permanecer num engenho por mais de uma safra, os lavradores de cana tinham outro motivo de preocupação: que suas canas não fossem moídas a tempo. Depois que a cana é cortada, qualquer atraso na moagem pode causar perdas irreparáveis — na quantidade de açúcar produzido e, por conseguinte, também na renda obtida com esse açúcar. Um lavrador arrendatário, porém, não podia escolher onde moer sua cana e não tinha qualquer controle sobre a data em que isso ocorreria. Ao programar as moagens, os senhores de engenho não só favoreciam lavradores de cana independentes — aqueles que tinham terras próprias — em detrimento de lavradores arrendatários; alteravam também as datas das moagens no último instante para atrair mais lavradores independentes para seu engenhos. Em conseqüência, um lavrador arrendatário podia, "em menos de uma semana", ver "perdido o trabalho de mais de um ano". Em 1850, por exemplo, Antônio José Correia Cravo, que arrendava o Sítio do Formigueiro, no Engenho Jiaré, em São Francisco do Conde, perdeu talvez dois terços de sua safra porque sua cana não foi moída a tempo. Em vez de correr o risco de mais prejuízos no futuro, Cravo preferiu trocar o Jiaré por outro engenho no fim da safra.[66]

Mesmo quando sua cana era moída no momento adequado, os lavradores nem sempre podiam estar certos de receber a parte que lhes cabia do açúcar produzido. Controlando as balanças usadas para pesar o produto, os senhores de engenho tinham pouca dificuldade em regular as quotas de açúcar em seu próprio proveito. Às vezes retinham também, arbitrariamente, parte do açúcar do lavrador a título de "empréstimo" forçado. Condições políticas turbulentas podiam dar ensejo a desmandos ainda maiores, como aprendeu Francisco Manoel da Rocha, arrendatário no Engenho Coité de Baixo. O proprietário português do engenho não queria saber de lavradores brasileiros nos anos conturbados que antecederam e se seguiram à Independência. Recusou-se a moer a cana deles a tempo, queimou seus canaviais e mandou expulsá-los com violência de suas terras. O atormentado Rocha certamente teria concordado com as palavras escritas por José da Silva Lisboa quatro décadas antes; segundo Lisboa, os lavradores de cana sem terras próprias estavam "na absoluta dependência do senhor de engenho, que conforme seus caprichos os tem em uma opressão servil".[67]

Exemplos de desmandos de senhores de engenho podem ser, no entanto, tão enganosos quanto reveladores. Geram com demasiada facilidade a imagem do infeliz lavrador arrendatário inteiramente à mercê do senhor de engenho todo-poderoso. Apesar de referências da época à "opressão servil", os lavradores de cana não eram servos. Não estavam de modo algum presos às propriedades dos senhores de engenho, nem perpetuamente vinculados à indústria açucareira. Sempre tinham alternativas. Podiam cultivar fumo, mandioca ou, mais tarde, café para obter uma renda monetária. Tinham liberdade também para deixar o norte do Recôncavo e procurar terra em outra parte da região, no interior, ou ao longo do litoral sul. Em face da existência dessas alternativas, só podemos concluir que, durante toda a primeira metade do século XIX, plantar cana-de-açúcar, apesar de arrendamentos e acordos de parceria extorsivos, era em geral compensatório para esses lavradores ou pelo menos não dava prejuízo. Caso contrário, por mais prestígio social que a produção de açúcar ainda envolvesse, eles teriam fatalmente acabado por abandonar a cana.

O mesmo José da Silva Lisboa que falou de "opressão servil" considerava a lavoura da cana pelo menos tão rentável quanto a operação de um engenho. Muito tempo depois, no início da década de 1870, quando a indústria açucareira baiana entrou em prolongado declínio, a cana deixou de atrair os lavradores menos abastados que trabalhavam terras arrendadas a senhores de engenho. Foi o que constatou um relatório do Imperial Instituto Baiano de Agricultura. Segundo o relatório, esses lavradores "preferem... qualquer outra cultura [à da cana], ainda que paguem a renda do terreno [em dinheiro], ou plantam apenas quanta cana basta para justificar o gozo dos pastos da propriedade e o usufruto do terreno plantado em fumo, mandioca e nos demais gêneros da economia doméstica".[68]

Também é preciso reconhecer que o poder abusivo dos senhores de engenho sobre os lavradores arrendatários derivava de um duplo monopólio: controlavam não só as melhores terras para a cana das margens da baía como também o maquinário para o fabrico do açúcar. A propriedade da terra por si só não lhes teria permitido impor aos lavradores de cana contratos de arrendamento e parceria opressivos. Do mesmo modo, para os lavradores de cana, a simples posse de terras próprias não os livrava das garras dos senhores de engenho. Para cultivar cana e participar da indústria açucareira, mesmo um lavrador que tinha sua própria fazenda precisava chegar a um acordo de parceria com um senhor de engenho vizinho.

Na produção de mandioca e de fumo, como não havia um duplo monopólio similar, os proprietários não podiam cobrar arrendamentos altos ou impor acordos de parceria opressivos. Os solos arenosos adequados para essas culturas eram mais abundantes que os massapés preferidos pelos senhores de engenho, e o beneficiamento da mandioca e do fumo não exigia grandes investimentos em equipamentos. Assim, em vez de ficar com metade da colheita de seus arrendatários, os proprietários de terra no oeste e no sul do Recôncavo tinham de se contentar com aluguéis módicos. A Tabela 15 mostra os valores, em mil-réis, dos aluguéis cobrados por vários sítios e fazendas fora dos distritos açucareiros tradicionais. Também converte os valores em alqueires de farinha. A conversão revela que esses aluguéis de fato costumavam ser bastante modestos. Muitas vezes, o aluguel cobrado não passava dos 9,125 alqueires de farinha que, na época, se consideravam o consumo normal de um adulto durante um ano. Assim, para pagar o arrendamento da terra que cultivavam, muitos lavradores de fumo e mandioca no sul e no oeste do Recôncavo precisavam produzir e vender apenas alguns alqueires de farinha a mais do que os necessários para garantir a alimentação de suas famílias e seus escravos.

TABELA 15

Valor dos arrendamentos pagos por sítios e fazendas no oeste e no sul do Recôncavo, 1788-1859

Ano	Propriedade (nome, quando conhecido) e localização (freguesia, quando conhecida, e vila ou município)	Valor	
		Em mil-réis correntes	Em alqueires de farinha[a]
1788	Sítio do Mamucabo, N.S. do Rosário, Cachoeira	6$000	10,8
1791	Sítio da Tabua, S. Gonçalo dos Campos, Cachoeira	5$000	11,0
1792	Sítio das Almas, S. Estêvão de Jacuípe, Cachoeira	4$480	9,2
1798	Sítio do Catete, S. Gonçalo dos Campos, Cachoeira	9$280	11,0
1807	Faz. do Buraco nas Bananeiras, S. Gonçalo dos Campos, Cachoeira	11$000	17,0
1809	Faz. Cajazeira, N. S. do Rosário, Cachoeira	40$000	58,4
1821	Sítio do Bruco, S. Gonçalo dos Campos, Cachoeira	60$000	79,6
1823	Faz. do Cumbe, S. Estêvão de Jacuípe, Cachoeira	9$000	10,1
1825	Faz. do Oiteiro, N. S. do Rosário, Cachoeira	30$000	30,3
1828	Sítio no Vitambum, Muritiba, Cachoeira	4$000	3,0
1830	Sítio Gravatá, Muritiba, Cachoeira	8$000	6,8
1834	Sítio do Bruco, S. Gonçalo dos Campos, Cachoeira	10$000	6,9
1843	Sítio (nome desconhecido), Maragogipe	80$000	52,3
1854	Sítio Janeiro, Outeiro Redondo, Cachoeira	16$000	8,7
1854	Sítio da Fonte, Outeiro Redondo, Cachoeira	5$000	2,7
1859	Sítio do Canta-galo, N.S. de Nazaré das Farinhas, Nazaré	3$000	0,9

Fontes: Inventários *post-mortem*, APEB, SJ, IT e ARC, IT; APEB, SH, RET, 4758, registro no. 14.
[a]Calculado em relação ao preço médio da farinha num período de cinco anos centrado no ano em questão.

Em 1830, por exemplo, Francisco Álvares da Silveira pagou Rs.8$000 pelo arrendamento do Sítio Gravatá, na freguesia de Muritiba. No Gravatá, Silveira, que era dono de seis escravos, tinha, além de várias árvores frutíferas, touceiras de bananeiras e 35 pés de café, um terreno plantado com 12.000 "pés de tabaco" e outro com 28.000 covas de mandioca.[69] Essas 28.000 covas teriam produzido, mesmo num ano ruim, cerca de 560 alqueires de farinha, ou seja, oitenta vezes mais do que os sete alqueires que Silveira pagava para arrendar o sítio. É bastante provável, também, que alguns dos arrendamentos mais altos mostrados na Tabela 15 representem, na verdade, dívidas por vários anos de aluguéis atrasados.[70]

Os mesmos senhores de engenho que expulsavam rotineiramente lavradores de cana de suas propriedades às vezes manifestavam pouco interesse em receber arrendamentos de terras que possuíam fora das freguesias açucareiras tradicionais. Assim, nas décadas de 1820 e 1830, Antônio Lopes Ferreira e Souza, dono do Engenho Preguiça, em Santo Amaro, e de várias fazendas de fumo na freguesia de São Gonçalo dos Campos, permitiu a Rosa Maria de Sá, arrendatária de uma dessas fazendas, acumular uma dívida de arrendamentos por 27 anos. Evidentemente, Rosa Maria sentia-se suficientemente segura na sua ocupação da terra para deixar de pagar o arrendamento durante quase três décadas. Os cafezais plantados por arrendatários no sul e no oeste do Recôncavo fornecem mais uma indicação de que esses lavradores gozavam de certa estabilidade em sua ocupação da terra. Pés de café só dão fruto cinco ou seis anos depois de plantados. Portanto, lavradores que vivessem com medo de uma expulsão repentina, ou que não contassem com uma compensação pelas benfeitorias que tivessem realizado, não se teriam arriscado a plantar café.[71]

CONCLUSÕES

"Para tudo há terras", escreveu Vilhena na década de 1790.[72] E de fato havia terra bastante não só para a cana-de-açúcar, o fumo e o café, como também para a mandioca. A Bahia no final do século XVIII e na primeira metade do XIX possuía farta disponibilidade de terras para a expansão da agricultura. Senhores de engenho e lavradores, mesmo sem deixar as freguesias ao redor da baía de Todos os Santos, podiam incorporar novas áreas ao cultivo para aumentar a produção tanto de gêneros de exportação quanto de mandioca. Em última instância, a existência de uma fronteira agrícola aberta evitou qualquer competição duradoura entre a economia de exportação e a produção local para abastecer o mercado interno.

Para compreender a evolução da economia agrícola, é preciso levar em conta não só a disponibilidade física da terra, mas também as estruturas que determinavam a distribuição da propriedade fundiária e o uso do solo no Recôncavo. Apesar da expansão da agricultura de exportação, a região continuou a abrigar não só engenhos e outras propriedades grandes, como também centenas de fazendas e sítios menores. Junto com os senhores de engenho, que até agora monopolizaram a atenção da maioria dos historiadores, uma classe numerosa de pequenos e médios proprietários sobrevivia no oeste e no sul do Recôncavo. Esses eram os lavradores que cultivavam a mandioca que, em grande parte, supria a crescente demanda de farinha no mercado de Salvador.

Embora possam ser separadas para fins de análise, as duas questões tratadas neste capítulo — a existência de uma fronteira agrícola, por um lado, e a estrutura fundiária e a distribuição da propriedade da terra, por outro — são, na verdade, estreitamente ligadas. Jerome Blum, em seu estudo da Europa rural nos séculos XVIII e XIX, escreve: "Nas sociedades agrícolas a terra é, entre todas, a mercadoria mais valiosa, e os que a controlam dominam a sociedade."[73] Mais que qualquer outro grupo na Bahia, os senhores de engenho assemelhavam-se às aristocracias rurais que Blum estuda. Política e socialmente, dominavam a vida no Recôncavo rural. Pelos padrões do Recôncavo e de outras regiões açucareiras na época, seus engenhos constituíam grandes propriedades.

Além disso, os senhores de engenho baianos esmeravam-se em imitar as aristocracias rurais da Europa. Às vezes davam aos filhos sobrenomes desnecessariamente compridos para alardear laços reais ou imaginários com linhagens nobres européias. Após a Independência, aceitavam sofregamente títulos de nobreza no recém-estabelecido Império do Brasil. Continuavam a se valer de uma legislação de origem portuguesa para manter seus direitos e privilégios como proprietários de terras e os de seus herdeiros. Mas na Bahia, onde uma fronteira aberta oferecia uma abundância de terras ainda desabitadas e não cultivadas, esses direitos e privilégios conferiam apenas um poder social e econômico limitado. Assim, se os senhores de engenho baianos conquistaram e conservaram o poder, não foi apenas por causa da propriedade da terra em si, mas por terem e controlarem a melhor terra para a cana às margens da baía e por deterem o maquinário necessário para o fabrico do açúcar. Nunca é demais lembrar que, em seu tempo, eram geralmente conhecidos não como grandes proprietários, nem como latifundiários ou donos ou senhores de *terras*, mas, sim, como senhores de *engenho*. O poder social e econômico que derivavam desse duplo monopólio era grande, mas não o bastante — como o próximo capítulo vai mostrar — para lhes permitir dispor do trabalho dos muitos homens e mulheres miseravelmente pobres que viviam em liberdade por todo o Recôncavo. Nos engenhos e também em muitas fazendas e sítios de fumo e mandioca, os trabalhadores que preparavam o solo e colhiam as safras não eram homens e mulheres livres; eram escravos.

CAPÍTULO 5 Mão-de-obra

"Nesta América, os bois de arado... são os escravos", declarou em 1802 a câmara municipal de Santo Amaro. A câmara fez esta curiosa declaração numa representação à Coroa que reivindicava para os lavradores da Colônia um privilégio que a lei já concedera aos de Portugal. No "Reino", em casos de cobranças judiciais, a lei proibia a penhora e arrematação dos bois de arado porque, sem eles, o lavrador não poderia semear seus campos e pagar suas dívidas. Ao solicitar que a penhora de escravos também fosse proibida, a câmara aplicou o mesmo raciocínio, adaptando-o, porém, às condições da Colônia. Da mesma maneira que a agricultura européia não podia prescindir do uso dos animais de tiro, os lavradores baianos não teriam como colher safras e saldar dívidas sem seus escravos. Os vereadores de Maragogipe, numa representação semelhante, fizeram pedido idêntico: que, nas execuções por dívidas, "os escravos do Brasil" fossem considerados "bois de arado... [porque] são eles que cavam a terra, e fazem as plantações, colheitas e mais serviços respetivos, e todos da principal sustentação dos Povos, e Praças".[1]

Os escravos no Recôncavo rural faziam de fato todos os serviços tanto na agricultura de exportação como na produção de gêneros alimentícios para abastecer os mercados locais. Seu trabalho era tão essencial para o crescimento e a prosperidade da economia da região que nenhum estudo pode documentar as mudanças ocorridas nessa economia sem lhes dar atenção. Este capítulo examina, portanto, o uso da mão-de-obra escrava; aborda, em particular, a estrutura da posse de escravos e a composição da população cativa.

TABELA 16

A população escrava de vários distritos do Recôncavo rural, 1779-1854

Ano e local	Escravos Nº	Escravos Como % da pop. total	Observações
1779. Freguesia de Nazaré.	1.493	40,8[a]	Sobretudo mandioca. Dados censitários.
1781. Vila de Jaguaripe (incluindo a freguesia de Nazaré).	725	-	Sobretudo mandioca. Resultados de um levantamento de lavradores de mandioca.
1816-17. Vilas de Jaguaripe e Maragogipe.	11.521	-	Sobretudo mandioca, um pouco de açúcar e de fumo. Resultados de um censo de proprietários de escravos.
1825-26. Arraial de S. Francisco do Paraguaçu e extremidade sudeste da freguesia do Iguape.	100	19,7	Cana e mandioca. Resultados de um censo parcial.
1846. Freguesia da Aldeia (município de Nazaré).	278	-	Cana e mandioca. Resultados de um levantamento parcial de engenhos e "fazendas de mandioca".
1825-26. Arraial de Belém da Cachoeira e distritos rurais próximos (freguesias da Conceição da Feira e N. S. do do Rosário do Porto da Cachoeira)	295	27,4	Sobretudo fumo. Resultados de um censo parcial.
1825-26. Freguesia de S. Gonçalo dos Campos	1.179	38,7	Sobretudo fumo. Resultados de um censo parcial.
1835. Freguesia de S. Gonçalo dos Campos	3.918	34,4	Sobretudo fumo. Dados censitários.
1825-26. Freguesias de Muritiba, Outeiro Redondo e Cruz das Almas	930	36,8	Fumo e cana e também um pouco de café. Resultados de censos parciais.

1825-26. Distritos rurais ao longo do rio Paraguaçu ao sul da sede da vila de Cachoeira	253	42,2	Cana e fumo. Resultados de censos parciais.
1788. Freguesia de Rio Fundo	3.977	–	Sobretudo açúcar. Resultados de um censo (?).
1816-17. Vilas de S. Amaro e S. Francisco do Conde – freguesias na margem da baía ou próximas dela[b]	18.266	–	Sobretudo açúcar. Resultados de um censo de proprietários de escravos.
1825-26. Freguesia de Santiago do Iguape — áreas ao norte da bacia do Iguape	1.340	73,3	Sobretudo açúcar. Resultados de censos parciais.
1835. Freguesia de Santiago do Iguape	3.992	53,9	Sobretudo açúcar. Dados censitários.
1854. Freguesia de S. Pedro do Rio Fundo	2.069	–	Sobretudo açúcar. Resultados de um levantamento de engenhos e fazendas de cana.

Fontes: "Lista das pessoas que se achão assistentes na Freguezia de N. Srª de Nazaré..." (1779), APEB, SH, 596; "Ofício do Capitão-mor da Vila de Jaguaripe ao Governo da Bahia que remete as relações dos lavradores empregados na plantação de mandioca, 1781", BN, I-31, 30, 52; "mapas estatisticos" de engenhos e de "fazendas de mandiocas" em Aldeia (1846), APEB, SH, 6182; Schwartz, *Sugar Plantations,* pp. 306, 441; Censos (Cach., 1825-26), ARC, PAE; "Relação do Nº de Fogos... de São Gonçallo [de Campos]" [1835]; "Relação do Numero de Fogos... Iguape" (1835); levantamento dos engenhos e fazendas de cana de Rio Fundo (1854), APEB, SH, 4597.

[a]O censo tem colunas para o número de filhos, filhas, agregados e escravos, mas não para maridos e esposas. Presumi que, quando o censo classifica um chefe de fogo masculino como casado, a esposa estava presente. Isto resulta, provavelmente, numa ligeira superestimação da população livre e, portanto, numa subestimação da proporção de escravos.

[b]Freguesias de Socorro, Monte, S. Gonçalo da Vila de S. Francisco, S. Sebastião do Passé, N.S. da Purificação de S. Amaro e Rio Fundo.

A MÃO-DE-OBRA ESCRAVA NO RECÔNCAVO RURAL

O uso generalizado da mão-de-obra cativa deu origem no Recôncavo a uma das mais densas populações escravas encontradas em qualquer parte do Brasil. Como se nota na Introdução, em 1816-17, o número de escravos na região chegou talvez a 89 mil. Esse número permaneceria elevado durante toda a primeira metade do século XIX; em 1872-73, ainda estava entre 72 e 81 mil.

Para os propósitos deste estudo, o tamanho total da população escrava importa menos do que sua distribuição geográfica. Determinar onde, no Recôncavo, os escravos viviam ajuda a identificar as atividades da economia rural que empregavam a mão-de-obra cativa. Assim, a Tabela 16 reúne informações sobre a população cativa colhidas de diversos censos e levantamentos, muitas vezes fragmentários, feitos em várias vilas e freguesias em torno da baía de Todos os Santos. Como seria de esperar, a tabela indica que os escravos eram especialmente numerosos nas freguesias açucareiras tradicionais, na margem norte da baía ou nas suas proximidades. Os primeiros escravos importados da África chegaram à Bahia em meados do século XVI para trabalhar na nascente indústria açucareira e, ao longo dos trezentos anos seguintes, os engenhos e fazendas de cana do Recôncavo iriam consumir enormes quantidades de mão-de-obra escrava.

Mas os senhores de engenho e lavradores de cana não monopolizavam a posse de escravos no Recôncavo. Nem na Bahia, nem em qualquer outra parte do Brasil, o uso da mão-de-obra cativa jamais ficou confinado à agricultura de *plantation*. Como a Tabela 16 mostra, no final do século XVIII e nas primeiras décadas do século XIX, os escravos geralmente representavam de um quinto a um terço da população nos distritos fumageiros e produtores de mandioca do oeste e do sul do Recôncavo. A tabela liqüida, portanto, as dúvidas que alguns historiadores continuam a levantar sobre a utilização do trabalho escravo no cultivo do fumo. Esses historiadores observam que os sítios e fazendas de tabaco eram em geral menores que os engenhos e daí concluem que a pequena produção familiar predominava na fumicultura baiana e que a mão-de-obra escrava nunca desempenhou qualquer papel importante neste ramo da agricultura.[2]

A conclusão não apenas ignora as referências da época à presença de escravos em fazendas e sítios de fumo;[3] confunde também duas questões distintas: primeiro, se havia camponeses que cultivavam fumo no Recôncavo; e segundo, se outros lavradores usavam escravos no cultivo desse produto de exportação. De qualquer modo, uma população de quase quatro mil escravos na freguesia de São Gonçalo dos Campos em 1835 não dá margem a dúvidas: os lavradores de fumo efetivamente utilizavam quantidades consideráveis de mão-de-obra escrava. Da mesma maneira, as populações cativas, de tamanho significativo, encontradas no sul do Recôncavo sugerem que a cultura da mandioca não era uma atividade estritamente camponesa. Mais de três quartos (77,3%) dos roceiros arrolados num levantamento feito em Jaguaripe em 1781 possuíam escravos. O uso da mão-de-obra cativa na produção de mandioca e fumo também pode ser comprovado através de uma amostra de 376 inventários *post-mortem* realizados nos distritos rurais de Maragogipe, Nazaré e Cachoeira. Na amostra, mais de 90% dos lavradores eram proprietários de escravos.[4]

TRABALHADORES ASSALARIADOS, AGREGADOS E "DOMÉSTICOS"

Trabalhadores assalariados forneciam serviços importantes e exerciam ofícios essenciais na economia do Recôncavo, mas constituíam apenas uma pequena fração da força de trabalho rural. Os senhores de engenho, por exemplo, costumavam manter em suas propriedades alguns empregados livres: um caixeiro, um feitor e alguns trabalhadores com as habilidades técnicas necessárias na casa das caldeiras para transformar a cana em açúcar — um ou dois caldeireiros e tacheiros, um mestre-de-açúcar e um banqueiro.* Contratavam também artesãos e outros trabalhadores espe-

*Os caldeireiros e tacheiros encarregavam-se das grandes caldeiras e tachas de cobre em que o caldo da cana era "cozido" (i.e., aquecido, reduzido por fervura e clarificado). O mestre-de-açúcar e o banqueiro (o assistente do mestre-de-açúcar) dirigiam as operações na casa das caldeiras e eram responsáveis pelas etapas finais e mais críticas do "cozimento do açúcar". O caixeiro supervisionava a pesagem e o encaixotamento do açúcar e escriturava a produção do engenho a cada safra. Ver, por exemplo, Schwartz, *Sugar Plantations,* pp. 145-48; e Antonil pp. 112-21, 206-23.

cializados para completar tarefas específicas ou para trabalhar por curtos períodos; por exemplo, pedreiros para consertar as fornalhas da casa das caldeiras, lenhadores, ou carreiros para transportar, em carros de bois, a cana na época da safra. Portanto, na indústria açucareira, a mão-de-obra assalariada ficava em geral restrita às áreas da administração, da habilidade técnica e do trabalho artesanal.[5]

Nenhuma dessas áreas, contudo, estava exclusivamente reservada a trabalhadores livres. Em alguns engenhos, escravos desempenhavam a função de feitor; trabalhavam como artesãos e efetuavam as delicadas operações do fabrico do açúcar na casa das caldeiras. Aqui se pode tomar como exemplo típico o Engenho São Gonçalo, na freguesia de Socorro. No final da década de 1830, a população escrava da propriedade incluía quatro carreiros, um carpinteiro, um serrador, um ferreiro, um oleiro, um pedreiro, uma costureira, um sapateiro e uma rendeira. Um escravo de "meia-idade" chamado Eleutério, na qualidade de "feitor do serviço", fiscalizava o trabalho de seus irmãos de cativeiro nos canaviais, enquanto o idoso Felisberto servia como "feitor das crias", ou seja, supervisionava as tarefas atribuídas a crianças pequenas. Se o engenho contratou empregados livres para as funções de tacheiro, caldeireiro e banqueiro durante a safra de 1838-39, foi só porque os escravos especializados que normalmente trabalhavam na casa das caldeiras haviam fugido para engenhos próximos.[6]

Mais importante, no São Gonçalo e nos engenhos e fazendas de cana por todo o Recôncavo, eram escravos, e não trabalhadores assalariados, que faziam as tarefas diárias, desgastantes e, às vezes, perigosas do serviço da lavoura: a roçagem, o plantio, a limpa dos canaviais e o corte da cana. Em conseqüência, os escravos formavam de 85 a 98% da força de trabalho empregada nos engenhos baianos em meados do século XIX.[7] A profissão de "trabalhador agrícola" praticamente não existia entre os moradores livres dos distritos canavieiros. Segundo um censo de 1835, 24 mulheres livres na freguesia de Santiago do Iguape trabalhavam, embora não necessariamente na indústria açucareira, como "ganhadeiras" (jornaleiras); outros dez indivíduos, na maioria homens, empregavam-se na lavoura como "enxadas" e "serventes de engenho", enquanto um escravo forro ganhava a vida como "condutor de mel" (i.e., melado) — assim, um total de 36 trabalhadores assalariados não especializados em meio aos mais de 3.900 escravos que moravam na mesma freguesia. Quando os senhores de engenho e lavradores de cana precisavam de braços adicionais na época do plantio ou da safra, muitas vezes alugavam escravos dos vizinhos em vez de contratar trabalhadores livres.[8]

Fora da indústria açucareira, é ainda mais difícil encontrar exemplos do trabalho assalariado.[9] Entre os lavradores de fumo e mandioca que empregavam a mão-de-obra livre de origem não familiar, era muito mais comum recorrer a "agregados" domésticos — também chamados simplesmente de "domésticos" nas fontes baianas —, do que contratar jornaleiros.* Em todo o Recôncavo, as desigualdades na distribuição da riqueza haviam criado uma considerável população de homens e mulheres livres que, para sobreviver, se agregavam a um "fogo" (unidade doméstica).[10] Pode-se presumir que muitos homens e mulheres que se achavam nessa situação tinham de trabalhar em troca da comida e teto que recebiam e que seu trabalho incluía, muitas vezes, ajudar nos serviços da lavoura.

Contudo, é difícil hoje determinar até que ponto arranjos desse tipo eram comuns no Recôncavo, já que os censos fazem pouco mais que enumerar os agregados e domésticos; não fornecem nenhuma informação direta sobre as obrigações que os vinculavam a um fogo. Na verdade, os dados censitários de certa forma atrapalham as discussões sobre a mão-de-obra livre não familiar. Os recenseadores baianos usavam os termos *agregado* e *doméstico* de uma maneira muito ampla — sem aquele rigor

*Nos censos das freguesias de São Gonçalo dos Campos e Santiago do Iguape realizados em 1835, o termo *doméstico* é usado como sinônimo ou quase-sinônimo de *agregado* no sentido de um indivíduo incorporado a um "fogo" (unidade doméstica). Enquanto os recenseadores do Iguape utilizaram quase exclusivamente *doméstico,* os dois termos são encontrados no censo de São Gonçalo dos Campos; mas os recenseadores preferiram *doméstico* em alguns distritos dessa freguesia e *agregado* em outros. Os dois termos podem facilmente gerar confusão. Por um lado, *doméstico* sugere falsamente um empregado doméstico no sentido atual da expressão. Mas, nos censos de 1835, os poucos empregados domésticos livres foram classificados como "criados". Por outro, *agregado* podia ser utilizado também para designar o equivalente de um "morador de favor": um indivíduo que vivia de favor em terras alheias, mas que chefiava seu próprio fogo. Ver Cap. 4. Em alguns censos baianos do fim do século XVIII e início do século XIX e em outras fontes da época, a palavra aparece com esse sentido. Nos parágrafos que se seguem, a discussão refere-se somente a agregados domésticos, ou seja, àqueles sem fogos próprios. Porém, em outras partes deste mesmo capítulo, será necessário usar *agregado* com o sentido de "morador de favor".

sociológico que o historiador muitas vezes quer encontrar nas fontes — para designar um indivíduo que dependia de algum modo do chefe de um fogo. No saco de gatos formado pelas duas categorias entravam pessoas das mais diversas condições: por exemplo, Rosa Caetana, uma escrava liberta de 90 anos; dona (*sic*) Benvinda de Castro, uma solteira branca com 19 anos de idade; Miguel, um rapaz cego de 14 anos; Antônio Manoel Amoras, solteiro de 21 anos e alfaiate por profissão; e Maria Joaquina de Amorim, casada, mas de marido ausente, e dona de três escravos — todos foram classificados como domésticos ou agregados nos censos de São Gonçalo dos Campos e de Santiago do Iguape feitos em 1835. Nas mesmas categorias às vezes entravam até crianças muito pequenas e, ao que parece, informalmente adotadas, como José Inocêncio, de três anos, e Jesuína, que tinha apenas seis meses.

As categorias de "agregado" e "doméstico" parecem encobrir ainda outras relações. Por exemplo, o censo de São Gonçalo dos Campos classifica Maria, uma parda de 35 anos, como agregada; mãe solteira, ela morava no fogo de José da Silva Machado, "lavrador" preto de 36 anos e também solteiro. De modo semelhante, no Iguape, em 1835, Manoel José Coelho, um imigrante português de 30 anos que era solteiro e que tinha por profissão o "negócio", chefiava um fogo que incluía a Maria Joaquina, uma preta livre de 30 anos e também solteira. O fogo dele ainda incluía os dois filhos "pardos" dela. Os recenseadores classificaram Maria Joaquina como "doméstica" do homem com quem vivia. A menos que estejamos dispostos a acreditar que, em todos os casos desse tipo, homens solteiros como José da Silva Machado e Manoel José Coelho, por motivos de caridade, acolheram em seus fogos mães solteiras, parece claro que, muitas vezes, domésticas e agregadas eram esposas em uniões não formalizadas. Mulheres e filhos em famílias pobres certamente trabalhavam, fazendo até serviços pesados em alguns casos; mas sua contribuição à economia doméstica não pode ser em absoluto equiparada a uma forma de mão-de-obra não familiar.

Mesmo no caso daqueles agregados e domésticos que trabalhavam regularmente nas lavouras e faziam outros serviços em troca de casa e comida, não está claro que devam ser vistos como fonte de mão-de-obra não familiar. Faziam parte da unidade doméstica formada pelo chefe do fogo e sua família; viviam juntos com o chefe e seus familiares sob o mesmo teto; pelo menos nos fogos mais pobres, certamente participavam das refeições da família; e, muitas vezes, o tipo de trabalho que faziam devia ser o mesmo realizado pelos membros da família. Às vezes, eram de fato membros da família: parentes mais pobres ou filhos adultos que ainda não tinham estabelecido seus próprios fogos. Portanto, seria razoável argumentar que os agregados e domésticos serviam para aumentar o "fundo comum" de mão-de-obra *familiar* disponível na unidade doméstica.

Seja qual for o *status* atribuído aos agregados e domésticos, a conclusão geral continua sendo a mesma: em todos os ramos da agricultura baiana, onde quer que a necessidade permanente de mão-de-obra superasse aquilo que uma única família fosse capaz de fornecer por si só, essa necessidade era satisfeita quase sempre através da instituição da escravidão. Em suma, o trabalho escravo permeava toda a economia regional.

O TRABALHO ESCRAVO, A POPULAÇÃO LIVRE E POBRE E A DISPONIBILIDADE DE TERRA

O trabalho escravo prevalecia na agricultura baiana não porque inexistisse uma população livre no campo, mas porque, para os serviços diários da lavoura, os senhores de engenho e lavradores do Recôncavo não podiam contar com nenhuma oferta confiável de mão-de-obra assalariada voluntária. As grandes reservas de terras ociosas e não cultivadas permitiam que amplos segmentos da população livre e pobre evitassem o trabalho assalariado de tempo integral e permanente na agricultura. O acesso à terra lhes dava meios de assegurar uma subsistência muitas vezes precária, mas ainda assim independente. Senhores de engenho e lavradores tinham, portanto, pouca escolha: ou recorriam à mão-de-obra escrava ou teriam de se contentar com a quantidade limitada de trabalho que eles próprios e suas famílias eram capazes de fornecer.

O argumento proposto aqui nada tem de novo. Deriva dos tratados sobre a colonização publicados por Edward Gibbon Wakefield nas décadas de 1830 e 1840. Para Wakefield, as circunstâncias que davam origem à escravidão como sistema de trabalho "não [são] morais, mas econômicas: não se relacionam com o vício ou a virtude e, sim, com a produção". A escravidão e outras formas de trabalho forçado criavam raízes e desenvolviam-se em lugares onde "um homem acha difícil ou impossível conseguir que outros homens trabalhem sob a sua direção" e onde, portanto, "as circunstâncias... impedem a combinação e a constância do trabalho". De acordo com Wakefield, essas circunstâncias existiam "em qualquer parte em que a população é proporcionalmente escassa em relação à terra... A escravidão... está confinada a países de população escassa, nunca existiu em países populosos e desapareceu aos poucos naqueles em que a população cresceu gradualmente até o ponto da densidade".[11]

Wakefield argumentou que, se homens e mulheres que de outra forma teriam de vender seu trabalho conseguiam encontrar terra e cultivá-la por conta própria, não se submeteriam voluntariamente ao trabalho assalariado. A demanda por trabalho realizado "com constância e em combinação" que excedia ao que uma única família podia fornecer só seria satisfeita, nesse caso, mediante alguma forma de coerção. E a necessidade de coerção persistiria até que o crescimento demográfico ou algum mecanismo artificial restringisse o acesso à terra.[12]

Outros autores, ao longo dos anos, endossaram e reformularam o modelo teórico proposto por Wakefield; entre eles, destacam-se Herman Merivale e Karl Marx no século XIX e H. J. Nieboer, Willemina Kloosterboer e Evsey Domar no século XX.[13] Mas para esses autores europeus, a escravidão era um regime de trabalho estranho, que só conheciam por relatos históricos da Grécia e da Roma antigas ou por descrições de colônias distantes. Assim, é especialmente significativo que autores brasileiros do século XIX, que viviam entre escravos e dependiam da mão-de-obra escrava para sua riqueza, também reconhecessem a relação entre a escravidão e uma oferta abundante de terra desocupada. A mais clara afirmação dessa relação acha-se num ensaio sobre a produção de açúcar escrito por Miguel Calmon em 1834:

> Chamo *forçado* o trabalho que só se pode alcançar mediante a sujeição, ou contrato de servidão do trabalhador; sendo *voluntário* o que se obtém pelo meio ordinário do simples jornal, ou salário... Nos Países despovoados, onde a subsistência é fácil, e o homem pode viver sem fadiga, acha-se

> estabelecida por leis ou costumes a primeira espécie de trabalho; naqueles porém, que se acham em circunstâncias opostas, prevalece o da segunda espécie. E é por isso que ainda há (...) escravos (...) no Brasil.[14]

Essas considerações condizem com as evidências relativas ao Brasil em geral[15] e com as da província natal de Calmon, a Bahia. O Capítulo 4 já estabeleceu que, no final do século XVIII e na primeira metade do XIX, a província possuía uma fronteira aberta. Os proprietários com terras no interior esparsamente ocupado ou no litoral sul podiam esperar pouca proteção efetiva de seus direitos à posse dessas terras por parte do Estado brasileiro, que era particularmente débil ao nível local e mais ainda em áreas de fronteira. Contra intrusos, usurpadores e grileiros, o Estado raramente era capaz de assegurar seus próprios direitos a terras devolutas.[16]

A terra era abundante mesmo no Recôncavo, onde, em cantos ociosos de fazendas e engenhos, homens e mulheres livres e pobres encontravam meios de sobreviver.[17] Como agregados, ou moradores de favor, erguiam precárias choças cobertas de sapé para nelas morar com suas famílias. Dentro, guardavam seus poucos trastes — raramente muito mais do que uma rede de dormir, um par de panelas de barro, uma cabaça grande para guardar farinha, duas ou três facas afiadas, uma trempe improvisada para cozinhar e, se viviam perto da baía, uma rede de pesca. Ao lado, numa pequena clareira, plantavam seus roçados de mandioca e, sem dúvida, feijão e milho também. Umas bananeiras, uma jaqueira e um dendezeiro completavam o que um observador britânico descreveu generosamente como *"their quarter acre of mandioca and banana plantations"* ("seu quarto de acre de plantações [ou fazendas] de mandioca e banana"). Na mesma clareira, podiam também plantar um pouco de fumo e, mais tarde no século XIX, até alguns pés de café. Caça apanhada na mata e mariscos catados nos mangues das margens da baía forneciam as "iguarias de domingo" e as "guloseimas dos dias santos".[18]

Quando surgia uma necessidade especial — por exemplo, de comprar roupa nova —, esses homens e mulheres pobres e despossuídos costumavam aceitar o trabalho pago nos engenhos e fazendas da região. Tanto quanto possível, porém, evitavam qualquer serviço que envolvesse pegar na enxada; preferiam "os trabalhos de transportes, do tratamento dos animais [e] da fabricação [do açúcar], ficando os da cultura do campo a cargo dos escravos". Assim que tinham no bolso dinheiro suficiente para custear as necessidades do momento, perdiam o interesse pelo trabalho assalariado e voltavam para as suas roças. Vez por outra, por uma razão qualquer, o proprietário da terra onde tinham seu rancho e suas plantações de mandioca e banana podia não querer mais sua presença e expulsá-los sumariamente. No entanto, por mais inconvenientes que causasse, essa expulsão raramente significava a miséria terrível e prolongada. Expulsos de uma propriedade, agregados e moradores de favor, freqüentemente descritos por autores da época como nômades incansáveis, simplesmente se mudavam para outro engenho ou fazenda. Ali, sempre sem pagar pelo uso da terra, construíam novo rancho e abriam nova clareira para mais uma roça. Podiam também deixar o Recôncavo para se estabelecer no interior ou no litoral sul.

A começar por Vilhena, na década de 1790, intelectuais, senhores de engenho e autoridades esforçavam-se em vão por tornar "útil" esse segmento do campesinato baiano. Consideravam esses homens e mulheres livres e pobres gente "vadia", "indolente" e "preguiçosa", que nenhuma contribuição dava à sociedade e cuja existência não deveria ser tolerada. Afinal, essa gente supostamente "ociosa" e "vadia" comia, bebia, vestia-se e vivia sem possuir terras próprias ou qualquer outro tipo de propriedade produtiva e sem trabalhar regularmente para aqueles que possuíam propriedades. Além disso, ao contrário dos escravos, esses homens e mulheres livres não podiam ser definidos como propriedade. Por essa razão, representariam uma ameaça à sociedade — uma fonte de "vício" e "crime". Não tendo interesse algum na instituição da propriedade privada, poderiam ser facilmente "seduzidos" por "astutos anarquistas" e, já que pareciam não ter melhor uso para seu tempo, poderiam a qualquer momento engrossar levantes e rebeliões violentos.

Em 1842, Joaquim José Pinheiro de Vasconcelos invocou esses temores quando, na qualidade de presidente da província da Bahia, propôs uma lei para "convencer" homens pobres a se empregarem como assalariados "na propriedade dos ricos" e a desempenharem assim "um encargo que o Autor da Natureza impôs a todo o gênero humano". Segundo sua proposta, todo homem livre sem propriedade ou sem emprego regular seria obrigado a ingressar numa "companhia" de trabalhadores assalariados que estaria sujeita à supervisão judicial.[19] A assembléia provincial nunca aprovou a lei. Na verdade, é difícil acreditar que as autoridades locais na Bahia, com seus recursos limitados, pudessem aplicar tal dispositivo.

Propostas posteriores de medidas semelhantes também deram em nada. Em 1857, Manoel Pinto da Rocha, um senhor de engenho, pediu ao governo provincial que aprovasse "uma medida legislativa que obrigue a dar-se ao trabalho [assalariado]... o grande número de vadios que vivem do que espontaneamente dá a natureza do solo". Fez o mesmo pedido em 1871, após o fim da Guerra do Paraguai (1864-70). Durante a guerra, segundo ele, "imensos [números de] jornaleiros sujeitavam-se a todos os trabalhos... até por pequenos salários". O receio de serem recrutados e "de irem sofrer as fadigas mortais da guerra aconselhava-os ao honesto trabalho". Mas assim que a guerra terminara, desapareceu o "incentivo" criado pelo recrutamento; e os senhores de engenho viram-se novamente na impossibilidade de conseguir trabalhadores dispostos a pegar na enxada e fazer "serviços pesados". E, ainda pior, os poucos jornaleiros que conseguiam contratar não eram "certos no trabalho": compareciam alguns dias, mas deixavam de aparecer em outros, "causando assim o empate das moagens". Pinto da Rocha não podia, é claro, sugerir ao governo provincial que declarasse uma guerra; pediu, porém, medidas legislativas que teriam o mesmo efeito.[20]

Enquanto as autoridades, proprietários e intelectuais baianos costumavam ver a teimosa resistência ao trabalho assalariado como prova de indolência imoral, George Stevens, cônsul britânico em Salvador na década de 1880, deixou-nos um retrato mais indulgente e mais convincente dos homens e mulheres livres e pobres que, "garantindo com grande esforço uma existência miserável mas satisfeita" em suas roças, viviam espalhados pelos distritos rurais. Salientou que eles recusavam empregos de tempo integral nos engenhos e em outras propriedades agrícolas muito simplesmente porque "preferiam a pobreza a ser espezinhados". "Por cruel que seja sua sorte atual", acrescentou Stevens, "é para eles independentemente doce, e é invejada por muitos escravos".[21]

Na Bahia, onde até os homens e mulheres mais pobres da população livre muitas vezes tinham acesso à terra e conservavam boa dose daquela "independência que invariavelmente ambicionam e pela qual são capazes de qualquer sacrifício",[22] senhores de engenho e lavradores não tinham opções reais: se não comprassem escravos e os utilizassem na lavoura, não teriam como conseguir o trabalho feito "com constância e em combinação". Recorrendo ao braço escravo, senhores de engenho, lavradores de cana e de fumo e até roceiros podiam assegurar para si mesmos uma força de trabalho confiável e permanente.

O TRÁFICO NEGREIRO E A OFERTA DA MÃO-DE-OBRA ESCRAVA

A escravidão oferecia outra vantagem: enquanto durou o tráfico atlântico (até 1850-51), a importação de escravos africanos permitia aumentar rapidamente o tamanho da força de trabalho agrícola. Em apenas alguns meses, centenas ou até milhares de cativos podiam ser trazidos da África, desembarcados em Salvador e logo em seguida postos para trabalhar nos engenhos, sítios e fazendas do Recôncavo. Assim, o tráfico negreiro criava uma oferta de mão-de-obra bastante elástica e capaz, em princípio, de suprir qualquer aumento da demanda.[23]

A expansão da agricultura baiana a partir do final do século XVIII gerou de fato uma demanda crescente de mão-de-obra, que alimentou um intenso tráfico de escravos entre a África e a Bahia. Como o comércio negreiro para outras partes do Brasil, o tráfico que abastecia a Bahia de cativos africanos estava, em grande parte, sob o controle local. Desde meados do século XVIII, se não antes, comerciantes sediados em Salvador dominavam esse tráfico. Em relação a seus concorrentes em Lisboa ou no Porto, tinham a vantagem do acesso fácil a estoques de fumo de corda e cachaça — mercadorias de grande valor na aquisição de escravos na costa da África ocidental. Podiam também contar com recursos locais para boa parte do crédito necessário para financiar suas expedições negreiras.[24]

Os lucros obtidos nessas expedições retornavam para a Bahia, onde — quando não eram reinvestidos no tráfico — financiavam investimentos na economia local. Assim, Joaquim Pereira Marinho, grande traficante da primeira metade do século XIX, foi um dos acionistas fundadores do Banco da Bahia e de uma companhia que, no início da década de 1870, tentou, sem sucesso, construir o primeiro engenho central da província. Outros traficantes baianos também investiram na indústria açucareira. Assim, Joaquim Alves da Cruz Rios, filho de negreiro e traficante por conta própria, comprou o grande Engenho Cravaçu, com mais de 1.050 tarefas de terra boa para a cana, na freguesia de Monte, onde, ao morrer em 1862, deixou cerca de 180 escravos. Outro comerciante de escravos, Antônio Pedroso de Albuquerque, comprou não um, mas três engenhos no Recôncavo.[25]

Esses traficantes, que gozavam de estima e respeito na sociedade baiana, obtinham seus lucros daquilo que Miguel Calmon chamou de "a brutal metamorfose de mangotes [de fumo] em nagôs".[26] A cada ano, seus navios despejavam nas praias da Bahia milhares de cativos da África ocidental, além de números menores de escravos de Angola, do Congo e até de Moçambique — os homens, mulheres e crianças que, deste lado do Atlântico, passariam a ser conhecidos como *nagôs*, *tapas*, *minas*, *uçás*, *jejes*, *bornous*, *angolas* e *congos*.*

Embora jamais se vá conhecer o verdadeiro volume desse tráfico, uma série revista de estimativas publicada por David Eltis sugere que, entre 1786 e 1851, a Bahia importou um total de aproximadamente 410 mil escravos, procedentes de vários pontos da costa africana.[27] As estimativas de Eltis também indicam que pouco mais da metade destes chegou à Bahia nas três décadas entre 1791 e 1820, quando o ressurgimento da economia exportadora do fim do período colonial criou uma demanda forte e mais ou menos constante de mão-de-obra escrava. Durante essas três décadas, os traficantes desembarcaram, em média, sete mil cativos por ano (ver Tabela 17).

*Esses termos, que são tirados da documentação dos séculos XVIII e XIX e que não constituem nem de longe uma lista completa, designavam escravos das seguintes origens supostas: *nagô*, ioruba; *jeje*, ewe-aja-fon; *tapa*, nupe; *bornou*, bornu; *uçá* (e suas variantes), hauçá. Os escravos obtidos nos portos da Costa da Mina na África ocidental eram chamados de *minas*; por sua vez, *angola* e *congo* designavam uma origem no centro-oeste da África. Tanto observadores da época quanto as pesquisas contemporâneas indicam que a África ocidental forneceu a maioria dos escravos importados pela Bahia nos séculos XVIII e XIX. Ver, por exemplo, Castelnau, pp. 7-9; Verger, *Fluxo;* J. J. Reis, "População", pp. 145-47; e M. J. de S. Andrade, pp. 97-108.

TABELA 17
Estimativas das importações de escravos africanos, Bahia, 1786-1851

	Anos	Nº de escravos
	1786-90	20.300
	1791-95	34.300
	1796-1800	36.200
	1801-05	36.300
	1806-10	39.100
	1811-15	36.400
	1816-20	34.300
	1821-25	23.700
	1826-30	47.900
	1831-35	16.700
	1836-40	15.800
	1841-45	21.100
	1846-50	45.000
	1851	1.900
Total	1786-1851	409.000

Fonte: Eltis, pp. 243-44.

As importações sofreram um breve declínio durante a guerra da Independência, mas em seguida se recuperaram, saltando para uma média anual de cerca de 9.500 escravos no final da década de 1820. Esse aumento repentino ocorreu num momento em que os proprietários do Recôncavo estavam construindo um número recorde de engenhos e quando, portanto, a necessidade de mão-de-obra adicional deve ter sido particularmente grande. O aumento coincidiu também com preocupações crescentes a respeito do futuro do tráfico. Segundo um tratado anglo-brasileiro de 1826, a importação de escravos de qualquer parte da África se tornaria ilegal em março de 1830.[28] É possível que muitos senhores de engenho e traficantes baianos acreditassem que o governo jamais aplicaria essa proibição. Afinal, as autoridades brasileiras não haviam feito nenhum esforço real para cumprir os compromissos de um tratado anglo-português anterior que proibira o tráfico ao norte da linha do equador. Mas também sabiam que o governo da Grã-Bretanha estava firmemente decidido a pôr fim ao comércio atlântico de escravos. Em 1827, a marinha britânica começou a capturar navios brasileiros por simples suspeita de estarem traficando escravos ao norte do equador.

Temendo que os britânicos adotassem táticas ainda mais agressivas depois de 1830, traficantes de todas as partes do Brasil apressaram-se a importar o maior número possível de cativos antes do programado fim do tráfico. Tiveram tamanho êxito que acabaram deixando os mercados brasileiros momentaneamente superabastecidos de escravos nos primeiros anos da década de 1830, e o tráfico quase se paralisou em 1831 e 1832. Com isso, o governo brasileiro foi capaz de conseguir até que o parlamento aprovasse, em 1831, uma lei que libertava qualquer africano introduzido ilegalmente no país e que previa penas severas para traficantes que importassem escravos.

Esta foi, porém, uma "lei para inglês ver", revelando-se completamente incapaz de impedir o recrudescimento do tráfico negreiro. Não obstante o tratado de 1826 e a lei de 1831, o Sudeste do Brasil importou mais de duzentos mil africanos na segunda metade da década de 1830 para suprir a enorme demanda de mão-de-obra da lavoura cafeeira, então em rápida expansão.[29] A recuperação foi mais lenta na Bahia, onde a estagnação da economia de exportação reduziu a procura por escravos. As importações baianas só voltaram a seus níveis anteriores em fins da década de 1840, numa reação tanto ao crescimento renovado da economia de exportação da província quanto às táticas assustadoramente mais agressivas da Real Marinha britânica, que agora ameaçava bloquear os principais portos do Brasil. Sem muita escolha, o governo brasileiro finalmente cedeu às pressões britânicas e, em 1850-51, tomou medidas rápidas e decisivas para fechar o país à importação de escravos africanos.

O fim do tráfico atlântico redefiniu o mercado da mão-de-obra escrava no Brasil. A população cativa como um todo nunca alcançara uma taxa positiva de crescimento natural. Como as mortes sempre haviam excedido os nascimentos, essa população só crescera graças à entrada constante de africanos recém-escravizados. Com o fim abrupto das importações em 1850-51, o que havia sido uma oferta de mão-de-obra bastante elástica começou a se contrair. Os donos de fazendas, engenhos e sítios e até regiões inteiras passaram a disputar um número cada vez menor de cativos.

A competição logo provocou uma transferência maciça de escravos das áreas urbanas para o campo, e de regiões com economias de exportação decadentes ou menos rentáveis para outras em que a produção para exportação estava em acelerado crescimento. Entre 1851 e o início da década de 1880, cerca de duzentos mil cativos foram obrigados a migrar do Sul e do Nordeste para as províncias produtoras de café do Sudeste, que, na primeira metade do século XIX, tinham passado a constituir o "centro dinâmico" da economia brasileira. Muito mais que os agricultores de outras partes do Brasil, os fazendeiros de café das províncias do Sudeste tinham condições de pagar preços cada vez mais altos por trabalhadores cativos.[30]

O novo tráfico interprovincial transformou a Bahia, em última análise, de importador em exportador líqüido de escravos. Em três décadas e meia, a partir de 1850, 24 mil escravos deixaram a província, a maioria com destino às fazendas de café do Rio de Janeiro, São Paulo e Minas Gerais. Só na década de 1850, foram exportados pelo menos 12 mil cativos. De fato, mal os portos brasileiros foram fechados para o tráfico negreiro, os comerciantes começaram a comprar escravos na Bahia para mandá-los para o Sudeste. Já em agosto de 1851, apareceram em Cachoeira "compradores" de fora, oferecendo preços "exorbitantes" por escravos. Alguns anos depois, John Morgan, cônsul britânico em Salvador, observou que "a grande demanda do Rio de Janeiro e o alto preço pago são um estímulo a que o pequeno proprietário e os necessitados não podem resistir". Nem mesmo um aumento de 900% no imposto sobre escravos exportados da província foi capaz de neutralizar esse estímulo, que ficou ainda mais forte quando as secas castigaram a província. Em 1860, o cônsul Morgan informou o Foreign Office (Ministério das Relações Exteriores britânico) que dois anos de "seca terrível no interior [i.e., o sertão]" haviam provocado a penúria generalizada e "obrigado muitas famílias a vender seus escravos domésticos a qualquer preço". Em conseqüência, segundo a estimativa do cônsul, mais de 2.700 escravos haviam sido enviados para o Rio de Janeiro entre 1858 e 1860.[31]

O tráfico interprovincial acelerou o declínio da escravidão na Bahia e deu início a uma longa e penosa transição para o trabalho livre. Não se deve, contudo, exagerar a extensão desse declínio na década de 1850. Em 1860, a escravidão como instituição e como regime de trabalho estava longe de ser moribunda na Bahia. Vale a pena lembrar que, em 1872-73, a província ainda tinha a terceira maior população escrava do Brasil. O número de cativos que moravam e trabalhavam na Bahia era maior do que na província cafeeira de São Paulo. Na década de 1850, muito mais premente do que a necessidade de encontrar alternativas para o trabalho escravo era a questão de como e onde usar o número cada vez mais reduzido de cativos — se na agricultura de exportação ou na produção de gêneros alimentícios para abastecer mercados locais.

O PREÇO DO ESCRAVO NA BAHIA, 1780-1860

Nos 25 anos anteriores a 1850, embora não tenham conseguido impedir a migração forçada de mais de meio milhão de africanos, as pressões diplomáticas da Grã-Bretanha e os seus navios de guerra produziram um impacto perceptível nos preços de escravos na Bahia em mil-réis correntes. Como mostra a Figura 10, a tendência ascendente gradual e relativamente uniforme que, desde 1780, havia caracterizado os preços de escravos deu lugar a flutuações muito mais acentuadas após 1825. O preço de um escravo adulto do sexo masculino do serviço da lavoura ("de enxada e foice") subiu abruptamente no final da década de 1820 e de novo no final da de 1830 e início da de 1840. Esses dois aumentos coincidiram com a adoção pela Grã-Bretanha de táticas navais mais agressivas em sua campanha contra o tráfico atlântico. Depois de 1850, quando o tráfico finalmente terminou, os preços tiveram uma enorme alta. Um escravo de enxada e foice que podia ser comprado por menos de Rs.480$000 no início da década de 1850 era vendido por Rs.1:075$000 em 1858. No total, os preços nominais de escravos tinham aumentado em mais de 900% entre o início da década de 1780 e 1858.

Se tivessem podido examinar uma série retrospectiva desses preços, os abolicionistas britânicos da década de 1850 teriam certamente sido tentados a se parabenizar pelo tremendo golpe que haviam desfechado

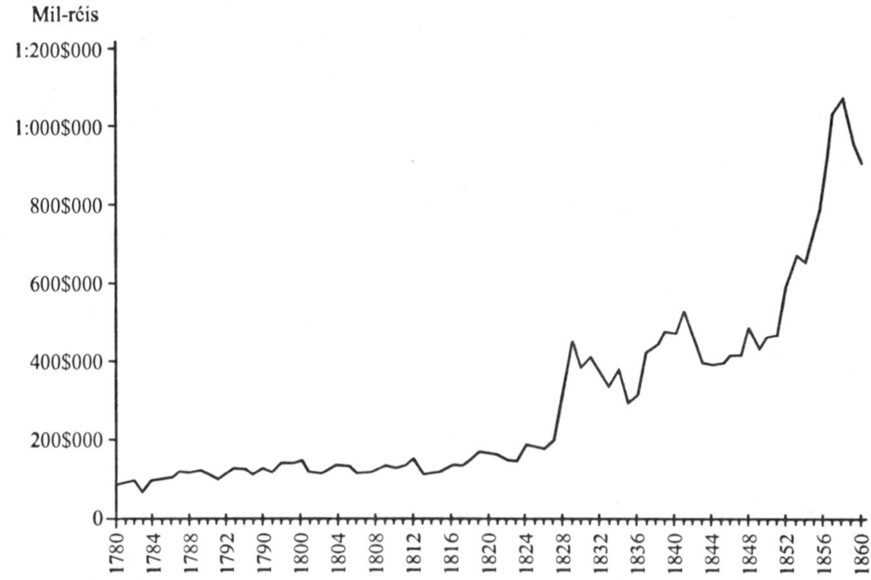

Figura 10. Bahia. Preço do escravo, 1780-1860 (preço de um escravo saudável do sexo masculino do serviço da lavoura)
Fontes: Avaliações de escravos em inventários *post-mortem*, APEB, SJ, IT e ARC, IT.
Obs.: A série mostrada baseia-se em médias anuais de valores atribuídos em inventários a 1.484 escravos adultos e adultos jovens saudáveis do sexo masculino empregados na lavoura (escravos "de enxada e foice", "do serviço da lavoura", "do serviço da roça" etc. ou empregados no "serviço geral"). Entre os escravos com essas características, incluí na série as avaliações daqueles que foram descritos como "moços", "já moços" e "ainda moços" e daqueles com idades entre 15 e 45 anos. (Convém assinalar que os inventários baianos do período 1780-1860 geralmente não trazem informações sobre a idade medida em anos dos escravos.) Excluí as avaliações dos escravos com habilitações especializadas e dos descritos como doentes, portadores de defeitos físicos, indisciplinados ou rebeldes. As variações dos preços desta série correspondem, de um modo geral, às encontradas em outros estudos sobre os preços de escravos na Bahia, nenhum dos quais abrange todo o período 1780-1860.

contra a escravidão na Bahia. Sua estratégia visara sempre a elevar o preço do escravo a tal ponto que o uso da mão-de-obra cativa se tornasse antieconômico. Agricultores em todas as partes do Brasil, como resultado, teriam de recorrer a algum tipo de mão-de-obra livre. Mas para se congratularem, os abolicionistas na Grã-Bretanha teriam de fazer vista grossa a dois pontos-chave. Primeiro, em sua disposição de pagar preços mais altos por escravos, os senhores de engenho e lavradores baianos demonstravam continuar confiantes no futuro tanto da escravidão quanto da agricultura escravista. Os preços deram um salto na década de 1850 não só porque o tráfico atlântico fora encerrado, mas também porque a década trouxe novas perspectivas de crescimento e prosperidade para a economia de exportação baiana.[32] Segundo, as comparações baseadas em preços nominais não levam em conta as variações do poder de compra do mil-réis. Fornecem, por isso, uma visão distorcida das mudanças no preço real. Assim, embora o preço nominal de um escravo de enxada e foice tenha aumentado enormemente nas oito décadas seguintes a 1780, o custo de sua aquisição talvez tenha se alterado muito pouco em termos reais.

Uma maneira de testar essa possibilidade é converter os preços em mil-réis correntes em arrobas de açúcar branco e em alqueires de farinha de mandioca. (Lamentavelmente, não há dados disponíveis sobre preços de fumo que permitam calcular os preços de escravos em unidades constantes desse produto.) Com essa conversão, pode-se detectar e avaliar as mudanças reais no custo da compra de um escravo para senhores de engenho e roceiros. As figuras 11 e 12 representam o movimento dos preços de escravos em unidades constantes de farinha e açúcar. Demonstram que, em termos reais, o custo subiu bem menos do que um exame dos preços nominais sugeriria.

Por exemplo, na década de 1850, o preço médio de um escravo em mil-réis correntes mostrava um aumento superior a 600% em relação à média da década de 1780. Mas quando esses preços médios são convertidos em alqueires de farinha, exibem um aumento de menos de 85%. Isso significa que, flutuações anuais à parte, os preços que os lavradores de mandioca podiam cobrar por sua farinha quase acompanharam o movimento ascendente do preço nominal do braço escravo. Assim, na primeira metade do século XIX, esses lavradores viram sua capacidade de adquirir cativos relativamente pouco reduzida.

Para os senhores de engenho e lavradores de cana, o aumento no custo real de um escravo foi mais substancial. No início da década de 1780, com o produto da venda de pouco menos de 50 arrobas de açúcar, podiam comprar um escravo saudável do sexo masculino para o serviço da lavoura; sete décadas depois, em 1855, um escravo do mesmo tipo lhes custaria o equivalente a 257 arrobas de açúcar branco. Isso representa um aumento real de mais de 400%.[33]

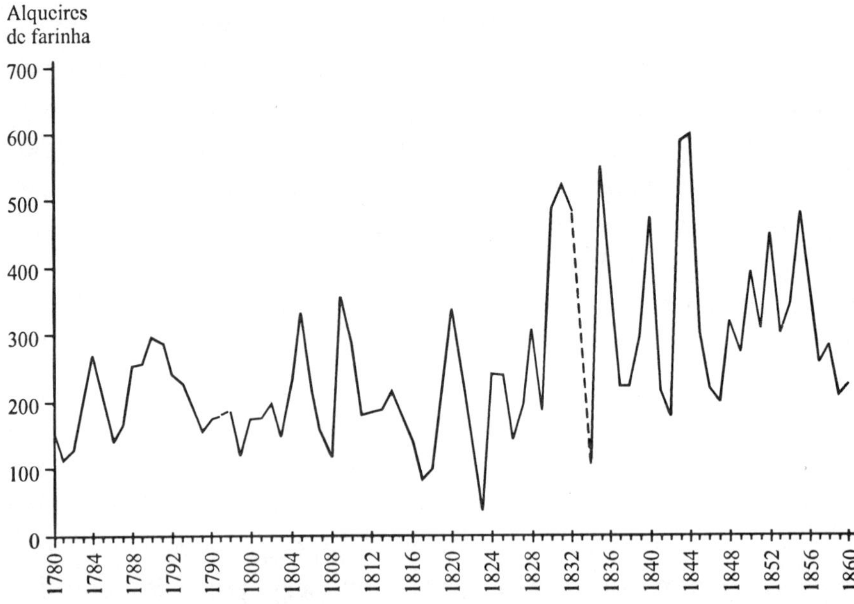

Figura 11. Bahia. Preço do escravo medido em alqueires de farinha, 1780-1860 (preço de um escravo saudável do sexo masculino do serviço da lavoura)

Fontes: Avaliações de escravos em inventários *post-mortem*, APEB, SJ, IT e ARC, IT; Mattoso, "Au Nouveau Monde", Annexes, pp. 445-61; "Conta corrente da despeza e receita que houve no Celleiro Público..." (1834-43, com interrupções), APEB, SH, 1609 e 1610. Ver as obervações na Figura 10 e Cap. 3, n. 7.

Os senhores de engenho e lavradores de cana da Bahia não foram os únicos a enfrentar preços de escravos muito mais altos em termos reais na primeira metade do século XIX. Em várias partes das Américas, nas regiões cafeeiras do Sudeste do Brasil, em Cuba e no Sul dos Estados Unidos, o preço do escravo exibiu clara tendência ascendente, enquanto os preços dos gêneros de exportação seguiram uma tendência, não menos nítida, de queda. Apesar disso, melhorias na comercialização e no beneficiamento desses gêneros, juntamente com a expansão para áreas de solos menos usados e mais férteis, tornaram a mão-de-obra escrava mais produtiva durante esses mesmos anos. O efeito líqüido desses melhoramentos e da expansão para novas áreas foi compensar os produtores escravistas pelos preços mais altos que tinham de pagar por escravos e manter a lucratividade da agricultura de *plantation* no Sul dos Estados Unidos, em Cuba e no Sudeste do

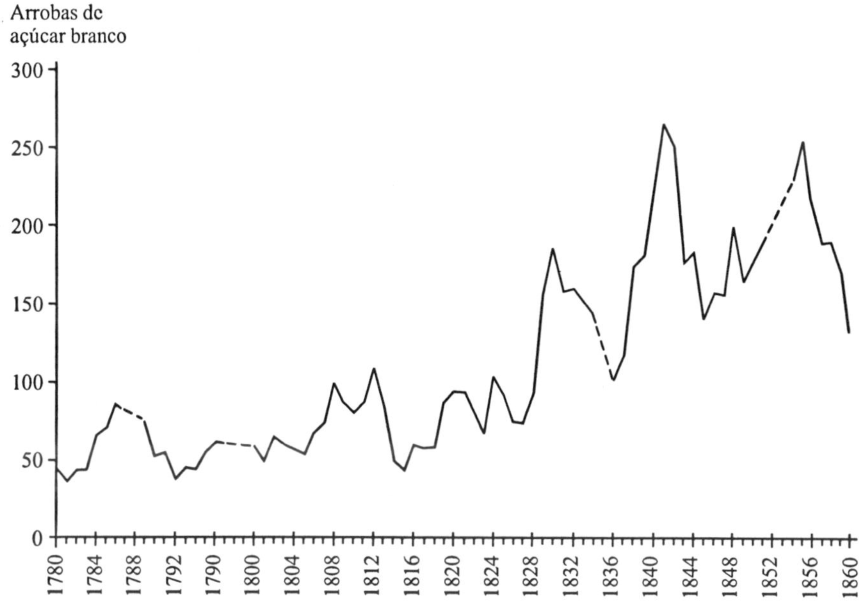

Figura 12. Bahia. Preço do escravo medido em arrobas de açúcar branco, 1780-1860 (preço de um escravo saudável do sexo masculino do serviço da lavoura)
Fontes: Avaliações de escravos e faturas de vendas de açúcar branco em inventários *post-mortem*, APEB, SJ, IT e ARC, IT; Mattoso, "Au Nouveau Monde", Annexes, pp. 445-61. Ver as observações na Figura 10 e Cap. 3, n. 7.

Brasil.[34] Embora as informações no caso da Bahia sejam escassas, indicam que, no Recôncavo, inovações semelhantes também ajudaram a manter a rentabilidade da produção escravista de açúcar. A adoção de novas tecnologias na fabricação do açúcar e a introdução da cana caiana em 1816 parecem ter propiciado ganhos consideráveis na quantidade de açúcar produzido por escravo a cada ano (ver Tabela 18). A duplicação e talvez triplicação da produção de açúcar por escravo entre a década de 1780 e meados do século XIX teria compensado em grande parte a elevação do preço do escravo.

TABELA 18
Estimativas da produção anual de açúcar por escravo nos engenhos do Recôncavo, 1781-1854 (em arrobas)

Ano	Produção anual de açúcar por escravo	Observações
1781	40,0	
c.1790	44,4	
1832	82,5	
1854	103,5	Média dos engenhos da freguesia de Matoim.
1854	107,8	Média dos engenhos da freguesia de Socorro.
1854	110,6	Média dos engenhos da freguesia de Açu da Torre.
1854	132,3	Média dos engenhos da freguesia de Rio Fundo (calculada apenas para os escravos empregados em engenhos).
1854	88,6	Média dos engenhos da freguesia de Rio Fundo (calculada para os escravos empregados em engenhos e fazendas de cana).
1854	118,7	Média dos engenhos das freguesias de Matoim, Socorro, Açu da Torre e Rio Fundo (exclui os escravos das fazendas de cana em Rio Fundo).
1854	97,2	Média dos engenhos das freguesias de Matoim, Socorro, Açu da Torre e Rio Fundo (inclui os escravos das fazendas de cana em Rio Fundo).
1854	90,0-135,0	

Fontes: Alden, "Price Movements", p. 342; [Mendes], p. 292; *PP* (Commons), *1831-2*, vol. XX (*Reports from Committees,* vol. 16): *West India Colonies,* "Report from the Select Committee on the Commercial State of the *West India* Colonies", pp. 272-73 (testemunho de Evanson Alchorne); levantamentos (1854) dos engenhos das freguesias de Matoim, Socorro, Açu da Torre e Rio Fundo em APEB, SH, 4597; Carson, *Primeiro relatorio,* p. 9.

Obs.: Como existem várias dificuldades nas tentativas de medir a produtividade, as estimativas apresentadas nesta tabela devem ser aceitas com cautela. Algumas das dificuldades são comuns às fontes sobre a produção escravista de açúcar em todas as partes das Américas. Ver Barrett, *Efficient Plantation*, pp. 19-26, esp. p. 20. Ainda outras dificuldades resultam das fontes disponíveis sobre a Bahia e da estrutura da indústria açucareira baiana, em que os lavradores de cana geralmente possuíam cerca de um terço de todos os escravos permanentemente empregados na produção do açúcar. Discuto o assunto em mais detalhe em "The Slave Economy", pp. 395-98.

A ESTRUTURA DA POSSE DE ESCRAVOS NO RECÔNCAVO

Senhores de engenho, lavradores de cana e de fumo e roceiros, todos compravam escravos, mas em quantidades bem diferentes, e os tamanhos de seus plantéis variavam muitíssimo. Em grande medida, a estrutura da posse de escravos no Recôncavo assemelhava-se à distribuição da propriedade fundiária na região.[35] Uma vez que os escravos, como a terra, representavam uma forma de riqueza, um primeiro passo conveniente na análise da distribuição da posse de cativos é examinar índices de Gini de desigualdade. O índice de Gini é uma medida estatística de dispersão ou concentração com valores que variam de 0,0 a 1,0. O índice será igual a 0,0 numa situação hipotética em que a distribuição da riqueza se caracterizar por completa igualdade; quando a riqueza for absolutamente concentrada, seu valor será 1,0. Assim, quanto mais baixo o valor do índice de Gini, mais uniforme e eqüitativa é a distribuição da posse de escravos.

A Tabela 19 mostra que, quando calculados para a população de escravistas individuais ou de fogos (unidades domésticas, que também podiam ser unidades econômicas)* com escravos, esses índices sugerem acentuado contraste entre os distritos açucareiros do norte do Recôncavo e o resto da região. A riqueza na forma de escravos era mais concentrada nas freguesias açucareiras tradicionais do lado norte da baía. Nas outras partes do Recôncavo, em áreas produtoras de fumo e mandioca, uma distribuição muito mais uniforme caracterizava a posse de escravos. O mesmo contraste reaparece no número médio de escravos e na parcela da população cativa que pertencia aos indivíduos ou fogos que detinham os maiores plantéis. Assim, em 1835, o plantel médio era quase três vezes maior em Santiago do Iguape do que na vizinha freguesia fumageira de São Gonçalo dos Campos. Dois terços de toda a população escrava do Iguape pertenciam aos 10% que eram donos dos maiores plantéis. Em São Gonçalo dos Campos, os 10% mais ricos possuíam menos de 40% dos cativos residentes na freguesia.

*Assim, engenhos, sítios e fazendas foram também classificados como fogos nos censos do fim do período colonial e do início do século XIX.

TABELA 19

Indicadores da distribuição da posse de escravos no Recôncavo rural, 1779-1835

Ano	Local	Índice de Gini de desigualdade[b]	Nº médio de escravos possuídos por proprietário	Percentagem dos escravos possuídos pelos 10% mais ricos proprietários
		SOBRETUDO MANDIOCA		
1779	Freguesia de Nazaré	0,50	4,4	36,2
1816-17	Vila de Jaguaripe (incluindo a freguesia de Nazaré)	0,38	4,5	—
1816-17	Vila de Maragogipe	0,45	4,8	—
		SOBRETUDO FUMO		
1835	Freguesia de S. Gonçalo dos Campos	0,56	6,5	39,7
		SOBRETUDO AÇÚCAR		
1816-17	Freguesia de Rio Fundo	0,62	10,5	53,0
1816-17	Freguesia de S. Gonçalo da Vila de S. Francisco[a]	0,64	10,4	54,0
1816-17	Freguesia de S. Sebastião do Passé	0,65	16,1	63,0
1816-17	Freguesia de N.S. da Purificação de S. Amaro	0,67	10,0	54,0
1816-17	Freguesia de Socorro	0,70	11,9	58,0
1816-17	Freguesia de Monte	0,77	16,1	78,0
1835	Freguesia de Santiago do Iguape	0,74	18,6	66,4

Fontes: "Lista das pessoas que se achão assistentes na Freguezia de N. Srª de Nazaré..." (1779), APEB, SH, 596; Schwartz, *Sugar Plantations,* p. 443; "Relação do Nº de Fogos... São Gonçallo [dos Campos]" [1835]; "Relação do Numero de Fogos... Iguape" (1835).

[a]Inclui também a freguesia de N.S. Madre de Deus do Boqueirão.

[b]Ao calcular o índice de Gini a partir dos censos de Nazaré (1799), do Iguape (1835) e de S. Gonçalo dos Campos (1835), utilizei como unidade de posse o número de escravos presentes num fogo (unidade doméstica, que podia ser considerada também uma unidade econômica já que os engenhos e fazendas foram classificados como fogos). Os índices para 1816-17 foram calculados por Stuart Schwartz a partir de um censo de proprietários de escravos. Ver *Sugar Plantations*, p. 565, n. 7 e cap. 6. Embora a minha análise concorde com a de Schwartz no essencial, sua análise não abrange os distritos fumageiros do oeste do Recôncavo. Também cabe ressaltar que os índices de Gini na tabela não levam em conta a população que não possuía escravos. Quando se incluem os fogos sem escravos, os índices elevam-se consideravelmente: 0,71 em Nazaré em 1779, 0,84 em S. Gonçalo dos Campos em 1835 e 0,95 no Iguape em 1835.

No entanto, o Iguape, como as outras freguesias açucareiras tradicionais, só pode ser considerado exemplo da extrema concentração da posse de escravos numa perspectiva relativamente estreita. Como Stuart Schwartz salienta, quando essa perspectiva se alarga de modo a incluir as colônias produtoras de açúcar das Antilhas, as características que mais se destacam na posse de escravos no Recôncavo são sua distribuição "relativamente uniforme" e o reduzido tamanho médio dos plantéis em todas as partes da região.[36] Essas características ficam evidentes quando examinamos mais atentamente três freguesias representativas: Nazaré das Farinhas, São Gonçalo dos Campos e Santiago do Iguape. Como a Tabela 20 revela, os plantéis de tamanho médio, de 5 a 19 escravos, eram comuns nas três freguesias. Assim também, em todas as três, grande parte dos escravistas chefiava fogos com menos de cinco cativos. Homens e mulheres que possuíam um único escravo, por sua vez, representavam pelo menos um quinto de todos os senhores. Isso era verdade até no Iguape, onde era possível encontrar escravos não só nos engenhos e fazendas de cana, mas também em fogos que pertenciam a pescadores, artesãos, mascates, costureiras e roceiros.

A posse de escravos nestas freguesias e em outras partes do Recôncavo não se restringia à população classificada como branca. Pretos, pardos e cabras livres — entre eles, alguns escravos forros — chefiavam 29,8% de todos os fogos com escravos em São Gonçalo dos Campos e quase a metade (46,5%) no Iguape. Embora possuíssem geralmente apenas um número reduzido de cativos, esses não brancos eram, ainda assim, senhores de escravos.[37]

As principais diferenças entre as três freguesias não estavam na existência de plantéis de tamanho pequeno ou médio e, sim, no topo da escala. Em Nazaré, nenhum fogo empregava mais de 34 escravos, e em São Gonçalo dos Campos só 1,7% de todos os fogos com escravos tinham plantéis de quarenta ou mais cativos. Mas no Iguape, 11,2% dos plantéis compreendiam pelo menos quarenta escravos. Onze fogos na freguesia açucareira possuíam cem ou mais escravos. Essas diferenças tornam-se ainda mais notáveis quando o foco da análise se desloca dos proprietários de escravos para os próprios escravos. A grande maioria dos escravos do Iguape (79,0%) vivia e trabalhava em plantéis de vinte ou mais cativos; mais de dois terços (69,7%) integravam plantéis de pelo menos quarenta cativos. Em contraste, em São Gonçalo dos Campos e em Nazaré, mais de dois terços dos escravos pertenciam aos fogos que tinham menos de vinte escravos. Uma parcela substancial da população cativa nessas duas freguesias (cerca de 32% em Nazaré e 19,1% em São Gonçalo) morava em unidades de menos de cinco escravos.

Engenhos e fazendas de cana

Além de indicar disparidades nos níveis de riqueza entre as freguesias, essas diferenças sugerem uma hierarquia de tamanho e de escala entre os estabelecimentos agrícolas. No topo dessa hierarquia estavam, sem dúvida alguma, os engenhos — propriedades que combinavam o cultivo da cana com o fabrico do açúcar. Por essa razão, tinham de manter plantéis suficientemente grandes para suprir a necessidade de mão-de-obra tanto nos canaviais quanto nas casas de moenda e das caldeiras durante os nove meses da safra. Embora um pároco de Santo Amaro tenha afirmado na década de 1750 que nenhum senhor de engenho podia fabricar açúcar com menos de quarenta escravos, alguns engenhos baianos de fato funcionavam com plantéis menores. Um levantamento feito em 1854, por exemplo, indica um total de 632 escravos nos 36 engenhos da freguesia de São Pedro do Açu da Torre, ao norte de Salvador; isso corresponde a uma média inferior a 18 escravos por engenho.[38] Mas Açu da Torre era uma freguesia na periferia do Recôncavo, onde a produção de açúcar só se iniciara por volta de 1800; não é, portanto, representativa dos distritos açucareiros tradicionais da Bahia. A maioria dos senhores de engenho com propriedades na margem norte da baía ou nas suas proximidades empregava de fato mais de quarenta escravos; os mais ricos desses proprietários possuíam plantéis de mais de cem cativos (ver Tabela 21). Nos distritos canavieiros tradicionais, o número médio de escravos por engenho variava entre 53 em São Pedro do Rio Fundo em 1854 e quase 123 em Santiago do Iguape em 1835. Assim, no coração da zona açucareira do Recôncavo, o engenho típico tinha de cinqüenta a cem escravos.[39]

TABELA 20

Distribuição comparativa de proprietários de escravos e de escravos segundo o tamanho do plantel em três freguesias rurais do Recôncavo (em percentagens)

Tamanho do plantel (nº de escravos)	Nazaré das Farinhas 1779[a]	São Gonçalo dos Campos 1835[b]	Santiago do Iguape 1835[c]
	PROPRIETÁRIOS DE ESCRAVOS		
1	30,9%	22,5%	20,7%
2-4	38,8	35,5	27,7
Subtotal	69,7%	58,0%	48,4%
5-9	17,8%	22,0%	20,2%
10-19	10,8	14,0	12,7
20-39	1,7	4,3	7,5
40-59	—	1,7	2,8
60-99	—	—	3,3
100-199	—	—	3,8
200 ou mais	—	—	1,4
Total	100,0%	100,0%	100,0%
	ESCRAVOS		
1	7,1%	3,4%	1,1%
2-4	25,0	15,7	3,9
Subtotal	32,1%	19,1%	5,0%
5-9	25,7%	22,1%	7,0%
10-19	31,3	29,9	8,6
20-39	10,9	17,5	9,8
40-59	—	11,4	7,0
60-99	—	—	13,2
100-199	—	—	31,3
200 ou mais	—	—	18,2
Total	100,0%	100,0%	100,0%

Fontes: "Lista das pessoas que se achão assistentes na Freguezia de N. Sr[a] de Nazaré..." (1779), APEB, SH, 596; "Relação do Nº de Fogos... São Gonçallo [dos Campos]" [1835]; "Relação do Numero de Fogos... Iguape" (1835).

[a]343 proprietários de escravos; 1.493 escravos.

[b]600 proprietários de escravos; 3.918 escravos.

[c]213 proprietários de escravos; 3.992 escravos.

TABELA 21

Tamanho dos plantéis de escravos nos engenhos do Recôncavo, 1788-1854

Tamanho do plantel (nº de escravos)	Rio Fundo 1788 Nº	%	S. Amaro e S. Francisco do Conde 1816-17[a] Nº	%	Santiago do Iguape 1835 Nº	%	Socorro, Matoim e Rio Fundo 1854 Nº	%
20-39	12	34,3	35	24,0	2	9,5	7	17,1
40-59	5	14,3	27	18,5	2	9,5	14	34,1
60-99	13	37,1	59	40,4	6	28,6	14	34,1
100-149	4	11,4	21	14,4	3	14,3	6	14,6
150 ou mais	1	2,9	4	2,7	8	38,1	0	0,0
Total	35	100,0	146	100,0	21	100,0	41	100,0
Nº médio de escravos por engenho	61,5		67,7		122,8		59,7	

Fontes: Schwartz, *Sugar Plantations*, pp. 306, 450, 454; listas dos proprietários de escravos das freguesias de N. S. da Oliveira, Santana do Catu e S. Domingos da Saubara (1816-17) em APEB, SH, 233; "Relação do Numero de Fogos... Iguape" (1835); levantamentos dos engenhos das freguesias de Matoim, Socorro e Rio Fundo (1854) in APEB, SH, 4597.

[a]Freguesias de Socorro, Monte, S. Sebastião do Passé, S. Gonçalo da Vila de S. Francisco, N. S. da Purificação de S. Amaro e Rio Fundo. Schwartz, na tabela 16-4 em *Sugar Plantations* (p. 450), analisa a distribuição dos plantéis dos engenhos, segundo faixas de tamanho, em todas as freguesias de S. Amaro e S. Francisco do Conde. Na tabela 16-6 (ibidem, p. 454), fornece, para cada freguesia, a distribuição da posse de escravos, entre senhores de engenho, segundo faixas de tamanho de plantel. Trabalhando com as listas originais do censo de proprietários de escravos de 1816-17 das freguesias de N. S. da Oliveira, S. Domingos da Saubara e Santana do Catu, ajustei as freqüências percentuais da tabela 16-4 de Schwartz para excluir os escravos dos senhores de engenhos dessas freguesias.

As fazendas de cana, como não fabricavam açúcar, eram em geral estabelecimentos muito menores. Nem mesmo lavradores de cana excepcionalmente ricos, como Manoel Estanislau de Almeida e o padre Anselmo Dias Rocha, ambos do Iguape, se equiparavam aos grandes senhores de engenho. No início da década de 1830, Almeida tinha 64 escravos a seu serviço na Fazenda da Capela de Santa Maria, que arrendava, e o padre Anselmo empregava 77 trabalhadores cativos em sua Fazenda Cassinum — plantéis que parecem modestos quando comparados com os 233 escravos que moravam no Engenho da Ponta, em 1835, ou com os 250 cativos que Manoel Inácio de Lima Pereira mantinha em seu Engenho da Praia, na mesma freguesia. Se a operação de um engenho pressupunha na prática a posse de escravos, a lavoura da cana podia dispensá-la. Era perfeitamente possível para um lavrador empobrecido, trabalhando sozinho, plantar e colher cana. O censo feito em 1835 no Iguape arrola vinte lavradores de cana que não tinham escravo algum e que só contavam com a ajuda dos filhos e, em alguns casos, de um ou outro agregado doméstico. Mas esses teriam sido no máximo produtores "marginais"; a cana que cultivavam não teria respondido por mais que uma fração ínfima do açúcar fabricado nos engenhos daquela freguesia.[40]

Dos 66 lavradores de cana do Iguape que possuíam escravos em 1835, mais da metade tinha entre 5 e 19; outros 18% tinham plantéis de 20 a 39 cativos. Fontes provenientes de várias partes do Recôncavo indicam que, em fins do século XVIII e na primeira metade do século XIX, os lavradores de cana tinham, em média, de dez a 17 escravos (ver Tabela 22). A lavoura da cana pode ser identificada, portanto, como uma atividade caracterizada por plantéis de tamanho médio.

TABELA 22

Tamanho dos plantéis de escravos nas fazendas de cana do Recôncavo, 1780-1860

Tamanho do plantel (nº de escravos)	S. Amaro, S. Francisco do Conde e Iguape 1780-1860		S. Amaro e S. Francisco do Conde 1816-17		Santiago do Iguape 1835	
	Nº	%	Nº	%	Nº	%
1-4	16	13,2	117	24,5	11	16,7
5-9	27	22,3	156	32,6	20	30,3
10-19	41	33,9	139	29,1	17	25,8
Subtotal	68	56,2	295	61,7	37	56,1
20-39	29	24,0	63	13,2	13	19,7
40 ou mais	8	6,6	3	0,6	5	7,6
Total	121	100,0	478	100,0	66	100,0
Nº médio de escravos por fazenda	17,2		10,5		14,3	

Fontes: Inventários *post-mortem*, APEB, SJ, IT e ARC, IT; Schwartz, *Sugar Plantations*, p. 452; "Relação do Numero de Fogos... Iguape" (1835).

Fazendas e sítios de fumo

É muito mais difícil determinar o tamanho típico dos plantéis das fazendas e sítios de fumo do Recôncavo. A dificuldade provém, em parte, da história irregular das exportações entre 1780 e 1860. Embora, para os produtores de açúcar, as oito décadas que se seguiram a 1780 tenham representado, de modo geral, um período de prosperidade, o comércio do fumo passou por uma estagnação prolongada na primeira metade do século XIX. A proibição do tráfico ao norte da linha do equador, em 1815, e a perda, a partir de 1822, do acesso privilegiado ao mercado português resultaram na queda quase constante das exportações de fumo a partir de 1816. As vendas no exterior permaneceram reduzidas até a segunda metade da década de 1840, quando os lavradores baianos começaram a produzir grandes quantidades de fumo em folha. A nova concentração no fumo em folha representou mais do que a mera substituição de uma variedade por outra. O preparo do tabaco em folha curado, que se prestava à fabricação de charutos e cigarros, envolvia processos menos elaborados e menos trabalhosos do que o beneficiamento do fumo de corda. Mais de duas décadas de declínio e estagnação nas exportações e a difusão do fumo em folha acarretaram mudanças na lavoura fumageira: à medida que os grandes plantéis se foram dispersando, o tabaco atraiu um número crescente de lavradores pobres que não possuíam escravos e que podem ser considerados camponeses. Mesmo assim, os lavradores de fumo de recursos maiores continuaram a se valer da mão-de-obra escrava até a abolição.

Para acompanhar e analisar as mudanças ocorridas na lavoura fumageira, convém lembrar que o fumo podia ser cultivado com eficiência quase igual num lote de meio hectare ou numa grande fazenda. Por isso mesmo, sempre foi uma lavoura de menos prestígio do que a cana-de-açúcar. É verdade que seu cultivo adequado envolvia muito trabalho e várias operações delicadas — do transplante das mudas à poda cuidadosa e à colheita folha por folha —, mas o período de desenvolvimento era curto, apenas de seis a oito semanas. A cana recém-plantada, em contraste, levava até um ano e meio para amadurecer. O fumo crescia bem nos mesmos solos leves e arenosos que eram adequados para a mandioca; por isso, os lavradores podiam combinar facilmente seu cultivo com a produção de farinha. Além do mais, o beneficiamento do fumo não exigia nenhum investimento pesado em equipamentos ou outras instalações.[41]

Assim, Francisco Adolfo de Varnhagen, num relatório sobre a lavoura fumageira na Bahia, pôde escrever em 1863:

> A indústria do tabaco é de todas as entretropicais a que requer menos capitais (...) O pobre que não tem mais que um rancho por ele feito, de parede de sopapo e coberto de sapé, e uma pouca de terra que lhe deram ou aforou, para sua roça de mandioca, possui já quase todo quanto lhe basta para ser cultivador de tabaco.[42]

A produção camponesa neste ramo da agricultura de exportação, cujas origens remontam pelo menos à década de 1770, parece ter-se generalizado na primeira metade do século XIX. Em 1835, na freguesia de São Gonçalo dos Campos, no próprio coração dos "campos da Cachoeira", famosos pelo cultivo do fumo, quase dois terços (64,5%) de todos os fogos chefiados por lavradores não possuíam nenhum escravo. A difusão do fumo em folha, a partir de meados da década de 1840, tornou a lavoura fumageira ainda mais acessível às camadas mais pobres da população livre. De fato, a partir de 1850, os observadores passaram a associar, cada vez mais, o fumo à produção camponesa. Contribuíram, dessa maneira, para estabelecer a duradoura reputação do tabaco como "lavoura de pobre" ou "lavoura de quintal".[43]

O cultivo do fumo efetivamente abria possibilidades de participar da economia de exportação a lavradores pobres e também a agregados e outros homens e mulheres que viviam de favor em terras alheias. Também lhes permitia, em alguns casos, acumular a riqueza necessária para se tornarem senhores de escravos — não, decerto, donos de grandes plantéis, mas, mesmo assim, proprietários de escravos. A existência dessas oportunidades fica clara a partir do censo realizado em 1835 em São Gonçalo dos Campos. Entre os 551 lavradores da freguesia que empregavam a mão-de-obra cativa, a posse média era de 6,8 escravos. Mais da metade desses lavradores (55,9%) tinha menos de cinco cativos; um terço possuía apenas um ou dois escravos.[44] A presença de tantos lavradores de fumo com plantéis de tamanho tão reduzido torna difícil estabelecer uma distinção nítida entre a produção camponesa e a agricultura escravista nos distritos fumageiros de Cachoeira.

No caso dos lavradores de fumo em melhores condições — definidos aqui como aqueles que possuíam um patrimônio suficiente para justificar as despesas da feitura de um inventário *post-mortem* —, a documentação permite comparar as mudanças no tamanho de seus plantéis ao longo do tempo. A Tabela 23 mostra que, nos anos de 1780 a 1815, quando a prosperidade caracterizava o comércio exportador de fumo, quase 70% dos lavradores com recursos maiores legavam a seus herdeiros entre 5 e 19 escravos. O plantel médio era de quase 15 escravos. Em tamanho, portanto, as fazendas e sítios desses agricultores assemelhavam-se às fazendas dos lavradores de cana do Iguape, de Santo Amaro e de São Francisco do Conde; eram estabelecimentos de porte médio. A documentação dessa maneira revela a presença nos distritos fumageiros de um número significativo de agricultores prósperos, que se distinguiam claramente da maioria de seus vizinhos: lavradores camponeses que cultivavam o fumo e gêneros de subsistência com ou sem a ajuda de um ou dois escravos.

TABELA 23

Tamanho dos plantéis de escravos nas fazendas e sítios de fumo do município de Cachoeira, 1780-1860

Tamanho do plantel (nº de escravos)	1780-1815		1816-1845		1846-1860	
	Nº	%	Nº	%	Nº	%
1-4	12	11,8	20	20,4	16	28,6
5-9	29	28,4	29	29,6	24	42,9
10-19	42	41,2	28	28,6	11	19,6
Subtotal	73	69,6	57	58,2	35	62,5
20-39	14	13,6	10	10,2	5	8,9
40-59	5	4,9	5	5,1	0	0,0
60 ou mais	0	0,0	6	6,1	0	0,0
Total	102	100,0	98	100,0	56	100,0
Nº médio de escravos por lavrador de fumo	14,7		20,0		8,7	

Fontes: Inventários *post-mortem*, APEB, SJ, IT e ARC, IT.

As freguesias fumageiras de Cachoeira, além disso, também tinham sua quota de lavradores realmente ricos. Incentivados pelos altos preços que o seu produto alcançava antes de 1815 e pelo crédito fácil que os comerciantes ofereciam, eles expandiram suas plantações e aumentaram o tamanho de seus plantéis. João Ferreira de Melo, por exemplo, tinha 64 escravos em suas fazendas perto do arraial de Belém da Cachoeira, enquanto, mais ao norte, nada menos que noventa escravos trabalhavam nas terras de Francisco Machado da Silva e de sua mulher, dona Ana Rosa de Santa Maria. Alguns desses lavradores ricos estavam à frente de fazendas de fumo inegavelmente grandes, comparáveis em tamanho aos engenhos da margem norte da baía. Assim, dona Úrsula Maria das Virgens mantinha cinqüenta escravos em sua Fazenda da Terra Dura, em São Gonçalo dos Campos. Maior ainda era o plantel de 79 escravos que Antônio Lopes Ferreira e Souza tinha na Fazenda da Vargem, na mesma freguesia. Mas, como a produção de fumo só proporcionava economias de escala limitadas, a maioria dos lavradores abastados preferia, ao que parece, dividir seus plantéis em unidades de tamanho médio. Os 64 cativos de João Ferreira de Melo cultivavam fumo, mandioca, milho e feijão nas suas três fazendas, Quilombo, Laranjeira e Cajazeira. De modo semelhante, os escravos de Francisco Machado da Silva e sua mulher também estavam divididos entre três fazendas diferentes.[45]

Esses quatro lavradores ricos pertenciam a uma geração que se beneficiou da prosperidade que as exportações de fumo trouxeram nos primeiros anos do século XIX. Viveram também o suficiente para ver o início da depressão após 1815. Suas mortes e as de outros lavradores de fumo abastados nas décadas de 1820 e 1830 explicam um paradoxo: os inventários *post-mortem* feitos entre 1816 e 1845 indicam não uma redução, mas um aumento no tamanho médio dos plantéis nas freguesias fumageiras de Cachoeira. Esse aumento é enganoso; esconde uma tendência para plantéis menores e, portanto, para fazendas e sítios também menores. A proporção de lavradores de fumo que deixaram menos de cinco escravos para seus herdeiros já havia quase duplicado, subindo de pouco menos de 12% antes de 1815 para mais de 20% nos anos entre 1816 e 1845. A prosperidade voltaria aos distritos fumicultores do Recôncavo em fins da década de 1840. Mas, ao contrário do *boom* anterior, essa recuperação de meados do século XIX, baseada em vendas crescentes do fumo em folha, não geraria grandes plantéis de escravos. Nenhum lavrador inventariado depois de 1845 possuía mais de 39 cativos.

Em última análise, porém, é muito mais notável que, apesar da longa depressão nas exportações e da mudança para o fumo em folha, os lavradores de Cachoeira tenham continuado a usar a mão-de-obra escrava. Em meados do século XIX, três quintos (62,5%) de todos os lavradores de fumo com bens inventariados ainda possuíam plantéis de tamanho médio. A produção escravista de fumo sobreviveria no Recôncavo por mais três décadas. Em 1887, um ano antes da abolição, Antônio de Cerqueira Pinto Brandão mantinha um plantel de 17 escravos em sua Fazenda Tibiri, perto de Belém da Cachoeira e não muito longe das fazendas onde, sessenta anos antes, João Ferreira de Melo empregara 64 escravos. E a Fazenda Tibiri não era única; na década de 1880, escravos continuavam a plantar e colher fumo em fazendas e sítios por todo o município da Cachoeira.[46]

Fazendas e sítios produtores de mandioca

Entre todos os estabelecimentos rurais do Recôncavo, as fazendas e sítios que se dedicavam principalmente à cultura da mandioca eram os menores. João Rodriges de Brito falou em 1807 dos "miseráveis Lavradores de farinhas... que pela sua pobreza mereciam até comiseração".[47] De fato, se comparados com os senhores de engenho ou mesmo com os lavradores de fumo mais prósperos, os roceiros do sul do Recôncavo parecem paupérrimos. Por exemplo, segundo um levantamanto feito em 1781 na vila de Jaguaripe (incluindo a freguesia de Nazaré), 170 lavradores de mandioca eram escravistas. Destes, só 13 (7,6%) tinham dez ou mais escravos, enquanto 68,2% possuíam menos de cinco; e, para mais de um terço (37,6%), o levantamento registra a posse de apenas um ou dois cativos.[48] Vários censos e levantamentos sugerem que, no final do século XVIII e na primeira metade do século XIX, o típico lavrador escravista de mandioca do sul do Recôncavo e de outras partes do litoral baiano possuía de dois a oito cativos.[49]

Sem dúvida alguma, defrontamo-nos aqui com o uso da mão-de-obra escrava numa escala muito pequena e com estabelecimentos rurais proporcionalmente pequenos. No entanto, não se trata necessariamente daquilo que Caio Prado Júnior, com base em descrições da Bahia feitas no fim do período colonial, classificou como "uma mesquinha agricultura de subsistência", praticada por roceiros "decadentes" e "degenerados", "o elemento humano residual" da sociedade colonial. É verdade que, na década de 1780, havia entre os roceiros de Jaguaripe, Nazaré e Maragogipe lavradores como "Rodrigo por sobrenome não perca" e ex-escravos como "Inácia jeje" e "Luís preto forro". Era gente assim, contudo, que, com os demais roceiros das vilas do sul, produzia os grandes excedentes de farinha de mandioca que abasteciam o mercado regional crescente.[50]

Os comentários de Caio Prado ignoram, além disso, graduações mais sutis de fortuna, *status* e poder político. Muitos roceiros de Jaguaripe eram empobrecidos, mas nem todos eram igualmente pobres. Um proprietário de oito ou dez escravos, que chamaria pouca atenção nas freguesias açucareiras da margem norte da baía, seria classificado como abastado no sul do Recôncavo no final do século XVIII. Por exemplo, Pedro José Barreto, dono de dez escravos e de roças que, em 1789, talvez tenham produzido mais de dois mil alqueires de farinha, era tenente das ordenanças. Na década de 1790, Pedro José foi nomeado inspetor de farinhas de Nazaré, um posto que lhe dava a responsabilidade de fiscalizar o comércio desse produto e também a oportunidade de manipulá-lo em proveito próprio. Seu antecessor no cargo, Francisco da Silva de Andrade, um capitão das ordenanças, também era lavrador, além de comerciante, que costumava emprestar dinheiro a outros lavradores de mandioca e comprar os estoques de farinha que levavam para a feira semanal de Nazaré. O capitão Francisco mandava esses estoques a Salvador em suas duas lanchas, capazes de carregar toda semana quase 1.300 alqueires de farinha.[51]

Esses homens certamente não eram camponeses. Mas também não eram representantes típicos dos lavradores escravistas de mandioca. Para a maioria destes, que só possuíam uns poucos escravos e, muitas vezes, apenas um cativo, é preciso indagar se faz algum sentido insistir numa distinção radical entre a agricultura escravista e a lavoura camponesa. Considere-se, por exemplo, um par de roceiros que constam das "relações de lavradores" feitas em Jaguaripe em 1781: Francisco Antônio, que tinha dois escravos, e Manoel Ferreira, que não tinha nenhum. Talvez por possuir uma família maior e filhos mais crescidos, ou por contar com a ajuda de um agregado, Manoel Ferreira plantou em 1781 5 mil covas de mandioca, o mesmo número que Francisco Antônio. Tome-se outro par de roceiros, arrolados no censo de Iguape em 1835: Tomé Pereira de Carvalho e Pedro José. O primeiro era o chefe de um fogo que incluía sua mulher, Maria Joaquina, os dois filhos pequenos do casal e o escravo Bernardo. Pedro José, que morava com a mulher, Ana Rita, e seus três filhos, não possuía nenhum escravo.

Esses quatro roceiros e suas famílias deviam levar vidas muito parecidas. Francisco Antônio e Tomé Pereira de Carvalho tinham escravos que podiam usar no plantio e na colheita da mandioca, mas, sem dúvida, os dois também pegavam na enxada e trabalhavam em suas roças. Do mesmo modo, embora os dois possuíssem escravos que poderiam legar a seus filhos, sua condição de lavrador escravista era, no mínimo, precária. Uma seqüência de más colheitas facilmente poderia obrigá-los a vender seus escravos. Também poderiam deixar de ser agricultores escravistas de um momento para outro se seus escravos ficassem doentes e morressem ou se fugissem. Inversamente, com algumas colheitas fartas vendidas a bom preço e com uma boa dose de sorte, Manoel Ferreira e Pedro José talvez conseguissem amealhar o dinheiro necessário para comprar um escravo. Deixariam, nesse caso, de ser lavradores camponeses para se tornar agricultores escravistas.

O juiz de paz na roça, a comédia de Luís Carlos Martins Pena, encenada pela primeira vez em 1838, permite-nos ter uma idéia da vida que estes pequenos lavradores escravistas levavam. Na primeira cena, Maria Rosa, a mulher de Manoel João, e sua filha, Aninha, estão costurando. Maria Rosa manifesta o temor de que o marido, um lavrador, esteja a trabalhar demais, ao que Aninha replica: "Minha mãe sabe muito bem que ele só tem Agostinho." Como logo fica claro, Agostinho é o único escravo da família. "Meu pai", continua Aninha, "disse que quando desmanchar o mandiocal grande, há-de comprar uma negrinha para mim." A mãe responde que sabe desses planos, mas já lembrou a Aninha que os escravos custam caro.

Algumas cenas depois, aparece Manoel João, vestindo calças de ganga azul, uma das pernas arregaçada, e uma japona de baeta azul. Descalço, tem uma enxada no ombro. Acompanha-o Agostinho, também de enxada no ombro e um cesto de café recém-colhido na cabeça. Agostinho não usa japona; veste só uma camisa e calça de algodão. Nas suas indicações de cena, Martins Pena não se dá ao trabalho de especificar que Agostinho também está descalço; o dramaturgo podia presumir com segurança que não ocorreria a nenhum diretor no Brasil do século XIX calçar um ator que representava um escravo rural.[52]

Depois de cumprimentar a mulher, Manoel João começa a se queixar da trabalheira que tivera. "Limpei o mandiocal... Fiz uma derrubada... Limpei a vala..., e logo pertendo [*sic*] colher café." E em seguida, diz, dirigindo-se à filha: "Quando acabares de jantar, pega em um samburá e vai colher o café que está à roda da casa." Numa cena posterior, dirá à mulher: "Não se esqueça de mexer a farinha e de dar de comer às galinhas."

A seguir, Manoel João, Maria Rosa, Aninha e Agostinho sentam-se para partilhar uma refeição — senhor e escravo, que trabalham lado a lado no eito, comem à mesma mesa. Manoel João, tanto quanto qualquer senhor de engenho rico, é um escravista; está também politicamente comprometido com a sobrevivência do escravismo no Brasil. No entanto, vive, em seu dia-a-dia, em estreito e constante contato com seu único cativo. Nem na roça, onde empenha uma enxada, nem à mesa de jantar, onde come com as mãos e depois lambe os dedos, poderia se fazer passar por um grande e altivo senhor do tipo descrito por Gilberto Freyre em seus muitos estudos sobre a escravidão no Nordeste do Brasil.[53]

É difícil imaginar como as vidas cotidianas dos muitos roceiros e lavradores de fumo baianos que, como Manoel João, tinham só um escravo, podiam diferir radicalmente das levadas por seus vizinhos que não possuíam sequer um escravo. Também é difícil conceber que a compra de mais um ou dois cativos provocaria mudanças fundamentais na vida desses pequenos agricultores escravistas. A posse de dois ou três escravos não libertava um lavrador e sua família do trabalho de casa e da roça; no máximo, reduzia as horas que tinham que dedicar a esse trabalho e permitia que a família evitasse os serviços mais pesados.[54] O mais provável, e mais importante, é que desse à família maior grau de segurança econômica ao possibilitar aumentos da produção tanto para consumo doméstico como para venda.

Em alguns casos, o contato diário nas roças e nas refeições partilhadas talvez tenha estimulado um sentimento de camaradagem entre os pequenos agricultores escravistas e seus cativos. No entanto, como Martins Pena nos mostra, intimidade não implicava igualdade. Na peça, Manoel João veste uma japona; Agostinho não. Quando os dois voltam do trabalho, é Agostinho, não Manoel João, quem carrega o cesto de café recém-colhido. Maria Rosa tem jacuba (um tipo de refresco) pronta para o marido sedento, mas nada para o escravo não menos sedento. Quando a família se senta para comer, ficamos sabendo que o estoque de carne-seca da casa acabou. O pouco que resta vai parar nos pratos de Manoel João, Maria Rosa e Aninha; Agostinho tem de se contentar com farinha e laranjas. Desigualdades como estas, embora possam parecer insignificantes quando comparadas com as que distinguiam os senhores de engenho e lavradores de fumo abastados de seus escravos, nem por isso deixavam de ser reais; reafirmavam a autoridade dos senhores sobre seus escravos.

A COMPOSIÇÃO DA POPULAÇÃO ESCRAVA NO RECÔNCAVO RURAL

Nos pequenos sítios, assim como nos grandes engenhos, a perpetuação dessa autoridade dependia não só da demonstração diária de desigualdades, mas também da reprodução da mão-de-obra escrava a longo prazo. Muito simplesmente, sem escravos não poderia haver nem senhores nem qualquer economia escravista. Os historiadores sabem há muito tempo que as populações escravas da maioria das sociedades de *plantation* das Américas não se caracterizavam por um crescimento demográfico autosustentado e que as únicas exceções importantes a esta regra foram o Sul dos Estados Unidos e, no início do século XIX, a ilha de Barbados. Em todos os outros lugares, para aumentar ou apenas manter o tamanho da população cativa, era preciso importar constantemente africanos recém-escravizados. Por essa razão, o fim do tráfico atlântico resultou, em geral, num declínio contínuo da população escrava.[55]

A historiografia já foi além dessas observações amplamente aceitas; os estudos mais recentes tentam explicar por que a maioria das populações escravas não conseguia se auto-reproduzir. Embora o tema continue sendo polêmico, já está claro que, nas regiões em que os proprietários rurais dependiam sobretudo do tráfico negreiro para o recrutamento de mão-de-obra, as populações escravas costumavam apresentar duas características.[56] Primeiro, os africanos, em vez de crioulos,* compunham, se não a maioria, pelo menos grande parte da população escrava. Segundo, os homens eram mais numerosos que as mulheres. Esta segunda característica resultava diretamente da primeira, pois cativos do sexo masculino eram exportados da África em quantidades muito maiores que mulheres. As duas características, por sua vez, contribuíam para criar taxas negativas de crescimento natural entre as populações escravas. O déficit de mulheres reduzia a taxa de natalidade; e, como os escravos africanos recém-chegados eram expostos a doenças que desconheciam, experimentavam taxas de mortalidade extremamente altas, o que contribuía para produzir um número de mortes maior que o de nascimentos. Gradualmente, à medida que as sociedades escravocratas amadureciam e uma população de escravos crioulos se desenvolvia, o desequilíbrio entre os sexos e a proporção de africanos tendiam a diminuir.[57] Mas enquanto os proprietários rurais continuavam a recorrer sobretudo ao tráfico atlântico para recrutar a mão-de-obra, o número de homens continuava a superar o de mulheres e os africanos representavam uma parcela substancial da população.

Tudo isto certamente se aplica tanto ao Brasil em geral quanto à Bahia. A migração forçada de mais de 400 mil africanos para a Bahia entre 1786

*Na discussão que se segue, utilizo o termo *crioulo* no sentido técnico que se lhe dá na historiografia internacional sobre a escravidão; i.e., para designar um escravo nascido nas Américas, qualquer que fosse sua cor. O termo, portanto, não é equivalente à expressão *crioulo* encontrada na documentação setecentista e oitocentista, onde serve para designar um escravo preto nascido no Brasil.

e 1851 deixou a província com uma população de quase 175 mil escravos em 1872-73. Embora as informações sobre os períodos anteriores sejam talvez menos confiáveis, nada contêm que altere a conclusão geral: o crescimento da população escrava na Bahia *como um todo* sempre dependeu do tráfico atlântico. Observadores da época, de José da Silva Lisboa no início da década de 1780 a Miguel Calmon na de 1830 e João Monteiro Carson vinte anos depois, não tinham dúvidas sobre a questão. Suas opiniões coincidem com as conclusões a que chegaram mais recentemente historiadores. Estes, "adotando uma perspectiva de longo prazo", afirmam que, no Recôncavo, a dependência do tráfico atlântico determinou os padrões demográficos da população escrava entre fins do século XVI e a primeira metade do século XIX: os africanos sempre responderam pela maioria dos cativos, e o número de homens sempre superou de longe o de mulheres.[58]

Essa "perspectiva de longo prazo", porém, é também necessariamente muito ampla. Em conseqüência, tal como os observadores da época, esses historiadores não levam em conta as diferenças significativas que já haviam surgido na população escrava baiana em fins do século XVIII. As fazendas e sítios de mandioca e de fumo do Recôncavo não reproduziam os padrões demográficos encontrados nos engenhos da região. Só se examinarmos de perto cada tipo de estabelecimento rural, poderemos entender melhor as diferentes maneiras pelas quais a escravidão supria a necessidade de mão-de-obra nos distritos rurais do Recôncavo.

Fazendas e sítios produtores de mandioca

Devido à escassez de evidências, essas diferenças talvez fiquem menos claras no caso da produção de mandioca. Lamentavelmente, ainda não se descobriram censos ou levantamentos de outro tipo que forneçam informações detalhadas sobre a população escrava do sul do Recôncavo no final do período colonial. Tudo o que temos hoje é o censo feito em 1788 da área que mais tarde se tornaria o município de Taperoá, no litoral logo ao sul do Recôncavo. O documento arrola os escravos pelo nome, tornando possível determinar-lhes o sexo; mas não registra seus locais de nascimento. No início da década de 1780, os lavradores de Taperoá, que havia muito produziam farinha para o mercado de Salvador, começaram a cultivar também arroz. A mandioca, porém, continuou sendo, mesmo no fim dessa década, o principal cultivo da área.[59] Pode-se, portanto, usar de maneira cautelosa os dados desse censo de 1788 para tentar estabelecer os padrões demográficos do sul do Recôncavo.

Para investigar esses padrões nos anos posteriores a 1825, pode-se recorrer aos inventários *post-mortem* registrados nos cartórios de Nazaré e Maragogipe. Uma amostra desses inventários fornece informações sobre o sexo e a naturalidade de 650 escravos pertencentes a 106 lavradores nos dois municípios. Mas a maioria dos processos data das décadas de 1840 e 1850, quando os lavradores do sul do Recôncavo cultivavam, além de mandioca, fumo e café. Mais uma vez, o cultivo de outros gêneros além da mandioca torna menos firmes as conclusões baseadas na documentação disponível.

No entanto, se havia a expectativa de que as populações escravas desses distritos produtores de mandioca mostrariam o padrão característico de um desequilíbrio entre os sexos e de um predomínio de africanos, o censo de 1788 e os inventários não a confirmam. Entre os escravos dos lavradores de Taperoá, a razão (ou taxa) de masculinidade era de apenas 118 homens para cada 100 mulheres.[60] Os inventários de Nazaré e Maragogipe indicam uma razão ainda mais baixa: 108 homens para 100 mulheres. Esses inventários revelam também uma percentagem surpreendentemente baixa de africanos: menos de um quarto (22,4%) de todos os cativos que pertenciam aos 106 lavradores. Uma possível explicação está no diferencial entre os preços pagos por escravos do sexo masculino e feminino. O preço de uma mulher era, em geral, de 10 a 20% menor que o de um escravo masculino. Talvez os lavradores de mandioca, que obtinham apenas uma renda relativamente modesta com as vendas de farinha, viessem durante muito tempo comprando mais escravas que escravos.[61]

Engenhos e fazendas de cana

Fontes bem mais abundantes tornam mais confiável a descrição dos padrões demográficos que caracterizavam os engenhos e fazendas de cana do Recôncavo. Podemos tomar como ponto de partida o censo de Santiago do Iguape feito em 1835, que arrola 3.518 escravos que trabalhavam em 21 engenhos e 66 fazendas de cana. Mais da metade desses escravos (56,1%) tinha nascido na África. Essa população como um todo exibia uma razão de masculinidade de 152 homens para cada 100 mulheres, disparidade que resultava diretamente da dependência do tráfico atlântico para a reprodução da força de trabalho. Assim, enquanto a razão de masculinidade era de apenas 104 entre os crioulos, entre os africanos era de 208.

O desequilíbrio entre os sexos era, em geral, maior nos engenhos do que nas fazendas de cana. Além de braços para a lavoura, os senhores de engenho precisavam de grande número de trabalhadores especializados e semi-especializados, que, na maior parte, eram do sexo masculino. De fato, a freguesia do Iguape oferece exemplos de propriedades com populações verdadeiramente antinaturais, como os engenhos vizinhos São Domingos e Santa Catarina, ambos do coronel Domingos Américo da Silva, e o Engenho da Cruz, do capitão Tomé Pereira Araújo. Nos dois primeiros a razão de masculinidade era de 193; no Engenho da Cruz o desequilíbrio era ainda maior: para cada duas escravas a seu serviço, o capitão Tomé tinha cinco do sexo masculino. Juntos, estes três engenhos tinham uma força de trabalho de 401 escravos, dos quais 70,0% eram africanos.[62]

Os mesmos padrões demográficos reaparecem em censos parciais de 1825-26 do Iguape e de outras freguesias de Cachoeira, que fornecem informações sobre mais de mil escravos empregados em catorze engenhos. Também reaparecem nos inventários *post-mortem* de Santo Amaro, de São Francisco e do Iguape. Os inventários indicam que, no período de 1780 a 1860, nada menos que 50,1% de todos os escravos que moravam e trabalhavam nos engenhos do norte do Recôncavo eram africanos e que, entre esses escravos, a razão de masculinidade era de 147 homens para cada 100 mulheres (ver Tabela 24).

TABELA 24
Composição da população escrava nos engenhos e fazendas de cana do Recôncavo, 1780-1860

Local e data	Nº de escravos	Razão de masculinidade[a]	Africanos como % da pop.[b]
Iguape, 1835			
Engenhos	2.579	155	57,9%
Fazendas de cana	939	143	50,9
Engenhos e fazendas de cana	3.518	152	56,1
Cachoeira, 1825-26[c]			
Engenhos	1.029	189	54,9
S. Amaro, S. Francisco do Conde e Iguape, 1780-1860[d]			
Engenhos	3.208	147	50,1
Fazendas de cana	2.084	138	45,7
Engenhos e fazendas de cana	5.292	143	48,7

Fontes: "Relação do Numero de Fogos... Iguape" (1835); Censos (Cach., 1825-26), ARC, PAE; inventários *post-mortem*, ABEB, SJ, IT e ARC, IT.
Obs.: Razão de masculinidade = o número de homens para cada cem mulheres.
[a]As razões de masculinidade não levam em conta os escravos cujo sexo não pode ser determinado na documentação.
[b]As percentagens excluem os escravos cuja naturalidade não pode ser determinada na documentação.
[c]Nove engenhos na freguesia do Iguape e cinco em outras freguesias.
[d]Inclui um engenho situado numa freguesia suburbana de Salvador e outro no município de Abrantes. Os dois pertenciam a senhores de engenho que também possuíam terras em S. Francisco do Conde.

Esses números são altos para uma região em que a produção escravista de açúcar tivera início em meados do século XVI, cerca de setenta anos antes de os colonos ingleses estabelecerem os primeiros *sugar works* (engenhos) em Barbados. Segundo Philip Curtin, "nas próprias colônias açucareiras, a história demográfica tendia a seguir um padrão regular ao longo do tempo". Nessas colônias, após um período inicial de povoamento e grande dependência do tráfico negreiro, a predominância de africanos e de homens teria, aos poucos, dado lugar a uma população escrava majoritariamente crioula, com uma razão de masculinidade mais equilibrada. No entanto, freguesias como Santiago do Iguape, que deviam apresentar no mínimo grandes semelhanças com as colônias mais antigas — ilhas como Barbados, Saint Kitts ou Antígua —, equiparavam-se, antes, às colônias açucareiras mais novas das Antilhas, como Trinidad. Em Trinidad, a indústria açucareira recém-instalada expandiu-se rapidamente a partir dos fins da década de 1780, de tal modo que em 1813 a ilha tinha 221 *sugar estates*, ou seja, propriedades produtoras de cana com engenhos próprios. Dos mais de 12 mil escravos que trabalhavam nessas propriedades, 58,2% eram africanos, e a razão de masculinidade era de 141 — números praticamente idênticos aos apurados para os engenhos e fazendas de cana do Iguape em 1835.[63] Assim, mais de dois séculos depois que os primeiros escravos africanos começaram a trabalhar nos canaviais e engenhos do Recôncavo, os senhores de engenho e lavradores de cana da região continuavam a depender sobretudo do tráfico atlântico para recompor e aumentar seus plantéis.

Fazendas e sítios de fumo

Em 1835, o mesmo ano em que o padre Pedro Antônio de Campos Turipaz, vigário de Santiago do Iguape, recenseou seus paroquianos, outro vigário, o padre Vicente Ferreira Gomes, fez um censo da freguesia vizinha, São Gonçalo dos Campos, na época provavelmente o centro mais importante da lavoura fumageira do Recôncavo. Os lavradores de São Gonçalo dos Campos, segundo o censo do padre Vicente, possuíam 3.762 escravos, quase o mesmo número que os senhores de engenho e lavradores de cana do Iguape.[64] Exceto pelo tamanho, contudo, as duas populações escravas eram completamente diferentes. Os africanos, que, nos engenhos e fazendas de cana do Iguape, correspondiam a nada menos que 70% dos escravos em idade de trabalhar (15 a 45 anos), representavam apenas 23,6% dos cativos na mesma faixa etária nos fogos chefiados por lavradores da freguesia fumageira. O contraste também se mostra acentuado quando se amplia o foco para incluir escravos de todas as idades. Os africanos constituíam mais da metade da população escrava dos engenhos e fazendas de cana do Iguape. Mas, nas fazendas e sítios de fumo de São Gonçalo dos Campos, representavam somente 19,1% de todos os cativos. A grande maioria (80,9%) dos escravos que trabalhavam na lavoura fumageira nessa freguesia havia nascido no Brasil.

As diferenças não terminavam por aí. A razão de masculinidade desta população majoritariamente crioula era quase equilibrada, havendo apenas

106 homens para cada 100 mulheres. Além disso, as escravas de São Gonçalo dos Campos parecem ter sido bem mais fecundas do que as do Iguape. Nos fogos chefiados por lavradores, o censo da freguesia fumageira arrola um total de 811 crianças escravas nascidas no Brasil com menos de dez anos, ou uma proporção de 85 crianças para cada 100 cativas entre 15 e 44 anos. Essa proporção, conhecida como a razão criança-mulher ou a taxa geral de fecundidade, é baixa; baixa demais, ao que tudo indica, para permitir qualquer taxa positiva de crescimento natural. Mesmo assim, é nada menos que 35% maior que a taxa correlata para a população escrava dos engenhos e fazendas de cana do Iguape (62,9). A taxa geral de fecundidade pode ser usada também para calcular uma estimativa aproximada do número de filhos sobreviventes que as escravas tinham, em média, durante suas vidas reprodutivas. Enquanto as escravas dos engenhos e fazendas de cana do Iguape tinham, em média, apenas 1,89 filho sobrevivente, a média das que trabalhavam nas fazendas e sítios de fumo em São Gonçalo dos Campos era um pouco superior a 2,5.[65] Para que uma população seja capaz de se reproduzir naturalmente, uma média de dois é suficiente.

Estas estimativas, reconhecidamente grosseiras, não levam plenamente em conta a mortalidade infantil e adulta, e por isso certamente superestimam o número médio de crianças sobreviventes em ambas as freguesias. Sugerem, contudo, um forte contraste nas taxas de fecundidade entre as escravas dos engenhos e fazendas de cana do Recôncavo e as que eram empregadas no cultivo de fumo na mesma região. Indicam também a possibilidade de que, na década de 1830, as escravas de São Gonçalo dos Campos já davam à luz filhos em número quase suficiente para manter, ao longo do tempo, o tamanho total da população cativa daquela freguesia.

Estes resultados, que contrariam frontalmente as teses estabelecidas sobre a escravidão e a agricultura de exportação tanto no Brasil em geral quanto na Bahia, suscitam necessariamente questões sobre a fidedignidade do censo feito em 1835 em São Gonçalo. Será que o padre Vicente e seus recenseadores se enganaram repetidamente, classificando africanos como escravos nascidos no Brasil e homens como mulheres? Ou será que os lavradores de São Gonçalo dos Campos erraram ao informar as naturalidades de seus escravos? Uma série de censos parciais de 1825-26 permite-nos descartar essas possibilidades como extremamente improváveis (ver a

Tabela 25). É verdade que esses censos indicam uma razão de masculinidade mais elevada e uma proporção maior de escravos africanos nas freguesias mais esparsamente povoadas ao sul do rio Paraguaçu, como Muritiba e Cruz das Almas, onde a lavoura fumageira estava menos bem estabelecida e onde, na década de 1820, a produção de café estava se expandindo. Ainda assim, a razão de masculinidade e a percentagem de africanos são bem menores do que as do Iguape tanto em 1825-26 quanto em 1835.

TABELA 25

Composição da população escrava nas freguesias fumageiras de Cachoeira e na freguesia de Santiago do Iguape, 1835 e 1825-26

Local e data	Nº de escravos	Razão de masculinidade	Africanos como % da pop.
Freguesia de São Gonçalo dos Campos, 1835			
Escravos em fogos de lavradores	3.762	106	19,1%
Todos os escravos	3.918	106	19,0
Freguesia de São Gonçalo dos Campos, 1825-26	1.179[a]	104	24,2
Arraial de Belém da Cachoeira, 1825-26[b]	376[a,c]	112	21,5
Freguesias de Outeiro Redondo, Muritiba e Cruz das Almas, 1825-26[b]	779[a,d]	121	38,9
Freguesia de Santiago do Iguape, 1825-26[e]	1.440[a]	155	45,6
Freguesia de Santiago do Iguape, 1835[e]	3.985	147	53,6

Fontes: "Relação do Nº de Fogos... São Gonçallo [dos Campos]" [1835]; Censos (Cach., 1825-26), ARC, PAE; "Relação do Numero de Fogos... Iguape" (1835).

Obs.: Incluem-se aqui os dados referentes à freguesia de Santiago do Iguape para facilitar as comparações. Razão de masculinidade = o número de homens para cada cem mulheres.

[a]Resultados de censos parciais.

[b]Inclui os distritos rurais ao redor de Belém da Cachoeira, situados nas freguesias de N.S. do Rosário do Porto da Cachoeira e de N.S. da Conceição da Feira; também inclui distritos ao longo do rio Paraguaçu ao sul da sede da vila de Cachoeira.

[c]Exclui os escravos empregados em engenhos e um escravo cujo sexo não pode ser determinado na documentação.

[d]Exclui os escravos empregados em engenhos.

[e]Inclui o povoado de S. Francisco do Paraguaçu e as áreas rurais adjacentes.

Além disso, nas freguesias fumageiras mais tradicionais ao norte do Paraguaçu, como São Gonçalo dos Campos e Conceição da Feira, os crioulos constituíam em 1825-26 ampla maioria de todos os escravos. Em 1825-26, como em 1835, as razões de masculinidade eram baixas (variando entre 104 e 112). Parece muito improvável, portanto, que o erro sistemático ou informações propositalmente falsificadas possam explicar a razão de masculinidade quase equilibrada e a pequena percentagem de africanos encontradas na população escrava de São Gonçalo dos Campos em 1835.

Será que a explicação estaria na depressão por que passou o comércio exportador de fumo após 1816 e, sobretudo, a partir de 1822? Seria concebível que, com a queda das exportações, os lavradores de fumo de Cachoeira tivessem vendido grande número de cativos, principalmente africanos e do sexo masculino.[66] Uma amostra de inventários *post-mortem* do município, que levam datas entre 1780 e 1860, não confirma essa hipótese. Os inventários fornecem informações sobre o sexo e a naturalidade de mais de 3.500 escravos de lavradores de fumo em todas as partes de Cachoeira. Como se pode ver na Tabela 26, o desequilíbrio entre os sexos de fato diminuiu do período de 1800-19 para o de 1820-39: a razão de masculinidade reduziu-se de 116 para 109. A proporção de africanos também caiu depois de 1819. Muito mais importante, contudo, é que em todos os períodos, mesmo nos anos geralmente prósperos de antes de 1820, os crioulos sempre constituíam nítida maioria da população cativa nas fazendas e sítios de fumo de Cachoeira. Os africanos nunca representaram mais de 30% da escravaria nessas fazendas e sítios. De modo semelhante, mesmo em seus pontos máximos, as razões de masculinidade eram bastante baixas. A proporção de 116 homens para 100 mulheres das duas primeiras décadas do século XIX não se compara à de 140 ou 150 para 100 que caracterizava os engenhos baianos durante todo o período 1780-1860.

TABELA 26

Composição da população escrava nas fazendas e sítios de fumo do município de Cachoeira, 1780-1860

Períodos	Nº de escravos[a]	Razão de masculinidade[b]	Africanos como % da pop.[c]
1780-89	853	107	29,2%
1800-1819	861	116	29,6
1820-39	1.136	109	21,5
1840-60	731	99	11,3
1780-1860	3.581	108	23,2

Fontes: Inventários *post-mortem*, ABEB, SJ, IT e ARC, IT.
Obs.: Razão de masculinidade = o número de homens para cada 100 mulheres.
[a]Exclui dois escravos cujo sexo não pode ser determinado na documentação.
[b]As razões de masculinidade não levam em conta dois escravos cujo sexo não pode ser determinado na documentação.
[c]As percentagens excluem um pequeno número de escravos cuja naturalidade não pode ser determinada na documentação.

Juntos, os inventários *post-mortem* e os censos de 1825-26 e 1835 permitem apenas uma conclusão: os lavradores de fumo, em acentuado contraste com seus vizinhos, os senhores de engenho e lavradores de cana, não dependiam fundamentalmente do tráfico atlântico para garantir a reprodução a longo prazo da força de trabalho escrava que utilizavam. Embora seja improvável que a população cativa dos distritos fumageiros tenha alcançado uma taxa positiva de crescimento natural, as fontes sugerem que essa população pode ter sido capaz, em grande parte, de se manter através da reprodução natural. De outro modo, é difícil explicar a elevada proporção de crioulos e as razões de masculinidade quase equilibradas que caracterizavam a população escrava dos distritos fumageiros em todos os momentos entre os fins do século XVIII e meados do século XIX. Os lavradores de São Gonçalo dos Campos e de outras freguesias produtoras de fumo continuavam a importar escravos da África, mas essas importações não serviam para repor uma força de trabalho em declínio devido ao excesso de mortes em relação aos nascimentos; em vez disso, serviam, sobretudo, para aumentar plantéis que já se aproximavam de um crescimento demográfico auto-sustentado.

Alguns estudos recentes revelaram padrões demográficos mais ou menos semelhantes entre as populações escravas em outras partes do Brasil. São, na maior parte, estudos sobre regiões relativamente pobres e sem economias de exportação bem desenvolvidas.[67] Entretanto, aqui se trata de freguesias firmemente vinculadas a uma economia atlântica mais ampla: os lavradores de Cachoeira produziam quase todo o fumo que o Brasil exportava. Em termos de valor, esse fumo respondia geralmente por uma quarta parte de todo o comércio exterior da Bahia, na época a segunda ou terceira maior economia exportadora do Brasil. Mais do que isso: grande parte desse tabaco destinava-se à Costa da África, onde os traficantes o utilizavam para adquirir escravos africanos — escravos esses que raramente vendiam aos lavradores de fumo.

Ora, é de se supor que, em algum tempo mais remoto, os africanos tinham constituído a maioria dos escravos nos distritos fumageiros e que, depois, houve uma transição para uma população majoritariamente crioula. Mas como e quando se deu essa transição são questões que não podem ser respondidas aqui. Os inventários *post-mortem* das décadas de 1780 e 1790 revelam que, no final do século XVIII, os crioulos já representavam quase 71% da população escrava e que o número de homens e mulheres já se aproximava ao equilíbrio. As pesquisas futuras talvez venham a permitir que se situe a transição nas décadas de 1750 e 1760, quando as exportações de fumo estagnaram. A estagnação pode ter levado os lavradores de fumo a reduzir suas compras de novos escravos. À medida que um número cada vez menor de africanos recém-escravizados chegava nos distritos fumageiros de Cachoeira, os crioulos teriam um peso cada vez maior na população escrava desses distritos, e a razão de masculinidade teria caído.[68]

Há ainda outras explicações possíveis. Por exemplo, as pesquisas futuras talvez demonstrem que, desde os primeiros tempos, os lavradores de fumo tendiam a comprar menos escravos do sexo masculino que os senhores de engenho e lavradores de cana. Não só porque o preço das escravas era mais baixo, mas também porque podiam aproveitar com vantagem o trabalho de mulheres e crianças no cultivo do fumo.[69] Outra explicação estaria nas diferenças no regime alimentar. Como se verá no Capítulo 6, os lavradores de fumo — ao contrário dos senhores de engenho e lavradores de cana — empregavam seus escravos na produção de gêneros alimentícios para consumo doméstico: não só a mandioca, mas também o milho e o feijão. Se os escravos dos sítios e fazendas de fumo recebiam quantidades significativas de milho e feijão para suplementar suas rações de farinha e carne-seca, o resultado seria um regime alimentar muito mais saudável, que, ao reduzir a mortalidade infantil e mortalidade em geral, pode ter favorecido o crescimento de uma população cativa predominantemente crioula nos distritos fumageiros.[70]

Ainda que estas hipóteses estejam a aguardar pesquisas futuras, já está claro que a produção de açúcar submetia os escravos às mais implacáveis e brutais condições de trabalho. O corte da cana, uma tarefa opressiva e perigosa, e as longas horas de trabalho noturno nas casas de moenda e especialmente nas casas das caldeiras durante os noves meses da safra não tinham equivalente nem na produção de fumo nem na da mandioca. Como nas Antilhas, a cana era na Bahia a mais mortífera das culturas.[71] Para manter ou aumentar o número de escravos que utilizavam na produção do açúcar, os senhores de engenho e lavradores de cana, ano após ano, importavam milhares de africanos; em outras palavras, valiam-se de uma estratégia "extensiva" de recrutamento de mão-de-obra. Já os lavradores de fumo e, ao que parece, também os roceiros de mandioca recorriam muito menos ao tráfico atlântico e dependiam muito mais do crescimento natural da população escrava.

CONCLUSÕES

Na Bahia, onde uma fartura de terras permitia mesmo a muitos homens e mulheres livres pobres e despossuídos sobreviver sem se empregar regularmente como trabalhadores assalariados, os senhores de engenho e os lavradores de cana, de fumo e de mandioca enfrentavam — todos — o problema de conservar uma força de trabalho permanente e confiável. A escravidão oferecia uma solução que se mostrava ao mesmo tempo flexível e adaptável. Enquanto o tráfico atlântico durou, senhores de engenho e lavradores podiam aumentar de maneira bastante rápida e fácil o tamanho da força de trabalho agrícola. Africanos recém-escravizados podiam, em poucos meses, ser trazidos do outro lado do Atlântico e postos para trabalhar nos engenhos, sítios e fazendas do Recôncavo. O tráfico assim criava uma oferta altamente elástica de mão-de-obra, que servia para eliminar ou, pelo menos, atenuar qualquer concorrência duradoura pelo braço escravo entre a agricultura de exportação e a produção para o mercado interno.

Igualmente importante, o tráfico permitia o uso generalizado do trabalho escravo na economia rural do Recôncavo e a posse amplamente difundida de escravos na sociedade baiana. Longe de ser confinada à agricultura de *plantation*, a escravidão permeava toda a economia rural. O número de escravos possuídos variava enormemente — de cem ou duzentos cativos, que os senhores de engenho mais ricos tinham ao seu dispor, a plantéis de um ou dois escravos que muitos lavradores de fumo e mandioca mantinham. A presença desses pequenos lavradores com tão reduzido número de escravos tornava pouco nítida a fronteira entre a agricultura escravista e a produção camponesa.

No Recôncavo, os plantéis também diferiam em sua composição, o que revela, por sua vez, estratégias diferentes de recrutamento de mão-de-obra. Para a reprodução a longo prazo de suas forças de trabalho, os senhores de engenho e os lavradores de cana valiam-se sobretudo do tráfico atlântico. Os lavradores de fumo e, ao que parece, também os roceiros, dependiam muito menos da importação de cativos africanos e muito mais do crescimento natural da população escrava.

Para os próprios escravos, isso significava também experiências diferentes de vida. Os homens e mulheres que trabalhavam nos canaviais e engenhos do Recôncavo eram, em sua maioria, estrangeiros. A escravização lhes roubara a liberdade, arrancara-os dos parentes e trouxera-os para uma terra estrangeira onde, se fossem homens, tinham poucas possibilidades de constituir uma família estável. Podiam, contudo, compartilhar essas experiências com seus muitos companheiros de cativeiro. Mas, nos sítios e fazendas de Cachoeira, Nazaré e Maragogipe, ao contrário, a maior parte dos escravos estava em sua própria terra. Criados falando português, ou pelo menos uma variante de português, esses escravos viviam e trabalhavam entre homens e mulheres que muitas vezes deviam ser seus parentes. No entanto, em seu dia-a-dia, teriam tido oportunidades limitadas de criar uma vida à parte de seus senhores. Como Agostinho na peça de Martins Pena, talvez não tivessem nem a possibilidade de comer sozinhos.[72] As vidas que os escravos e seus senhores levavam eram também moldadas pelas tarefas diárias e as rotinas de trabalho envolvidas na lavoura da cana-de-açúcar, do fumo e da mandioca. O próximo capítulo examina essas tarefas e rotinas.

CAPÍTULO 6 Produção

Em outubro de 1821, Luís Paulino d'Oliveira Pinto da França, proprietário do Engenho de Aramaré na freguesia de São Pedro do Rio Fundo na vila de Santo Amaro, embarcou em Salvador rumo a Lisboa. Luís Paulino era um dos delegados eleitos para representar a Bahia nas Cortes, a assembléia encarregada de elaborar uma constituição única para o que, desde 1815, era o Reino Unido de Portugal e do Brasil e Algarves. As cartas que este senhor de engenho recebeu nos dois anos seguintes da mulher e dos filhos, que tinham permanecido na Bahia, davam notícias alarmantes: ataques à reputação e à honra de Luís Paulino por parte de adversários políticos; autoridades sendo convocadas às pressas para reuniões, a editar decretos só para revogá-los logo depois; uma rivalidade cada vez mais acirrada entre "brasileiros" e "europeus" (portugueses residentes no Brasil) que resultava em escaramuças nas ruas de Salvador e, por fim, em conflitos armados no Recôncavo entre tropas leais à Coroa portuguesa e um exército formado pelos partidários da independência do Brasil. As mesmas cartas também davam a Luís Paulino notícias do Aramaré.

> Há dois meses que constantemente chove e, indo eu com uma linda safra, tudo se transtornou. (...) Já se enxugou um tabuleiro [canavial] vizinho ao porto, e vou cuidar de outro. (...) Já comprei trinta e quatro bois. Agora estou à espera de potros. (...) Vou deitar a moer e os senhores lavradores vêm ajudar serrar lenha. (...) Os bons são os negros da Costa [da África ocidental], o resto é um inferno. (...) A safra este ano é pequena, a vindoura será melhor, se se puderem moer as novas canas enregadas. (...) Enfim, a safra seguinte, se não me faltarem bois e cavalos, será grandíssima, pois temos cana própria para mil e oitocentos pães [de açúcar]. Que negro péssimo é o tal feitor. (...) Que má safra! (...) O açúcar com a guerra não deu nada, os caminhos com as chuvas não deixaram descer caixas.[1]

TABELA 27

Produção de mandioca e excedentes comercializáveis de farinha no sul do Recôncavo, 1780-89

			Rendimento de 20 alqueires por 1.000 covas		
Local e ano; Nº de lavradores	Necessidades de subsistência (alqueires)	No. de covas plantadas	Estim. da da prod. total de farinha (alqueires)	Excedente comercializável (alqueires)	Excedente comercializável como % da prod. total
Jaguaripe,[a] 1780 310 lavradores	19.418	2.988.600	59.722	40.354	67,5%
Maragogipe, 1780 402 lavradores	25.194	2.625.800	52.516	27.322	52,0%
Jaguaripe,[a] 1781 218 lavradores	13.651	2.505.700	50.144	36.463	72,8%
Nazaré,[b] 1789 305 lavradores	19.108	4.711.000	94.220	75.112	79,7%
Jaguaripe,[a] 1789[c] 299 lavradores	18.725	—	—	—	—

Fontes: Lista dos lavradores de mandiocas de Jaguaripe (1780), APEB, SH, 199; "Lista das mandiocas que se achão nos Lavradores do distrito da Villa de Maragogipe..." (1780), APEB, SH, 187; "Ofício do Capitão-mor da Vila de Jaguaripe ao Governo da Bahia que remete as relações dos lavradores empregados na plantação de mandioca, 1781", BN, I-21, 30, 52: "Lista dos Lavradores de mandioca das Rossas de Nazareth..." (1789) e insp. de f. (Estiva) à Câm. de Jaguaripe (25/2/1789) e anexo, ambos em BN, II-34, 5, 28.

Obs.: Ver nota 3 no texto. Estim. = estimativa; prod. = produção.

[a]Inclui a freguesia de Nazaré.

[a]Inclui Aldeia.

[c]As listas de Jaguaripe de 1789 arrolam a quantidade de farinha feita semanalmente pelos lavradores. A estimativa da produção mostrada na tabela foi calculada multiplicando por 52 a quantidade total de farinha feita semanalmente por todos os lavradores.

Chuvas, trabalho nos canaviais, escravos, feitores, lenha, bois e cavalos — em meio à convulsão política e à guerra, a atenção da mulher e dos filhos de Luís Paulino permanecia presa ao Aramaré. Para os senhores de engenho, os lavradores e os escravos que viviam no Recôncavo rural, a vida girava em torno das rotinas diárias e anuais de plantar, cultivar, colher e beneficiar os gêneros para o mercado. Nessas rotinas, os sistemas de trabalho e a estrutura fundiária conjugavam-se para pôr a economia agrária em movimento. É, portanto, absolutamente necessário investigar as práticas rotineiras usadas na produção das diferentes lavouras no Recôncavo para explicar como a economia da região evoluiu entre fins

TABELA 27 (cont.)

Rendimento de 30 alqueires por 1.000 covas			Rendimento de 40 alqueires por 1.000 covas		
Estim. da da prod. total de farinha (alqueires)	Excedente comerciliazável (alqueires)	Excedente comercializável como % da prod. total	Estim.da prod. total de farinha (alqueires)	Excedente comercializável (alqueires)	Excedente comercializável como % da prod. total
89.658	70.240	78,3%	119.544	100.126	83,8%
78.744	53.580	68,0%	105.032	79.838	76,0%
75.171	62.520	81,8%	100.228	86.577	86,4%
141.330	122.222	86,5%	188.440	169.440	89,9%
—[c]	—[c]	—[c]	175.136[c]	156.411	89,3%

do século XVIII e meados do século XIX. Este capítulo examina essas práticas; procura analisar como os senhores de engenho e os lavradores do Recôncavo organizavam a produção da mandioca, do açúcar e do fumo.

MANDIOCA

Para suprir uma demanda regional grande e crescente de víveres básicos, os roceiros baianos lançavam mão da mandioca, um dos mais valiosos recursos vegetais dos trópicos. Um hectare desse tubérculo pode fornecer milhões de calorias a mais do que a mesma área plantada com o milho, o arroz, a batata ou qualquer uma das outras principais culturas alimentícias.[2] O cultivo da mandioca permitia aos lavradores do sul do Recôncavo satisfazer uma parte significativa das próprias necessidades de subsistência e, ao mesmo tempo, comercializar grandes excedentes de farinha. Indicações desses excedentes são fornecidas não só pelas "frotas em miniatura" de barcos vivandeiros que enchiam o porto de Salvador, como por uma série de levantamentos feitos pelas autoridades locais das vilas do sul do Recôncavo na década de 1780 (ver Tabela 27). Um levantamento de Jaguaripe (incluindo a freguesia de Nazaré), por exemplo, arrola 310 lavradores que, em 1780, haviam plantado quase três milhões de covas de mandioca. Se a produção desse ano tivesse sido de apenas 15 alqueires de farinha por mil covas, os mandiocais dessa vila teriam rendido 44.829 alqueires de farinha — mais que o dobro do que os lavradores precisavam para alimentar a si mesmos, às suas famílias e aos seus escravos.[3]

Em média, contudo, as colheitas deviam ser mais abundantes. Em 1781, José da Silva Lisboa afirmou que "qualquer terra a mais medíocre produz vinte alqueires [de farinha] por mil covas". Mais tarde, na década de 1830, Manoel Ferreira da Câmara observou que um rendimento de trinta alqueires por mil covas nada tinha de excepcional. A câmara municipal de Camamu mencionou o mesmo rendimento para a mandioca plantada nos "piores terrenos".[4]

Uma decisão judicial de 1785 sugere que os rendimentos normais eram ainda maiores. Nesse ano, um lavrador de Jaguaripe perdeu sua roça quando o gado de uma fazenda vizinha se desgarrou e destruiu as quatro mil covas que plantara. O juiz ordinário designou "dous louvados dos mais idôneos, e de suficiente inteligência de lavouras de mandiocas" para avaliar o prejuízo. Em sua estimativa, os louvados (avaliadores) consideraram que cada mil covas produziriam quarenta alqueires de farinha. Com um rendimento de quarenta alqueires por mil covas, os 310 lavradores arrolados no levantamento de 1780 teriam colhido mandioca suficiente para fazer mais de 119 mil alqueires de farinha, o que resultaria num excedente comercializável equivalente a 84% de sua produção total. Os demais levantamentos feitos em Jaguaripe, em 1781 e 1789, e o de Maragogipe realizado em 1780 indicam que, no final do século XVIII, o cultivo da mandioca no sul do Recôncavo já estava firmemente ligado a um mercado regional de farinha em expansão.[5]

Os roceiros que abasteciam esse mercado valiam-se de práticas e técnicas agrícolas relativamente primitivas, que pouco diferiam daquelas que, segundo a lenda, São Tomé, o apóstolo errante, ensinara aos índios e estes haviam transmitido aos primeiros colonizadores portugueses no Brasil.[6] "A ferro e fogo" — assim começava o cultivo da mandioca: um machado de ferro para abrir uma clareira em terrenos de capoeira (vegetação secundária) ou, onde fosse possível, em terras virgens ocupadas por matas primárias; e fogo para limpar o matagal. Depois que as cinzas ricas em nutrientes esfriavam, os roceiros e seus escravos começavam a preparar o solo. Com enxadas, acumulavam a terra em montinhos conhecidos paradoxalmente como covas. *"Hillocks"* (pequenos outeiros), chamou-os Henry Koster, enquanto John Mawe, outro viajante do início do século XIX, achou-os parecidos com os montinhos de terra acima das tocas cavadas por toupeiras.[7] Elevando-se a uma altura de 50 a 75 centímetros, as covas melhoravam a drenagem e ajudavam a impedir que as preciosas raízes de mandioca ficassem encharcadas e apodrecessem durante os meses chuvosos do inverno. Cada cova recebia duas ou três manivas, pedaços de caule com 10 a 15 centímetros de comprimento, recém-cortados dos pés de mandioca do próprio lavrador. Depois, dependendo da época do ano, o milho ou o feijão ou ambos podiam ser semeados entre as covas. As manivas logo criavam raízes, e, em duas semanas, um broto rompia o solo e despontava no alto de cada cova.

Nos meses seguintes, a plantação precisaria de capinas periódicas para livrá-la das ervas daninhas. A primeira capina, ou limpa, era feita quatro semanas depois do plantio e a segunda, quatro a cinco meses mais tarde; daí em diante, capinas ligeiras eram necessárias a cada dois meses. Durante todo esse tempo, os lavradores tinham de ficar atentos a qualquer sinal de pragas, sobretudo lagartas e formigas. "Tão devoradora, e malfazeja" era a formiga, segundo Manoel Ferreira da Câmara, que "do dia para a noite" podia fazer "desaparecer a plantação mais esperançosa". Quando as formigas atacavam, os lavradores tentavam inundar ou queimar suas colônias. Gado desgarrado também representava uma ameaça, "pois o gado quando come mandioca pequena, arranca o pau e o deixa sobre a flor da terra". Um alvará de 1701, destinado a proteger a mandioca e outras lavouras, proibira a criação de gado numa faixa de dez léguas (cerca de sessenta quilômetros) a partir da margem da baía; mas a determinação raramente, ou nunca, foi aplicada com rigor. Só em 1784 e 1785, pelo menos meia dúzia de lavradores foram ao juiz ordinário de Jaguaripe prestar queixa contra o gado solto que havia destruído suas roças. Outra ameaça eram os ladrões que podiam entrar sorrateiramente nos mandiocais à noite e desenterrar as raízes maduras ou quase maduras.[8]

Se a plantação sobrevivia a todos esses percalços, e se as condições meteorológicas eram propícias, depois de um período de nove a 18 meses o mandiocal pareceria — pelo menos para viajantes europeus e norte-americanos — "um viveiro de aveleiras".[9] Dos caules centrais, que teriam alcançado cerca de um metro de altura, sairiam pequenos galhos com folhas palmadas. Sob a terra, cada planta teria deixado de cinco a dez raízes bulbosas que estariam prontas para ser colhidas.

O cultivo da mandioca, embora certamente não fosse fácil, não exigia grande quantidade de trabalho árduo. Num terreno já limpo, um roceiro que trabalhasse com um único escravo robusto podia, em um mês, preparar e plantar dez mil covas de mandioca, as quais podiam lhe render até quatrocentos alqueires de farinha. Depois, o roceiro e o escravo teriam de investir mais uns dois meses de trabalho nas capinas e na colheita. Desde que o solo não endurecesse por falta de chuva, os pés de mandioca podiam em geral ser arrancados com a mão. O autor de um manual agrícola do século XIX chegou a aconselhar os lavradores escravistas a destinar a tarefa da colheita a escravas grávidas e a cativos convalescentes.[10]

Muito mais trabalhoso do que o cultivo da mandioca era o preparo da farinha. Para eliminar o venenoso ácido cianídrico das raízes e transformá-las em farinha eram necessárias seis tarefas: raspar, lavar, ralar, prensar, peneirar e torrar. Todas essas tarefas realizavam-se na casa de farinha, um pequeno galpão ou um alpendre anexo à "casa de morar" do lavrador. Ali, todas as pessoas com idade de trabalho que estivessem disponíveis reuniam-se para raspar as raízes com pequenas facas e depois lavá-las. Em seguida as raízes tinham de ser raladas, e para tanto se empregava uma "roda de ralar". "A roda", explicou Koster em 1816,

> é posta numa armação, e de cada lado dela é fixada uma manivela pela qual pode ser girada por dois homens, um trabalhando em cada manivela. Há um cocho sob a roda, e esta tem um revestimento de cobre perfurado que o torna áspero. (...) A mandioca é empurrada contra a roda enquanto ela é girada com grande velocidade e, sendo assim ralada, cai no cocho que está embaixo.[11]

Os lavradores do Recôncavo usavam tanto a roda única descrita por Koster como as "moendas" ou "bolandeiras", nas quais uma grande roda movida à mão era ligada por uma polia ao "rodete" que ralava a mandioca. Esse arranjo, que permitia ao rodete girar mais depressa, reduzia o tempo necessário para a operação. A economia de tempo de trabalho podia ser maior se o lavrador investisse numa roda grande movida por cavalo ou à água. Embora a roda de farinha, qualquer que fosse a fonte de energia, representasse um avanço em relação ao método original de ralar as raízes numa tábua incrustada de pedras ou conchas, o modelo das rodas parece não ter sofrido nenhuma alteração significativa no século XIX.[12]

A "massa" que caía no cocho sob a roda era em seguida prensada, ou "enxugada", durante a noite para eliminar o ácido cianídrico. Os lavradores baianos enxugavam a massa com uma prensa de alavanca ou de parafuso, ambas desajeitadas engenhocas de madeira. A primeira lembrava um grande e pesado quebra-nozes, e a segunda assemelhava-se às prensas usadas na época para espremer uvas e azeitonas na Europa. A massa da mandioca também podia ser enxugada com um tipiti, cesto de palha cilíndrico e longo, de uso comum na primeira metade do século XIX. Por uma extremidade do tipiti, os lavradores enfiavam nele a massa ralada; à outra ponta, prendiam um tronco ou uma pedra para servir de peso. Quando pendurado em um caibro ou um galho firme de árvore, o tipiti esticava-se e contraía-se por causa do peso; ao se retesar, expelia o líqüido venenoso, que pingava num cocho. O tipiti, que os colonizadores portugueses aprenderam a usar com os índios, impressionou tanto Thomas Ewbank, um norte-americano que visitou o Brasil na década de 1850, que resolveu comprar um para levar de lembrança. "Se existe hoje em dia uma invenção primitiva que revele um raciocínio mais acurado e mais feliz a partir de noções de senso comum e que produza resultados mais diretos e mais baratos", escreveu Ewbank, "não sabemos onde procurá-la."[13] Os lavradores tinham o cuidado de manter seus animais longe dos cochos que ficavam sob o tipiti ou a prensa, não só porque morreriam se bebessem o líqüido, mas também porque este continha um produto valioso. O sedimento branco e fino que se acumulava no fundo do cocho, depois de secado, lavado e peneirado, era a tapioca, que encontrava compradores tanto no Brasil como no exterior.

Depois de prensada, a massa ralada da raiz da mandioca tinha uma textura friável; peneirada à mão, adquiria uma granulação mais ou menos fina, ficando algo parecida com a areia úmida. Após a peneiragem, começava a tarefa mais desagradável da produção da farinha. A massa peneirada era posta num alguidar (uma grande chapa de barro vidrado ou de cobre) e então ligeiramente torrada sobre um fogo aberto. A torrefação melhorava o sabor e eliminava qualquer resíduo do ácido cianídrico. Mas, para evitar que a farinha se queimasse, o lavrador, ou um escravo, tinha de ficar rente ao "forno" e, sob esse calor intenso, mexer sem parar a massa peneirada com uma espátula de madeira. "Quando [estava] bem crocante", como Koster observou, a farinha era "tirada do forno e... posta para esfriar."[14] Peneirada mais uma vez e embalada em sacos de dois ou três alqueires, a farinha de mandioca estava agora pronta para ser vendida.

A mandioca era, sob muitos aspectos, uma cultura ideal para pequenos agricultores, quer tivessem escravos, quer contassem apenas com o trabalho familiar. Antes de mais nada, ao plantar mandioca, davam um passo importante para garantir a própria subsistência. Os roceiros sabiam muito bem que o preço e a oferta de farinha flutuavam muito de um ano para outro e até de um mês para outro. Embora outros produtos agrícolas talvez lhes proporcionassem uma renda monetária maior, não se podia fazer pirão com dinheiro. Nos anos em que os estoques de farinha escasseavam nos mercados locais e os preços disparavam, toda a renda adicional proporcionada por outros produtos poderia muito facilmente terminar se destinando às compras de farinha para consumo doméstico. Mesmo assim, um pequeno lavrador e sua família talvez tivessem de se contentar com menos do que os costumeiros três quartos de alqueire por mês. Portanto, abandonar a mandioca e passar a comprar farinha significava deixar a sobrevivência da família na dependência de um mercado extremamente incerto e traiçoeiro.

Acima das preocupações com a subsistência, o cultivo da mandioca permitia que os pequenos lavradores usassem os poucos escravos que tivessem e os membros da família de maneira eficiente o ano todo. A mandioca não tem nenhuma sazonalidade inerente. Embora março e abril fossem os melhores meses para o plantio, um lavrador podia aproveitar uma boa chuva em qualquer época do ano para "levantar" e plantar algumas centenas de covas. Com isso tornava-se possível distribuir o trabalho na roça uniformemente ao longo do ano. Uma "lista das mandiocas que se acham nos lavradores" de Maragogipe, feita em 1780, ilustra particularmente bem esse padrão escalonado de plantio. Quando a câmara de Maragogipe fez a lista, os lavradores da vila tinham em suas roças um total de 2.625.800 covas: 45.500 covas "novas", 1.284.400 descritas como "verdes", 307.500 "a chegar" (i.e., quase maduras) e 980 mil "maduras". (Outras 8.400 covas não foram classificadas na lista.)[15]

Não só o plantio e a capina se estendiam pelo ano todo, mas também a colheita. Depois de maduras, as raízes de mandioca não precisam ser colhidas imediatamente; podem permanecer na terra por um ano ou mais antes de ficarem lenhosas. Nas palavras do autor de um manual agrícola do século XIX, a mandioca é uma "planta, cujo celeiro é a terra em que se semeia, e dela se vai tirando à proporção de seu consumo". Os roceiros recorriam aos "estoques" guardados nesse "celeiro" natural durante o ano inteiro, distribuindo a "desmancha" de um mandiocal e o preparo da farinha com as raízes colhidas por um período de vários meses. A cada semana, ou de duas em duas semanas, depois de levar em conta as outras tarefas a serem feitas e o número de braços com que podiam contar, os roceiros decidiam quanta mandioca iriam colher.[16] Assim, o cultivo da mandioca, ao contrário da maioria dos cereais, não apresentava picos sazonais de trabalho intenso ou períodos de pouca demanda de trabalho. Não havia necessidade de contratar braços adicionais para o plantio ou a colheita; também não havia longos períodos de "tempo morto", em que escravos, roceiros e suas famílias permaneciam ociosos.

Vendas semanais ou quinzenais de farinha teriam proporcionado um fluxo relativamente uniforme de renda ao longo do ano todo. Essas vendas podiam eliminar um dos mais graves problemas que costumam perseguir os pequenos agricultores: a concentração sazonal de renda, que os empurra para as mãos dos agiotas para contrair empréstimos, empenhando os resultados incertos de uma safra a ser colhida muitos meses depois. A flexibilidade que caracterizava o cultivo da mandioca também permitia aos roceiros regular a produção de farinha de acordo com a variação dos preços a curto prazo. Se os preços caíam, aqueles que não tinham muita urgência de dinheiro podiam reduzir as colheitas e a quantidade de farinha que vendiam a cada semana. Inversamente, em anos de crise, aqueles cujas plantações haviam escapado à seca ou às chuvas excessivas colhiam toda a mandioca possível para se beneficiar dos preços altos; nessas ocasiões, às vezes até "desmanchavam" mandiocas ainda verdes.[17]

Essa mesma flexibilidade reduzia ou até eliminava as vantagens que, muitas vezes, se derivam da produção feita em grande escala. Decerto, os grandes produtores de mandioca tinham recursos para alugar escravos na época do plantio ou da colheita e para construir em suas propriedades celeiros de verdade para armazenar estoques de farinha. Mas essas vantagens pouco valiam no caso de uma cultura que não tinha nenhuma sazonalidade inerente e que tinha a própria terra por celeiro.[18] Por isso mesmo, os grandes produtores tenderiam a procurar se dedicar a outras culturas, sobretudo às de exportação, que lhes permitissem utilizar melhor seus maiores recursos. Diante da estabilidade a longo prazo do preço real da farinha, teriam ainda outro motivo para se dedicar à agricultura de exportação. No entanto, também esses lavradores mais prósperos podiam tirar proveito da flexibilidade da mandioca para produzir, além de gêneros de exportação, farinha para abastecer mercados locais. Sem abandonar a mandioca, podiam programar as atividades em suas propriedades de modo a adaptá-las às exigências de trabalho das culturas de exportação.

AÇÚCAR

Do princípio ao fim, a produção de açúcar exigia muito mais trabalho do que o cultivo da mandioca e o preparo da farinha. Assim, por volta de 1790, Luís Antônio de Oliveira Mendes observou que "a lavoura, fabrico, e plantação das canas mansas e doces, de que se manufatura o açúcar, é a mais trabalhosa e dispendiosa das que se têm descoberto em a superfície da terra, e a empresa mais dificultosa, e ao mesmo tempo engenhosa, a que se têm entregue os homens".[19] Essa "empresa", para utilizar a expressão de Mendes, começava em fevereiro, quando os escravos se alinhavam nos campos dos engenhos e das fazendas de cana do Recôncavo e fincavam as enxadas na terra para abrir um sulco. Quando este chegava a 15 centímetros de profundidade, o feitor mandava os escravos recuarem alguns passos e recomeçarem. Repetiam a mesma operação até que todo o terreno estivesse raiado por esses sulcos, conhecidos como "regos". Depois, depositavam nos regos pedaços cortados de cana e em seguida os cobriam com uma camada fina de terra. O plantio prosseguia de fevereiro a maio, quando as chuvas fortes tornavam impossível qualquer trabalho nos canaviais. Uma segunda época de plantio começava em julho ou agosto e terminava no início de setembro. Durante todos esses meses, as chuvas às vezes tornavam os pesados solos de massapé do norte do Recôncavo "francamente moles, pastosos, [e] pegajentos", dificultando ainda mais o trabalho de abertura de regos.[20]

Foi só nas décadas de 1930 e 1940 que o arado substituiu inteiramente as enxadas no cultivo da cana nos engenhos baianos. No final do século XVIII e na primeira metade do século XIX, o uso do arado restringia-se, via de regra, a distritos como a freguesia do Iguape que tinham extensões consideráveis de terra razoavelmente plana. Assim, mais da metade (52%) dos senhores de engenho e lavradores de cana do Iguape utilizavam o arado para sulcar seus campos. Mas, na vila de São Francisco do Conde, onde os terrenos eram em geral mais acidentados, apenas 8% dos produtores de cana possuíam arados.[21]

Numa viagem pelo Recôncavo em 1847, o diplomata francês barão Forth-Rouen observou um desses arados em ação. *"Dezoito bois e três ou quatro negros"*, escreveu ele, "puxavam o arado e mal conseguiram cavar um sulco de alguns centímetros de profundidade." O arado que Forth-Rouen observou era provavelmente muito semelhante, se não idêntico, ao arado "Pai Adão" que os senhores de engenho baianos ainda usavam na primeira metade do século XX. Esse implemento grande e pesado, toscamente feito de madeira, tinha rodas e uma relha com extremidades de ferro, mas nenhuma aiveca; como o arado descrito por Forth-Rouen, era puxado por seis a dez juntas de bois. Dois homens o guiavam enquanto pelo menos um moleque caminhava ao lado para manter os bois na linha.[22]

Na primeira metade do século XIX, alguns autores interessados em promover a modernização da lavoura canavieira na Bahia insistiram que o uso do arado economizava trabalho e reduzia o tempo gasto no preparo do solo. Nas palavras de Manoel Ferreira da Câmara, "um arado quando bem construído, e manejado, trabalha por 30 [a]té 40 enxadas". Antônio Calmon du Pin e Almeida, que usava um arado em seu Engenho Santo Antônio da Patativa na década de 1830, concordava com Câmara. Mas o engenho de Calmon ficava num distrito de Santo Amaro com terras admiravelmente planas; em terrenos acidentados o uso de um arado pesado era muito mais difícil. Além disso, embora sem dúvida economizasse trabalho, o arado pouco mais fazia. Os arados baianos, sem aivecas, não revolviam a terra; simplesmente a afrouxavam à medida que abriam um sulco relativamente raso. Os sulcos que produziam eram praticamente iguais aos que eram cavados pelos escravos com enxadas.[23]

Que os senhores de engenho do Recôncavo se tenham valido de um implemento tão primitivo durante todo o século XIX poderia parecer prova de grande atraso. Afinal, os agricultores europeus usavam arados com aivecas desde a Idade Média. A partir dos fins do século XVIII, podiam escolher entre uma ampla variedade de arados, feitos segundo modelos aperfeiçoados, que lhes permitiam revolver a terra ainda mais completamente. Mas, na Bahia, em pleno século XX, os senhores de engenho continuavam usando um arado cujo próprio nome, como observou o agrônomo Adrião Caminha Filho na década de 1940, sugeria origens "pré-históricas". Caminha Filho condenou o uso do arado Pai Adão como "incapaz de atender às exigências de uma cultura racional e, principalmente, de mobilizar convenientemente o célebre massapé do Recôncavo". A opinião de um outro agrônomo, Alexandre Grangier, era mais positiva. Em 1926, após admitir que, à primeira vista, as técnicas de preparo da terra usadas pelos senhores de engenho baianos podiam parecer primitivas, acrescentou que bastava "um pouco de observação" para se verificar que eles não eram "tão atrasados como se podia pensar" e que "em parte tinham razão". Nos meses chuvosos do inverno, os bois "atolam-se com facilidade", ao passo que "no verão... o massapé resseca de tal maneira que não há máquinas modernas que resistam ao esforço da tração". O solo, observou Grangier, "torna-se tão duro, que somente o velho arado 'Pai Adão' pode abrir um sulco, mesmo assim bastante reduzido". De fato, o barão Forth-Rouen relatou no final da década de 1840 que um francês radicado no Recôncavo tentara usar arados mais leves importados da Europa em sua propriedade, mas os implementos haviam-se revelado "completamente inúteis".[24]

Mesmo que tivesse conseguido lavrar suas terras com os arados europeus, esse francês poderia ter feito mais mal do que bem. O massapé, como os solos tropicais em geral, não suporta bem a aração em profundidade e o revolvimento completo. Nos trópicos, essas técnicas, tão apropriadas para o cultivo de cereais em climas temperados, podem produzir resultados desastrosos. Tornam os solos duros e compactos, praticamente impossibilitando o plantio. Portanto, os senhores de engenho e lavradores de cana do Recôncavo tinham boas razões para não trocar a enxada e o arado Pai Adão por implementos mais modernos e mais leves.[25]

A sulcagem, feita por enxada ou por arado, continuou sendo o único método do preparo da terra usado nos distritos canavieiros do Recôncavo. Os senhores de engenho baianos nunca adotaram o sistema de *cane-holing* que se generalizou em algumas colônias nas Antilhas a partir do início do século XVIII. O sistema consistia na escavação de um "buraco" (*cane hole*) quadrado com 60 a 90 centímetros de lado e com 12 a 15 centímetros de profundidade. As estreitas arestas entre um buraco e outro formavam uma grade ordenada, de aparência totalmente diferente da dos regos toscamente cavados que se viam nos canaviais baianos. Tanto antes como depois de pôr pedaços de cana no centro de cada buraco, os escravos enchiam e forravam os buracos com estrume e com qualquer resíduo vegetal que tivessem à mão. O sistema contribuía para deter a erosão e para manter ou restaurar a fertilidade do solo.[26]

Em contraste, os senhores de engenho baianos, embora mantivessem grande número de bois em suas propriedades e, em alguns casos, até criassem gado também, não tomavam medidas especiais para evitar o desgaste do solo. É verdade que alguns proprietários abastados e bem instruídos fizeram experiências com a estrumação e, impressionados com os resultados, aconselharam outros senhores de engenho a fazerem o mesmo. Mas o conselho foi ignorado. Como Antônio Calmon salientou em 1834, para a maioria dos senhores de engenho e lavradores de cana, "o método de pôr a terra *em descanso* por três ou mais anos passa por ser tão bom como o de estrumar". Colhiam cana do mesmo terreno ano após ano, até que a queda do rendimento se tornasse acentuada. Então deixavam a terra de pousio durante alguns anos, antes de queimar a vegetação rasteira que ali crescera e replantá-la com cana.[27]

Essa resistência à estrumação e outras práticas mais intensivas não era produto de nenhum apego cego à tradição. Por um lado, a terra no Recôncavo era mais abundante do que na maioria das ilhas caribenhas; por outro, os solos dos distritos açucareiros tradicionais da região eram — ao que parece — mais resistentes à erosão e ao esgotamento dos nutrientes. Fazia pouco sentido, portanto, desviar escravos de outros serviços para cavar buracos, apanhar esterco nos currais e espalhá-lo nos terrenos. O *cane-holing* exigia muito mais trabalho que a abertura de regos; tanto que alguns produtores de açúcar em Barbados poupavam seus próprios escravos desse trabalho exaustivo, alugando outros para cavar os buracos.[28]

Embora todo o ano se plantasse cana nos engenhos da Bahia, não era necessário replantar anualmente cada "tabuleiro" (canavial). A cana-de-açúcar, uma vez cortada, volta a crescer e produz novas safras. As canas recém-plantadas eram conhecidas como "canas de rego", as que cresciam no segundo ano como "socas" e as da terceira safra como "ressocas". A cana podia produzir até mais safras, mas seu conteúdo de sacarose seria tão baixo que, depois do terceiro ou quarto ano, geralmente os canaviais eram replantados. Todos os tabuleiros, com canas de rego, socas ou ressocas, tinham de ser capinados pelo menos três vezes durante o período de crescimento.

A rotina de abrir regos, plantar e capinar pouco ou nada se alterou entre 1780 e 1860. Uma das pouquíssimas diferenças que um senhor de engenho do final do século XVIII teria notado cinqüenta anos depois estaria na variedade de cana cultivada no Recôncavo. Em algum momento entre 1810 e 1820, primeiro no Iguape e depois no resto da região, a chamada "cana caiana" começou a substituir a "cana crioula" que os colonizadores portugueses haviam trazido das ilhas atlânticas da Madeira e de São Tomé no século XVI. Alguns historiadores questionam a aceitação que a nova variedade teria tido na Bahia.[29] Mas os observadores da época, como Miguel Calmon em 1834 e George Fairbanks, não tinham dúvidas sobre o assunto; classificaram a introdução da cana caiana como uma inovação da maior importância. A nova variedade apresentava várias vantagens sobre a cana crioula: atingia uma altura maior; tinha maior teor de sacarose, o que resultava em rendimentos maiores; resistia melhor à seca; e, por ser mais fibrosa, seu bagaço era mais adequado ao uso como combustível. Por todas estas razões, a cana caiana logo se tornou a variedade de cana-de-açúcar mais amplamente cultivada no Brasil.[30]

O ritmo de trabalho nos engenhos baianos intensificava-se no início de agosto. As chuvas fortes do inverno haviam cessado; o plantio fora reiniciado; e agora começava a safra, que se prolongaria por nove meses. As canas plantadas no ano anterior, bem como as socas e ressocas, estavam a amadurecer e tinham de ser cortadas. Os escravos, empunhando suas foices, marchavam para os canaviais. Lá cortavam a cana rente ao chão e arrancavam as folhas sob o olhar de um feitor, que, com chicote na mão, ficava atento a qualquer sinal de que o trabalho estava perdendo velocidade. Enquanto isso, outros escravos apanhavam as canas cortadas e punham os feixes em carros de bois. Quando a propriedade ficava próxima da baía ou de um rio navegável, barcos pequenos podiam substituir os carros de boi.

Assim que os carros ou barcos chegavam à sede da propriedade, outro grupo de escravos descarregava os feixes de cana e preparava-os para a moagem.[31] Arrumava-os em pilhas nas varandas ("picadeiros") que circundavam a casa de engenho. Dentro, os trabalhadores cativos enfiavam as canas entre os cilindros de uma moenda movida por juntas de bois ou cavalos, ou por uma roda-d'água. O caldo extraído caía numa grande gamela sob a moenda e dali corria por uma bica de madeira até um parol na casa das caldeiras, um cômodo contíguo à casa da moenda.*

Ao longo de uma parede desse cômodo estava alinhado um "terno", ou conjunto, de "cobres": caldeiras e tachas, cada uma menor do que a outra e todas encaixadas na alvenaria sobre uma série de fornalhas. Usando reminhóis (colheres grandes), os escravos passavam o caldo do parol recipiente para o primeiro cobre e, ao mesmo tempo que retiravam as

*Ao que parece, no início do período colonial, as diversas "casas" que compunham um engenho (as casas da moenda, das caldeiras, de purgar etc.) eram construções distintas. Mas, pelo menos da segunda metade do século XVIII em adiante, o mais comum no Recôncavo era reunir todas essas "casas" sob um único teto e considerá-las todas como partes integrantes da "casa de engenho". (Sobre a arquitetura dos engenhos baianos do século XVIII, ver E. B. de Azevedo, pp. 171-82.) Não obstante, a documentação do século XIX utiliza invariavelmente as expressões "casa da moenda", "casa das caldeiras" etc.

impurezas, deixavam-no aquecer quase a ponto de ferver. Em seguida transferiam o caldo para o cobre seguinte, em que o "temperavam" com cinza de madeira ou com cal para ajudar o processo de granulação. À medida que o caldo ia passando para cobres cada vez menores, aplicava-se mais e mais calor, de tal modo que, ao chegar à última e menor tacha, ele adquirira uma consistência de xarope. Uma rápida fervura nessa última tacha levava o caldo ao "ponto de bater" (ou seja, de cristalização). Sob as ordens do mestre-de-açúcar, a mistura grossa de melado e cristais de açúcar era retirada do fogo e passada para um cocho grande. Logo em seguida, os escravos a colocavam em fôrmas de barro, que tinham, nas palavras de Antonil, "alguma semelhança com os sinos".[32]

O trabalho na casa das caldeiras, que durava o dia inteiro e entrava pela noite, exigia habilidade, destreza e resistência. Os escravos que cuidavam dos cobres, ao mesmo tempo que mexiam o caldo e retiravam suas impurezas, tinham de vigiá-lo cuidadosamente para impedir que queimasse. Todo o seu trabalho seria inútil se, no fim do processo, o mestre-de-açúcar não conseguisse o "ponto" no momento certo; nesse caso, todo um lote de açúcar se perderia. Tudo isso se passava em meio ao calor, à fumaça e ao vapor, o que, como Koster observou, aumentava "enormemente a violência do esforço".[33]

Mais duas tarefas eram necessárias para o fabrico do açúcar branco: purgar e barrear. As fôrmas cheias da mistura de melado e açúcar eram levadas para um grande cômodo adjacente, a casa de purgar. Ali eram colocadas para secar em "andainas", longos bancos de madeira com uma série de orifícios para encaixá-las de ponta para baixo. Depois de cerca de duas semanas, escravos, geralmente mulheres, cobriam a face aberta das fôrmas com argila úmida e derramavam água por cima. À medida que penetrava pela fôrma, a água, junto com a argila, deslocava o melado e as impurezas, que escoavam por um furo destampado no fundo da fôrma. Em duas semanas, o processo produzia um cone invertido que tinha açúcar branco na parte de cima e açúcar mascavo, de cor castanha, no fundo. Quando esse cone, ou pão de açúcar, era retirado da fôrma, uma faca facilmente separava o açúcar branco do mascavo. Após ser batido com um martelo, o açúcar estava pronto para ser pesado e encaixotado.[34]

A chegada da época da safra marcava o início de nove meses de trabalho intenso nos engenhos baianos. Os escravos, especializados ou não, preparavam-se para dias e noites de trabalho num ritmo implacável. Dos senhores de engenho, a safra exigia planejamento e coordenação meticulosos. A cana tinha de ser cortada assim que estivesse madura; qualquer atraso podia reduzir o rendimento. Se as canas cortadas não fossem moídas em 48 horas, os prejuízos resultantes seriam ainda maiores. Da mesma maneira, o caldo extraído dessas canas tinha de ser "cozido" quase imediatamente, ou fermentaria. Portanto, só a atenção constante à programação podia assegurar a continuidade do trabalho e a maior produção possível de açúcar.

Na Bahia e em outras regiões das Américas, a arte de fabricar açúcar no final do século XVIII pouco mudara desde que os colonizadores europeus haviam transplantado a cana para o Novo Mundo no século XVI. As diferenças entre um engenho no Nordeste do Brasil, um *sugar works* em Barbados ou um *ingenio* em Cuba não passavam de variações insignificantes.[35] Em toda parte, o processo era essencialmente o mesmo: moagem, cozimento em caldeiras e tachas abertas sobre o fogo direto e purgação. Foi só na primeira metade do século XIX que se desenvolveu uma tecnologia fundamentalmente nova. A tacha a vapor, o aparelho de cozimento a vácuo, centrífugas, e uma série de outras inovações, que modificaram por completo os antigos processos de fabricação do açúcar, permitiram o surgimento dos primeiros engenhos totalmente mecanizados.

Os senhores de engenho do Nordeste brasileiro certamente não estiveram à frente desse desenvolvimento ou da adoção dessa nova tecnologia. Ao contrário, tinham a reputação de serem atrasados e resistentes à mudança. Os historiadores muitas vezes citam o testemunho de Louis-François de Tollenare e Henry Koster, que comentaram a "extrema ignorância" dos senhores de engenho de Pernambuco. "Eles continuam usando ano após ano", escreveu Koster em 1816, "o sistema que era seguido por seus pais, sem nenhum desejo de melhorar e, na verdade, sem o conhecimento de que alguma melhoria poderia ser feita."[36]

Duas décadas depois, Manoel de Vasconcelos de Souza Bahiana, dono de um engenho no Recôncavo, encontrou a mesma resistência à mudança entre os senhores de engenho baianos. Quando propunha inovações, eles respondiam: "Os antigos sabiam mais do que nós, e o que havia a descobrir foi já por eles descoberto... Deixemo-nos de filosofias."[37] Autores, como Souza Bahiana, que propunham inovações passaram a usar cada vez mais o termo *rotina* para designar o que viam como o atraso aterrador da indústria açucareira baiana. Assim, em seu *Ensaio sobre o fabrico do assucar*, publicado em 1834, Miguel Calmon investiu contra "esse inveterado *hábito*, que tem consagrado os piores erros" e "essa cruel *Rotina*, que, à maneira do Satanás de Milton, anda por toda a parte, sem nunca sair das trevas!" Menos literário em seu estilo, João Monteiro Carson observou em 1854 que a indústria açucareira da província, "encostada à sua velha rotina, descansa e fica estacionária".[38]

Essas observações eram propositalmente exageradas, feitas por autores que tinham a esperança de estimular uma mudança maior e mais rápida na indústria açucareira baiana. Todos eles sabiam que algum progresso fora feito nas três ou quatro décadas anteriores e que nem todos os senhores de engenho se opunham à inovação. De fato, no final do século XVIII e na primeira metade do século XIX, a Bahia tinha, entre seus filhos, alguns dos brasileiros mais esclarecidos e mais bem instruídos da época; muitos deles tinham forte interesse pelas mudanças e inovações tecnológicas. A província também possuía o famoso Engenho da Filosofia, descrito por alguns historiadores como uma "fazenda-modelo" ou "engenho experimental" e como símbolo da audácia das atitudes "modernizantes" dos senhores de engenho baianos. A partir de mais ou menos 1812, a propriedade ter-se-ia dedicado ao "objetivo expresso" de disseminar as mais recentes informações sobre os métodos de fabricar açúcar e de testar as novas tecnologias.[39]

Apesar dessas exceções, Souza Bahiana, Calmon e Carson sabiam muito bem que o interesse pela inovação e pela modernização demonstrada por uma pequena elite esclarecida não garantia, por si só, nem a mudança nem a adoção generalizada de novas tecnologias. Também sabiam que a Bahia não estava mais na vanguarda da modernização da produção de açúcar. A defasagem tecnológica entre os engenhos baianos e os das regiões produtoras mais avançadas das Américas só aumentou a partir de 1860 à medida que a indústria açucareira da província caminhava para o colapso quase total que sofreu no final da década de 1880.[40] Houve, sim, mudança tecnológica na Bahia na primeira metade do século XIX, mas muitas vezes encontrou resistência e permaneceu dentro de limites estritos. Os senhores de engenho do Recôncavo só adotavam as tecnologias que apresentavam resultados comprovados e que podiam ser facilmente adaptadas ao sistema de produção existente.

As inovações mais importantes ocorreram em duas áreas. A primeira foi a casa da moenda, onde as máquinas a vapor começaram a substituir as juntas de bois ou de cavalos como fonte de energia. Em 1815, a *Idade d'Ouro do Brasil*, o primeiro jornal da Bahia, anunciou com grande alarde que o governador da capitania havia visitado a propriedade de Pedro Antônio Cardoso, na ilha de Itaparica. Ali, acompanhado de um grupo de senhores de engenho, o governador testemunhou o funcionamento da primeira moenda de engenho movida a vapor. A máquina a vapor, encomendada à firma inglesa Walsh and Bolton, custara a Cardoso três contos de réis, soma com que poderia ter comprado vinte ou mais escravos jovens. A Walsh and Bolton não pôde fornecer a Cardoso os serviços de um técnico para instalar a máquina de modo adequado. Provavelmente por isso, logo surgiram problemas. Um ano mais tarde, a *Idade d'Ouro do Brasil* informou seus leitores que Cardoso pusera sua máquina a vapor à venda. Nesse mesmo ano, instalou-se a segunda máquina a vapor da Bahia, no Engenho Pimentel, em São Francisco do Conde, pertencente a Bento de Araújo Lopes Vilas Boas, futuro barão de Maragogipe. Uma década e meia depois, a máquina continuava fornecendo energia para mover a moenda do engenho. Esse sucesso convenceu outros proprietários a investir em máquinas a vapor, e em 1834 a Bahia já possuía 46 engenhos movidos a vapor. Esse número chegou a 282 em 1873, quando cerca de dois quintos dos engenhos do Recôncavo utilizavam máquinas a vapor.[41]

A aplicação da energia a vapor ao processo de moagem não provocou nenhuma mudança fundamental na fabricação do açúcar. Permitia moer mais cana em menos tempo do que um engenho movido por bois ou cavalos, mas a quantidade de açúcar produzida com determinada quantidade de cana continuava a mesma. Uma moenda movida a vapor na primeira metade do século XIX não era, na realidade, melhor que uma moenda movida a água bem construída. Assim, os senhores de engenho só podiam obter benefícios substanciais com a instalação de uma máquina a vapor quando não era possível aproveitar a energia de alguma corredeira.[42]

Muito mais importante para aumentar a produtividade da cana foi a adoção das moendas horizontais, introduzidas no Brasil a partir de aproximadamente 1800. Em 1820, Felisberto Caldeira Brant Pontes, proprietário de um grande engenho na comarca de Ilhéus, encomendou duas moendas desse tipo à firma inglesa Graham, Buxton and Company. Brant Pontes estava a seguir o exemplo do cunhado, Pedro Antônio Cardoso, que em 1815 havia equipado seu engenho em Itaparica com uma moenda horizontal e com uma máquina a vapor. A essa altura, artesãos baianos já haviam aprendido a montar essas moendas, e sua habilidade era reconhecida até na distante província de São Paulo. As novas moendas diferiam das que até então estavam em uso na disposição dos cilindros, ou tambores, que agora eram alinhados horizontalmente e não mais verticalmente. Esse dispositivo, especialmente quando os cilindros eram de ferro, esmagava a cana com muito mais eficiência; isto é, extraía mais caldo. Também permitia que um número maior de escravos fosse empregado para enfiar canas entre os cilindros, reduzindo, com isso, o tempo necessário para a moagem. As moendas horizontais tinham ainda outra vantagem: funcionavam bem com qualquer tipo de energia — juntas de bois ou cavalos, uma roda-d'água ou uma máquina a vapor.[43]

A outra área em que houve mudanças tecnológicas significativas foi a casa das caldeiras, onde, no final do século XVIII e na primeira metade do oitocentos, os proprietários baianos mais inovadores e esclarecidos procuraram aumentar a eficiência das fornalhas. Seus esforços tiveram êxito: os aperfeiçoamentos nos projetos das fornalhas resultaram em economia no consumo de lenha e, com a introdução da cana caiana, permitiram a queima do bagaço. A partir da década de 1820, o bagaço da cana passou a ser o combustível usado em mais da metade dos engenhos situados no norte do Recôncavo. Para reconstruir as fornalhas e dotá-las com portinhas de ferro para controlar as correntes de ar, os senhores de engenho, é claro, tiveram de contratar ferreiros e pedreiros familiarizados com os novos projetos. Também tiveram de mandar construir em suas propriedades bagaceiras (telheiros ou depósitos para a secagem do bagaço). Mas não tiveram de investir grandes somas de capital. Nem precisaram reorganizar totalmente as rotinas de trabalho em suas propriedades. Afinal, já empregavam escravos nas tarefas de retirar o bagaço da casa da moenda, de carregar lenha e de abastecer as fornalhas. Os mesmos escravos podiam levar as canas moídas para uma bagaceira e, depois de secas, levá-las de volta para a casa das caldeiras para servir como combustível.[44]

A adoção da energia a vapor na moagem da cana, a instalação de moendas horizontais e os aperfeiçoamentos nos projetos das fornalhas definiram a extensão da mudança tecnológica na indústria açucareira baiana entre 1780 e 1860. Essas inovações, como F.W. O. Morton já frisou, não foram suficientes para garantir sua competitividade no mercado mundial. A primeira metade do século XIX assistiu a uma verdadeira revolução na tecnologia da fabricação do açúcar que resultou no surgimento dos primeiros engenhos inteiramente mecanizados de Cuba. Esses engenhos (*ingenios*) empregavam a energia a vapor não só para moer a cana, mas também para transformar seu caldo em açúcar. Na década de 1860, a colônia espanhola tinha 64 engenhos totalmente mecanizados. A Bahia tinha apenas dois — o Engenho São Lourenço, de Francisco Gonçalves Martins, e o Engenho Novo do Paraguaçu, de Tomás Pedreira Geremoabo. Esses dois proprietários enfrentaram dificuldades financeiras depois de instalar os novos equipamentos. Em 1926, a Bahia ainda tinha apenas 22 usinas de açúcar totalmente mecanizadas, cinco das quais estavam fechadas na época. Outras 230 propriedades no Recôncavo continuavam a fabricar açúcar pelos métodos tradicionais.[45]

Se a modernização não ocorreu, não foi porque se utilizasse a mão-de-obra escrava, nem por causa de algum atavismo profundamente arraigado, mas sobretudo em decorrência dos recursos financeiros limitados de que os senhores de engenho dispunham. Sem poderem contar com um sistema bancário adequado e com poucas outras fontes de capital para investimentos de longo prazo, não tinham condições de arcar com os enormes gastos necessários para a compra de tachas a vapor, aparelhos de cozimento a vácuo, centrífugas e máquinas pneumáticas de secagem. O custo destacava-se como o único obstáculo para o uso de tais equipamentos, na opinião da Junta da Lavoura. Em 1853, essa organização semi-oficial, voltada para a promoção de melhorias na agricultura baiana, reconheceu os resultados superiores que podiam ser proporcionados pelas tachas a vapor e aparelhos de cozimento a vácuo, mas recomendou que o governo provincial não tentasse incentivar seu uso; o custo era simplesmente proibitivo. Como alternativa, segundo a Junta, o governo deveria procurar formas de aperfeiçoar os métodos de produção já em uso.[46]

Só os senhores de engenho mais abastados podiam se arriscar a perder a receita de uma ou duas safras enquanto experimentavam novas tecnologias. Os outros aguardavam provas de que as inovações eram genuínas, e não fraudes como a "sácaro-motriz", um engenho que, segundo seus inventores, não precisava de nenhuma fonte de energia para moer cana. Uma grande prudência caracterizava até os proprietários mais ricos e os mais interessados em mudanças tecnológicas. Assim, em 1859, quando lhe ofereceram a oportunidade de comprar um novo tipo de arado, o "cultivador a vapor", João Maurício Wanderley, dono de grandes propriedades açucareiras no Recôncavo, recusou a oferta. Queria "vantagens imediatas e *não* fazer experiências ruinosas".[47]

O que acontecera com a audaciosa "atitude modernizante" que, segundo alguns historiadores, levara os grandes proprietários do Recôncavo a instalar o Engenho da Filosofia no início do século XIX como "engenho experimental"? Por que as experiências feitas nessa "fazenda-modelo" não forneciam a senhores de engenho como Wanderley provas de que as novas tecnologias trariam "vantagens imediatas"? Na verdade, o Engenho da Filosofia ilustra de modo eloqüente, mais uma vez, os limites dessas atitudes modernizantes. Faziam-se experimentos ali, mas a propriedade estava longe de ser, em qualquer sentido convencional, uma "fazenda-modelo" ou um "engenho experimental". Nem tampouco se chamava formalmente "Engenho da Filosofia". Tratava-se, na verdade, de uma propriedade privada, o Engenho São Carlos, situado na vila da Cachoeira e pertencente a Manoel Jacinto de Sampaio e Melo. Este, que exercia também o cargo de professor régio de Filosofia, passou vários anos tentando aperfeiçoar um projeto de uma fornalha mais eficiente. Nisso gastou também, de sua própria fortuna, mais de quatro contos de réis, soma então equivalente ao valor de trinta escravos jovens e saudáveis. Os esforços de Sampaio e Melo lhe valeram o desdém dos outros senhores de engenho, que o viam metido em experiências fracassadas em vez de fabricar açúcar com métodos comprovados e lucrativos. Por zombaria, passaram a chamar sua propriedade de "Engenho da Filosofia". No fim, porém, o professor de Filosofia teve êxito; em 1816, publicou um projeto para uma fornalha mais eficiente que queimaria o bagaço de cana.[48]

A fornalha de Sampaio e Melo representou um avanço importante, mas não era um aparelho de cozimento a vácuo. Escorados numa tecnologia que se estava tornando rapidamente antiquada, os senhores de engenho baianos viram-se mal preparados para lidar com as dificuldades que enfrentaram nas décadas posteriores a 1860. Entre 1866 e 1871, uma praga conhecida na época simplesmente como "a moléstia" atacou os canaviais na Bahia, chegando a obrigar alguns senhores de engenho a comprar açúcar até para as suas necessidades domésticas. O aumento da produção de açúcar de beterraba na Europa criou um problema mais grave e mais duradouro. Ao mesmo tempo, os senhores de engenho na Bahia tinham de se contentar com uma oferta cada vez mais minguada de mão-de-obra escrava. O resultado não foi uma marcha resoluta rumo à modernização; foi um triste declínio das exportações da província que, no início do século, ocupava o primeiro lugar na produção de açúcar.[49]

FUMO

Como o açúcar, o fumo era um produto de exportação, um dos esteios do comércio exterior da Bahia. No entanto, embora se pudesse esperar que os dois correspondessem a um padrão comum de monocultura extensiva, havia grandes diferenças entre a produção do açúcar e a do fumo.

As mais conhecidas e mais óbvias estavam no beneficiamento, a única área da produção do fumo que, até a década de 1830, dependia quase exclusivamente da mão-de-obra escrava.[50] Os lavradores que beneficiavam suas próprias safras precisavam de um ou dois escravos especialmente treinados, os chamados "fumeiros". Os lavradores baianos raramente cultivavam fumo em escala suficiente para justificar a posse de mais de três fumeiros. Mesmo nesse caso, os escravos de enxada e foice e outros cativos tinham de ajudar no que Vilhena chamou o "trabalho sórdido" de torcer o fumo em cordas firmemente trançadas.[51]

Esse trabalho começava quando, depois de ficar ao sol por um dia para murchar, as folhas colhidas eram levadas para a "casa de fumo". Em contraste com o engenho, que reunia sob um único teto a casa da moenda, a casa das caldeiras e a casa de purgar, além de um depósito para o açúcar encaixotado, a casa de fumo não passava de um galpão de bom tamanho. Às vezes, resumia-se a um cômodo anexo à "casa de morar" do lavrador. Ali os escravos amarravam as folhas a varais e as penduravam para secar. Após cerca de uma semana, recolhiam as folhas e, uma por uma, retiravam os talos. Nessa altura, o lavrador podia separar algumas das melhores folhas para que fossem moídas como rapé. A maior parte da safra, contudo, seria transformada em longas cordas de fumo de rolo.

A partir daí, o lavrador dependia das habilidades do fumeiro, que, com outros três ou quatro escravos, trabalhava no "banco de engenho". Em sua "Memória sobre as espécies de tabaco que se cultivam na Vila da Cachoeira", escrita em fins da década de 1780, Joaquim de Amorim Castro explicou que o banco de engenho tinha um "eixo cilíndrico do comprimento de dez a 12 palmos [de 2,42 a 2,64 metros]... posto nas suas extremidades em dois encaixes". Ainda explicou que o cilindro, feito de madeira, tinha numa das extremidades "uma certa divisão por onde se introduz a corda" e que, na outra, havia "uma haste" para fazê-lo girar. Enquanto um escravo girava o cilindro para apertar a corda, os outros acrescentavam as folhas até que ela atingisse o comprimento e a espessura certa ("três dedos", segundo Antonil) e o peso adequado.[52] Então, depois de retirar a corda do banco de engenho, os escravos a enrolavam em torno de uma vara grossa para formar uma "bola" de fumo.

No dia seguinte, os escravos desmanchavam a bola, torciam novamente a corda e enrolavam-na outra vez em torno de uma vara. As repetidas torceduras, conhecidas como "viraduras", produziam uma corda com uma textura uniforme e cerrada. Entre uma viradura e outra, a bola era deixada numa prateleira com um cocho embaixo. No terceiro dia, começava a secretar os óleos contidos nas folhas que ainda não estavam perfeitamente secas. Os lavradores chamavam esses óleos de "mel de fumo". Depois de um mês ou mais de viraduras, quando as cordas haviam atingido a consistência desejada, os escravos juntavam três delas para formar uma corda mais longa. Então aplicavam à corda uma camada generosa de um xarope alcatroado, composto de uma mistura de mel de fumo, erva-doce e outras ervas, melado, e, às vezes, banha, que dava ao fumo baiano seu aroma doce e característico. Faltava ainda um último conjunto de tarefas: as cordas eram enroladas em hastes de madeira de modo a formar rolos grossos que podiam pesar até 25 arrobas (367,5 quilos). Os escravos embrulhavam os rolos prontos em folhas de bananeira ou de gravatá e, depois, em "capas" de couro.

Embora um processo demorado, o fabrico do fumo de corda não exigia grande número de escravos. Muito mais importantes eram a habilidade e destreza dos trabalhadores cativos empregados na "enrola" do fumo. Além das despesas com a aquisição e manutenção dos escravos, os lavradores de fumo tinham de fazer apenas um investimento relativamente modesto em equipamentos e instalações. Precisavam de pouco mais de um galpão ou telheiro, prateleiras, varas, alguns outros implementos simples de madeira e um caldeirão de cobre para cozinhar a mistura de mel de fumo, ervas e melado que aplicavam às cordas. Na verdade, nem mesmo esse investimento era imprescindível. Os lavradores sem recursos para montar uma casa de fumo com todos os "acessórios necessários" e comprar um fumeiro podiam pagar beneficiadores, chamados "enroladores", para torcer e enrolar seu tabaco. Ou podiam produzir fumo em folha, que, depois de colher, simplesmente penduravam para secar em alpendres improvisados ou até nos caibros de suas próprias casas.[53] Folhas penduradas em caibros — nada poderia estar mais distante das complexidades do fabrico do açúcar, que exigia uma moenda, um terno de caldeiras e tachas, uma fornalha, um grande número de fôrmas de barro e uma série de andainas para as fôrmas.

As diferenças entre o fumo e o açúcar não se restringiam ao beneficiamento; manifestavam-se também nas rotinas diárias e anuais do cultivo.[54] O tabaco era acima de tudo uma lavoura exigente. Do solo, exigia um rico suprimento de nutrientes; dos lavradores, de suas famílias e de seus cativos, não exigia nem tanto resistência e força física e, sim, cuidados constantes e atenção aos detalhes. De fato, a força bruta pouco valia quando, a partir de março ou abril, os escravos começavam a enterrar as sementes minúsculas em buracos rasos cavados com a mão ou com uma enxada num canteiro especialmente preparado. A força também não era necessária nos cuidados que as plantinhas recebiam no canteiro, onde eram regadas pelo menos uma vez por dia e mantidas ao abrigo do sol. Os lavradores e seus escravos tinham de exercer constante vigilância contra os "terríveis insetos" que podiam atacar os canteiros: formigas, lagartas, grilos e gafanhotos. Chegavam a deixar suas casas "nas noites de escuro, e tenebrosas, com auxílio de luzes" para tirar os insetos das plantas.[55]

Um mês inteiro se passaria antes que as mudas estivessem maduras o suficiente para ser transplantadas. Então, os escravos as desenraizavam delicadamente com a mão, punham-nas em cestos e as carregavam para um terreno próximo, onde covas parecidas com as usadas no cultivo da mandioca estavam prontas para recebê-las. No transplante das mudas, a pontualidade era da maior importância. Para que florescessem, sua transferência só podia ser feita depois que tivessem atingido a altura certa e que o solo em que seriam plantadas tivesse sido molhado pelas chuvas. Os lavradores mais pobres dependiam da ajuda mútua para realizar a transferência das mudas a tempo. Convidavam os vizinhos para um dia de trabalho, seguido de uma refeição e uma festa — uma espécie de mutirão, que, no século XIX, se chamava "boi-de-cova".[56]

Depois de transferidas as mudas, capinas constantes mantinham a plantação livre de ervas daninhas e permitiam que os lavradores e seus escravos detectassem logo qualquer sinal de presença das temidas lagartas. Quando estas apareciam, os lavradores baianos às vezes soltavam bandos de perus que, como Vilhena observou, "avidamente engolem aquele inseto". Recorriam também a crianças, que eram consideradas especialmente "aptas" para arrancar as lagartas dos caules e das folhas.[57] Dois meses depois da transferência das mudas, quando as plantas tinham atingido cerca de um metro de altura, ocorria a poda, ou "capação". Os escravos retiravam o "olho de cima" de cada pé de fumo. A capação impedia que as plantas produzissem flores, mas também provocava o aparecimento de olhos, ou renovos, secundários. Estes, por sua vez, também tinham de ser tirados, numa operação conhecida como "desolha".

Em setembro começava a safra. Em vez de desenraizar a planta toda, os escravos colhiam as folhas, uma a uma, tomando cuidado para não mexer com os ramos mais próximos ao solo. Mais tarde, depois de "capados", esses ramos produziam uma segunda geração de folhas, chamadas "socas". Ao colher as socas, os escravos mais uma vez deixavam intocados os ramos na base da planta. Desse modo, os lavradores podiam obter até três ou quatro colheitas de cada pé de fumo antes que a safra terminasse, em dezembro, quando permitiam que suas plantações produzissem sementes.

O cultivo do fumo exigia muito trabalho, mas se tratava de um trabalho mais meticuloso do que extenuante. Enquanto os senhores de engenho queriam força e resistência em seus cativos, os lavradores de fumo buscavam destreza, perícia e diligência. O exemplo da lavoura fumageira na Bahia refuta, portanto, a tese de que a escravidão era incompatível com atividades "intensivas em cuidados" e que somente atividades "intensivas em esforço" podiam empregar a mão-de-obra cativa. Na verdade, como Antonil escreveu em 1711, a cultura do fumo era "tal que a todos dá que fazer; porque nela trabalham grandes & pequenos, homens & mulheres, feitores & servos". Mulheres e até crianças podiam, tão bem quanto homens adultos, executar as delicadas tarefas de semear os canteiros, transplantar as mudas, capar e desolhar os pés de fumo, e colher as folhas, uma a uma. No século XX, as mulheres muitas vezes passaram a assumir toda a responsabilidade pelas tarefas diárias nos sítios de fumo do Recôncavo enquanto seus maridos trabalhavam na cidade ou em usinas próximas.[58]

A qualidade dos rolos de tabaco que chegavam aos comerciantes de Cachoeira e Salvador no fim da safra variava segundo os cuidados recebidos pelo produto ao longo de todo processo de cultivo e na casa de fumo. Também dependia da procedência das folhas usadas no fabrico dos rolos: se eram da primeira colheita ou se eram socas. Em geral, só a primeira e segunda geração de folhas produziam rolos que correspondiam aos padrões exigidos pela Mesa de Inspeção para o fumo destinado a mercados europeus. O resto ela rejeitava como "refugo", impróprio para ser enviado a Portugal.[59] Mas não faltava mercado para o refugo. Os traficantes de escravos não podiam comprar legalmente o fumo aprovado pela Mesa; tinham de usar rolos de refugo em suas negociações para adquirir cativos na África. Assim, os regulamentos da Mesa de Inspeção estimulavam os lavradores baianos a produzir rolos feitos com as socas da segunda, terceira ou quarta geração.

Porém, mesmo sem os regulamentos, os lavradores tinham boas razões para colher as socas. Por um lado, temperaturas baixas nunca ameaçavam as plantações, já que uma geada é praticamente impossível na Bahia. A grande preocupação dos lavradores era, ao contrário, o calor escaldante do verão, que podia "queimar" as plantações. Quando, em setembro, as folhas dos pés plantados em março ou abril amadureciam, ainda restavam três ou quatro meses antes do início do verão. Não era tempo suficiente para intercalar um novo plantio, mas era suficiente para que uma segunda e uma terceira geração de folhas se desenvolvessem em pés já maduros. Por outro lado, as socas, mesmo alcançando um preço menor, não deixavam de aumentar o tamanho total da colheita e a renda monetária que os lavradores recebiam no fim da safra.

A colheita maior, no entanto, era obtida em detrimento da fertilidade do solo. O fumo tende a desgastar rapidamente os solos. Os lavradores de tabaco da Virgínia e de Maryland no período colonial, que não colhiam uma segunda geração de folhas, descobriram que, para que não caíssem os rendimentos, um terreno não suportava mais do que três anos consecutivos de cultivo. Depois a terra tinha de ser deixada de pouso durante vinte anos. Na Bahia, a colheita de socas só agravava o problema do desgaste do solo. Três colheitas num só ano causavam um dano quase tão grande quanto três anos de cultivo com uma única colheita anual. Feitas em três anos consecutivos, as colheitas repetidas seriam muito mais prejudiciais.[60] Para compensar o estrago, os lavradores de Cachoeira estrumavam suas plantações e alternavam o fumo com outras culturas.[61]

Sob este aspecto, o exemplo do tabaco baiano tem uma importância mais ampla para as discussões historiográficas e teóricas sobre a agricultura escravista. Contradiz a afirmação categórica de Fernando Henrique Cardoso de que "a economia escravista... é uma *economia de desperdício* pela sua própria natureza". Do mesmo modo, as técnicas de cultivo usadas pelos lavradores de fumo no Recôncavo não corroboram a tese de Eugene Genovese segundo a qual o trabalho escravo seria em si mesmo incompatível com práticas mais intensivas, como a rotação de culturas e a estrumação.[62]

Contrariando essas teses, praticamente todos os autores que trataram do cultivo do fumo na Bahia, de Antonil em 1711 em diante, chamaram a atenção para a prática de se estrumarem regularmente as plantações. Joaquim de Amorim Castro, experiente produtor de fumo, escreveu no final da década de 1780: "O primeiro trabalho do Lavrador consiste em preparar o terreno com os estrumes necessários para a sua fertilidade." Isso significava, em geral, usar o que José da Silva Lisboa chamou apropriadamente de "currais portáteis". Começando em fevereiro ou março, os lavradores armavam um pequeno curral num terreno em que pretendiam replantar mudas de fumo; ali mantinham o gado confinado por uma semana ou até que o solo tivesse recebido quantidade adequada de esterco e urina. Em seguida, o curral era transferido para outra parte do mesmo terreno, na qual, para acelerar a fermentação, os escravos tinham espalhado ramos de mato e qualquer outro material orgânico que estivesse disponível. Mais uma vez, o gado "dormia" sete ou mais noites no curral. Assim, ao cabo de algumas semanas, todo o terreno estava coberto por uma camada de estrume. Mais tarde, com as covas preparadas, a "malhada" (terreno estrumado) estaria pronta para receber as mudas que aguardavam no viveiro.[63]

Obviamente, para estrumar as malhadas, era necessário possuir gado. Alguns senhores de engenho criavam gado em terras ociosas de suas propriedades, mas a pecuária era uma atividade paralela, sem ligação direta com o cultivo da cana; portanto, não era um elemento necessário à boa administração de um engenho. Em contraste, os lavradores de fumo com maiores recursos praticavam uma forma de *mixed husbandry* (agricultura associada integralmente à pecuária); em seus sítios e fazendas, a criação de gado era parte integrante da produção de fumo. Em 1835, Miguel Calmon descreveu essa relação entre o fumo e a pecuária de maneira precisa: "O Lavrador que mais gado tem, é... quem mais tabaco faz."[64] De fato, quase 59% dos lavradores de fumo inventariados em Cachoeira entre 1780 e 1860 criavam pelo menos algumas cabeças de gado. Os mais ricos possuíam trinta ou mais cabeças de "gado de criar", às vezes descritos nos inventários *post-mortem* como "gado de estrumar". Alguns também possuíam fazendas no sertão, com rebanhos maiores, com os quais podiam recompor o gado de criar de suas propriedades nos distritos fumageiros. Os lavradores mais pobres, sem gado próprio, tinham de se contentar com o estrume que os vizinhos pudessem lhes dar ou vender.[65]

Todos os lavradores, mesmo aqueles que não criavam gado, podiam praticar a rotação de culturas (que também servia para controlar as pragas). Em vez de cultivar o fumo no mesmo terreno até que o solo estivesse esgotado e depois limpar outro para uma nova plantação, alternavam o fumo com outras culturas. A seqüência exata de culturas que adotavam ainda não está clara; mesmo hoje no Recôncavo não se segue um esquema único de rotação, e provavelmente nos séculos XVIII e XIX a seqüência de culturas variava de uma freguesia para outra e, talvez, de uma fazenda para outra. Entre as seqüências possíveis estavam: primeiro plantar feijão ou amendoim e depois fumo e por fim mandioca; fumo no primeiro ano, milho ou feijão ou ambos no segundo ano e depois dois anos de mandioca; uma plantação de fumo e, em seguida, de um a quatro anos de mandioca. Todas essas seqüências incluíam pelo menos um ano de mandioca. Quando vinha logo depois do fumo num terreno, a mandioca beneficiava-se dos resíduos da estrumação do ano anterior. Assim, como resultado da rotação de culturas, o cultivo da mandioca e também de outras lavouras de subsistência era, como a criação de gado, parte integrante da produção de fumo. Para cada malhada de fumo num sítio ou fazenda bem administrada, haveria outro terreno de tamanho equivalente plantado com mandioca.[66]

Dois exemplos, ambos extraídos dos assentos cartoriais, servem para ilustrar a estreita associação do cultivo do fumo com as lavouras de subsistência. O primeiro vem do inventário *post-mortem* de João Ferreira de Melo, proprietário das fazendas Quilombo, Laranjeiras e Cajazeira, nas proximidades do arraial de Belém da Cachoeira. Os avaliadores que visitaram as fazendas em 1827 encontraram, entre outros bens, 64 escravos, três carros, machados, enxadas e outras ferramentas e mais de 80 cabeças de gado, além de duas "casas de morar", casas de fumo e de farinha e um "armazém de guardar mantimentos". Também encontraram grandes plantações de mandioca, dois alqueires de milho seco, trinta alqueires de feijão e dois carros de "tamboeiras" (espigas) de milho. Ao voltar um ano depois, tiveram de avaliar mais 85 mil covas de mandioca, "um curral estrumado para viveiro" e "mais um pedaço de terra estrumada" pronto receber mudas de fumo. Avaliaram também 20 mil covas de feijão e um "pedaço" de terra plantado com arroz. Entre 1826 e 1827, segundo as declarações e outros documentos anexados ao inventário, as fazendas de João Ferreira de Melo produziram mais de 600 arrobas de fumo de corda.[67]

O segundo exemplo vem do inventário de Francisco Moreira de Freitas, arrendatário do Sítio do Caranguejo na freguesia de Nossa Senhora do Rosário do Porto da Cachoeira e proprietário de 14 escravos. Depois da morte de Freitas, em 1818, sua viúva mostrou aos avaliadores que visitaram o sítio uma modesta "casa de morar", alguns móveis, ferramentas (sobretudo machados, enxadas e cavadores) e um quintal de coqueiros, bananeiras, jaqueiras e guabirabeiras — tudo valendo menos do que a terça parte do valor atribuído aos animais que o casal possuía: dois cavalos, 15 bois de carro e 17 cabeças de "gado de estrumar". A viúva também apresentou para avaliação um conjunto completo de equipamentos para fabricar fumo de corda e, "numa casa de palha de fabricar farinha", "uma roda de relar [*sic*] mandioca com seus acessórios". Ao vistoriar o resto do Sítio do Caranguejo, os avaliadores encontraram uma plantação de fumo com 22 mil covas e outro terreno com três mil covas prontas para o plantio; duas roças de mandioca, uma com 80 mil covas de mandiocas maduras e a outra com 14 mil covas recém-plantadas; uma terceira roça com "10 mil covas para mandioca levantadas mas ainda não plantadas"; um terreno com 13 mil covas de feijão maduro e ainda outro terreno com nove mil covas onde os escravos de Freitas haviam plantado "mundubis" (amendoins) junto com feijão e milho.[68]

A menos que sobreviesse uma seca devastadora ou chuvas torrenciais encharcassem a terra por semanas a fio, as 94 mil covas já plantadas com mandioca teriam fornecido à família e aos escravos do finado Freitas mais farinha do que seriam capazes de consumir em um ou até dois anos. Mesmo que as plantações rendessem menos de vinte alqueires por mil covas, a viúva teria um amplo excedente de farinha para vender nos mercados locais. As vendas de farinha não só resultariam numa renda monetária maior, como também deixariam a família de Freitas a salvo da penúria nos anos em que o preço do fumo baixasse ou em que se reduzisse a demanda estrangeira do tabaco baiano. A Tabela 28 mostra que, com freqüência, os sítios e fazendas das freguesias fumageiras de Cachoeira produziam consideráveis excedentes comercializáveis de farinha e, às vezes, excedentes realmente grandes.

TABELA 28
Produção de mandioca em fazendas e sítios de fumo no município de Cachoeira, 1788-1857

Ano	Nome(s) da(s) fazenda(s) ou do(s) sítio(s)	Nº de escravos	Nº de covas	Estim. da produção de farinha[a]: Em alqueires	Em rações anuais[b]
1788	Sítio do Cocão	18	20.000[c]	400	43,8
1796	Faz. da Velosa	14	26.000	520	57,0
1798	Sítio da Vargem	10	27.000	540	59,2
1800	Faz. do Saco	17	13.000	260	28,5
1809	Faz. da Cajazeira	21	18.000	360	39,5
1813	Sítio Olhos d'Água	17	76.000	1.520	166,6
1817	Faz. do Acu	15	48.000	960	105,2
1818	Sítio do Caranguejo	14	94.000	1.880	206,0
1819	Sítio do Candeal	3	14.000	280	30,7
1819	Faz. da Capianga	10	56.000	1.120	122,7
1823	Faz. da Terra Dura	50	40.000	800	87,7
1825	Faz. Taquaris	58	90.000	1.800	197,3
1826	Faz. Bananeira, da Tocaia e Genipapo	71	60.000	1.200	131,5
1827	Faz. Quilombo, Cajazeira e Laranjeiras	64	195.000	3.900	427,4
1830	Sítio do Gravatá	6	28.000	560	61,4
1834	Faz. da Vargem	43	100.000	2.000	219,2
1839	Faz. do Cocão	5	20.000	400	43,8
1840	Faz. da Jaqueira	9	50.000	1.000	109,6
1842	Faz. Gravatá, Tabuleiro e Terra Dura	71	205.000	4.100	449,3
1843	Faz. Terra Dura	4	42.000	840	92,1
1844	Faz. Capoeira	27	20.000[c]	400	43,8
1846	Faz. Murundu	4	16.000	320	35,1
1846	Faz. Areal	19	50.000	1.000	109,6
1846	Faz. Coqueiro	15	135.000	2.700	295,9
1854	Faz. Vargem Grande	15	60.000	1.200	131,5
1854	Faz. Caminhoá	15	30.000	600	65,8
1855	Faz. Sergi	22	110.000	2.200	241,1
1857	Faz. do Roçado	5	25.000	500	54,8
1857	Faz. Caracanha	7	20.000	400	43,8

Fontes: Inventários *post-mortem*, APEB, SJ, IT e ARC, IT.

Obs.: Estim. = estimativa. As estimativas da produção pressupõem um rendimento conservador de apenas 20 alqueires de farinha por 1.000 covas de mandioca. Além disso, a tabela inclui tão-somente exemplos em que a produção de farinha teria sido suficiente para alimentar todos os escravos presentes e *também* teria fornecido pelo menos mais dez rações anuais. A utilização de um rendimento maior e mais plausível no cálculo das estimativas não só elevaria as quantidades de farinha produzida, como também mais do que duplicaria o número de exemplos que poderiam ser incluídos na tabela.

[a]Rendimento de 20 alqueires de farinha por 1.000 covas.

[b]Rações anuais de 9,125 alqueires.

[c]Não inclui as covas reservadas especificamente para o consumo da família e dos escravos do inventariado

Mais do que uma mera adaptação técnica às exigências específicas do fumo, o cultivo de lavouras de subsistência representava uma estratégia que visava à diversificação da produção e, na medida do possível, à auto-suficiência doméstica — uma estratégia em acentuado contraste com a monocultura altamente especializada que levava os senhores de engenho e lavradores de cana a comprar farinha em vez de plantar mandioca. Na verdade, a fazenda de fumo era também uma fazenda de mandioca. Os produtores de tabaco de Cachoeira não admitiriam ser chamados de "roceiros"; preferiam a designação mais honrosa de "lavrador de fumo". No entanto, como os roceiros do sul do Recôncavo, colhiam grandes excedentes de mandioca. Nada menos do que 82% dos lavradores inventariados nos distritos fumageiros desse município haviam investido em rodas e outros "acessórios" para transformar a mandioca em farinha.[69] De fato, o tabaco estava tão estreitamente ligado à mandioca que, às vezes, a casa de fumo também servia como casa de farinha.

O FUMO, O CAFÉ E A DIVERSIFICAÇÃO AGRÍCOLA

Entre 1780 e 1860, a cana-de-açúcar, o fumo e o café espalharam-se pelos municípios produtores de mandioca de Maragogipe, Nazaré e Jaguaripe. A expansão da agricultura de exportação no sul do Recôncavo teve diversas conseqüências. No caso da cana, resultou muitas vezes no estabelecimento de *plantations* — grandes propriedades monocultoras —, como os engenhos Sururu e Vira-saia em Maragogipe, ambos de Francisco de Oliveira Guedes. Quase toda a farinha consumida pelos cem escravos que trabalhavam nos dois engenhos no final da década de 1850 era comprada.[70] Poucos roceiros, no entanto, tinham recursos para se transformar em proprietários de engenhos como o Vira-saia ou o Sururu. Na melhor das hipóteses, podiam se tornar lavradores de cana. Mas, participar da indústria açucareira como lavrador de cana significaria que pelo menos a metade da safra teria de ser entregue a um senhor de engenho; também obrigaria um ex-roceiro a submeter seus poucos escravos e talvez até sua família ao penoso trabalho de plantar e capinar os canaviais e, depois, ao serviço ainda mais árduo de cortar a cana. O trabalho pesado da lavoura canavieira poderia não deixar tempo para cultivar mandioca suficiente para as necessidades domésticas. Embora, sem dúvida, o açúcar propiciasse uma renda média maior, para os roceiros com poucos cativos ou sem escravos, a fazenda ou sítio não era simplesmente uma empresa; era também uma unidade doméstica. E tinham de se preocupar com o bem-estar dessa unidade doméstica.[71] Afinal, de que adiantaria uma renda monetária maior se, em alguns anos, toda essa renda tivesse de se destinar à compra de farinha?

O fumo, em contraste, exigia menos horas de trabalho pesado e muito mais atenção aos detalhes dos tratos culturais. Os pequenos lavradores do sul do Recôncavo que passaram a se dedicar ao fumo não precisavam entregar metade de sua safra a um senhor de engenho para seu beneficiamento; bastava-lhes amarrar as folhas colhidas em varais e deixá-las secar. Ao mesmo tempo, podiam continuar cultivando mandioca, tanto para suprir suas necessidades domésticas como para vender em mercados locais.

O mesmo pode ser dito sobre o café. Tudo que o lavrador precisava para descascar grãos de café secos era um pilão de madeira de bom tamanho. O famoso e aromático "café maragogipe" cultivava-se em sítios e fazendas que raramente tinham mais do que algumas centenas de cafezeiros. Os cafezais maiores, que tinham de quatro a nove mil pés, não se equiparavam nem às pequenas *plantations* das principais regiões produtoras de café do Sudeste. O cultivo de uma "porção" ou "quintal de cafés" proporcionava aos pequenos lavradores outra fonte de renda monetária e permitia-lhes participar da economia de exportação, mas sem abandonar a mandioca.[72] De fato, os inventários *post-mortem* indicam que, entre meados da década de 1820 e 1860, mais de 75% dos lavradores de Maragogipe e Nazaré tinham casas de farinha. Portanto, a expansão do fumo e do café no sul do Recôncavo resultou não na difusão da monocultura de exportação, mas na diversificação da produção em fazendas e sítios de porte médio e pequeno.[73]

A diversificação também chegou a caracterizar até alguns engenhos menores no sul da região, como o Engenho do Mocambo, em Maragogipe. Em 1860, três anos após a morte de sua proprietária, dona Hilária Maria de Jesus, o inventariante que assumiu a administração do engenho e de seus vinte escravos apresentou suas contas aos oficiais de justiça. As contas revelam que, durante a seca de 1857-59, marcada também por uma praga de lagartas, o inventariante teve de comprar farinha para compensar a insuficiência das colheitas de mandioca. A volta das chuvas em 1859 permitiu-lhe recorrer somente à farinha produzida no próprio engenho a partir do início de 1860. Apesar da seca, os escravos do Engenho do Mocambo produziram, segundo as contas do inventariante, 416 arrobas de açúcar e 26 cargas de rapaduras entre fevereiro de 1857 e outubro de 1860. Além disso, no mesmo período, a propriedade também produziu e *vendeu* 151 arrobas de fumo em folha, 171 arrobas de café e 259 alqueires de milho. Quando, em outubro de 1860, o inventariante fechou suas contas, o engenho tinha 25 mil covas de mandiocas maduras e prontas para serem desmanchadas — o bastante para alimentar a única filha de dona Hilária Maria e seus vinte escravos durante um ano inteiro e, mesmo que as colheitas fossem decepcionantes, para vender pelo menos 250 alqueires de farinha em mercados locais.[74]

Com boas condições de cultivo, essas 25 mil covas poderiam ter produzido facilmente um excedente de 400 alqueires para venda. Da mesma maneira que, nas roças de Nazaré e Maragogipe, muitas vezes era menos do que nítida a distinção entre a lavoura camponesa e a escravista, nenhuma distinção clara e rígida separava a agricultura de exportação e a produção para abastecer mercados locais no cotidiano dos escravos que trabalhavam no Engenho do Mocambo e nos sítios e fazendas de café e fumo espalhados por todo o sul e o oeste do Recôncavo.

Conclusões

Em 1940, apenas sete anos depois que Gilberto Freyre publicou *Casa-grande & senzala*, sua primeira grande obra sobre o Nordeste brasileiro, Fernando Ortiz escreveu seu estudo, hoje clássico, sobre o açúcar e o fumo em Cuba. Como Freyre, Ortiz foi um cientista social pioneiro na América Latina. Além disso, os dois autores dedicaram-se a empreitadas semelhantes: ambos procuraram compreender como a escravidão e a agricultura de exportação haviam moldado historicamente as sociedades em que viviam. O estudo de Ortiz revelou um contraste marcante entre a produção de açúcar e o cultivo do fumo em Cuba, contraste esse que chamou de *"contrapunteo cubano del tabaco y el azúcar"*. Traindo com freqüência fortes sentimentos nacionalistas, sua linguagem hoje soa antiquada, e, às vezes, até excessivamente literária para um estudo sociológico e antropológico sério. Alguns de seus argumentos também são questionáveis. No entanto, entre os muitos méritos duradouros que fizeram do estudo de Ortiz um clássico, está sua ampla investigação da diversidade possível numa sociedade e numa economia permeadas pelo escravismo e dominadas pela agricultura de exportação.[1]

Mas essa diversidade possível raramente recebeu mais que uma atenção fugaz entre os historiadores e outros cientistas sociais interessados no Nordeste brasileiro do período colonial e do século XIX. Isto é — para usar a analogia de Ortiz —, geralmente deixaram de investigar a malha de relações que, a modo de contrapontos, pode ter ligado as vidas cotidianas de senhores de engenho, escravos rurais, consumidores urbanos e pequenos lavradores aos mercados tanto locais como externos, criando uma paisagem social e economicamente complexa e variada no meio rural nordestino. Ao invés disso, na maioria das vezes, a literatura tem aceito como verdade incontestável que o sistema de *plantation* moldou e definiu completamente a sociedade que se desenvolveu no Recôncavo e nas outras regiões do litoral do Nordeste no período colonial e no século XIX.

O desenvolvimento histórico do Recôncavo foi, de fato, intimamente ligado à produção de açúcar e à agricultura de *plantation*. Durante mais de trezentos anos, escravos africanos e seus descendentes cativos nascidos no Brasil trabalharam nos canaviais e nos engenhos baianos para produzir açúcar para o mercado mundial. O comércio de açúcar e de produtos como o fumo, o algodão e o café trouxe uma nova onda de prosperidade à Bahia no final do século XVIII. As oito décadas que se estendem de 1780 a 1860 viram o crescimento real da economia de exportação: o volume das exportações aumentou; também aumentaram as receitas do comércio exterior. Os senhores de engenho que possuíam propriedades nos municípios em torno da baía de Todos os Santos e os negociantes sediados em Salvador que lidavam com o comércio de exportação gozavam de grande prestígio social; também exerciam grande influência política.

No entanto, concentrar a atenção unicamente nas grandes propriedades açucareiras, nos senhores de engenho e no comércio de exportação — adotar, enfim, a "visão plantacionista" que por tanto tempo dominou a historiografia não só resulta numa imagem gravemente distorcida da vida social e econômica no Recôncavo na primeira metade do século XIX, como também impede qualquer compreensão mais profunda das características que distinguiam a agricultura de *plantation* nos municípios que circundam a baía de Todos os Santos. Mesmo quando aplicada a essa região de *plantation* arquetípica, a "visão plantacionista" mostra-se lamentavelmente inadequada.

Essa visão não consegue explicar o grande mercado urbano *e rural* para mantimentos básicos que surgira no Recôncavo no final do século XVIII. De fato, por aceitar sem reservas uma "visão plantacionista" da história do Brasil, Frédéric Mauro e Francisco de Oliveira rejeitam até mesmo a possibilidade de que se tivesse desenvolvido um mercado interno significativo no Recôncavo rural. Mauro e Oliveira presumem que os engenhos da região eram auto-suficientes e que os escravos nessas propriedades não contribuíam para qualquer demanda interna de gêneros alimentícios. Assim, Francisco de Oliveira afirma peremptoriamente que não havia "trocas entre as unidades de produção" na Bahia rural e que "o abastecimento dos escravos" dos engenhos — estabelecimentos rurais supostamente "fechados" — era estritamente uma "questão interna", resolvida dentro dos limites dessas propriedades.[2]

Mas ali onde, segundo Mauro e Oliveira, nenhum mercado interno teria podido se desenvolver, as pequenas frotas de barcos vivandeiros que enchiam o porto de Salvador são a prova de um florescente comércio de abastecimento. Para o mercado de Salvador fluía a produção de diversas áreas fornecedoras, próximas e distantes, para satisfazer uma demanda vigorosa de frutas e verduras, carne-seca, arroz, milho, peixe seco, feijão e, acima de tudo, farinha de mandioca, o principal componente do regime alimentar na época. A demanda de farinha estendia-se além dos limites da cidade, abrangendo os distritos rurais do Recôncavo, onde os senhores de engenho e os lavradores de cana compravam regularmente grandes quantidades de farinha para sustentar seus cativos.

A existência de um mercado rural no Recôncavo para a farinha e outros mantimentos essenciais indica o alto grau de especialização que caracterizava os engenhos baianos no final do século XVIII e na primeira metade do oitocentos. Estreitamente ligados a uma economia mundial emergente, os senhores de engenho e também os lavradores de cana tendiam a concentrar todos os seus recursos no cultivo da cana e no fabrico de açúcar e de seus subprodutos. Passavam, como conseqüência, a depender do mercado interno para assegurar a reprodução diária dos plantéis de escravos que trabalhavam em suas propriedades. Os componentes mais fundamentais da dieta desses escravos — farinha de mandioca, carne-seca e bacalhau — e também os panos de algodão que os vestiam chegavam aos engenhos através do mercado interno.

Portanto, a produção e o comércio de víveres para o mercado interno, tão freqüentemente desprezados como atividades "marginais", "periféricas" ou apenas "subsidiárias", revelam-se como indispensáveis e até fundamentais na economia regional mais ampla, dominada pela agricultura de exportação. A expansão da produção de açúcar na Bahia a partir do final do século XVIII dependeu de uma oferta local crescente e geralmente confiável de mantimentos. Por isso, qualquer redução duradoura e séria no abastecimento dos mercados locais teria ameaçado a continuação do crescimento e do desenvolvimento da agricultura de *plantation* altamente especializada dos distritos açucareiros do Recôncavo.

Fica igualmente claro que a utilização do trabalho escravo na agricultura de exportação não constituía, em si, uma barreira intransponível para o desenvolvimento de um mercado interno. Os escravos dos engenhos baianos ocasionalmente participavam desse mercado vendendo a produção excedente de suas roças; com mais freqüência, e com impacto muito maior na economia interna, esses escravos, através das compras feitas por seus senhores, contribuíam para a demanda de víveres produzidos na Bahia e em outras partes do Brasil. Seria, porém, miopia equiparar o mercado interno baiano aos de economias capitalistas maduras. Os senhores de engenho e lavradores de cana só compravam para seus cativos uma reduzida gama de artigos: na prática, pouco além de alguns mantimentos básicos e tecidos baratos. O que talvez seja mais importante é que, para a reprodução a longo prazo de seus plantéis, os senhores de engenho e os lavradores de cana dependiam não das compras de farinha feitas no mercado interno, mas do tráfico atlântico de escravos.

Apesar disso, a especialização na indústria açucareira promoveu e até exigiu a especialização em outras áreas da economia baiana. A demanda rural e urbana de farinha incentivou centenas de roceiros no sul do Recôncavo e ao longo de todo o litoral baiano a cultivar mandioca. Longe de serem camponeses isolados, só tenuemente ligados a uma economia monetária, esses pequenos lavradores freqüentemente possuíam escravos e os usavam para produzir excedentes consideráveis de farinha. Talvez nada menos de 80% da farinha preparada nas roças de Jaguaripe, Nazaré e Maragogipe na década de 1780 já se destinava ao mercado. Assim, nossa compreensão da sociedade e economia do Brasil colonial e oitocentista não avançará nada se seguirmos repetindo Caio Prado Júnior e caracterizarmos os roceiros baianos como lavradores "decadentes" e "degenerados" que praticavam "uma mesquinha agricultura de subsistência".[3]

Embora desprezados na historiografia, os lavradores escravistas de mandioca destacam-se como um dos segmentos mais interessantes da sociedade rural no Brasil colonial e do século XIX. Utilizavam a mão-de-obra cativa fora dos limites da *plantation,* e comercializavam excedentes apreciáveis de farinha e outros produtos fora dos circuitos mais conhecidos do comércio internacional. A posse de cativos criava, entre esses pequenos lavradores e os senhores de engenho do Recôncavo, um vínculo baseado no interesse na continuidade da escravidão como instituição e como regime de trabalho. A farinha que vendiam para os senhores de engenho e lavradores de cana reforçava esse vínculo. No entanto, no dia-a-dia — quando trabalhavam nas roças e nas casas de farinha; quando se sentavam para comer suas refeições modestas de carne-seca, farinha e laranjas; quando eles e seus filhos tentavam escapar dos recrutadores militares — os roceiros que tinham apenas um ou dois escravos levavam uma vida muito parecida com a de seus vizinhos que não tinham nenhum.[4]

A demanda de víveres básicos no Recôncavo rural introduziu competição na relação complementar, sob outros aspectos, que Salvador mantinha com seu *hinterland* imediato. Consumidores urbanos, senhores de engenho e lavradores de cana competiam todos no mesmo mercado regional pelos mesmos suprimentos de farinha. As tentativas oficiais de atenuar essa competição com a criação do Celeiro Público, um mercado controlado, e por meio de leis que obrigavam senhores de engenho e lavradores de cana a cultivar mandioca tiveram pouco êxito. Os senhores de engenho e lavradores de cana resistiam abertamente às leis, recusando-se a plantar as quantidades prescritas de mandioca; era, para eles, simplesmente mais lucrativo comprar farinha.

A competição pela farinha comercializada no mercado baiano agravava-se quando o preço do açúcar subia. Para tirar proveito do preço mais alto, os senhores de engenho reduziam ainda mais o cultivo da mandioca em suas propriedades, aumentavam o tamanho de seus plantéis e passavam a comprar mais farinha. Assim, a prosperidade na economia de exportação freqüentemente exacerbava os problemas periódicos de escassez e carestia nesse mercado. Seria, porém, uma fórmula simplista explicar esses problemas como mera conseqüência da alta do preço do açúcar. Na maioria das vezes, as crises de abastecimento — os anos em que o preço da farinha atingia um pico e a escassez era mais aguda — coincidiam com secas ou invernos excessivamente chuvosos; isto é, com anos em que condições meteorológicas desfavoráveis provocavam uma queda na produção de mandioca.[5]

A longo prazo, o mercado regional de farinha mostrou-se capaz de se ajustar ao aumento da população urbana e ao crescimento da economia de exportação. Esse crescimento provocou a expansão do cultivo da cana, do fumo e do café pelos municípios ao sul da baía de Todos os Santos. No entanto, a transformação de Nazaré e Maragogipe em centros da agricultura de exportação não fez a mandioca desaparecer do Recôncavo; ao contrário, a produção de farinha para o mercado regional aumentou na primeira metade do século XIX. O crescimento da economia de exportação tampouco provocou qualquer elevação duradoura e extraordinária no preço da farinha; em termos reais, um alqueire de farinha, em média, não custava mais na década de 1850 do que custara na de 1780. A ausência de qualquer tendência ascendente constante no preço real da farinha é um forte indicador de que, ao longo do tempo, a expansão do cultivo da mandioca acompanhou o ritmo do crescimento da demanda urbana e rural. Essa expansão, por sua vez, resultou num aumento da oferta de farinha no mercado baiano, permitindo, assim, que continuasse crescendo uma forma altamente especializada da agricultura de *plantation* nos distritos açucareiros do Recôncavo.

Para compreender como se conseguiu aumentar, entre 1780 e 1860, a produção tanto de gêneros de exportação como de farinha no Recôncavo, deve-se, em primeiro lugar, abandonar a idéia comum de que, durante o período colonial e no século XIX, os senhores de engenho monopolizavam a posse e o uso da terra no Nordeste. Na verdade, faz pouco sentido falar de um monopólio da terra em relação a uma região que tinha uma fronteira agrícola ainda aberta. Além do Recôncavo, no interior da Bahia e ao longo do litoral sul da província, estendiam-se vastas reservas de terras desabitadas e adequadas à agricultura. Terras incultas podiam ser encontradas até no próprio Recôncavo, onde, no final do século XVIII, ainda havia extensas matas virgens. A oferta abundante de terra permitiu a expansão da agricultura e, assim, um aumento da produção de gêneros de exportação e também de mandioca.

A expansão da agricultura dependia não só da disponibilidade física de terras, mas também da estrutura fundiária. Também neste caso, a documentação não confirma a idéia comum de que os senhores de engenho monopolizavam a posse e o uso da terra. Sem dúvida, eles mantinham um firme controle sobre a propriedade da terra nas freguesias açucareiras tradicionais, situadas na margem norte da baía ou nas suas proximidades.

Mantinham esse controle apesar do sistema de herança que determinava a partilha igual entre todos os herdeiros.[6] Com uma área média de cerca de 481 hectares, os engenhos dessas freguesias eram grandes propriedades pelos padrões do Recôncavo do século XIX; eram também suficientemente grandes para permitir a produção rentável de açúcar. Através do controle das melhores terras para a cana próximas à baía e, não menos importante, através do controle que detinham sobre o maquinário necessário para transformar a cana em açúcar, os senhores de engenho podiam impor acordos opressivos de parceria e arrendamento aos lavradores de cana nessas freguesias. A expansão geográfica da lavoura canavieira a partir da década de 1790, no entanto, não recriou em outras partes do Recôncavo a estrutura fundiária extremamente concentrada dos distritos açucareiros tradicionais. Na década de 1850, nas freguesias do sul e do oeste, centenas de lavradores de porte médio e pequeno, que não tinham investido na construção de engenhos, continuavam a ser donos de fazendas e sítios próprios. Eram esses os lavradores que supriam a crescente demanda de farinha no mercado regional.

Reconhecer que a terra era abundante e que os senhores de engenho nunca monopolizaram o seu uso é também fundamental para explicar a utilização generalizada da mão-de-obra escrava no meio rural baiano. Numa fronteira ainda aberta e em cantos ociosos de fazendas e engenhos, homens e mulheres livres pobres e despossuídos encontravam meios de sobreviver sem se empregarem regularmente como trabalhadores assalariados. O acesso à terra permitia-lhes conservar boa parte da "independência" que, como observou na década de 1880 George Stevens, cônsul britânico em Salvador, "invariavelmente ambicionam e pela qual são capazes de qualquer sacrifício". Sem dúvida, suas vidas eram muitas vezes marcadas pela miséria e pela pobreza aguda. Mas, como Stevens também notou, sua pobreza independente era "invejada por muitos escravos".[7] Não podendo contar com esses homens e mulheres pobres e despossuídos como mão-de-obra, os senhores de engenhos e os lavradores de cana, de fumo e de mandioca — todos eles — enfrentavam o problema de como manter uma força de trabalho confiável e permanente. A escravidão proporcionou-lhes uma solução comum. A utilização do trabalho escravo lhes fornecia os braços de que precisavam nas épocas do plantio e da safra e ao longo de todo o ano agrícola. Além disso, enquanto durou o tráfico negreiro, era possível aumentar o tamanho da força de trabalho rural com relativa rapidez. Essa possibilidade reduzia a competição pela mão-de-obra cativa entre a agricultura de exportação e a produção de gêneros alimentícios para abastecer mercados locais.

A escravidão também se mostrou bastante flexível. Podia satisfazer as necessidades de mão-de-obra nos engenhos e também nas fazendas e sítios de porte médio e pequeno que produziam fumo e mandioca. O número de escravos possuídos pelos agricultores do Recôncavo variava enormemente. Num extremo estavam os proprietários dos engenhos dos distritos açucareiros tradicionais da margem norte da baía, que possuíam plantéis de cinqüenta, cem ou até duzentos cativos. No outro estavam os lavradores de fumo e de mandioca, que, muitas vezes, eram senhores de apenas um ou dois escravos. O tamanho reduzido dos plantéis desses lavradores torna difícil estabelecer uma distinção nítida e clara entre a agricultura escravista e a produção camponesa no meio rural baiano da primeira metade do século XIX.

Não eram apenas as diferenças de tamanho que distinguiam os plantéis do Recôncavo rural. O que talvez seja até mais importante é que havia também diferenças na sua composição. Como em períodos anteriores, nas últimas décadas do século XVIII e na primeira metade do oitocentos, a população cativa dos engenhos e das fazendas de cana era predominantemente africana, e os homens eram mais numerosos do que as mulheres. Essa população era incapaz de um crescimento demográfico natural e autosustentado. Até mesmo para manter o tamanho de seus plantéis, os senhores de engenho e lavradores de cana precisavam da importação constante de cativos africanos. A reprodução da força de trabalho na indústria açucareira estava, portanto, duplamente vinculada ao mercado: os senhores de engenho recorriam ao mercado interno para obter as rações necessárias para alimentar diariamente seus cativos e ao mercado atlântico para recrutar novas gerações de trabalhadores escravizados. Já os lavradores de fumo do Recôncavo — e também, ao que parece, os de mandioca — dependiam muito menos do tráfico negreiro e muito mais do crescimento natural. Como conseqüência, no final do século XVIII, a população escrava dos distritos fumageiros do Recôncavo já se caracterizava por uma grande maioria de cativos nascidos no Brasil, e, nessa população, o número de mulheres e homens já se aproximava ao equilíbrio. Assim, a reprodução a longo prazo da força de trabalho dos distritos fumageiros não ocorria principalmente na África, mas, sim, nas fazendas e sítios de Cachoeira.

As rotinas diárias e anuais de trabalho na produção de açúcar, fumo e mandioca ajudam a explicar essas diferenças nos padrões de recrutamento da mão-de-obra. Na Bahia, como em toda parte, a produção de açúcar sujeitava os escravos a uma rotina implacável de trabalho extenuante e muitas vezes perigoso nos canaviais e nas casas de engenho. Nem na produção de fumo, nem na de mandioca, havia condições de trabalho tão árduas. Na verdade, na lavoura fumageira importava bem menos a força bruta do que a destreza e a habilidade. Nas muitas tarefas delicadas que eram necessárias no cultivo do fumo, os lavradores podiam se valer, de modo vantajoso, do trabalho de mulheres e até de crianças.

As medidas que os lavradores de tabaco adotavam para conservar a fertilidade da terra distinguiam ainda mais o cultivo do fumo da produção de açúcar. Praticando uma forma de agricultura integralmente associada à pecuária (*mixed husbandry*), estrumavam regularmente seus terrenos. Além disso, alternavam nesses terrenos o fumo com culturas como o milho, o feijão e a mandioca. Para os escravos dos sítios e fazendas de fumo, essa rotação de lavouras proporcionava, muito provavelmente, uma dieta mais saudável. Para os próprios lavradores, a rotação de culturas representava uma estratégia que visava à diversificação da produção e, na medida do possível, à auto-suficiência doméstica. A mandioca que colhiam fornecia grandes excedentes que, depois de transformados em farinha, podiam ser vendidos nos mercados locais.

A produção do fumo e a do açúcar exibiam, portanto, diferenças fundamentais. Na estrutura fundiária, no recrutamento da mão-de-obra, no uso da terra, nas técnicas agrícolas, no abastecimento e nas rotinas de trabalho — em todas essas áreas, o fumo e o açúcar diferiam radicalmente. Tomadas em conjunto, essas diferenças apontam para a existência de sistemas agrários distintos *dentro* dos limites da agricultura escravista de exportação. Em resumo, a fazenda, ou sítio, de fumo não era simplesmente uma versão reduzida da *plantation* açucareira; na verdade, não era, de modo algum, uma *plantation.*

Portanto, as tentativas de apresentar a lavoura fumageira como mais um exemplo da agricultura de *plantation* e encaixá-la no modelo da monocultura extensiva de exportação são tão enganadoras como a afirmação de que "desde o período colonial, a cultura do fumo era do tipo familiar, praticada por agricultores livres".[8] Essas tentativas desprezam necessariamente todas as diferenças que distinguiam os sítios e fazendas de fumo de Cachoeira dos engenhos das freguesias açucareiras tradicionais do Recôncavo. No entanto, essas diferenças são a chave para explicar como uma classe de lavradores escravistas de fumo sobreviveu à prolongada retração das exportações de tabaco que se estendeu de aproximadamente 1815 até a primeira metade da década de 1840. Esses lavradores sobreviveram como escravistas porque não dependiam fundamentalmente do tráfico negreiro para recrutar a mão-de-obra cativa que empregavam. Sobreviveram também porque, em suas fazendas e sítios, colhiam mandioca suficiente para sustentar suas famílias e seus escravos e ainda para vender excedentes de farinha nos mercados locais. Mesmo em anos bons, em que o preço do tabaco estava alto e em que florescia o tráfico negreiro, o cultivo da mandioca reduzia seus gastos monetários e ajudava-os a suprir as necessidades domésticas. Naqueles anos, as vendas de farinha também representavam, para os lavradores de fumo, uma fonte de renda adicional que podia ser usada na expansão da produção de tabaco.

Até hoje, os lavradores dos distritos fumageiros do Recôncavo reconhecem a estreita relação entre o tabaco e a mandioca. "O lucro do fumo", afirmam, "está na mandioca."[9] Em fins do século XVIII e na primeira metade do oitocentos, esse "lucro" não só garantiu a sobrevivência das unidades domésticas chefiadas pelos lavradores de fumo; também sustentou a produção escravista do tabaco — o segundo mais importante produto de exportação da província. Aqui, mais uma vez, é forçoso reconhecer o papel fundamental e até indispensável que a produção e o comércio de mantimentos básicos desempenhavam numa economia regional mais ampla dominada pela agricultura de exportação.

A expansão da lavoura fumageira no sul do Recôncavo, portanto, não resultou na difusão desenfreada da monocultura de exportação. O mesmo pode ser dito em relação à cafeicultura. O que se deu não foi a transformação de sítios e fazendas de porte pequeno e médio em grandes *plantations* monocultoras, mas, sim, a diversificação das atividades agrícolas nessas fazendas e sítios. Os lavradores do sul do Recôncavo começaram a combinar a produção de farinha com o cultivo de lavouras de exportação.

O fumo baiano destaca-se como uma espécie de anomalia na história agrária do Brasil colonial e oitocentista. Em nenhuma outra lavoura de exportação importante os escravos nascidos no Brasil representaram a maior parte da força de trabalho.[10] Em todas as outras regiões com economias exportadoras bem desenvolvidas, os fazendeiros, senhores de engenho e lavradores recorriam principalmente ao tráfico atlântico de escravos para recrutar a mão-de-obra. Em quase nenhuma outra área fora dos distritos fumageiros baianos, os lavradores praticavam uma forma de *mixed husbandry* (agricultura associada integralmente à criação de gado), adubando regularmente seus campos, ou alternavam, de modo sistemático, as culturas.[11]

Essas técnicas agrícolas, de fato, continuaram bastante raras até recentemente. Leo Waibel, um geógrafo agrícola alemão que fez pesquisas no Sul e no Centro-Oeste do Brasil na década de 1950, reconheceu logo que os lavradores de fumo do Recôncavo eram excepcionais sob esse aspecto. Waibel observou que, em toda a parte, os agricultores exploravam a terra com pouca preocupação com a preservação da fertilidade do solo; faziam uma rotação não de culturas e, sim, de terrenos. Concluiu que as técnicas que vinham sendo usadas, havia muito tempo, na agricultura européia, levariam muitos anos para se tornarem comuns no Brasil. Depois, no final de sua estada no Brasil, Waibel visitou a Bahia, onde, para seu espanto, viu que os lavradores de fumo estrumavam as suas plantações e alternavam as culturas. Ficou ainda mais surpreendido ao constatar que não se tratava de imigrantes europeus ou japoneses, mas de lavradores nascidos no Brasil e freqüentemente afro-mestiços.[12]

Exatamente por não se encaixar no modelo conhecido da monocultura extensiva, a lavoura fumageira na Bahia revela as possibilidades que efetivamente existiam *dentro* da agricultura escravista de exportação. Já não podem ser aceitas sem discussão as generalizações amplas que a historiografia sustentou durante décadas. Não se pode mais simplesmente presumir que a agricultura escravista de exportação foi sempre equivalente da agricultura de *plantation* e que o uso da terra sempre foi extensivo. Nem se pode partir do pressuposto de que a produção para exportação era necessariamente incompatível com uma população escrava capaz de se reproduzir em grande parte através do crescimento natural e auto-sustentado.

A lavoura cafeeira que se desenvolveu no Vale do Paraíba, nas províncias do Rio de Janeiro e de São Paulo após 1800, reproduziu, sob muitos aspectos, as estruturas já estabelecidas nos distritos açucareiros do Nordeste. Fazendeiros abastados apossaram-se de grandes propriedades em que, sem nenhuma preocupação com a preservação da fertilidade do solo, mandavam seus escravos cultivarem fileiras e mais fileiras de cafezeiros. Como os senhores de engenho baianos, dependiam principalmente do tráfico negreiro para garantir a reprodução a longo prazo da força de trabalho que empregavam. Mas o exemplo da lavoura fumageira na Bahia mostra que não havia uma simples continuidade ligando essas grandes fazendas de café aos engenhos do Nordeste. *Dentro* da agricultura escravista de exportação havia alternativas à *plantation.*

Para explicar como e por que essas alternativas foram descartadas será preciso mais do que referências vagas a uma história anterior de agricultura de *plantation* no Brasil ou às exigências de uma economia capitalista mundial que, na época, estava em fase de formação.[13] Será preciso pesquisar atentamente as estratégias que asseguravam a reprodução diária, anual e de longo prazo da agricultura escravista de exportação nas províncias do Rio de Janeiro e São Paulo e também os nexos que ligavam a lavoura cafeeira no Sudeste aos mercados locais da região. Uma explicação completa exigirá, além disso, investigações cuidadosas da história social e política do Brasil da primeira metade do oitocentos.[14]

A diversidade que caracterizou a economia escravista do Recôncavo rural e os vínculos complexos e variados entre a agricultura de exportação e o mercado interno na região têm implicações ainda mais amplas. Sugerem as direções que se deve seguir nas tentativas de substituir a "visão plantacionista" por um novo paradigma, ou modelo explicativo, mais adequado à interpretação da história do Brasil e, especialmente, da história agrária do país. Essas tentativas devem, por exemplo, atribuir tanta atenção à produção de alimentos — seja para o mercado ou não — quanto à agricultura de exportação. Qualquer que fosse o peso do setor exportador na economia como um todo, o fluxo contínuo de açúcar, café, fumo e outros produtos para mercados externos dependia, em última instância, de uma oferta adequada de gêneros alimentícios no Brasil. Por essa razão, a agricultura e o comércio de abastecimento não podem ser consideradas como atividades periféricas, secundárias ou mesmo subsidiárias; tampouco será suficiente considerá-las apenas como provas de que a economia e a sociedade do Brasil colonial e oitocentista eram mais complexas do que a "visão plantacionista" poderia sugerir. Essas atividades devem, antes, ser vistas como fundamentais para o desenvolvimento e a expansão no Brasil de uma economia dominada pela agricultura escravista de exportação. De fato, num estudo recente, João Fragoso e Manolo Florentino ressaltam a importância da agricultura de abastecimento para a expansão da grande lavoura cafeeira baseada na mão-de-obra escrava no Sudeste nas primeiras décadas do século XIX.[15]

Já não se trata, portanto, de simplesmente demonstrar a existência de uma rede de trocas que ligavam várias regiões abastecedoras aos maiores centros urbanos brasileiros. Tampouco se trata de mostrar que, em termos sociais e econômicos, as áreas em que a produção para exportação não chegou a criar raízes firmes no Brasil colonial e oitocentista diferiam significativamente dos principais centros da "grande lavoura". Aliás, focalizar exclusivamente a economia interna pode facilmente resultar num paradigma tão equivocado quanto os antigos modelos explicativos que desprezavam todas as atividades e grupos sociais que não fossem diretamente ligados à *plantation* e ao comércio de exportação. O desafio atual é, na verdade, investigar e analisar a evolução das relações entre a produção para exportação, a economia interna e a escravidão nas diversas regiões brasileiras.

As tentativas de substituir a "visão plantacionista" também devem levar em conta o fato de que, mesmo na primeira metade do século XX, o Brasil ainda possuía uma fronteira agrícola aberta. A disponibilidade de terras incultas e, em grande parte, desabitadas teve uma influência decisiva nas práticas agrícolas, nos regimes de trabalho e nas relações sociais no

Brasil rural. Reconhecer que a terra era abundante significa necessariamente questionar as referências comuns e muitas vezes vagas ao virtual monopólio que supostamente os senhores de engenho, ricos fazendeiros e grandes pecuaristas detinham sobre o uso da terra e a propriedade fundiária no Brasil colonial e do século XIX. Estudos mais cuidadosos com maior respaldo na documentação, que comecem por reconhecer a existência de uma fronteira agrícola, hão de revelar, sem dúvida, que o meio rural brasileiro muitas vezes tinha espaço para lavradores de porte médio e pequeno, donos de suas próprias fazendas e sítios, e também para agregados e moradores de favor que, às vezes, podiam gozar de direitos consuetudinários mais ou menos estáveis às terras que cultivavam.[16] Esses estudos, por sua vez, abrirão o caminho para novas pesquisas que explicarão como uma estrutura fundiária extremamente concentrada quase sem espaço para produtores pequenos e médios acabou por se consolidar em muitas regiões do Brasil.

Da mesma maneira, a elaboração de um novo paradigma exigirá pesquisas detalhadas sobre as práticas agrícolas. Informações sobre o uso da terra e sobre as técnicas utilizadas no cultivo de diversas lavouras são indispensáveis para compreender as estruturas sociais e econômicas que caracterizavam o Brasil colonial e oitocentista. Há muito tempo, os estudos históricos dão atenção aos regimes de trabalho e, em menor medida, à distribuição da propriedade fundiária e à posse da terra. Mas, em geral, esses estudos deixam de investigar os processos da produção agrícola propriamente ditos, ou, na melhor das hipóteses, relegam o tema a um curto capítulo introdutório.[17] No entanto, era nas tarefas rotineiras de amanhar a terra, de plantar e de colher que a estrutura fundiária e o regime de trabalho — partes integrantes de um sistema de produção agrícola — uniam-se e punham em movimento a economia agrária. Focalizar apenas partes selecionadas de um sistema significa necessariamente perder de vista o sistema como um todo, o que pode resultar facilmente em análises incompletas e até falhas da estrutura fundiária e das relações de trabalho.

Para concluir, podemos voltar a Santiago do Iguape. Para Luís dos Santos Vilhena, a freguesia era "o famoso Iguape"; José da Silva Lisboa descreveu a freguesia como "um jardim de engenhos".[18] Daqueles engenhos, hoje pouco resta. As casas-grandes em que ricos proprietários outrora residiram e as casas de engenho onde os escravos outrora produziram "o melhor açúcar do Recôncavo"[19] hoje estão em ruínas. Os canaviais, em sua maior parte, também desapareceram, substituídos por fileiras quase intermináveis de dendezeiros. Mas nem tudo mudou. As matas ainda cobrem as escarpas que separam o Iguape dos "campos da Cachoeira" — os distritos fumageiros de Belém da Cachoeira, Conceição da Feira e São Gonçalo dos Campos. Os lavradores desses distritos continuam a cultivar o fumo e a mandioca. Lanchas e saveiros ainda deslizam pelas águas calmas e salobras da bacia do Iguape. De alguns barcos, os pescadores jogam suas redes de arrasto e lançam suas armadilhas, na esperança de apanhar robalos, tainhas, cavalas e mariscos, enquanto outras lanchas e canoas rumam para o porto próximo de Maragogipe. Ali, todo sábado, continuam a chegar mulas e cavalos; nos caçuás que carregam em seus lombos estão sacos pesados de farinha produzida nas roças vizinhas para ser vendida na feira.

Hoje, como 150 anos atrás, as distâncias físicas entre o Iguape e São Gonçalo dos Campos ou Maragogipe são pequenas. Porém, na primeira metade do século XIX, aquelas distâncias separavam e, ao mesmo tempo, ligavam os mundos imensamente diferentes que, dentro da economia escravista do Recôncavo, formavam *um contraponto baiano de açúcar, fumo e mandioca.*

Apêndice: inventários *post-mortem* e censos manuscritos

INVENTÁRIOS *POST-MORTEM*

Para muitas de suas conclusões, este estudo baseia-se numa amostra de mais de quinhentos inventários *post-mortem*. A maior parte dessa documentação integra a coleção de Inventários e Testamentos conservada na Seção Judiciária do Arquivo Público do Estado da Bahia, em Salvador (APEB, SJ, IT). O Arquivo Regional da Cachoeira, em Cachoeira, também conserva inventários *post-mortem* em seu acervo (ARC, IT). As duas coleções são organizadas por distritos: por municípios no Arquivo Público do Estado da Bahia e por freguesias no Arquivo Regional da Cachoeira. Nos dois arquivos, contudo, cada maço contém inventários completos com várias datas iniciais, freqüentemente misturados com processos incompletos e fragmentos remanescentes de outros inventários (em muitos casos, pouco mais que uma folha de rosto). Tudo isso significa que o pesquisador tem de examinar todos os inventários de um maço para verificar se determinado processo está completo (ou, pelo menos, quase completo) e para identificar que tipo de bens o falecido possuía.

Para o presente estudo, trabalhei com todos os inventários *post-mortem* realizados nos municípios açucareiros de Santo Amaro e São Francisco do Conde entre 1780 e 1860 que estavam disponíveis para consulta entre 1986 a 1988 no Arquivo Público do Estado da Bahia. No mesmo arquivo, trabalhei também com toda a coleção referente ao município de Cachoeira de 1780 a 1860 para localizar os inventários procedentes da freguesia de Santiago do Iguape, centro tradicional da produção açucareira no Recôncavo. Também examinei todos os inventários de Santiago do Iguape então disponíveis no Arquivo Regional da Cachoeira.

Além disso, sem tentar fazer um levantamento exaustivo, encontrei entre os documentos de sucessão relativos a Salvador (no Arquivo Público do Estado da Bahia) alguns inventários *post-mortem* de senhores de engenho que tinham propriedades em São Francisco do Conde, Santo Amaro e Iguape, mas que, quando de sua morte, moravam em Salvador. Depois de fichar todos esses processos, passei a eliminar os inventários incompletos demais para serem usados e os que não eram de produtores de cana — isto é, nem de senhores de engenho nem de lavradores de cana. As eliminações que fiz resultaram numa amostra de 162 inventários *post-mortem* de senhores de engenho e lavradores de cana.

O Arquivo Público do Estado da Bahia também guarda uma grande coleção de inventários de Cachoeira (o mais importante centro da lavoura fumageira no Recôncavo). Em parte por causa do volume dessa coleção, fui obrigado a adotar procedimentos diferentes. Mais uma vez, examinei todos os maços que continham inventários feitos entre 1780 e 1860; em vez de trabalhar com todos os processos, porém, procurei coligir, para cada década, informações de pelo menos 35 inventários de lavradores de fumo. Excluí sistematicamente os inventários em que não era possível identificar o falecido como lavrador de fumo. Fiz ainda outras exclusões. No final do século XVIII, Cachoeira incluía freguesias interioranas como São José das Itapororocas (a atual Feira de Santana) que, na primeira metade do século XIX, foram desmembradas para formar novos municípios. Excluí sistematicamente os inventários provenientes dessas freguesias e restringi minha pesquisa àqueles processos realizados em freguesias que, em meados do século XIX, pertenciam ao município de Cachoeira (ver Mapa 2). De algumas décadas, principalmente as mais remotas, foi impossível obter um total de 35 inventários. Nesses casos, procurei suplementar minha amostra com inventários do acervo do Arquivo Regional da Cachoeira de lavradores de fumo das freguesias de São Gonçalo dos Campos, Nossa Senhora do Rosário do Porto da Cachoeira e Conceição da Feira. No final, meu trabalho foi interrompido por limitações de tempo, de modo que a amostra usada aqui é constituída de 260 inventários *post-mortem* de lavradores de fumo.

Ao trabalhar com os inventários realizados nos municípios de Maragogipe e Nazaré, também encontrei dificuldades. Novamente foi necessário examinar cada inventário para excluir os de senhores de engenho. Além do mais, as coleções disponíveis desses municípios praticamente não incluem processos de datas anteriores a meados da década de 1820; a maior parte da documentação leva datas iniciais posteriores a 1840. Mais uma vez, meu trabalho foi interrompido pela escassez de tempo. Consegui, no entanto, coligir informações de um total de 116 inventários feitos entre 1825 e 1860.

O resultado final de meu trabalho com os documentos de sucessão foi um núcleo de 538 inventários *post-mortem* de senhores de engenho e de lavradores de cana, de fumo e de mandioca dos municípios de São Francisco do Conde, Santo Amaro, Cachoeira, Nazaré e Maragogipe. Isso não representa, contudo, o número total de inventários usados na elaboração deste estudo. Muitas vezes, os documentos excluídos da amostra principal por serem incompletos continham informações valiosas. Também me vali ocasionalmente dos inventários de produtores de açúcar de Maragogipe, Nazaré e das freguesias predominantemente fumageiras de Cachoeira. O trabalho com outros 53 inventários *post-mortem* conservados no Arquivo Regional da Cachoeira permitiu-me aumentar o número de observações usadas para montar a série de preços de escravos apresentada no Capítulo 5. (Desses inventários, só coletei informações sobre o valor atribuído aos escravos.)

Examinei ainda mais de 380 inventários feitos entre 1861 e 1888 nos municípios de São Francisco do Conde, Santo Amaro, Cachoeira, Maragogipe e Nazaré, vários dos quais são mencionados nas notas. Mesmo quando não havia razão alguma para citar esses inventários, as informações deles colhidas foram valiosas; muitas vezes confirmaram padrões e tendências que eu observara ao trabalhar com os inventários de 1780 a 1860. Portanto, este estudo se vale, de diferentes maneiras, da pesquisa com um total de quase mil inventários.

CENSOS MANUSCRITOS

Este estudo também faz amplo uso de censos manuscritos (listas nominativas) que remontam às últimas décadas do século XVIII e aos anos 1825-

26 e 1835. Os censos de 1825-26 e 1835 merecem um comentário especial. Em abril de 1835, os vigários da Bahia receberam ordem do presidente da província para fazer um censo completo de todos os moradores — livres e escravos — de suas freguesias. Todos os vigários deveriam preparar, até 31 de dezembro de 1835, listas que registrassem o nome, a cor, o estado civil, a profissão e a naturalidade de cada homem, mulher e criança de sua freguesia. Os que não cumprissem a ordem perderiam suas côngruas. Ao que tudo indica, os vigários da Bahia não levaram a ameaça a sério. Alguns apresentaram desculpas por não fazer o censo; a maioria, ao que parece, simplesmente ignorou a ordem.[1]

De qualquer modo, foram preservados os censos feitos em apenas quatro paróquias. Felizmente, dois deles são de paróquias do Recôncavo rural: um da freguesia de São Gonçalo dos Campos, um dos mais importantes distritos fumageiros da Bahia, e o outro, da freguesia de Santiago do Iguape, importante centro da lavoura canavieira:

"Relação do Numero de Fogos, e moradores do Districto da Freguezia de Sant-Iago Maior do Iguape, da Comarca da Villa da Cachoeira da Provincia da Bahia" (1835), APEB, SH, 6175-1 (citado neste livro como "Relação do Numero de Fogos... Iguape" [1835])

"Relação do Nº de Fogos e moradores do Districto da Freguezia de São Gonçallo da Vª da Cachoeira" (1835), APEB, SH, 5683 (citado como "Relação do Nº de Fogos... São Gonçallo [dos Campos]" [1835])

Infelizmente, toda a última seção do censo de São Gonçalo dos Campos (com as listas referentes ao distrito da Capela do Humildes) estava frágil demais para ser manuseada, como foi também o caso de várias folhas relativas aos demais distritos; além disso, faltam algumas folhas desses distritos. Assim, o número 11.406 usado neste estudo como a população de São Gonçalo dos Campos refere-se unicamente ao número dos residentes presentes nos 1.760 fogos (unidades domésticas) arrolados nas folhas do volume que pude examinar, e baseia-se numa contagem direta das listas nominais desses fogos.

Como os censos de 1835, uma série de censos parciais feitos em 1825-26 no município de Cachoeira representa os resultados de uma tentativa malograda de recensear a população de toda a província.[2] Essas listas nominativas foram encontradas em meio a papéis não catalogados (Papéis Avulsos e Encaixotados, PAE) no Arquivo Regional da Cachoeira. Nenhuma delas abrange uma freguesia inteira, nem sequer, ao que parece, um distrito inteiro ("capela") de uma freguesia. Nas notas e nas tabelas, exceto quando me refiro a uma lista específica, citei em geral esses censos coletivamente como Censos (Cach., 1825-26), ARC, PAE.

Na utilização desses censos surgiram certas dificuldades. Por um lado, as listas variam muito em formato e no tipo e qualidade de informações que contêm. Por outro lado, ao contrário dos censos de 1835, as listas de população de 1825-26 estão organizadas não por freguesia, mas, ao que parece, por companhias de ordenanças (distritos milicianos). Só ocasionalmente os recenseadores incluíram alguma indicação clara da área abrangida por elas. Além disso, muitas vezes os títulos que atribuíam às listas, em vez de mencionar alguma freguesia, citam os nomes de fazendas ou engenhos específicos. Em outros casos, os títulos não têm qualquer significado para efeitos práticos. Uma lista, por exemplo, traz como título "Alistamento das pessoas compreendidas no mesmo alistamento com suas individuações". Outras não trazem título algum. Assim, para utilizar essas listas, foi preciso primeiro determinar a área que cada lista abrangia. Isso envolveu cruzar os nomes de pessoas, de localidades e de propriedades que constavam das listas com os nomes que aparecem em inventários e outros documentos cartoriais da época.[3]

As 14 listas usadas neste estudo abrangem grande parte dos principais distritos fumageiros de Cachoeira e talvez um terço da freguesia açucareira de Santiago do Iguape, no mesmo município.

Freguesias de Conceição da Feira e Nossa Senhora do Rosário da Cachoeira (arraial de Belém da Cachoeira e áreas rurais próximas)

"Alistam^to^ das pessoas que Abitão Neste Arraial de Belem e Seo Serconvizinho da Terra da Capella..."

"Alistam^to^ das pessoas que habitão desde a Fazenda do Acu te a porteira do Eng^o^ dos Pattos..."

"Alistamento das pessoas que habitão dede o Tibiri te o Porto..."

"Rol de Joaquim Ignacio."

Freguesia de Nossa Senhora do Rosário da Cachoeira (áreas próximas e ao longo do rio Paraguaçu, ao sul da sede da vila)

"Alistamento das pessoas que habitão desde o princípio da ladeira que sobe para Bellem té a Manga a confinar no Engenho do Navarro."

Freguesia de São Gonçalo dos Campos

"Freg^{a} de S. Gonçalo dos Campos... no prez^{e} anno de 1825. Alistam^{to} das pessoas q. morão nos Humildes..."

"Lista dos abitantes q. izistem desde o Disteirro Tabua e vargem te o taboleiro do gandu..."

Lista sem título que se inicia com "Faz^{da} da faca" (com uma folha de rosto que diz "Pedro Alz. Roiz. 4").

Freguesias do Outeiro Redondo e Cruz das Almas

"Relação do Alistamento das peçoas que morão desde o Oiteiro Redondo... the ttermo de Maragogipe."

"Relação Nominal ou exacto alistamento das pessoas que se comprehendem desde a Cruz das Almas... Freguezia de Nossa Senhora do Desterro do Oitrº Redondo, e Cruz das Almas."

Freguesia de Muritiba

Lista sem título com uma folha de rosto que traz um poema de louvor ao juiz.

Freguesia do Iguape (áreas da margem norte da bacia do Iguape)

"Alistamento das pessoas que habitão dés do Engenho da Crûz athê o Engenho Novo."

"Alistam^{to} das peçôas comprehendidas no mesmo alistamento com suas individuaçoens."

Freguesia do Iguape (arraial de São Francisco do Paraguaçu e áreas rurais próximas)

"Alistam^{to} das pessoas q. habitão desde o Sítio do Paraguassu the o Engº Velho."

Notas

Para os nomes completos dos autores, títulos e datas de publicação de obras citadas aqui de maneira abreviada, ver as Fontes e Bibliografia.

Ao citar as *Falas* e *Relatórios* dos presidentes e vice-presidentes da Bahia, dei apenas um título curto (*Falla* ou *Relatorio*) seguido do ano e o nome, de forma abreviada, do presidente ou vice-presidente, ambos entre parênteses.

Introdução

1. Freyre, *Casa-grande & senzala*; e *Nordeste*, especialmente pp. 12-13.
2. Linhares, "Subsistência", p. 748. Ver também C. F. S. Cardoso, "O trabalho", p. 69.
3. O termo *plantation* já foi definido de várias maneiras. Ver Graves, "Plantation". Na literatura sobre o Brasil colonial e do século XIX, costuma ser entendido como equivalente do que Caio Prado Júnior e outros historiadores brasileiros chamam de "a grande lavoura". As características que distinguiam "a grande lavoura", que Caio Prado equiparou à agricultura de *plantation*, eram a grande propriedade, a monocultura extensiva de exportação e, até o final do século XIX, a mão-de-obra escrava. Ver seu *Formação do Brasil*, pp. 119-56. É com esse significado que utilizo as expressões "*plantation*" e "agricultura de *plantation*". Num estudo sobre a história do Brasil, faz mais sentido empregar essa definição um tanto vaga do que recorrer a outras formulações como o "*plantation complex*" de Curtin (derivado da experiência das Antilhas) em *Rise and Fall*, pp. 11-13; ou à definição que Moreno Fraginals dá em "Plantation economies", p. 187, n. 1 (que, em linhas gerais, não difere muito da "grande lavoura" de Caio Prado).
4. Ver, por exemplo, Lobo, *História do Rio de Janeiro*; Johnson, "A Preliminary Inquiry"; Mott, "Subsídios"; Linhares, *História do abastecimento*; Martins Filho e Martins, "Slavery"; R. B. Martins, "Growing"; Brown, "Internal

Commerce"; Marcílio, *Caiçara*; Kuznesof, *Household Economy*; Karasch, *Slave Life*; Libby, *Transformação*; Alden, "Price Movements"; F. C. T. da Silva, "A morfologia"; Metcalf, *Family*; Costa, *Arraia-miúda;* Schwartz, *Slaves*, cap. 2; Fragoso e Florentino, *O arcaísmo*; Fragoso, *Homens;* Faria, *A Colônia;* Samara, *As mulheres;* e Matttoso, *Bahia: a cidade.* Até certo ponto, a literatura recente fundamenta-se em estudos pioneiros mais antigos, que, em sua maioria, tratam do Sudeste. Ver, por exemplo, Hermann, *Evolução*; Zemella [Vianna], *O abastecimento*; Franco, *Homens livres*; e Forman, cap. 2.

5. Freyre, *Nordeste*, pp. 42-43, inclui especificamente o Recôncavo em sua definição do Nordeste. A renovação recente da historiografia social e econômica da Bahia deve muito aos estudos de Stuart Schwartz (*Sugar Plantations* e *Slaves*), sobre a indústria açucareira e a escravidão no período colonial, e de Katia Mattoso (*Bahia: a cidade* e *Bahia, século XIX*), sobre Salvador no século XIX. Entre os estudos recentes, ver, por exemplo, J. J. Reis, "Slave Rebellion"; idem, *A morte;* M. I. C. de Oliveira, *O liberto;* M. J. de S. Andrade, *A mão-de-obra;* Borges, *The Family;* Fraga Filho, *Mendigos;* Jancsó, *Na Bahia;* e Kraay, *Race.* Sobre a história da Bahia na primeira metade do século XIX de uma maneira mais geral, continua sendo valiosíssimo o estudo ainda inédito de Morton, "Conservative Revolution".
6. Ver, por exemplo, Furtado, caps. 7-11; Novais, pp. 109-12; F. Fernandes, pp. 25, 110; Gorender, *O escravismo*, cap. 12; Ianni, pp. 11-22, 47-48; J. G. da Silva, pp. 13-25; F. de Oliveira, "A emergência", pp. 402-3.
7. Prado Júnior, *Formação*, pp. 125, 158-61. Sobre a falta de atenção, na historiografia, ao mercado interno e à agricultura de abastecimento, também cf. Lapa, *O antigo sistema*, pp. 46-47; e F. C. T. da Silva, caps. 2-3.
8. Embora o conceito de reprodução hoje conste de diversas abordagens teóricas, parece possível atribuí-lo originalmente a Marx (p. 711), que escreveu: "Seja qual for a forma social do processo de produção, ela está fadada a repetir periodicamente o mesmo processo. Uma sociedade não pode parar nem de produzir, nem de consumir. Quando encarado, portanto, como um todo conexo, todo processo social de produção é, ao mesmo tempo, um processo de reprodução." Ver também, por exemplo, Goody, *Production and Reproduction*; Meillassoux, *Anthropologie*; Garcia Jr., *O sul;* Fragoso e Florentino, *O arcaísmo*; e Fragoso, *Homens.*
9. Ver Caps. 3-6 adiante. Para a tese de que o fumo na Bahia era uma cultura

de *plantation*, ver, por exemplo, Arruda, "A produção econômica", p. 106; e Dowbor, p. 51. Entre os autores que classificam o cultivo do fumo como atividade camponesa estão Galloway, "Northeast Brazil", p. 27; Nardi, pp. 10-11; e Mattoso, *Bahia, século XIX*, p. 463. Ver também Lugar, "Portuguese Tobacco Trade", pp. 27, 52-53, 55-57; e E. C. de Mello, p. 23; e cf. Flory, pp. 179-81.

10. Ortiz, p. 5. Observar, porém, que, para Ortiz, o uso da mão-de-obra escrava constituía uma das diferenças principais entre a lavoura canavieira e fumageira em Cuba; a produção de fumo, ele afirma, valia-se exclusivamente da mão-de-obra livre. Mas esse contraste não se aplicaria ao caso da Bahia. Além do mais, embora as informações sobre o assunto ainda sejam escassas, está claro que pelo menos alguns lavradores de fumo cubanos empregavam a mão-de-obra escrava. Os escravos também eram utilizados no fabrico de charutos e no beneficiamento do tabaco em Cuba. Ver, por exemplo, Knight, p. 65; e Bergad, Iglesias García, e Barcia, pp. 83-84
11. Talvez a tentativa de maior fôlego de tratar, tanto empírica quanto teoricamente, de questões ligadas à reprodução da escravidão e das economias e sociedades escravistas já feita seja Meillassoux, *Anthropologie de l'esclavage*, um estudo abrangente da escravidão na África.
12. A documentação disponível também deixa claro que os herdeiros de muitos lavradores com pequenos plantéis de escravos ou donos de pequenas propriedades não pediram a abertura e feitura de um inventário. Ou, se os espólios desses lavradores chegaram a ser inventariados, os processos muitas vezes não foram conservados. Sobre o sistema de herança no Brasil colonial e oitocentista, ver, por exemplo, Lewin, pp. 352-96.
13. As séries estão apresentadas graficamente nas Figs. 1-4. Os dados, com algumas revisões, em que se baseiam as séries encontram-se em Barickman, "The Slave Economy", pp. 526-51.
14. A melhor discussão sobre a economia de exportação baiana no final do período colonial e no início do século XIX é Lugar, "Merchant Community", cap. 2. Lugar, contudo, não conseguiu localizar informações sobre o volume e valor das exportações de produtos específicos nos anos posteriores a 1810. Sobre o comércio de exportação nos anos 1850-89, ver Bahia, CPE, *A inserção da Bahia*. Em *Bahia, século XIX*, cap. 16, Mattoso também discute o comércio externo da Bahia no século XIX; sua discussão baseia-se principalmente nos dados de Lugar e de *A inserção*.
15. Ao que parece, no período colonial, também se dizia "recôncavo da Gua-

nabara". Ver, por exemplo, Sh. de C. Faria, p. 314. Mas não consta nenhuma referência às terras ao redor da baía de Guanabara do verbete *recôncavo* no *Aurélio*. O dicionário dá, sim, como uma das definições de *recôncavo:* "extensa e fértil região da BA [*sic*], recôncavo baiano". [Hollanda Ferreira], *Novo Aurélio,* s.v. *recôncavo*. Sobre a geografia física do Recôncavo baiano, ver Bahia,..., CONDER, *Estudos básicos*, tomo 2, vol. 1: *Recursos naturais*; Haskins, cap. 2. Ver também Mattoso, *Bahia: a cidade*, pp. 5-61. Sobre o início da colonização da região, ver Schwartz, *Sugar Plantations*, caps. 2-4.

16. Ver, por exemplo, Haskins, cap. 1, especialmente, pp. 6-8; M. Santos, pp. 3-4; Costa Pinto, *Recôncavo*; Machado Neto, *Quadro sociológico*.
17. Apesar da criação de novas comarcas e de mudanças de nome após a Independência, neste estudo, refiro-me, em todo este livro, às regiões ao longo da costa sul da Bahia como as comarcas (ou as antigas comarcas) de Ilhéus e Porto Seguro. As designações coloniais continuam úteis porque a divisão geral do litoral em duas regiões corresponde a padrões de povoamento que perduraram por toda a primeira metade do século XX.
18. Vilhena, 2: 477-86 e 2: quadro entre pp. 460 e 461; Aires de Casal, p. 232; Denis, *Brésil*, p. 232. Ver também J. da S. Lisboa, "Descripção" (1799), p. 123. O Celeiro Público de Salvador usava uma definição semelhante do Recôncavo ao classificar os estoques de farinha de mandioca que chegavam à cidade. Ver, por exemplo, adm. (CP) ao Pres. (13/12/1844), APEB, SH, 1610.
19. Bahia,..., CONDER, *Estudos básicos*, tomo 2, 1: 21-27. Cf. também Mattoso, *Bahia: a cidade*, pp. 29-59; e Schwartz, *Sugar Plantations*, cap. 4. Observar porém que as fontes muitas vezes fornecem informações sobre vilas (municípios) e freguesias tal como existiam nos séculos XVIII e XIX, obrigando-me, às vezes, a usar uma definição um pouco mais ampla.
20. Nas minhas pesquisas, não consegui localizar nenhum mapa que mostrasse os limites das freguesias ou vilas (municípios) do Recôncavo nos séculos XVIII ou XIX, com exceção do toscamente desenhado "Mapa do Termo de Marag[e] (s.d. [meados da década de 1840?]), APEB, SH, 1346. Até descrições detalhadas desses limites são raras nas fontes. Por isso, para preparar o Mapa 2, tive de reconstituir, em grande parte, os limites antigos a partir das divisões municipais atuais. O uso das divisas municipais atuais para reconstruir as da primeira metade do século XIX acarreta certos problemas: por um lado, as divisas entre municípios foram freqüentemente alteradas e retraçadas; e, por

outro, os municípios atuais nem sempre correspondem exatamente às freguesias que tinham os mesmos nomes no século XIX.

21. "Quadro dos engenhos das vizinhanças da Bahia, com os nomes dos possuïdores" [c. 1790-95], BN, 7,3,27; J. da S. Lisboa, "Descripção" (1799), pp. 122-23; Vilhena, 2: 479-81, 483-84. Em todo este estudo, refiro-me a Santiago do Iguape como uma freguesia à margem da baía, embora beire não a baía, mas o estuário do rio Paraguaçu. Mas, como era um centro tradicional da produção açucareira que, através do estuário, tinha acesso fácil à baía, faz sentido classificá-la entre as freguesias da margem da baía.
22. Morton, "Conservative Revolution", pp. 13-16; Schwartz, *Sugar Plantations*, cap. 10; Flory, cap. 4; Flory e Smith, pp. 571-94; Kennedy, pp. 415-39; Borges, especialmente caps. 2 e 7. Sobre a arquitetura dos engenhos baianos, ver E. B. de Azevedo, *Arquitetura*.
23. Antonil, pp. 292, 324, e pp. 292-93, n. 2-3 (de Mansuy), p. 324, n. 1 (de Mansuy); Flory, cap. 5; Lugar, "Portuguese Tobacco Trade", pp. 57-61, especialmente p. 60; Vilhena, 2: 482; J. de A. Castro, "Memoria sobre a manufactura do Tabaco", pp. 113, 115; "Representação dos lavradores de tabaco" (1814), BN, II-34, 8, 18.
24. J. da S. Lisboa, "Carta" (1781), p. 503; Vilhena, 1: 41-2 e 2: 484, 486; Schwartz, *Sugar Plantations*, p. 83. Ver também Caps. 4 e 7.
25. Ver, por exemplo, Schwartz, *Sugar Plantations*, p. 83; Prado Júnior, *Formação*, p. 160.
26. Haskins, pp. 167-69; Conceição, p. 100.
27. Ouv. (Bahia) ao Gov. (4/9/1785), *ABN*, 34 (1912): 9-10; Domingos Alves Branco Moniz Barreto, "Planta da Aldêa de Massarandupio" (1794) e "Planta da Villa de Abrantes" (1794), *ABN*, 34 (1912): 330-31; ouv. (Cach.) ao Gov. (23/1/1804), *ABN*, 37 (1915): 178-79; "Lista dos mancebos Habitantes no Districto de Ilicuritiba" (1809) e "Lista do Districto de S. Ana, Frega de S. Pedro do Rio Fundo" [1809], ambas em APEB, SH, 417-1; "Requerimentos e ofícios referentes ao pedido dos habitantes de Santana do Catu" (1809-1811), BN, II-34, 8, 14; Câm. de S. Amaro, "Representação" (28/4/1802), *ABN*, 37 (1915): 479; idem ao Pres. (1/9/1821 e 6/10/1821), APEB, SH, 244.
28. Censos parciais das freguesias de Rio Fundo e N. S. da Purificação de S. Amaro (1788) em APEB, SH, 596; "Lista do Districto de S. Ana, Frega de S. Pedro do Rio Fundo" [1809] e "Lista dos mancebos deste Districto da Camboa" (1809), ambas em APEB, SH, 417-1; Câm. de S. Amaro, "Re-

presentação" (28/4/1802), *ABN*, 37 (1915): 479; idem ao Pres. (1/9/1821 e 6/10/1821), APEB, SH, 244; jz de fora (SA e SFC) ao Gov. (25/9/1814), APEB, SH, 226.

29. "Quadro dos engenhos" [c. 1790-95], BN, 7, 3, 27; João da Costa Carneiro de Oliveira, "Breve compendio de reflexões sobre a villa de Jaguaripe" (1799), *ABN*, 36 (1914): 182-83; J. da S. Lisboa, "Descripção" (1799), p. 123; Flory, pp. 177-80; Antonil, p. 324 n. 1 (por Mansuy); jz ord. (Marag.) ao Gov. (3/7/1788), APEB, SH, 187; Câm. de Maragogipe ao Gov. (26/5/1779), APEB, SH, 199; idem ao Gov. (12/7/1766), APEB, SH, 201-13; idem "Representação" (4/8/1802), BN, II-34, 5, 100; Câm. de Jaguaripe ao Gov. (12/7/1766), APEB, SH, 199; idem ao ouv. da comarca (1/12/1807), BN, II-34, 3, 11; Vilhena, 2: 486; Morton, "Royal Timber", p. 44 n. 10. Ver também Cap. 6 abaixo. Sobre as vendas da cerâmica baiana no Rio de Janeiro, ver Brown, "Internal Commerce", p. 66; e Ewbank, p. 357.

30. Vilhena, 2: 459-60; Wetherell, p. 95. Ver também Alden, "Population", pp. 173-205; Th. de Azevedo, pp. 184, 190; e J. N. de S. e Silva, p. 79.

31. Alden, "Population", p. 186; e "Mappa da enumeração da gente e povo desta Capitania da Bahia" (1780), *ABN*, 32 (1910): 480, que dá uma população total de 219.243 apenas para a Bahia (i.e., excluindo as capitanias subordinadas de Sergipe e Espírito Santo). O censo indica que 150.096 pessoas, ou 68,5% de toda a população baiana, viviam no Recôncavo. Segundo um censo militar realizado cinco anos antes (que não incluiu crianças pequenas), a região tinha 120.548 habitantes (67,5% da população total da capitania). (Ao calcular a população em 1775, excluí as freguesias afastadas da vila de Cachoeira que, antes de 1860, foram desmembradas e transformadas em novos municípios. Também excluí S. Gonçalo do Pé do Banco, localizada em Sergipe e incorretamente classificada como freguesia da Bahia.) Ver "Mapa de todas as freguesias" em Vilhena, 2, entre pp. 460 e 461; e "Instrucção para o Marquez de Valença" (1779), *ABN*, 32 (1910): 437.

32. Brasil,..., *Recenseamento* (total calculado a partir dos "quadros gerais da população" de freguesias individuais, em páginas não numeradas). Ver, contudo, a nota 35 abaixo.

33. Segundo um censo de 1810 citado por Alden ("Late colonial Brazil", p. 607), os brancos representavam 19,8% de toda a população da Bahia. Um censo de 1848 revelou que os brancos constituíam apenas um terço (33,9%) da população *livre* de Salvador, Maragogipe, Jaguaripe, Nazaré e Itaparica.

Bahia, *Falla* (1848, J. J. de Moura Magalhães), "Quadro numerico da população livre de 14 municípios", s.n. Assim também, em 1835, os brancos representavam 19,1% da população na freguesia fumageira de S. Gonçalo dos Campos e não mais que 8% da população da freguesia açucareira vizinha de Santiago do Iguape. Ver as fontes citadas no Apêndice.

34. Um censo de proprietários de escravos feito em 1816-17 nas vilas de S. Francisco do Conde, S. Amaro, Jaguaripe e Maragogipe arrolou 33.750 escravos. Schwartz, *Sugar Plantations*, p. 441. Segundo a estimativa muito plausível de Schwartz (ibidem, p. 440), outros 55 mil cativos viveriam, na época, em Salvador e na vila de Cachoeira. Acrescentada aos resultados do censo, essa estimativa sugere uma população escrava de cerca de 89 mil para toda a região.
35. O censo nacional de 1872 e a "matrícula" (ou registro de escravos) de 1872-73 fornecem, para o início da década de 1870, duas contagens independentes e quase simultâneas da população escrava. Para o Recôncavo, a matrícula registra uma população escrava de 80.776 — número 12% maior que o total registrado no censo (72.030). As discrepâncias entre as duas fontes são freqüentemente maiores nos dados de nível municipal; quando expressas como percentagem dos números fornecidos pelo censo, variam de — 63% a + 212%. Brasil,..., *Recenseamento* (total calculado a partir dos "quadros gerais da população" de freguesias individuais, em páginas não numeradas); e idem, *Relatorio e trabalhos estatisticos apresentados ao... Ministro e Secretario de Estado dos Negocios do Imperio...*, "Provincia da Bahia. Quadro do numero de escravos...," s.n. Discuto as discrepâncias em maior detalhe em "Persistence", pp. 596-600. Até que novas pesquisas expliquem essas discrepâncias, só podemos concluir que a população escrava do Recôncavo no início da década de 1870 situava-se entre 72 mil e 81 mil.

Capítulo 1

1. [Mendes], pp. 308-17.
2. Schwartz, *Sugar Plantations*, pp. 171-201, 418-19; Alden, "Late Colonial Brazil", pp. 620-22; Russell-Wood, pp. 593-95.
3. J. da S. Lisboa, "Carta" (1781), p. 501. Sobre os intelectuais brasileiros e seu interesse pelos melhoramentos na agricultura e pelas reformas econômicas, ver Jobim, *Reforma;* e Marquese, *Administração.* Sobre a política colo-

nial portuguesa, ver, por exemplo, Maxwell, caps. 1-2; Falcon, *A época;* Alden, "Late Colonial Brazil", pp. 612-27; Novais, *Portugal e Brasil*; e Schwartz, *Sugar Plantations*, pp. 416-22.

4. Ao que parece, o primeiro autor a aplicar essa expressão, hoje comum, ao Brasil do fim do período colonial foi Caio Prado Júnior. Ver sua *História econômica*, p. 79.
5. O estudo mais detalhado do comércio de exportação do Brasil no final do século XVIII e no início do século XIX é *O Brasil*, de Arruda. Ver também Novais, pp. 287-303; Alden, "Late Colonial Brazil", pp. 627-53; e, especificamente sobre a Bahia, Schwartz, *Sugar Plantations*, pp. 422-38; e Lugar, "Merchant Community", pp. 66-131.
6. Lugar, "Merchant Community", pp. 97-98; [Mendes], p. 315; Gov. a D. Rodrigo de Sousa Coutinho (25/8/1798), *ABN*, 36 (1914): 37: Junta da Real Fazenda da Bahia à rainha (18/5/1799), AN, Códice 91, fls. 33-36, especialmente fl. 34.
7. O índice de preços usado para corrigir a série foi construído por Imlah (pp. 93-98) e é o único disponível que abrange todo o período 1796-1860. Para os anos posteriores a 1821, pode-se também recorrer ao "índice de paridade de poder de compra" calculado por Leff, 1: 244. Quando deflacionada pelo índice de Leff, a série do valor total das exportações baianas (nos anos posteriores a 1821) aproxima-se bastante da série corrigida pelo índice de Imlah. No Cap. 3, construo um índice baseado nos preços de gêneros alimentícios em Salvador entre 1770 e 1865 para deflacionar o preço da farinha no mercado da cidade. Mas, como o índice só capta os movimentos de preços de um número limitado de gêneros comprados pelos segmentos mais pobres da população de Salvador, não conviria usá-lo aqui.
8. Ver Araújo e Barreto, pp. 31-89; Barickman, "Persistence"; e a discussão no final deste capítulo.
9. Ver, por exemplo, Arruda, *O Brasil*, p. 207; Bahia, *Falla* (1854, J. M. Wanderley), "Mappa... da exportação..." s.n.; e Soares, *Notas*, pp. 225-26; e sobre as Antilhas, ver Higman, pp. 52-53, 59.
10. Ver também Lugar, "Merchant Community", p. 120.
11. Alden, "Late Colonial Brazil", pp. 635-39; Koster, p. 66.
12. Ver Alden, "Late Colonial Brazil", p. 636 (para dados sobre as exportações na década de 1770); e Barickman, "The Slave Economy", p. 538 (para dados sobre as exportações entre 1796 e 1860).

13. Bethell e Carvalho, p. 722; Sampaio et al., pp. 194-196.
14. J. da S. Lisboa, "Descripção" (1799), p. 122; Rebello, p. 166; "Mappa Statistico da Freguezia de Santo Estevão de Jacuipe... 1826 e 1827" e "Mappa Statistico da Freg[a] de St[a] Anna do Camizão... 1828", ambos em ARC, PAE; Bittencourt [e Accioli], p. 59; Spix e Martius, 2: 597-602, 663-64; Henderson, p. 344; Bahia, *Falla* (1847, A. I. d'Azevedo), pp. 22-23. No final da década de 1840, os empresários da incipiente indústria têxtil na Bahia descobriram que lhes era mais econômico importar algodão cru de Alagoas do que usar o algodão cultivado no interior da província. Sampaio et al., p. 189. No resto do Nordeste, o algodão era cultivado sobretudo no agreste, a zona intermediária entre o litoral úmido e o sertão. M. C. de Andrade, pp. 132-40.
15. J. da S. Lisboa, "Descripção" (1799), p. 122; Henderson, p. 343. Para informações sobre a produção de algodão, ver Soares, *Notas*, p. 245; e os quadros das "safras" anuais de açúcar, aguardente, algodão, café e fumo em páginas não numeradas de Bahia, *Falla* (1853, J. M. Wanderley); idem, *Falla* (1854, J. M. Wanderley); idem, *Falla* (1855, J. M. Wanderley); idem, *Falla* (1856, A. T. de Moncorvo e Lima); e idem, *Falla* (1857, J. L. V. Cansanção de Sinimbu). Na época, media-se a "safra", ou seja, a produção, pela quantidade de algodão levada anualmente para os armazéns (trapiches) de Salvador.
16. Taunay, vols. 1-2; Arruda, *O Brasil,* pp. 351-52, Bethell e Carvalho, pp. 719-21.
17. Taunay, 2: 35-69; Amaral, 2: 219-21; Alden, "Late Colonial Brazil", p. 644.
18. "Sobre as terras não cultivadas pertencentes aos ex-jesuítas na Comarca dos Ilhéus" (1783), APEB, SH, MNC; "Officio dos Governadores interinos... da Bahia" (23/8/1783), *ABN*, 32 (1910): 539; Domingos Alves Branco Moniz Barreto, "Relação que contém a descripção... da Comarca dos Ilhéos" (1790), BN, 14, 1, 10, fl. 6; Vilhena, 1: 58 e 2: 497; [B. da S. Lisboa], "Memoria sobre o corte das madeiras na Comarca dos Ilhéos" [c. 1800], BN, II-34, 3, 6, fl. 4; [Campos], pp. 434, 436-37; Spix e Martius, 2: 664; J. A. de S. Vianna, pp. 77-79.
19. Spix e Martius, 2: 659, 661; Arnizáu, p. 132; Rebello, pp. 175, 180; "Mappa especulativo dos efeitos entrados pellas estradas territorios [*sic*] da Povoação de Nazr[e]... na Semn[a] de 15 d8br[o] [*sic*] de 1813" [1823], BN, II-34, 8, 29.
20. Bahia, *Falla* (1847, A. I. d'Azevedo), p. 22; idem, *Falla* (1852, F. Gonçalves Martins), p. 30; idem, *Falla* (1855, J. M. Wanderley), p. 40; idem, *Falla* (1866,

M. P. de Souza Dantas), quadros das exportações de Ilhéus nos anos de 1864 e 1865, s.n.; idem, Commissão da Exploração,..., *Interesses*, "Quadros" das exportações de Caravelas (1845-48) e Vila Viçosa (1849) e dos "estabelecimentos agrícolas" na Colônia Leopoldina, s.n.; MacGregor, 4: 198; Mouchez, 2: 65, 75, 108, 161, 163; Hartt, pp. 217, 261, 265; Santos e Dultra, pp. 132-42; Câm. de Valença ao Pres. (?/5/1849), APEB, SH, 1454; idem ao Pres. (22/12/1856), APEB, SH, 1455; jz de direito (Valença) ao Pres. (30/5/1849), APEB, SH, 2630; Câm. de Maragogipe ao Pres. (25/3/1849), APEB, SH, 1347; Câm. de Nazaré ao Pres. (3/12/1855) e Resposta ao circular sobre a produção (1856), ambos em APEB, SH, 1367; *EL*, [Bahia], p. 55.

21. Os inventários *post-mortem* dos lavradores das freguesias ao norte do Paraguaçu quase não contêm referências a cafezais. Ver também Haskins, p. 206. Sobre o café maragogipe, ver Ferreira, p. 82; Laërne, pp. 322-23; e Ukers, p. 140, 345, 367.
22. São necessárias pesquisas adicionais para explicar a alta repetina das exportações em meados da década da 1850, registrada em fontes oficiais baianas e também em fontes não oficiais. As informações do governo provincial sobre as "safras" de café (ver nota 15) também registram um surto nesses anos. Convém notar que a alta repentina não pode ser explicada por mudanças no método oficial de calcular o volume das exportações. Para uma discussão mais detalhada, ver Barickman, "The Slave Economy", pp. 68-69.
23. A participação média da Bahia no total das exportações brasileiras entre 1852 e 1860 foi de 1,9%, percentagem calculada pela comparação das exportações baianas com o volume de café exportado pelos portos da província do Rio de Janeiro e da capital do país (o café proveniente das províncias do Rio de Janeiro, São Paulo, Minas Gerais e Espírito Santo; o café baiano foi excluído), a partir dos dados apresentados por Taunay, 6: 316. Nos anos 1871-76, a Bahia contribuiu, em média, com 2,5% de todo o café exportado pelo Brasil. Calculado a partir dos dados de Laërne, pp. 338-39. Sobre as fazendas de café no Sudeste, ver, por exemplo, E. V. da Costa, *Da senzala*; Stein, *Vassouras*; e Laërne, *Brazil*.
24. "Relação dos Lavradores da Colonia Leopoldina" (1840), APEB, SH, 2329; *EL*, [Bahia], p. 55; H. Mathéo aos Directores da Estrada de Ferro Tram-road de Nazaré (20/1/1885), APEB, SH, 4976; *PP* (1884), *A&P*, 35: 1599. Ver também Cap. 6.
25. Lugar, "Portuguese Tobacco Trade", pp. 28-36; Schwartz, "Colonial Brazil",

p. 455; Price, 1: 77, 183; Alden, "Late Colonial Brazil", p. 633; Arruda, *O Brasil*, pp. 381-82.

26. Câm. da Bahia à rainha (1787), *ABN*, 34 (1912): 61; J. R. de Brito pp. 14-17, 23-24; Henderson, pp. 342-43; Lugar, "Portuguese Tobacco Trade", pp. 35-50; Nardi, *O fumo*.
27. Ver as fontes citadas na nota 26; Verger, p. 28 e passim; e Alden, "Late Colonial Brazil", p. 634, cuja estimativa sugere que cerca de um terço de toda a produção da Bahia era consumida no Brasil.
28. Bahia, *Falla* (1828, J. E. Gordilho de Barbuda), fl. 1.
29. Lugar, "Portuguese Tobacco Trade", pp. 36-40; Verger, caps. 1-5; Schwartz, "Colonial Brazil", p. 459; Alden, "Late Colonial Brazil", p. 634.
30. M. Calmon, *Memoria*, pp. 23-25. Sobre o pico da década de 1790, ver Lugar, "Portuguese Tobacco Trade", p. 49; e Gov. a D. Rodrigo de Sousa Coutinho (25/8/1798), *ABN*, 36 (1914): 37. Os picos no início e em meados da década de 1810 podem ter resultado, em parte, da queda nas exportações de fumo dos Estados Unidos. Sobre as exportações americanas, ver Ocampo, p. 214.
31. Henderson, p. 341; Spix e Martius, 2: 718-21; M. Calmon, *Memoria*, p. 28; Camara, *Memorias*, "Memoria N. 2, Sobre o Carrapato"; Bahia, *Falla* (1830, J. E. Gordilho de Barbuda), fl. 5. Sobre as secas, ver também Cap. 3.
32. Ver Cap. 5; e, sobre as importações de escravos entre 1830 e 1850, Eltis, p. 244.
33. Henderson, p. 342; Lugar, "Portuguese Tobacco Trade", pp. 47-48, 52; Verger, pp. 33-38, 226-28; [Mendes], p. 340; cap.-mor (S. Tomé e Príncipe) ao Gov. da Bahia (10/5/1793), APEB, SH, 201-22; diretor (Fortaleza de Ajudá) ao Gov. da Bahia (10/9/1790), APEB, SH, 193.
34. Sobre o tráfico de escravos para a Bahia, ver Cap. 5.
35. "Registro de Rolos e Fardos de Tabaco: Cachoeira, 1821-1829", ARC; M. Calmon, *Memoria*, pp. 25-26; Lugar, "Portuguese Tobacco Trade", p. 55; J. J. Reis, "Slave Rebellion", p. 40. O valor das exportações da Bahia para a Índia portuguesa, que eram quase exclusivamente de fumo, caiu de uma média superior a Rs.14:000$000 entre 1798 e 1816 para apenas Rs.35$000 em 1834. "Mappa Geral da Exportação q. fez a Bahia... 1798 a 1807", BN, I-17, 12, 4; *Almanach*, pp. 244-45; Lugar: "Merchant Community", p. 112; M. Calmon, *Memoria*, pp. 40-41.
36. Há indícios de que as exportações de fumo em folha voltaram a crescer, embora lentamente, em meados da década de 1830; ou seja, nos mesmos

anos em que o tráfico negreiro para a Bahia sofreu uma diminuição significativa. Ver Sturz, p. 103. Sobre a participação do fumo em folha nas exportações totais da Bahia, ver Barickman, "The Slave Economy", p. 81. Sobre a mudança de padrões no consumo de fumo, ver Price, 1:113, 188; J. E. Brooks, cap. 9; e Lugar, "Portuguese Tobacco Trade", p. 55.

37. Lapa, *Economia colonial*, pp. 180-181; Lugar, "Portuguese Tobacco Trade", p. 43; José da Silva Lisboa a Martinho de Mello e Castro (11/2/1784), *ABN*, 32 (1910): 553; J. de A. Castro, "Memoria sobre as especies de Tabaco", pp. 211-12; Conde de Aguiar ao Gov. (19/1/1810), BN, II-33, 21, 24; Sturz, p. 103; Bahia, *Falla* (1844, J. J. Pinheiro de Vasconcelos), p. 9; idem, *CL*, 4: 305; idem, *Falla* (1846, F. J. Sousa Soares d'Andréa), p. 60; pres. (Junta da Lavoura) ao Vice-pres. (7/8/1853), APEB, SH, 4593. A remessa de charutos consta do "Registro de Rolos e Fardos...", ARC, fl. 263. Sobre as "fábricas" de fumo na Bahia, ver M. Calmon, *Memoria*, p. 34; e Borba, p. 35.

38. Sobre os preços internacionais do fumo nas décadas de 1840 e 1850, ver Ocampo, p. 220. Para dados sobre a participação do fumo em folha no total das exportações, ver Barickman, "The Slave Economy", p. 81. Sobre a relação entre o fumo em folha e o aumento das exportações, ver Bahia, *Falla* (1851, F. Gonçalves Martins), p. 36.

39. Câm. de Maragogipe ao Pres. (25/3/1849), APEB, SH, 1347; Câm de Nazaré ao Pres. (3/12/1855), e idem, Resposta ao circular sobre a produção (1856), ambos em APEB, SH, 1367; Bahia *Falla* (1849, F. Gonçalves Martins), p. 54; Epifânio José de Meireles, "Esboço descriptivo da Cidade da Cachoeira" (1866), BN, I-3, 3, 31, fl. 17; Borba e Santos, p. 83 (sobre as exportações de charutos e cigarros); Barickman, "Persistence", p. 616 (sobre as exportações de fumo após 1860). Também ver Baud e Koonings, *"A lavoura dos pobres"* (sobre a produção de fumo na Bahia no fim do século XIX e início do século XX).

40. Moreno Fraginals, *O engenho*, 1: 35-40; Williams, pp. 226-27; Schwartz, *Sugar Plantations*, p. 423; [Mendes], p. 315. A Fig. 6, no texto, apresenta os preços do açúcar em Salvador. Os preços no mercado londrino encontram-se em Deerr, 2: 531. As referências posteriores a preços do açúcar no texto são baseadas nos dados apresentadas na Fig. 1 e por Deerr.

41. [Mendes], p. 315; Antonil, p. 280.

42. Gov. a D. Rodrigo de Sousa Coutinho (25/8/1798), *ABN*, 36 (1914): 37.

43. O dízimo era um tributo devido à Igreja, equivalente a um décimo de toda

a produção. No Brasil, porém, era pago à Coroa, que, pelo menos em princípio, usava as receitas do dízimo para sustentar a Igreja na Colônia. Depois da Independência, o direito de arrecadar o dízimo foi transferido, na prática, para os governos provinciais. Na Bahia, tornou-se pouco mais que um imposto sobre as exportações. Sobre a complicada história legal do dízimo, ver O. Oliveira, *Os dízimos*. Ver também Schwartz, *Sugar Plantations*, p. 173.

44. Gov. a D. Rodrigo de Sousa Coutinho (24/5/1797) e Provedor da Fazenda (Bahia) a idem (23/10/1797), *ABN*, 34 (1912): 447, 466; Gov. a idem (5/6/1799) e Junta da Real Fazenda da Bahia à rainha (18/5/1799) e também "Noticia do Plano da Administração..., que a Junta da Real Fazenda... tem feito praticar" [c. 1801], todos em AN, Códice 91, especialmente fls. 21, 24, 33-36. A historiografia apresenta explicações contraditórias e pouco aprofundadas do novo sistema de avaliar e recolher o dízimo e, sobretudo, dos "descontos" baseados na distância. Ver, por exemplo, Schwartz, *Sugar Plantations*, p. 425; Mattoso, *Bahia: a cidade*, p. 52; e Morton, "Conservative Revolution", pp. 203-4. Para uma discussão mais detalhada do sistema, ver Barickman, "The Slave Economy", pp. 100-105. Aboliu-se o sistema em 1842, quando o dízimo foi substituído por um imposto simples de 4% sobre o valor das exportações de açúcar. Bahia, *CL*, 4: 73. Sobre o dízimo do fumo, que era um "meio dízimo" (igual a 5%, e não 10%, de seu valor de mercado), ver "Petição dos Lavradores de tabaco da Cachoeira" (1807), BN, II-33, 20, 2; "Representação dos plantadores de tabaco da Bahia a S.A.R." (1810), BN, II-33, 17, 6; Francisco Gomes de Souza, Parecer (1810), BN, II-33, 17, 7; e as faturas de venda de fumo anexas aos inventários de lavradores de Cachoeira.

45. Ver, por exemplo, as contas e faturas de venda incluídas nos invs. de João Manoel do Santos (1787) e de Manoel Dias Rocha (1789), ambos em ARC, IT; de Antônio Alves da Encarnação (1787) e de Antônio Freitas da Cunha (1794), ambos em APEB, SJ, IT.

46. "Matrícula dos Engenhos da Capitania da Bahia pelos Dízimos Reais administrados pela Junta da Real Fazenda" (1807-1874), APEB, SH, 632. Em 1807, a Junta começou a matricular todos os engenhos existentes e também os novos, à medida que faziam suas primeiras remessas de açúcar para Salvador. As datas, porém, foram registradas de maneira irregular. Nenhuma matrícula anterior a 24 de julho de 1818 leva data; a Junta parou de datar as matrículas a partir de 18 de dezembro de 1820 e só voltou a fazê-lo regular-

mente depois de 18 de outubro de 1828. F. W. O. Morton faz a sugestão plausível de que dos 469 engenhos matriculados entre 1807 e 1818, talvez duzentos ou trezentos existissem antes da abertura da matrícula, tendo os demais sido construídos após 1807. "Conservative Revolution", p. 205.

47. Góes Calmon, p. 47; R. de Almeida, p. 29; Mattoso, *Bahia, século XIX*, p. 572; Pang, *O Engenho Central*, pp. 26, 28-29; Pinho, *História*, p. 321. Uma das primeiras versões deste argumento encontra-se em *A lavoura da Bahia* (1874).

48. Entre 1822 e 1830, o preço de um quintal (*hundredweight;* i.e., 78,758 kg) de açúcar em Londres caiu de 31 para 24 xelins, mas, em razão da baixa da taxa de câmbio, isso correspondeu a um aumento do preço do açúcar em mil-réis de Rs.7$595 para Rs.12$624. Os preços do açúcar em Salvador também subiram nesses anos. Uma série histórica da taxa de câmbio pode ser encontrada em Leff, 1: 246. As referências posteriores no texto à taxa de câmbio baseiam-se na série de Leff.

49. Morton, "Conservative Revolution", pp. 327-30; M. Calmon, *Ensaio*, p. 173. Ver também os três pedidos de licença (todos datados de 1826) em APEB, SH, 4597. Curiosamente, Mattoso vê na construção de novos engenhos um indício do declínio da economia açucareira da província. *Bahia, século XIX*, p. 572.

50. Morton, "Conservative Revolution", p. 330.

51. *PP* (1831-32), *Reports from Committees*, 16: "Report... on the Commercial State of the West India Colonies", pp. 236, 257-78, 272-73 (depoimentos de John Brownwell Boothby, George Timothy Sealy e Evanson Alchorne); Deerr, 2: 430. Para uma avaliação do impacto negativo das taxas britânicas nas exportações brasileiras, ver Batista, Jr., pp. 203-39. O valor da libra em relação ao mil-réis caiu de Rs.10$520 em 1830 para Rs.6$240 em 1836.

52. *A Missão especial*, 1:134, 192; Delson, pp. 63-67; Deerr, 2:437-42; Bethell, pp. 273-74.

53. *PP* (1867), *A&P*, 29: 187. Ver também Bahia, *Falla* (1874, A. C. da Cruz Machado), pp. 178-179. Sobre o processo de purgar o açúcar, ver Cap. 6. Observar, contudo, que o termo "mascavo" (ou "mascavado") podia se aplicar tanto ao açúcar cru (i.e., não purgado) quanto ao açúcar purgado mais escuro. Deerr, 2:109 n. Sobre a especialização da Bahia em açúcar purgado, ver Schwartz, *Sugar Plantations*, p. 162. Sobre as proporções de açúcar branco e mascavo exportados, ver Barickman, "The Slave Economy", pp. 547-49.

54. Sobre esta questão, ver Bahia, *Falla* (1853, J. M. Wanderley), p. 75; e *EL*, [Bahia] p. 42. Aboliu-se o sistema de "descontos" nos dízimos em 1842, mas, mesmo assim, a matrícula foi mantida até 1874, provavelmente porque sua enumeração de engenhos continuou sendo útil para a identificação dos donos das caixas e sacos de açúcar que entravam nos trapiches de Salvador. Ver "Relação dos Engenhos... da Bahia cujos assucares... tem sido depositados nos Trapiches Alfandegados" (1869), BN, II-33, 32, 3.
55. Ao contrário do que ocorreu na região fumageira de Güines, em Cuba, não há indícios de uso generalizado da violência por senhores de engenho baianos para expulsar lavradores de fumo de suas terras no intuito de estabelecer novos engenhos. Sobre Güines, ver Moreno Fraginals, *O engenho*, 1: 59-66.
56. Por exemplo, os engenhos Cassucá e S. Domingos, na freguesia do Iguape (Cachoeira), ambos matriculados em 1830, tinham 76 e 170 escravos respectivamente em 1835; e o Engenho S. Antônio do Pastinho, na freguesia de N. S. da Purificação (S. Amaro), matriculado em 1831, empregava 95 escravos em 1852. "Relação do número de Fogos... Iguape" (1835); inv. de Manoel Bernardo Calmon du Pin e Almeida e Maria Rosa de Araújo Calmon (1852), APEB, SJ, IT.
57. Esta periodização corresponde de um modo geral à proposta por Mattoso (*Bahia: a cidade*, pp. 349-51), com base em seu estudo de preços em Salvador. Embora não analise as exportações, Mattoso mostra que as tendências de longo prazo exibidas pelos preços na Bahia corresponderam aproximadamente aos ciclos de Kondratieff nas economias européias.
58. Sobre a inquietação, ver, por exemplo, J. J. Reis, "A elite baiana", pp. 341-84.
59. Araújo e Barreto, pp. 50, 52; Barickman, "Persistence", pp. 616-25.
60. Barickman, "Persistence", pp. 588-95. Sobre as exportações de açúcar da Bahia em 1889, ver Grã-Bretanha..., *Report for the Years 1885-89 on the Trade of Bahia,* p. 2: e Jancsó, "As exportações", p. 356. Sobre as exportações de açúcar de outras províncias do Nordeste, ver Galloway, "Last Years", p. 603; Eisenberg, p. 15; M. da G. S. de Almeida, p. 112.
61. Schwartz, *Sugar Plantations,* p. 97. Aqui cito a tradução brasileira do livro de Schwartz, feita por Laura Teixeira Motta (p. 94, da tradução).

Capítulo 2

1. Vilhena, 1: 57, 61, 126-27, 130; Lindley, pp. 103-4, 152-53, 217, 259-61, 267; Spix e Martius, 2: 646, 650; Tollenare, 3: 702-4, 765; Sturz, p. 106; Arnold, pp. 68-70; Wetherell, pp. 91-92, 116-17; Michelena y Rójas, p. 658; Mouchez, 3: 40-41; Th. de Azevedo, pp. 270, 275, 318-40; Alden, "Price Movements", pp. 342-46; Mattoso, *Bahia: a cidade*, pp. 53-54, 255-57, 301. Ver também Fish, pp. 68-89; e Querino, pp. 166-225.
2. Mintz, *Sweetness*, pp. 9-12; Braudel, pp. 66-120, especialmente pp. 87-91, 103-104. Mas sobre as opiniões equivocadas de Braudel a respeito da mandioca, ver F. C. T. da Silva, pp. 70-71.
3. Vilhena, 1: 159 (o trecho citado), 200. Ver também Th. de Azevedo, pp. 358-66; Alden, "Price Movements", pp. 353-54. As experiências de Jean Chrétien Baud e Quirijn Maurits Rudolph Ver Huell, oficiais da marinha holandesa que moraram em Salvador entre 1807 e 1810, corroboram as observações de Vilhena neste assunto. Baud, pp. 190-91; e Ver Huell, pp. 196-99.
4. Arroz, 5,0%; milho, 6,0%; feijão, 1,3%, e farinha de mandioca, 87,7%. As percentagens referem-se ao volume desses quatro gêneros que entrou no Celeiro Público e foram calculadas a partir de registros completos do Celeiro dos anos 1786-1848 e 1850 e de registros incompletos dos anos 1785, 1849 e 1851. Para as citações das fontes utilizadas aqui, ver Cap. 3.
5. J. da S. Lisboa, "Carta" (1781), p. 503; "Conta corrente da despeza e receita que houve no Celleiro Publico..." (mensal, com interrupções, 1834-1849), em APEB, SH, 1609, 1610 e 1611; Bahia, *Relatorio* (1868, J. B. Nascentes de Azambuja), *Documentos annexos*: Franklin Americo de Menezes Doria, "Relatorio do Chefe de Policia", "Tabella para fornecimento dos presos pobres das cadeias desta cidade", s.n. Cabe notar que, no século XVIII e na primeira metade do século XIX, a farinha era sempre medida por volume, não por peso. As unidades mais comuns eram o alqueire (36,27 litros) e frações dele. Um litro de farinha de granulação média-fina pesa aproximadamente 625 gramas; portanto, um alqueire pesaria 22,67 quilogramas e uma quarta de alqueire, 5,67 quilogramas. Entrevistas com vendedores de farinha nas feiras de Cachoeira, São Gonçalo dos Campos, Nazaré e Maragogipe em abril de 1987 e abril e maio de 1988; Antônio José da Conceição, Departamento de Fitotecnia, Escola de Agronomia da Univ. Federal da Bahia, Cruz das Almas (BA), entrevista, junho de 1988; e Saint, Jr., pp. 56-58.

6. Benci, pp. 54-64; Antonil, pp. 126-29; M. Calmon, *Ensaio*, pp. 59-63; Werneck, pp. 63-65. Para avaliações recentes, ver, por exemplo, E. V. da Costa, *Da senzala*, p. 230; Schwartz, *Sugar Plantations*, pp. 137-38; J. de Castro, pp. 145-46; Reis, "Hunger"; e Kiple, "Nutritional Link". Para análises da dieta dos escravos no Sul dos Estados Unidos e no Caribe, ver, por exemplo, Kiple e King, cap. 5; Fogel, pp. 132-38; e Kiple, *Caribbean Slave*, 66-88.
7. Schwartz, *Sugar Plantations*, p. 138.
8. A discussão que se segue baseia-se sobretudo nas contas de despesas anexadas aos inventários *post-mortem* de senhores de engenho e lavradores de cana citados na Tabela 7; e também em Vilhena, 1: 185-86; [Denis], *Lettres*, p. 253; Regis, pp. 17, 19-20; Câm. de S. Amaro ao Pres. (5/3/1858), APEB, SH, 1427; Naeher, pp. 112, 204; e *EL*, [Bahia], p. 49.
9. "Conta das despezas que tenho feito com os Engenhos Passagem, Caxoeirinha, Santa Ignez, e fazendas annexas" [1823], APEB, SH, 247.
10. Inv. de Francisco de Oliveira Guedes (1860), APEB, SJ, IT.
11. Banco do Nordeste do Brasil, S.A., p. 30; e, sobre a dieta dos escravos no Sudeste, Stein, *Vassouras*, pp. 173-76; E. V. da Costa, *Da senzala*, p. 23-31; Werneck, pp. 64, 75-77; Imbert, pp. 366-68. O contraste entre as dietas dos escravos do Nordeste e do Sudeste reflete a diferente mistura de lavouras de subsistência cultivadas nas duas regiões. J. de Castro, pp. 59, 113-73, 265-78; Fish, pp. 71-75; F. C. T. da Silva, pp. 103-4.
12. Naeher, pp. 112, 204. Ver também as referências a rações diárias equivalentes a 1,3 litro no inv. de Clara Maria do Sacramento e Joaquim da Costa e Melo (1832), APEB, SJ, IT; e Barickman, "The Slave Economy", p. 131.
13. Torres, pp. 158, 204-11; Ramos, pp. 62-63. Ver também Conceição, p. 74; Saint, Jr., p. 58; e [M.] P. de Aguiar, *A mandioca*, p. 90.
14. Hill, "Remarks" em "Table E", n.p; Comissão do Celeiro, Parecer (27/4/1847), APEB, SH, 1611; Bahia, *Falla* (1855, J. M. Wanderley), "Mappa... dos predios urbanos", s.n.; D. V. de Aguiar, pp. 231, 238; Fish, p. 77; Banco do Nordeste do Brasil, S.A., pp. 13, 30, 41; Bahia, *Relatorio* (1868, J. B. Nascentes de Azambuja), *Documentos annexos*: Franklin Americo de Menezes Doria, "Relatorio do Chefe de Policia", "Tabella para fornecimento dos presos pobres das cadeias desta cidade", s.n. As onças citadas nesta fonte são onças de uma libra (arrátel) de 460 gramas. Sobre as importações de trigo, ver, por exemplo, Soares, *Elementos*, 2: 70; e Bahia, *Relatorio* (1866, M. P. de Souza Dantas), "Quadro... artigos importados", s.n.

15. Wetherell, p. 92.
16. [M.] P. de Aguiar, *Abastecimento*, pp. 61-107; Reis e Aguiar, "'Carne sem osso e farinha sem caroço'". Também ver, por exemplo, as contas anexadas ao inv. de Luísa Rosa de Gouveia Portugal (1839), APEB, SJ, IT, que incluem compras de pão para escravos doentes enviados a Salvador para se recuperar. Sobre a importância da farinha durante todo o século XIX, ver, por exemplo, Maximiliano de Habsburgo, pp. 123-24; Naeher, p. 105; *PP* (1884-85), *A&P*, 35: 1642; Pereira, pp. 74-75; e F. A. dos S. Souza, pp. 1-4.
17. Esta expressão é freqüentemente encontrada nas fontes. Sobre o consumo da farinha na forma de pirão, ver, por exemplo, Baud, p. 191; Ver Huell, p. 197; Marjoribanks of Marjoribanks, p. 97; Naeher, pp. 112, 203-4; Maximiliano de Habsburgo, p. 124; Pereira, p. 74; F. A. dos S. Souza, p. 1.
18. A expressão "demanda de alimentos comercializados" é de Tilly, p. 397.
19. Sobre roças suburbanas, ver, por exemplo, "Lista das roças... na 2ª divizão da Freguezia de Santo Antonio Além do Carmo" (1804), BN, I-31, 30, 39; e [Sargent], p. 165. O texto clássico sobre as trocas não monetárias continua sendo Meuvret, pp. 15-28.
20. Câm. da Bahia ao Gov. (19/11/1788), APEB, SH, 198, Vilhena, 1: 48-49; "Lista das roças... na 2ª divizão da Freguezia de Santo Antonio Além do Carmo" (1804), BN, I-31, 30, 39; Lindley, pp. 107, 109, 190; Rebello, pp. 157, 162-63; Dundas, pp. 237-40; RET, APEB, SH, 4675, 4829 e 4797. Sobre a história demográfica de Salvador e as fontes disponíveis, ver Th. de Azevedo, pp. 181-206; e Mattoso, *Bahia: a cidade*, pp. 115-49.
21. Entre as estimativas estão as de Lindley, p. 252: 100 mil para 1803; Prior, p. 105: 80 mil para 1813; Feldner, 1: 74: 80-100 mil para 1816; Spix e Martius, 2: 639: 115 mil para 1819; Bahia, *Falla* (1855, J. M. Wanderley), p. 34: 124-125 mil para 1855; Avé-Lallemant, p. 42: 180 mil para 1859; Mouchez, 2: 50: 152 mil para 1861; e Soares, *Elementos*, 1: 50 e 2: 65: 185 mil para 1865. Para uma discussão geral dessas estimativas, ver Mattoso, *Bahia: a cidade*, pp. 130-33.
22. Ver Mattoso, *Bahia: a cidade*, pp. 132-33, 137-39.
23. Ibidem, pp. 142-47; Lindley, p. 261; Mouchez, 2:50; e Cap. 5 (sobre o volume do tráfico de escravos).
24. Câm. da Bahia ao rei (8/5/1765), APEB, SH, 132, fols. 160-61; J. da S. Lisboa, "Carta" (1781), p. 503; Gov. a Martinho de Mello e Castro (5/2/1789), *ABN*, 34 (1912): 103; jz. ord. (Marag.) ao Gov. (29/6/1786), APEB, SH, 187;

Câm. de Maragogipe ao Gov. (20/2/1796), BN, II-33, 27, 27; Vilhena, 1: 158; J. R. de Brito, p. 3; *ST*, 26: 330; Th. de Azevedo, pp. 283-87. Um decreto de 1701 que obrigava traficantes de escravos a cultivar sua própria mandioca em vez de comprar farinha já se tornara letra morta na segunda metade do século XVIII. Sobre exportações de farinha, ver, por exemplo, Arruda, *O Brasil*, p. 207; e Soares, *Notas*, p. 226.

25. Avé-Lallemant, p. 10.
26. Bernardo José de Lorena a Martinho de Mello e Castro (20/4/1788), *ABN*, 34 (1912): 80. A proporção de pretos e pardos na população segundo os censos que fornecem essa informação era de 68% em 1775, 72% em 1807, 74% em 1848 e 67% em 1872. Ver as fontes citadas na Tabela 6; e, para os resultados do censo de 1848 (limitado à população livre), Bahia, *Falla* (1848, J. J. de Moura Magalhães), "Quadro numerico...", s.n.
27. J. da S. Lisboa, "Carta" (1781), p. 505. Segundo a estimativa de J. J. Reis ("Slave Rebellion", pp. 8-9), os escravos correspondiam a 42% dos habitantes da cidade em meados da década 1830. Ver também B. da S. Lisboa, "Memoria sobre a Provincia da Bahia", IHGB, Lata 17, doc. 21, fl. 14; e Nascimento, pp. 95-97. Sobre a posse de escravos de maneira mais geral, ver M. J. de S. Andrade, especialmente pp. 127-49; J. J. Reis, "Slave Rebellion", pp. 33-34; M. I. C. de Oliveira, pp. 41-47.
28. Tollenare, 3: 754. Ver também Lindley, p. 268. Sobre a distribuição da riqueza em Salvador, ver Mattoso, *Bahia, século XIX*, pp. 602-51; e J. J. Reis, "Slave Rebellion", pp. 21-36, especialmente 21-23. Ver também Fraga Filho, *Mendigos*. Sobre as insurreições e motins das décadas de 1820 e 1830, ver J. J. Reis, "A elite baiana", pp. 341-84; idem, *A morte;* Souza, *A Sabinada;* Kraay, "'As Terrifying as Unexpected'". Ver também Reis e Aguiar, "'Carne sem osso e farinha sem caroço'".
29. Alden, "Late Colonial Brazil", p. 606; M. Santos, pp. 3, 13-15; Schwartz, *Sugar Plantations*, p. 442.
30. Vilhena, 2: 483; Lindley, p. 265; Spix e Martius, 2: 617-18; Tollenare, 3: 771; M. Graham, pp. 154-55; Arnizáu, pp. 129-131 e p. 139 n.1; "Representação dos habitantes de Cachoeira" (1826), BN, II-34, 8, 17; Rebello, pp. 173-74; Avé-Lallemant, pp. 65-66; Candler e Burgess, p. 59; Universidade Federal da Bahia, Faculdade de Arquitetura,..., 2: 19-54, 56-98; D. V. de Aguiar, pp. 104-5, 237-39; F. V. Vianna, pp. 452-54, 457-59, 461-66.
31. Sobre a produção de mandioca nas fazendas e sítios de fumo, ver Cap. 6.

32. [Mendes], pp. 291-92, 319-20.
33. Berlin e Morgan, Introduction, p. 3; Higman, p. 204.
34. F. C. T. da Silva, pp. 364-65; Vilhena, 1: 158; J. R. de Brito, p. 3; "Bahia de outros tempos", p. 53.
35. Vilhena, 1: 158; jz de fora (SA e SFC) ao Gov. (8/6/1817), APEB, SH, 241. Ver também J. R. de Brito, pp. 3-4, 68; "Termos de vereações... de Santo Amaro", pp. 111, 180, 204-5, 216, 221.
36. Lapa, *Economia colonial*, p. 155; jz de fora (SA e SFC) ao Gov. (8/6/1817), APEB, SH, 241. Ver também a discussão sobre rendimentos no Cap. 6.
37. Levantamento dos engenhos da freguesia de S. Pedro do Açu da Torre (1854), APEB, SH, 4597. Nos inventários realizados em Nazaré e Maragogipe entre 1825 e 1860 e em Cachoeira (excluindo o Iguape) entre 1780 e 1860, encontrei 49 processos que se referem a engenhos ou engenhocas; 19 dessas propriedades tinham plantações de mandioca; cerca da metade tinha casas de farinha ou equipamentos para fazer farinha. Segundo a análise de Sheila de Castro Faria (*A Colônia*, pp. 246-47), o cultivo de gêneros alimentícios era comum nos engenhos da comarca de Campos (RJ) em fins do século XVIII. A mandioca, por exemplo, era cultivada em mais de 91% dos engenhos campistas em 1785; a maioria dessas propriedades também produzia milho e feijão. Sobre as práticas agrícolas, ver Rocha, p. 38; Schwartz, *Sugar Plantations*, p. 108; Gorender, *O escravismo*, p. 244.
38. M. Calmon, *Ensaio*, pp. 67-68. Encontrei oito referências à posse de fazendas desse tipo em inventários de proprietários de engenhos de S. Amaro, S. Francisco do Conde e Cachoeira, e em RET, APEB, SH, 4739, registro nº 164. Nem sempre, porém, os senhores de engenho usavam a mandioca cultivada nessas fazendas para alimentar seus escravos. Ver, por exemplo, o inv. de Antônio Lopes Ferreira e Souza (1834), APEB, SJ, IT e as contas anexadas.
39. J. R. de Brito, p. 3; Camara, "Carta II", pp. 80-81, 84-85 (p. 84 para a passagem citada); idem, *Memoria* (1834), especialmente pp. 8-9, 11, 18-19; Requerimento dos moradores de Santo Amaro anexado a jz de fora (SA e SFC) ao Gov. (8/6/1817), APEB, SH, 241; M. Calmon, *Ensaio*, pp. 66-75. Ver também Fairbanks, p. vii; e *EL*, [Bahia], p. 49.
40. Nas últimas décadas, o papel das roças de escravos e da chamada "brecha camponesa" transformou-se em um dos temas mais debatidos e discutidos na historiografia sobre a escravidão no Brasil. Ver, por exemplo, C. F. S. Cardoso, *Escravo*; Gorender, *O escravismo*, pp. 258-67; idem, *A escravidão*,

pp. 70-81; Schwartz, "Resistance", pp. 69-81; idem, *Slaves*, pp. 49-55; 83-84; Reis e Silva, caps. 1-2; M. H. Machado, "Em torno da autonomia escrava"; Slenes, *Na senzala*, pp. 197-208. Em "'A Bit of Land'", discuto em maior detalhe o debate e as evidências sobre o papel da roças nos engenhos e fazendas de cana baianos. Sobre as roças em outras áreas do Brasil e das Américas, ver as obras citadas na nota 41.

41. Sobre as roças nas Antilhas e no sul do Estados Unidos, ver, por exemplo, Berlin e Morgan, "Slaves' Economy"; Mintz, *Caribbean Transformations*, cap. 7; Scott, pp. 149-50, 259. Sobre roças de escravos no Brasil, ver, por exemplo, Schwartz, "Resistance"; M. R. M. F. Mattos, pp. 124-27, 139-41; Fragoso, "Sistemas", pp. 67-69; Fragoso e Florentino, "Marcelino", pp. 166-71; Lara, pp. 208-20; Galliza, pp. 148-50; Funes, pp. 122-25; Marquese, pp. 221-22; Slenes, *Na senzala*, pp. 195-208; Mattos, *Das cores*, cap. 7. Também ver Reis, "Escravos e coiteiros", e Gomes, *Histórias*.
42. Berlin e Morgan, Introduction, pp. 5-6; Kiple, *Caribbean Slave*, p. 67; C. F. S. Cardoso, *Escravo*, pp. 87-90; e Higman, pp. 204-14.
43. Gorender, *O escravismo*, p. 259; idem, *A escravidão*, pp. 72-74.
44. J. da S. Lisboa, "Carta" (1781), p. 501; [Mendes], p. 321; Vilhena, 1: 185-86; Camara, *Memoria* (1834), p. 6-7.
45. M. Calmon, *Ensaio*, p. 60. Cf. E. Silva, "O Barão", pp. 35-37; Marquese, pp. 221-22; e Berlin e Morgan, Introduction, pp. 19-20.
46. Até 1871, os escravos no Brasil não podiam possuir nada legalmente. Na prática, porém, era costume generalizado reconhecer seu "direito" a um pecúlio. M. C. da Cunha, p. 5 e passim.
47. Invs. de Manoel Estanislau de Almeida (1838), ARC, IT; e de Maria de Assunção Freire de Carvalho (1848), APEB, SJ, IT, a que Argolo anexou as contas de seu engenho para ajudar a decidir uma disputa entre os herdeiros; Candler e Burgess, p. 57. Ver também o inv. de Matilde Flora da Câmara Bittencourt e Chaby (1864), ARC, IT. Deve-se notar que, apesar de seu nome, a Fazenda da Capela de Santa Maria não pertencia a nenhuma ordem religiosa; era uma propriedade leiga.
48. Levantamento dos engenhos na freguesia do Matoim (1854), APEB, SH, 4597; Fragoso e Florentino, "Marcelino", p. 171; M. C. da Cunha, p. 5 e passim. Convém frisar que Fragoso e Florentino não sugerem que a ausência de referências às roças de escravos em inventários prove a existência dessas roças. Antes, argumentam que a ausência de referências indica que nem os avaliadores nem os herdeiros insistiam em fazer valer os diretos legais do

falecido senhor sobre os produtos cultivados pelos escravos em suas roças. Também ver a passagem de Miguel Calmon citada no texto. Em relação às roças no Engenho Vitória, Candler e Burgess (p. 57) observaram na década de 1850 que aos escravos "era permitido designar quem receberia sua propriedade [*sic*] quando morressem".

49. Forth-Rouen, p. 121.
50. Ibidem, pp. 120-21; C. F. S. Cardoso, *Escravo*, p. 95 e passim; Berlin e Morgan, Introduction, p. 15. Embora não haja razão para supor que as roças eram menos comuns em fazendas e sítios de fumo do que em engenhos e fazendas de cana, consegui localizar nas fontes poucas referências à prática de conceder lotes aos escravos empregados na lavoura fumageira. Ver Barickman, "The Slave Economy", pp. 168-69.
51. J. da S. Lisboa, "Carta" (1781), p. 501; Vilhena, 1: 185-86; Camara, *Memoria* (1834), pp. 6-7; e, sobre as queixas da Igreja, Vainfas, p. 109; Schwartz, *Sugar Plantations*, pp. 137-38.
52. M. Calmon, *Ensaio*, pp. 59-60 (grifos no original).
53. Antonil, pp. 126-28; Benci, pp. 55-64. Sobre esses escritores reformistas, ver Vainfas, pp. 107-10, 149-59; C. F. S. Cardoso, *Escravo*, pp. 94-95, 121; e Marquese, 49-97.
54. Sobre as atividades comerciais independentes (incluindo vendas de farinha) desenvolvidas por escravos nas Antilhas e em outros lugares, ver, por exemplo, Berlin e Morgan, Introduction, pp. 7-8, 11-14; Mintz, *Caribbean Transformations*, pp. 194-206; C. F. S. Cardoso, *Escravo*, pp. 77-79, 88, 108.
55. Sobre a rebelião e o tratado do Engenho Santana, que foi descoberto por Stuart Schwartz, ver seu artigo "Resistance", que inclui uma transcrição do tratado. Sobre os problemas de abastecimento em Ilhéus, ver, por exemplo, ouv. int. (Ihéus) ao Gov. (27/2/1796), APEB, SH, 184; [Baltasar da Silva Lisboa], "Memoria sobre o corte das madeiras..." [c. 1800], BN, II-34, 3, 6, fl. 4; idem, "Memoria sobre a comarca dos Ilhéos" (1802), p. 9; Maximiliano (príncipe de Wied-Neuwied), p. 339; Spix e Martius, 2: 677.
56. Ver, por exemplo, M. R. M. F. Mattos, pp. 124-27, 139-41; Fragoso, "Sistemas", pp. 67-69; Fragoso e Florentino, "Marcelino", p. 170; Galliza, pp. 148-51; Slenes, *Na senzala*, pp. 195-208, 235. A decisão de basear a discussão que se segue nos inventários deve-se à falta de referências a atividades comerciais por parte de escravos nas posturas municipais e em cartas de alforria. Sobre essa falta, ver Barickman, "'A Bit of Land'", especialmente pp. 666-69, 685-87.

57. Inv. de José Manoel (1825), ARC, IT.
58. As estimativas do poder de compra de Rs.37$680 baseiam-se em avaliações judiciais em outros inventários de 1823-26 e no preço da farinha em Mattoso, "Au Nouveau Monde", Annexes, pp. 445-61.
59. Inv. de Félix Alves de Andrade (1791), APEB, SJ, IT; e, para o preço do feijão, Mattoso, "Au Nouveau Monde", Annexes, pp. 445-61. Mattoso não coletou informações sobre o preço do azeite-de-dendê.
60. Inv. de José Francisco das Neves (1837), APEB, SJ, IT. A estimativa da área cultivada baseia-se em avaliações de plantações de mandioca feitas na época em outros inventários. As estimativas do número de covas e da quantidade de farinha produzida foram feitas com as proporções discutidas nos Capítulos 4 e 6. Na estimativa da quantidade de farinha, utilizei o rendimento mais baixo. O único outro exemplo que encontrei em contas anexadas a inventários de senhores de engenho e lavradores baianos foi a venda de um "capado" em 1843 por um escravo chamado Álvaro no Engenho Buranhém. Inv. de Joaquim Ferreira Bandeira (1842), APEB, SJ, IT. Mas ver também Candler e Burgess, p. 57. Em visita ao Engenho Vitória (Iguape) no início da década de 1850, esses dois ingleses souberam que os escravos ali vendiam produtos de suas roças e que alguns assim tinham acumulado o dinheiro suficiente para comprar suas liberdades.
61. E. Silva, "Entre Zumbi e Pai-João", p. 3.
62. Fragoso, "Sistemas", pp. 67-69; Fragoso e Florentino, "Marcelino", p. 170.
63. [Mendes], pp. 319-20; Vilhena, 1: 158; Camara, *Memoria* (1834), pp. 3-6; e M. Calmon, *Ensaio*, pp. 68-70. Em relação ao Engenho da Ponta e aos herdeiros de Câmara, ver as compras de farinha registradas nas contas (que abrangem os anos de 1860-65 e 1882-83) anexadas aos invs. de Matilde Flora da Câmara Bittencourt e Chaby (sua viúva) (1864), ARC, IT; e de Francisco Ferreira Viana Bandeira (seu genro) (1882), APEB, SJ, IT. Embora os senhores de engenho considerassem a mandioca uma cultura de muito menos prestígio que a cana-de-açúcar, nenhum dos autores citados invocou o prestígio social para explicar por que eles compravam farinha. Aqui se deve distinguir a produção de farinha para consumo doméstico, que teria sido compatível com as pretensões sociais de um senhor de engenho, da produção comercial, que era de fato uma atividade muito menos prestigiosa do ponto de vista social.
64. Camara, *Memoria* (1834), p. 3.
65. Ver, por exemplo, jz ord. (Jag.) ao Gov. (1/9/1785), APEB, SH, 188; idem

ao Gov. (24/1/1786), APEB, SH, 408; Câm. de Maragogipe ao Gov. (15/9/1788), APEB, SH, 199; ouv. (Ilhéus) ao Gov. (24/3/1793), APEB, SH, 184; jz de fora (Marag.) ao Pres. (17/2/1827), APEB, SH, 2470; jz. mun. int. (Marag.) ao Pres. (3/12/1837), APEB, SH, 2471; adm. (CP) ao Pres. (27/7/1836, 26/7/1838 e 9/11/1838), APEB, SH, 1609; idem ao Pres. (26/5/1842 e 13/10/1844), APEB, SH, 1610; idem ao Pres. (22/2/1849) e vereador encarregado (CP) ao Pres. (31/1/1854), ambos em APEB, SH, 1611; Câm. de Valença ao Pres. (6/6/1850), APEB, SH, 1455; Câm. de Nazaré ao Pres. (22/3/1852), APEB, SH, 1367; Câm. de Salvador ao Pres. (11/8/1853), APEB, SH, 1401; e Cap. 3.

66. Era ainda possível que os senhores de engenho simplesmente reduzissem as rações; sem dúvida, alguns adotavam essa medida de economia. Ver M. Calmon, *Ensaio*, pp. 59-60. Por períodos longos, porém, economizar nas rações podia ameaçar a saúde dos escravos, resultando na redução da produção de açúcar ou na perda de cativos em que os senhores de engenho haviam investido soma considerável. Também podia tornar mais tensas as relações senhor-escravo e até contribuir para desencadear rebeliões.

67. A estimativa presume que 1) em 1818, somente 53% dos 315 engenhos da Bahia supriam suas necessidades de farinha parcial ou totalmente através de compras e que os demais eram inteiramente auto-suficientes; 2) apenas 50% dos 478 lavradores de S. Amaro e S. Francisco do Conde compravam farinha; e 3) nenhum lavrador de cana na freguesia do Iguape ou nos subúrbios de Salvador comprava farinha. Para uma discussão mais detalhada, ver Barickman, "The Slave Economy", pp. 193-94. Fica claro que a estimativa é conservadora quando se lembra que só 23% de todos os engenhos tinham equipamento para fazer farinha. Estão excluídos dela os empregados livres permanentes (feitores, caixeiros etc.).

68. Entre 1814 e 1824 (com exceção de 1823, quando, durante a guerra da Independência, um bloqueio interrompeu o comércio da cidade), a quantidade de farinha que entrou no Celeiro foi, em média, de 382.916 alqueires por ano. Ver Cap. 3.

69. Mauro, "Ultimes réflexions", p. 273 (para citações); e F. de Oliveira, *O elo*, pp. 22-27. Ver também Best, pp. 283-324; Beckford, pp. 45-52; Furtado, cap. 9; e Taylor, *Sugar*. Minhas conclusões sobre esta questão correspondem, em linhas gerais, às de Schwartz sobre a Bahia colonial. Ver Schwartz, *Sugar Plantations*, pp. 239-40.

70. Câm. de Jaguaripe ao Gov. (12/7/1766), APEB, SH, 199; Câm. de Maragogipe

ao Gov. (12/7/1766), APEB, SH, 201-13; e, sobre os sítios e fazendas de mandioca, Cap. 6. Sobre o conceito de "racionalidade" como é usado aqui, ver W. Kula, cap. 6.

71. Berlin e Morgan, Introduction, p. 6: Barickman, "'A Bit of Land'", pp. 677-80.
72. Mesmo depois que as relações de assalariamento já começaram a se estabelecer na agricultura, os trabalhadores muitas vezes continuam a depender da produção doméstica para garantir parte de sua subsistência. Sobre situações desse tipo no Brasil, ver, por exemplo, Stolcke, pp. 45, 68-69; e Cabral, pp. 17-56.
73. Uma pequena indústria têxtil de fato se desenvolveu na Bahia após 1840, mas sua produção de tecidos grosseiros de algodão apenas substituiu artigos similares importados da Europa e da província de Minas Gerais. Não surgiu nenhuma outra indústria nova para suprir a demanda do mercado formado pelos escravos nos distritos açucareiros. Sobre os primórdios da indústria têxtil na Bahia, ver Stein, *Brazilian Cotton Manufacture*, pp. 20-24. Sobre os artigos comprados pelos escravos recém-emancipados nos Estados Unidos, ver Ransom e Sutch, pp. 4-5.

Capítulo 3

1. J. da S. Lisboa, "Carta" (1781), p. 503. Mesmo na década de 1800-1809, o volume anual de farinha que entrava no Celeiro Público de Salvador raramente passava de trezentos mil alqueires. Ver nota 8 neste capítulo e Figura 7.
2. Lindley, pp. 103-5, 261-62.
3. Wetherell, pp. 26-27, 29-30; Wilberforce, pp. 91-92; Maximiliano de Habsburgo, pp. 138-39; Mouchez, 2: 40-41, 52-53; Naeher, p. 74. As evidências iconográficas e outras fontes confirmam as referências dos viajantes a pequenas "frotas" e "flotilhas". Ver, por exemplo, a aquarela de Quirijn Maurits Rudolph Ver Huell, "Vue de la Rade de St. Salvador..." (1808 ou 1809), reproduzida em Graaf (org.), 2, estampa nº 3, entre pp. 210-11; e Câm. de Jaguaripe ao Gov. (2/8/1788), BN, II-33, 21, 64.
4. Aqui tento indicar apenas as áreas que abasteciam regularmente o mercado de Salvador de farinha no final do século XVIII e nos primeiros anos do século XIX. Por isso, a descrição das áreas abastecedoras baseia-se somente em fontes dos anos de 1775 a 1810. Estas incluem: J. da S. Lisboa, "Carta" (1781), pp. 503-4; Vilhena, 1: 58, 156 e 2: 495-97, 505, 518, 526-30, 571-72; ouv. (Porto Seguro) ao rei (12/5/1775) e idem a Martinho de Mello e

Castro (1/7/1776), *ABN*, 32 (1910): 294, 325; Lindley, pp. 228-29; [Campos], pp. 437, 444-45; Domingos Alves Branco Moniz Barreto, "Relação que contém a descripção... da Comarca dos Ilhéos" (1790), BN, 14, 1, 10, fls. 5, 12; ouv. (Ilhéus) a D. Rodrigo de Sousa Coutinho (20/3/1799), *ABN*, 36 (1914): 107-8, 113; [Baltasar da Silva Lisboa], "Memoria sobre o corte das madeiras na Comarca dos Ilhéos" [c. 1800], BN, II-34, 3, 6; idem, "Memoria sobre a Comarca dos Ilhéos" (1802), pp. 13-15. Ver também as fontes citadas na Tabela 10 e a Introdução deste livro. Para a localização dessas áreas, ver Mapas 1 e 2.

5. Gov. a D. Rodrigo de Sousa Coutinho (31/12/1796), *ABN*, 34 (1912): 406; "Productos exportados da Cidade do Rio de Janeiro", p. 203; Brown, "Internal Commerce", pp. 116-17; Marcílio, *Caiçara*, p. 95; Barickman, "'Tame Indians'".
6. As séries (que abrangem os anos de 1749 a 1931) podem ser encontradas em Mattoso, "Au Nouveau Monde", Annexes, pp. 445-61. Ver também idem, *Bahia: a cidade*, pp. 296-338, sobre os pressupostos e métodos usados na elaboração das séries. Ao montar as séries, Mattoso converteu os preços dos séculos XVIII e XIX em preços de unidades métricas. Mas, já que as medidas antigas aparecem nas fontes primárias, achei mais conveniente reconverter os preços de suas séries para as medidas usadas no Brasil nos séculos XVIII e XIX. Para tanto, utilizei as mesmas equivalências com que ela transformou os preços originais em preços de unidades métricas. Ver Mattoso, "Os preços", p. 170.
7. Nas "Contas correntes da despeza e receita que houve no Celleiro Publico..." (1834-43, com interrupções), em APEB, SH, 1609 e 1610, encontrei preços mensais dos três quartos de alqueire de farinha fornecidos ao único escravo do Celeiro. Converti esses preços em valores de um alqueire completo e depois calculei médias anuais simples. As nove médias baseiam-se em 69 observações. Localizei os preços de açúcar branco de vários anos entre 1833 e 1843 em faturas de venda anexadas a inventários de senhores de engenho e lavradores de cana. Novamente, tirei a média de todos os preços disponíveis de determinado ano para obter um preço anual de uma arroba de açúcar branco. As faturas de venda fornecem um total de 101 observações para oito anos.
8. Várias fontes impressas e manuscritas trazem informações sobre o volume de farinha, feijão, milho e arroz que entrou no Celeiro em diferentes períodos. Baseei-me aqui principalmente no "Mapa da farinha, arros, milho

e feijão q. introu no Celeiro publico da Bahia..." (1813) (para 9 de set. de 1785 — 31 de dez. de 1813), AN, Códice 623; e no "Mappa demonstrativo do numero d'alqueires" (1849) (para 9 de set. de 1785 — 31 de maio de 1849), e num resumo anual de 1850, ambos em APEB, SH, 1611. Ver também Figura 7.

9. O regimento original do Celeiro está transcrito em Accioli, 3: 73-77. As operações diárias do Celeiro também eram reguladas por ordens e práticas consuetudinárias, nunca codificadas. A descrição que se segue, portanto, baseia-se em várias fontes dispersas. Entre elas estão a correspondência da administração do Celeiro com o presidente da província, APEB, SH, 1609, 1610 e 1611; a documentação em BN, II-33, 24, 40; "Representação dos donos, mestres de embarcações,... que traficam em farinha..." [1808?], BN, II-34, 8, 20; "Memória dos condutores de mantimentos..." [1808?], BN, II-34, 4, 1; e a correspondência relativa ao comércio de farinha enviada por juízes, inspetores de farinhas, câmaras municipais e várias autoridades locais de áreas abastecedoras e da câmara de Salvador aos governadores e presidentes da Bahia, em APEB, SH e BN.
10. Ver, por exemplo, Schwartz (*Slaves*, p. 86), que afirma que todos os estoques de farinha "tinham de ser vendidos ao Celeiro, que então cobrava uma taxa de vinte réis pelo serviço que fornecia".
11. Os controles sobre o comércio de farinha impostos pelo Celeiro estavam em consonância com a legislação portuguesa tradicional (resumida por Brown, "Internal Commerce", pp. 102-7) e com as leis e políticas semelhantes de outros países da Europa no século XVIII. Sobre os terreiros portugueses, ver M. E. C. F[aria], "Terreiro". Agradeço a Francisco Carlos Teixeira da Silva por esta referência. Também ver, por exemplo, D. Rodrigo de Sousa Coutinho ao Gov. da Bahia (3/12/1797), BN, II-33, 24, 40. Convém observar que a administração do Celeiro esteve diretamente subordinada aos governadores da Bahia até 1822 e ao governo provincial de 1822 a 1856, ano em que se tornou uma instituição municipal e perdeu grande parte de sua autoridade sobre o comércio de farinha. Sobre o preço legal máximo da farinha, ver, por exemplo, cap.-mor (Jag.) ao Gov (7/5/1781), BN, I-31, 27, 29; tenente (Jag.) ao Gov. (24/1/1786), APEB, SH, 408; Câm. da Bahia ao Gov. (24/4/1793), APEB, SH, 198; ordens régias de 24 set. e 4 de out. de 1798, APEB, SH, 86, fls. 125, 188. Cabe também notar que a farinha que chegava à cidade por terra, vinda das freguesias suburbanas e de outros lugares, não estava sujeita aos controles do Celeiro. Embora as informações sobre a comer-

cialização dessa farinha sejam escassas, nada indica que seu volume fosse grande.

12. A distinção entre os mercados no interior do Celeiro e "no mar" reaparece em toda a documentação. Em 1853, o método de recolher a contribuição foi alterado; em 1857, a contribuição foi abolida, e o próprio Celeiro foi fechado em 1866. Bahia, *Falla* (1853, J. M. Wanderley), pp. 26-27; idem, *CL*, 9: 78, idem, *Relatorio* (1866, P. Leão Velloso), pp. 24-26; Câm. de Salvador ao Pres. (20/2/1857), APEB, SH, 1403. Assim os registros do Celeiro dos anos posteriores a 1853 (AMS, 55.1, 55.2 e 63.1, dos anos 1859 e 1861-65) não são um guia válido para o volume de farinha que entrava no mercado da cidade. Ver também Nascimento, "Comércio" e Ribeiro, "Abastecimento".
13. Ver adm. (CP) ao Pres. (27/7/1837), APEB, SH, 1609; jz mun. int. (Marag.) ao Pres. (3/12/1837), APEB, SH, 2471; Câm. de Valença ao Pres. (6/6/1850), APEB, SH, 1455. Mesmo assim, alguns senhores de engenho continuavam a comprar farinha no Celeiro. Exemplos de recibos ("guias"), em formulários impressos, do Celeiro de 1807, 1808 e 1835 podem ser encontrados em "Representação dos donos, mestres de embarcações... que traficam em farinha" [1808?], BN, II-34, 8, 20; e em APEB, SH, 1609.
14. Decretos e ordens régias do fim do século XVIII haviam permitido o livre comércio de mantimentos dentro do Brasil. Brito, p. 8; Brown, "Internal Commerce", pp. 115-16; ordem régia de 24 de set. de 1798, APEB, SH, 86, fl. 125. Mas o Celeiro, mesmo na década de 1840, continuava a exigir que os comerciantes obtivessem licenças de exportação e rotineiramente recusava pedidos de licença.
15. Ouv. (Ilhéus) ao Gov. (28/5/1793 e 23/2/1797), APEB, SH, 184.
16. Maximiliano (príncipe de Wied-Neuwied), p. 180. Em 1808, um aviso régio especificamente permitiu as exportações de farinha da comarca de Porto Seguro para o Rio de Janeiro. Pres. (Câm. de Caravelas) ao Pres. (26/5/1826), APEB, SH, 4631 (que inclui uma cópia oficial do aviso). Mas o aviso apenas legalizou um comércio de farinha já estabelecido. Sobre esse comércio, ver Brown, "Internal Commerce", pp. 350-53.
17. Vilhena, 1: 125. Sobre os problemas causados pelo recrutamento, ver, por exemplo, ouv. (Ilhéus) ao Gov. (18/5/1793), APEB, SH, 184; cap.-mor (Jag.) ao Gov. (10/7/1788), APEB, SH, 408; Camara, "Carta II", p. 87; adm. (CP) ao Pres. (27/7/1836), APEB, SH, 1609; Câm. de S. Amaro ao Pres. (21/1/1837), APEB, SH, 1426; Bahia, *Falla* (1844, J. J. Pinheiro de Vasconcelos),

p. 9; Comissão do Celeiro, Parecer (27/4/1847), APEB, SH, 1611. Sobre o recrutamento na Bahia de uma maneira mais geral, ver Kraay, *Race,* especialmente caps. 2 e 7.

18. Mas ver Dundas, pp. 204, 395-96 sobre as condições em Salvador em 1822-23, 1825 e 1837-38, quando a cidade estava sitiada.

19. Ver, por exemplo, "Termos de vereações... da Camara de Santo Amaro", pp. 111, 180, 204-5, 221; Câm. de S. Luzia do Rio Real ao Gov. (30/11/1781), APEB, SH, MNC; "Lista das pessoas que plantão mandiocas... nesta Villa Real de Santa Luzia" (1786), APEB, SH, 192; cap.-mor (Sergipe) ao Gov. (2/4/1786), APEB, SH, 191. Sobre os inspetores de farinhas e seus encargos, ver, por exemplo, Câm. de Jaguaripe ao Gov. (24/2/1796), BN, II-33, 18, 37; insp. de f. (Aldeia) a Patrício de S. Amaro (19/2/1789), BN, II-34, 5, 28; cap.-mor (Jag.) ao Gov. (20/5/1788), BN, II-33, 20, 15; a documentação em APEB, SH, 201-31; e "Posturas, 1650-1787", AMS, 119.1, fl. 122. Em Salvador, antes de 1785, a farinha era vendida principalmente "no mar". Vilhena, 1: 124; "Discurso sobre o Cell[ro] publico" [1807 ou 1808], BN, II-33, 24, 40; Accioli, 3: 72-73 n. 113.

20. J. J. Reis, "A elite", pp. 347-51; idem, "Slave Rebellion", pp. 42-44; idem, *A morte*; Mattoso, "Conjoncture", pp. 33-53; Jancsó, *Na Bahia;* P. C. Souza, pp. 131-35; Kraay, "'As Terrrifying'"; Barickman, "'Tame Indians'", pp. 359-62. Sobre a interpretação "espasmódica" dos tumultos gerados pela escassez de víveres, ver Thompson, pp. 76-136.

21. J. J. Reis, "A elite", p. 372; jz. de paz (Naz.) ao Pres. (21/2/1832), APEB, SH, 2501; idem ao Pres. (19/1/1825), APEB, SH, 2502; Arnizáu, especialmente pp. 133-35.

22. J. J. Reis, "Slave Rebellion", p. 96; Schwartz, "Cantos", p. 379. Sobre escravos quilombolas em Camamu, ver as várias cartas, de diversas datas entre 1825 e 1837, enviadas pelas autoridades locais ao presidente da província, em APEB, SH, 1282 e 2298. Mas ver também Reis, "Escravos e coiteiros" sobre o caso fascinante do quilombo do Oitozeiro, em Barra do Rio de Contas (ao sul de Camamu), no início do século XIX. Lá vários lavradores não só acoitaram os quilombolas, como também os empregaram no cultivo de mandioca e no fabrico de farinha.

23. Câm. de Maragogipe ao Pres. (29/11/1827), APEB, SH, 1349; Bahia, *Falla* (1828, J. E. Gordilho de Barbuda), p. [1]; idem, *Falla* (1830, L. P. de Araújo Basto), fl. 3; Câm. de Cachoeira ao Pres. (19/12/1832 e 8/4/1834), APEB, SH, 1269; jz de paz (Camamu) ao Pres. (9/1/1833), APEB, SH, 2298; jz de paz (Naz.) ao Pres (14/1/1834), APEB, SH, 2501; "Posturas, 1825-1859", AMS, 119.5, fl. 62;

Representação dos lavradores e negociantes de Caravelas (1834), APEB, SH, 2328; Accioli, 4: 231-37, 242-43, 338 n. 13; J. J. Reis, "Slave Rebellion", pp. 45-46. A palavra "xenxém" (ou "xanxã") é uma onomatopéia que imita o som de moedas numa bolsa. M. J. M. de Carvalho, "Hegemony", p. 256.

24. Câm. de Salvador ao Pres. (14/11/1857), APEB, SH, 1403; e idem ao Pres. (25/1/1858), APEB, SH, 1404; [M.] P. de Aguiar, *Abastecimento*, pp. 61-70; Reis e Aguiar, "'Carne sem osso e farinha sem caroço'" (o melhor estudo sobre o assunto).

25. Linhares, *História do abastecimento*, pp. 126-29. Os autores que propõem versões do modelo são numerosos demais para ser citados aqui. Mas ver, por exemplo, M. Kula, pp. 69-71; e Gorender, *O escravismo*, pp. 248-54. Entre os poucos historiadores que apresentam um exame mais detido do modelo, baseado em pesquisas extensas com fontes primárias, estão Schwartz, *Slaves*, pp. 84-93, e *Sugar Plantations*, pp. 435-36; e F. C. T. da Silva, caps. 6-10. Schwartz endossa o modelo em sua discussão das crises do fim do período colonial. Mas, Silva, no estudo mais bem documentado sobre o assunto para o Brasil colonial, conclui que o modelo não explica plenamente as crises de abastecimento ocorridas em Salvador entre 1650 e 1712 e no Rio entre 1724 e 1790. Convém notar que os dois autores tiveram acesso apenas limitado a informações sobre os preços. Ver também, sobre questões relacionadas, Alden, "Price Movements".

26. Vilhena, 1: 157-58. Ver também, por exemplo, ouv. (Ilhéus) ao Gov. (10/2/1780 e 30/2/1787), APEB, SH, 182 e 184; Câm. da Bahia ao Gov. (24/4/1793), APEB, SH, 198; Gov. a D. Rodrigo de Sousa Coutinho (31/12/1796), *ABN*, 32 (1912): 406; Comissão do Celeiro, Parecer (27/4/1847), APEB, SH, 1611; Câm. de S. Amaro ao Pres. (5/3/1858), APEB, SH, 1427; e Soares, *Notas* (1860), que propôs uma das primeiras versões publicadas do modelo.

27. Schwartz, *Slaves*, pp. 84-93 (p. 88 para os trechos citados). Mas, ao mesmo tempo, em termos mais gerais, Schwartz sugere uma relação positiva entre a economia exportadora e o desenvolvimento de uma economia interna no Brasil colonial. Ver ibidem, pp. 65-101; e idem, *Sugar Plantations*, p. 240.

28. Em outro estudo, usando os preços das séries construídas por Mattoso, apresento um teste econométrico da relação entre os preços do açúcar e da farinha. No teste, utilizo uma especificação matemática derivada dos modelos de "ajustamento parcial" para calcular as estimativas dos parâmetros da relação. Ver Barickman, "The Slave Economy", pp. 231-32.

29. Camara, "Carta II", pp. 83-85; idem, *Memoria* (1834), especialmente p. 6.
30. Câm. de Cachoeira ao Pres. (10/3/1834), APEB, SH, 1269; Gardner, p. 78. Ver também Góes Calmon, p. 54.
31. Existem cronologias das secas (ver, por exemplo, R. H. Brooks, p. 41; e Mattoso, *Bahia: a cidade*, p. 343), mas são vagas quanto à incidência geográfica, à duração e à gravidade das estiagens. Portanto, para elaborar a Tabela 8, tive de recorrer a fontes primárias e secundárias bastante dispersas. Em seu estudo sobre os mercados de Salvador (1650-1712) e do Rio (1724-1790), F. C. T. da Silva (caps. 6 e 10) também encontrou uma correspondência estreita entre crises e anos de seca e de chuvas excessivas.
32. Ver, por exemplo, Abel, especialmente pp. 9-13; Florescano, cap. 9; e Van Young, pp. 94-103. Ao chamar a atenção para a importância das secas e das chuvas, não quero sugerir que as crises de abastecimento tenham sido simples e unicamente o resultado de fatores meteorológicos. Como na Europa e outras partes das Américas, intervieram também fatores relacionados com as estruturas social e econômica. Estou querendo apenas frisar a necessidade de incluir o impacto negativo das secas e das chuvas excessivas sobre a produção numa explicação global dessas crises.
33. Saint, Jr., p. 85; Conceição, pp. 51-52; e Roosevelt, pp. 118-39.
34. Invs. de Manoel Dias de Amorim (1819), ARC, IT; e de Ana Francisca (1835), APEB, SJ, IT. Em inventários *post-mortem,* encontrei outros seis casos em que as contas anexadas e as declarações de dívidas indicam que lavradores de fumo tiveram de comprar farinha durante anos de crise.
35. "Productos exportados pelo Rio de Janeiro"; Brown, "Internal Commerce", pp. 116-17; Marcílio, *Caiçara*, p. 95; ouv. (Ilhéus) ao Gov. (12/5/1793 e 28/5/1793), APEB, SH, 184; a correspondência em APEB, SH, 210-40; Câm. de S. Francisco do Conde ao Pres. (5/4/1826), APEB, SH, 1433; Câm. de Cachoeira ao Pres. (10/3/1834 e 8/4/1834), APEB, SH, 1269; Góes Calmon, p. 54; Francisco J. Coutinho ao Pres. (27/10/1853), APEB, SH, 4631; vereador encarregado (CP) ao Pres. (22/12/1853, 7/1/1854 e 9/2/1854), APEB, SH, 1611; Bahia, *Falla* (1854, J. M. Wanderley), p. 15.
36. Ver adm. (CP) ao Pres. (8/10/1849), APEB, SH, 1611. Também cf. Florescano, pp. 89-92.
37. Câm. de S. Luzia do Rio Real ao Gov. (7/12/1792), APEB, SH, 201-8; João Gomes da Cruz ao Gov. (1/6/1793 e 17/6/1793), APEB, SH, 201-40; ouv. (Sergipe) ao Gov. (31/3/1817), APEB, SH, 235; Spix e Martius, 2: 718-21;

atestado do vig. colado (Santana do Catu) (1810), BN, II-34, 8, 14; Aufderheide, pp. 173-84; Cunniff, pp. 34-35.

38. Ver os pedidos urgentes de farinha feitos no final da década de 1780 e início da década de 1790 pelo governo colonial da Angola portuguesa (que na época sofreu secas severas) em APEB, SH, 195. Entre 1795 e 1801, em várias ocasiões, o governo da Bahia também recebeu ordens da Coroa para remeter farinha a Lisboa para compensar a escassez temporária de gêneros alimentícios em Portugal. Ver, por exemplo, a ordem régia de 20 de junho de 1795, APEB, SH, 80, fl. 187; a ordem régia de 16 de ag. de 1797, APEB, SH, 83, fl. 130; a ordem régia de 3 set. de 1801, BN, II-33, 25, 27; Gov. a D. Rodrigo de Sousa Coutinho (31/12/1796), *ABN*, 34 (1912): 405-6; D. Rodrigo de Sousa Coutinho ao Gov. (7/9/1801), BN, 1-31, 30, 104. As exportações de farinha para Angola e Portugal podem ter contribuído para as altas do preço da farinha de meados e fins da década de 1790 que tanto impressionaram os observadores da época.

39. As fontes contêm referências repetidas aos problemas gerados pelas exportações para outras partes do Brasil, sobretudo Pernambuco. Ver, por exemplo, Vilhena, 1: 159; "Discurso" [1807 ou 1808], BN, II-33, 24, 40; Pres. (Bahia) ao Ministro do Império (17/12/1833), APEB, SH, 681, fl. 41; Comissão do Celeiro, Parecer (27/4/1847), APEB, SH, 1611. Ver também Tabela 8.

40. Vilhena, 1: 159.

41. Ao calcular a taxa de crescimento da tendência, excluí o ano de 1823 como um caso extremo e fora da curva (*outlier*). As condições excepcionais criadas pela guerra da Independência impediram o comércio normal de farinha.

42. *A lavoura da Bahia*, pp. 30-31; Bahia, *Falla* (1871, barão de São Lourenço), *Documentos annexos*: "Relatorio do Imperial Instituto Bahiano de Agricultura", p. 16 (do "Relatorio").

43. Ver, por exemplo, Rebello, pp. 172, 180-81, 191-94, 205, 207; Asschenfeldt, pp. 55-58; Câm. de Valença ao Pres. (?/5/1849), APEB, SH, 1454; Câm. de Camamu ao Pres. (3/10/1860 e 19/7/1875), APEB, SH, 1281 e 1282; Câm. de Taperoá ao Pres. (1/7/1875), APEB, SH, 1447; Câm. de Nazaré ao Pres. (7/9/1869), APEB, SH, 1368; idem ao Pres. (31/10/1887), BN, II-33, 33, 16; MacGregor, 4: 198; Mouchez, 2: 75, 80, 123, 161; Hartt, p. 261; Câm. de Salvador ao Pres. (23/3/1878), APEB, SH, 1412; D. V. de Aguiar, pp. 237-38, 245, 256-57, 261; F. V. Vianna, pp. 423, 434, 436, 453, 458, 466, 469, 477, 507, 513; e adm. (CP) ao Pres. (13/12/1844), APEB, SH, 1610.

44. Encontram-se informações sobre a produção e o comércio de farinha e café

nesses quatro municípios de vários anos entre 1808 e 1820 em [Campos], pp. 445, 449; Maximiliano (príncipe de Wied-Neuwied), pp. 180, 202, 211, 217; e "Mapas estatísticos da comarca de Porto Seguro, 1816-1820", BN, I-31, 19, 15; e de vários anos entre 1845 e 1860, em Bahia, Commissão de Exploração,..., *Interesses*, "Quadros" das exportações de Caravelas (1845-48), Viçosa (1849), Alcobaça (1845-48) e Prado (1845-48), s.n.; Câm. de Caravelas ao Pres. (19/11/1860), APEB, SH, 1296; "relações dos estabelecimentos agrícolas" de Prado e Alcobaça (1852) em APEB, SH, 2228; e Bahia, *Falla* (1852, F. Gonçalves Martins), p. 44.

45. Bahia, *Falla* (1851, F. Gonçalves Martins), pp. 43-46; idem, Commissão de Exploração,..., *Interesses*; Mouchez, 2: 103, 108, 124, 161-64; D. V. de Aguiar, pp. 280-94; Barickman, "'Tame Indians'".
46. B. da S. Lisboa, "Memoria sobre a comarca dos Ilhéos", (1802), pp. 13-15; ouv. (Ilhéus) ao Gov. (10/2/1780, 30/2/1787 e 24/9/1807), APEB, SH, 182, 184 e 212; idem, "Edital", (1780), APEB, SH, 569-1; "Sobre as terras não cultivadas pertencentes aos ex-jesuítas na Comarca de Ilhéus" (1783), APEB, SH, MNC; "Officio dos Governadores interinos da... Bahia" (23/8/1783), *ABN*, 32 (1910): 539.
47. Ver, por exemplo, ouv. int. (Ihéus) ao Gov. (27/2/1796), APEB, SH, 184; [Baltasar da Silva Lisboa], "Memoria sobre o corte das madeiras na Comarca dos Ilhéos" [c. 1800], BN, II-34, 3, 6, fl. 4; idem, "Memoria sobre a comarca dos Ilhéos" (1802), p. 9; Maximiliano (príncipe de Wied-Neuwied), p. 339; Spix e Martius, 2: 677. Para informações sobre as remessas de açúcar, cacau e outros produtos em 1864 e 1865, ver os quadros das exportações de Ilhéus em Bahia, *Falla* (1866, M. P. de Souza Dantas), s.n. Sobre o desenvolvimento da agricultura de exportação no município de Ilhéus, ver também Mahony, "The World".
48. Esta conclusão só se justifica caso a demanda não tenha diminuído e nenhum processo de inovação tecnológica tenha contribuído para causar uma baixa constante dos custos de produção que, por sua vez, tivesse impedido uma tendência à alta dos preços reais. Ver Cap. 2, que mostra que a primeira condição necessária é satisfeita; a demanda, ao contrário, aumentou. Ver também Cap. 6, que demonstra que não houve inovações tecnológicas importantes, o que satisfaz a segunda condição.
49. Cabe lembrar que, em grande parte, era o mercado mundial que fixava os preços do açúcar e que, a partir da segunda década do século XIX, os preços internacionais do produto seguiram uma tendência geral de queda.

50. Ver Caps. 4-7.
51. Camara, "Carta II", p. 85.
52. Bahia, *Falla* (1844, J. J. Pinheiro de Vasconcelos), p. 9; Câm. de Camamu ao Pres. (14/9/1844), APEB, SH, 1281. Ver também cap.-mor (Sergipe) ao Gov. (20/10/1819), APEB, SH, 238; e cf. Maia, pp. 140-44.

Capítulo 4

1. Entre os autores que sustentam que, na primeira metade do século XIX, a terra se tornara escassa nas províncias açucareiras do Nordeste, inclusive na Bahia, e que os proprietários abastados dessas províncias detinham um quase-monopólio sobre o uso da terra, estão, por exemplo, Smith, pp. 301-8; Reis e Reis, pp. 314-18; e Furtado, p. 138.
2. Alden, "Population", p. 93, que usa a expressão *hollow frontier* (literalmente, "fronteira oca"), aplicada pela primeira vez ao Brasil pelo geógrafo Preston James; Brasil,..., *Recenseamento* (1872).
3. E. da Cunha, especialmente p. 95; Bahia, Instituto de Economia e Finanças, *Atlas*, mapas de índices pluviométricos, distribuição de culturas e produção agrícola, s.n.; M. L. de Melo, mapas entre pp. 100 e 101 e 106 e 107; L. dos Santos Filho, *Uma comunidade*; Grã-Bretanha,..., *Report for the Years 1885-89 on the Trade of Bahia*, especialmente o mapa encartado; F. V. Vianna, pp. 419-560; Levine, cap. 2; e Tabela 4 neste livro; a documentação da Bahia Central Railway de 1880, que registra remessas de "cereais" (que provavelmente incluíam farinha) para o litoral, em APEB, SH, 4953. Sobre engenhocas, ver os levantamentos de 1854 de Jiquiriçá e Jacobina em APEB, SH, SH, 4597; Grangier, p. 54; e Jambeiro, *Engenhos de rapadura*.
4. Bahia,..., *Atlas*, mapas de climas e índices pluviométricos, s.n.; Silva Campos, pp. 105-106; Morton, "Royal Timber", pp. 42-47.
5. Sobre a expansão da lavoura cacaueira, ver, por exemplo, Mahony, "The World"; e A. L. Wright, "Market". A importância que a indústria madeireira conservou no litoral sul pode ser constatada através dos mais de 250 pedidos (datados de 1825 a 1889) de licença para cortar madeira, encontrados em APEB, SH, maços 4616-4622. Também ver, por exemplo, sobre índios, Barickman, "'Tame Indians'"; e, sobre escravos fugidos, J. J. Reis, "Escravos e coiteiros"; e Cap. 3 deste livro.
6. M. Santos, pp. 3, 14-15.
7. J. da S. Lisboa, "Carta" (1781), p. 502; e Tabela 5 neste livro. Ver também

Carson, *Primeiro relatorio*, p. 19; e os comentários incluídos no levantamento feito em 1854 dos engenhos da freguesia de S. Pedro do Açu da Torre em APEB, SH, 4597.

8. Antonil, pp. 196-98, 200-202; Pinho, *História*, pp. 218-26; Ferlini, p. 122. Sobre a história do desmatamento no litoral brasileiro de uma maneira geral, ver Dean *A ferro*.
9. Gov. a D. Rodrigo de Sousa Coutinho (28/3/1798), *ABN*, 36 (1914): 16; Vilhena, 1: 193-94; Camara, "Carta II", p. 80; Bulcão, pp. 101-2; J. R. de Brito, pp. 61-62; M. J. de S. e Mello, *Novo methodo*; M. Calmon, *Ensaio*, pp. 88-91; Gama, pp. 167-68; Morton, "Conservative Revolution", pp. 160-62. Ver também Cap. 6.
10. Joaquim de Amorim Castro, "Relação ou memoria sobre as madeiras... nas mattas do termo da Villa da Cachoeira..." (1790), *ABN*, 34 (1912): 160-72. Ver também Câm. de S. Amaro ao ouv. da comarca (5/12/1807), BN, II-34, 3, 11.
11. M. Calmon, *Ensaio*, pp. 103-4; Forth-Rouen, p. 120; o inv. de Joaquim Ferreira Bandeira (1842), APEB, SJ, IT; e "Matrícula dos Engenhos...", APEB, SH, 642 (que fornece a distância entre o Macaco e a baía). A existência de matas pode ser constatada também nos inventários *post-mortem* de senhores de engenho e nas descrições de propriedades nos "Registros eclesiásticos de terras" (RET), APEB, SH. Ver também as referências da década de 1870 a grandes extensões de "mata virgem" (*Urwald*) no norte do Recôncavo em Naeher, pp. 96, 123-24, 129, 164-65, 231-39; e as matas mostradas em Sampaio, *Carta*.
12. Esta afirmação baseia-se numa comparação do tamanho dos plantéis de nove engenhos, segundo a "Relação do Numero de Fogos... Iguape (1835)", com as populações escravas dos mesmos engenhos, tal como registradas em anos anteriores em inventários *post-mortem* e nos Censos (1825-26), ARC, PAE. Ver Barickman, "The Slave Economy", pp. 281-82.
13. Inv. de Manoel Francisco Barreto (1784), ARC, IT; "Relação do numero de Fogos... Iguape" (1835). Sobre o Iguape, ver Vilhena, 1: 231-32 e 2: 483-84; J. da S. Lisboa, "Descripção" (1799), p. 123; e Arnizáu, pp. 133-34.
14. Ver também as referências a matas no "Livro de Notas de Escrituras: Iguape, 1831-1845", ARC, fls. 3-5, 7-8, 10-12 e 40-4; e as matas mostradas em Sampaio, *Carta*. As condições descritas aqui para o norte do Recôncavo coincidem com as existentes nas primeiras décadas do século XIX na Zona da Mata de Pernambuco. Tollenare, 2: 406; Koster, pp. 194, 358-60;

Galloway, "Sugar Industry", p. 290; Eisenberg, pp. 126-27. Ver também M. J. M. de Carvalho, "Hegemony," pp. 128-48; e idem, "O quilombo".

15. Vilhena, 2: 486; Câm. de Jaguaripe ao Provedor Geral da Comarca (1/12/1807), BN, II-34, 3, 11; Morton, "Royal Timber", p. 44 n. 10 e p. 45; Rebello, p. 179.

16. As covas plantadas nas vilas de Jaguaripe e Maragogipe em 1780 totalizavam 5.614.400. Ver Tabela 10 neste livro. O primeiro passo para calcular, a partir deste número, a quantidade de terra que os roceiros usavam é determinar a área dada a cada cova de mandioca. Sobre essa questão, as fontes da época e atuais citam áreas que variam de 3,025 m^2 a 0,4 m^2; mas a maioria sugere cerca de um metro quadrado por pé de mandioca, área hoje considerada "tradicional" para uma cova no Recôncavo. Camara, *Memoria* (1834), p. 16 (0,871 m^2); jz mun. (Caravelas) ao Pres. (24/4/1856), APEB, SH, 2332 (3,025 m^2); Estrella, p. 27 (1,690 — 0,640 m^2); Rocha, p. 34 (1,210 m^2); Antônio José da Conceição, Departamento de Fitotecnia, Escola de Agronomia da Univ. Federal da Bahia, Cruz das Almas (BA), entrevista, junho de 1988 (1,000 m^2); Ramos, p. 71 (1,000 m^2; 0,600 m^2, área recomendada); e G. C. Caldas, p. 272 (0,400 m^2). Convém observar que a área de 3,025 m^2 (quase cinco vezes a recomendada atualmente) vem do extremo sul da Bahia. Portanto, embora provavelmente não reflita as práticas agrícolas do Recôncavo, pode ser usada para exagerar a estimativa e assim torná-la conservadora. Multiplicada pelo número de covas plantadas em 1780, a área de 3,025 m^2 dá um total de 1.698,356 ha cultivados.

Para os passos seguintes, é preciso determinar o número de colheitas que se obtinham do mesmo terreno e a duração do período de pousio. Infelizmente, são escassas as informações sobre essas questões. Mesmo na década de 1950, Haskins (p. 257) teve dificuldade em determinar a duração do período de pousio. Mas ver João da Costa Carneiro de Oliveira, "Breve Compendio" (1799), *ABN*, 36 (1914): 182-83, que menciona de passagem que os roceiros de Nazaré obtinham três colheitas sucessivas no mesmo terreno. Novamente, para garantir que o cálculo resulte numa estimativa exagerada, podemos supor que se faziam apenas duas colheitas sucessivas no mesmo terreno e que o terreno era deixado de pousio por vinte anos. Podemos então calcular a área total usada pelos lavradores mandioca com a fórmula

$$a_t = a_c + (a_c/n \times p)$$

onde a_t = área total usada, a_c = área cultivada num determinado ano, n = número de colheitas sucessivas obtidas do mesmo terreno e p = a duração do período de pousio. (Esta fórmula difere da proposta por Waibel [p. 257] para calcular a *minimale Ackernahrung* por incluir a variável *n* para o número de colheitas sucessivas.) No caso em questão, a_t é igual a 18.681,916 ha. Por fim, esse resultado deve ser comparado com a área total das terras do sul do Recôncavo. Sobre este assunto, as únicas informações disponíveis são as que dizem respeito às áreas hoje ocupadas pelos municípios criados a partir das antigas vilas de Jaguaripe e Maragogipe: 2.675 km². Bahia, SEPLANTEC,..., *Informações básicas*.

17. Novamente, para garantir uma estimativa exagerada e, portanto, conservadora, pressupõe-se aqui um rendimento baixo, de 20 alqueires por mil covas. (Ver Cap. 6.) Nesse caso, os lavradores de mandioca do Recôncavo precisariam plantar 15,6 milhões de covas para produzir 312 mil alqueires de farinha. Com os mesmos pressupostos e a mesma fórmula da nota 16, a área necessária para se produzir 312 mil alqueires de farinha para venda em Salvador pode ser calculada em 51.909 ha. A estimativa baseia-se na quantidade de farinha que entrava no Celeiro e não no volume total de farinha produzido. Mas, dados os exageros introduzidos no cálculo, parece improvável que subestime a área usada pelos lavradores. Sobre o volume de farinha proveniente do Recôncavo que entrava no Celeiro em meados da década de 1840, ver adm. (CP) ao Pres. (28/3/1845), APEB, SH, 1610. Sobre Nazaré, ver Câm. de Nazaré ao Pres. (23/9/1869) e idem ao Pres. (26/1/1876), APEB, SH, 1368. Ver também D. V. de Aguiar, p. 245.
18. A expressão "a ferro e fogo" e suas variantes encontram-se em diversas fontes da época. Ver, por exemplo, ouv. (Ilhéus) à rainha (20/1/1785), *ABN*, 32 (1910): 568; idem ao Gov. (27/1/1789), *ABN*, 34 (1912): 116; e Baltasar da Silva Lisboa ao Gov. (2-4/9/1799), *ABN*, 36 (1916): 232. Ver também Dean, *A ferro*, que, além disso, salienta os efeitos negativos sobre o meio ambiente que o desmatamento teve no litoral brasileiro. Especificamente sobre esses efeitos negativos na Bahia, ver F. C. T. da Silva, pp. 126-30.
19. Câm. de Maragogipe ao Gov. (26/5/1779 e 15/9/1788), APEB, SH, 199. Parece ter-se tratado de um problema duradouro. Ver, por exemplo, idem ao Pres. (25/3/1849), APEB, SH, 1347; idem ao Pres. (19/4/1877), APEB, SH, 1350.
20. Ouv. (Ilhéus) à rainha (20/1/1785), *ABN*, 32 (1910): 568; idem ao Gov. (27/

1/1789), *ABN*, 34 (1912): 116; Câm. de Jaguaripe ao Pres. (2/7/1829), APEB, SH, 1334.

21. Morton, "Royal Timber", discute em detalhe o "plano" e os conflitos que gerou.
22. Cf., por exemplo, J. de S. Martins, pp. 25-26; Kowarick, pp. 84-85; e Furtado, p. 120. Mas ver também, por exemplo, Gorender, *O escravismo*, pp. 377-78; H. M. M. de Castro, *Ao sul*, pp. 116-65; e Faria, *A Colônia*, pp. 121-25, que corretamente criticam as interpretações que, sem maiores qualificações, definem como de "latitude indefinida" a oferta de terra no Brasil colonial e do século XIX.
23. Os inventários *post-mortem* de S. Amaro, S. Francisco do Conde, Cachoeira, Maragogipe e Nazaré indicam que a terra, em média, equivalia a 33,8% do valor bruto dos espólios dos proprietaríos rurais. O cálculo inclui imóveis rurais de todos os tipos e exclui propriedades urbanas. Sobre rixas, ver, por exemplo, Bahia, *Falla* (1847, A. I. d'Azevedo), p. 3.
24. Tomé Pereira de Araújo ao Pres. [1826?], APEB, SH, 4957; jz de fora (Iguape) ao Pres. (4/10/1830), APEB, SH, 2934. O que estava em questão nessa disputa não eram direitos sobre a água, mas o "direito" do capitão Tomé de construir uma levada passando pelas terras de dona Maria Ana Rita.
25. Jz de fora (Marag.) ao Gov. (20/3/1814), BN, II-33, 24, 22; jz de fora (Cach.) ao Pres. (25/3/1827 e 24/9/1828), APEB, SH, 2270; jz de paz (Iguape) ao Pres. (24/9/1828), APEB, SH, 2934. De modo mais geral, ver J. J. Reis, "Slave Rebellion".
26. Ver, por exemplo, G. S. de Sousa, pp. 72-82; Antonil, p. 148; J. da S. Lisboa, "Carta" (1781), p. 499; idem, "Descripção" (1799), p. 123; Vilhena, 1: 175-76; José Carlos de Carvalho, Relatório (20/10/1889), cópia enviada ao Pres., APEB, SH, 4596.
27. Esta afirmação é baseada nas avaliações de terrenos (nas mesmas propriedades) com diferentes tipos de solo em inventários *post-mortem*; nas estimativas de preços de terra nos levantamentos de engenhos feitos em 1854 em APEB, SH, 4597; e nas contidas em *EL*, [Bahia], p. 14.
28. Novamente, à falta de um deflator mais apropriado que cubra todo o período 1805-88, utilizo aqui o índice do valor das exportações britânicas encontrado em Imlah, pp. 93-98, para corrigir os preços nominais da terra. As informações sobre os preços da terra são surpreendentemente escassas. Os preços em escrituras de venda e inventários referem-se, no mais das vezes, a

propriedades inteiras, sem especificar sua área; em outros casos, não distinguem entre glebas com diferentes tipos de solo. Para assegurar uma homogeneidade mínima, a Tabela 11 inclui em todos os casos, exceto em um, apenas valores atribuídos a terras já desmatadas de massapé em propriedades consideradas bens livres, e exclui avaliações de massapés especificamente descritos como "cansados".

29. Galloway, "Sugar Industry", p. 290.
30. A suposição de que a posse da terra era extremamente concentrada durante o período colonial e o século XIX permeia praticamente toda a historiografia. Ver, por exemplo, Guimarães, *Quatro séculos*; Diégues Júnior, pp. 99-116; Gorender, *Escravismo*, pp. 362-64; Reis e Reis, p. 315; e Freyre, *Nordeste*, passim. Sobre a Lei de Terras de 1850, ver Dean, "Latifundia"; J. M. de Carvalho, *Teatro de sombras*, cap. 3; Smith, pp. 303-38; e E. V. da Costa, *Da monarquia*, cap. 4.
31. Mattoso, *Bahia: a cidade*, pp. 41-43, idem, *Bahia, século XIX*, pp. 462-63, 521. Ver também Morton, "Conservative Revolution", pp. 24-28. Mais do que Mattoso, Morton enfatiza a posse em comum de engenhos por vários herdeiros.
32. Sobre os vínculos na Bahia, ver Schwartz, *Sugar Plantations*, pp. 292-93; e Morton, "Conservative Revolution", pp. 25-27. Sobre os vínculos e o direito português, também ver C[astro], "Morgado". Uma lei de 1835 aboliu o privilégio de instituir vínculos e determinou que os morgados e capelas existentes se converteriam em bens livres quando da morte dos administradores que estivessem vivos naquele ano. Embora nenhum estudo tenha determinado ainda o número de morgados e capelas instituídos na Bahia, Schwartz e Morton acreditam que eram raros. Nos inventários *post-mortem*, nos "Registros Eclesiásticos de Terras" e em "Vínculos e Capelas", AN, Caixa 133, pacote 2: "Bahia", localizei referências a menos de 40 vínculos, o que parece confirmar a opinião de Schwartz e Morton. As formas de enfiteuse encontradas na Bahia incluíam terras foreiras e "terras obrigadas". Ver Barickman, "The Slave Economy", pp. 302-3.
33. A qualidade dos registros de terras referentes ao Recôncavo, ao que parece, é inferior à dos de algumas outras partes do Brasil. Embora os registros baianos não sejam nem sempre completos, não há razão para crer que sejam particularmente tendenciosos. Por um lado, incluem propriedades rurais minúsculas (por exemplo, um sítio de apenas 0,22 ha na freguesia de Socorro); por outro, uma leitura atenta das descrições das propriedades revela que, em

algumas freguesias, grandes proprietários às vezes deixavam de registrar suas terras. Ver, por exemplo, a nota no Mapa 4.

34. Este número inclui os 94 proprietários (definidos como na Tabela 12) de engenhos nas seis freguesias e mais 4 indivíduos que, em outras partes do Recôncavo, registraram propriedades que incluíam pelo menos um engenho. Um exame mais completo dos registros de terras de outras freguesias talvez revele outros exemplos como esses.

35. Higman, p. 52. Fazendas, sítios e outros imóveis rurais constam dos espólios de 66,4% dos lavradores inventariados em Maragogipe e Nazaré entre 1825 e 1860; a proporção correlata entre lavradores inventariados nas freguesias fumageiras de Cachoeira entre 1780 e 1860 é de 61,6%. Ao calcular as duas percentagens, incluí todos os tipos de propriedade fundiária, menos os imóveis urbanos; excluí também os inventários de senhores de engenho.

36. Sobre a *Hacienda* Casagrande, ver Gonzales, pp. 44-47.

37. Craton, p. 6; Barrett, "Caribbean Sugar Production Standards", pp. 147-70. Sobre o tamanho das *plantations* açucareiras em várias partes das Antilhas em diferentes datas antes da segunda metade do século XIX, ver Sheridan, pp. 139, 157, 175, 219, 231; Dunn, pp. 90-96; Geggus, p. 75; Schnakenbourg, *Histoire*, 1: 22-26, 30-31; Hall, pp. 185-203; Handler e Lange, pp. 39-40; Watts, pp. 328-51, 488; e Bergad, *Cuban Rural Society*, pp. 145-54.

38. Craton, p. 6; Schnakenbourg, *Histoire*, 1: 31. Em Cuba, a maioria dos *ingenios* estabelecidos até a 1850 tinha de 600 a 700 ha. Watts, p. 488. Ver também Bergad, *Cuban Rural Society*, pp. 145-54.

39. Invs. de José Pires de Carvalho e Albuquerque (1808), do visconde (Joaquim Pires de Carvalho e Albuquerque) e da viscondessa de Pirajá (1855), e da baronesa de Pirajá (1869), todos em APEB, SJ, IT; RET, APEB, SH, 4795, registros n°s 33-37, 42. Só 8 (ou 6%) dos 133 engenhos registrados nas seis freguesias açucareiras tradicionais eram possuídos em comum. As pesquisas recentes em outras áreas do Brasil demonstram que, na prática, era às vezes possível contornar em parte as deteminações aparentemente rígidas do sistema de herança. Ver, por exemplo, Faria, *A Colônia*, pp. 256-59; Marcílio, *Caiçara*, pp. 74-83; e Metcalf, "Fathers".

40. Galloway, *Sugar Cane Industry*, pp. 135-39; Schnakenbourg, "From Sugar Estate", especialmente pp. 86-87; Gonzales, pp. 44-47. Sobre a escassez de capital para essa modernização no século XIX, ver, por exemplo, Eisenberg, pp. 63-84; e E. C. de Melo, pp. 95-154. A área média das usinas baianas foi

calculada a partir de informações sobre 15 propriedades (todas no norte do Recôncavo) em Grangier, pp. 27-41.

41. Embora cada uma possa ser considerada representativa, à sua maneira, das freguesias açucareiras tradicionais, selecionei Socorro e o Iguape para uma análise mais minuciosa sobretudo por motivos de conveniência. Os registros de terras das duas freguesias contêm descrições relativamente detalhadas das propriedades, e havia outras fontes para complementar os registros. Entre elas estão o "Rol das pessoas que tem escravos no distr[o] da Freg[a] de Nossa Sr[a] do Socorro" (1816 ou 1817), APEB, SH, 233; o levantamento de 1854 dos engenhos de Socorro em APEB, SH, 4597; Censos (1825-26), ARC, PAE; "Relação do Numero de Fogos... Iguape" (1835); "Livro de Notas de Escrituras: Santiago do Iguape, 1831-1845", ARC; e inventários *post-mortem*. A discussão que se segue é, a menos que se indique o contrário, baseada nessas fontes.

42. G. S. de Sousa, pp. 75-77; *PP* (1884), *A&P*, 35: 1600; Góes Calmon, p. 105; e Antônio Joaquim da Costa Couto ao Pres. (19/1/1887), APEB, SH, 4596.

43. Feldner, 2: 217-19; Spix e Martius, 2: 618-20; Candler e Burgess, pp. 55-62; Avé-Lallemant, pp. 63-65.

44. O censo feito em 1835 no Iguape arrola 86 pescadores e seis mariscadores (entre eles uma mulher). Ver também "Lista de... todos os Senhores de Bracos [*sic*]... e Pescadores desde o Brandão athe o Eng[o] da Vitoria" (1824), ARC, PAE; e C. da Silva, pp. 413-20.

45. Vilhena, 1, mapa entre pp. 44 e 45, 1: 231-32, 2: 483-84; Arnizáu, p. 134; Grangier, p. 7. Ver também J. da S. Lisboa, "Descripção" (1799), p. 123; e Sampaio, "Excursões", p. 3050.

46. C. da Silva, pp. 399-400.

47. Ao registrar os engenhos Vitória e Conceição, Moniz Barreto não declarou suas áreas. Assim, para chegar a uma estimativa da área total de suas propriedades, baseei-me na área declarada do Engenho Buraco, 1.200 tarefas (522 ha), e no número de escravos presentes nesse engenho em 1835: 170, ou cerca de 3,1 escravos por hectare. Supondo que a relação escravo-terra era a mesma no Vitória (com 242 escravos em 1835) e no Conceição (com 35 escravos em 1825-26), a área conjunta dos dois engenhos seria de aproximadamente 860 ha, o que, se somado às áreas conhecidas das outras propriedades do barão no Iguape e outras partes do Recôncavo, dá um total de mais de 2.400 ha.

48. Invs. de Egas Muniz Barreto de Aragão (1871), ARC, IT; e de Francisco Ferreira Viana Bandeira (1882), APEB, SJ, IT; RET, APEB, SH, 4739, regis-

tro nº 102; Maximiliano de Habsburgo, pp. 187-89. Sobre "terras obrigadas", ver, por exemplo, Schwartz, *Sugar Plantations,* pp. 300-301.

49. Os números no texto somam 42 porque Jerônimo Vieira Tosta, um dos quatro co-proprietários dos engenhos Brandão e Caimbongo, era também dono do Engenho da Pena. Por isso ele é incluído também entre os 17 senhores de engenho. Os proprietários dos engenhos da Praia e Acutinga, que não registraram suas propriedades, não estão incluídos no número.

50. Diversas propriedades no Iguape mudaram de mãos entre 1835 e 1859. Mas nem a documentação preservada no "Livro de Notas de Estrituras: Santiago do Iguape, 1831-45", ARC, nem os inventários *post-mortem* sugerem que qualquer processo de fragmentação ou concentração tenha alterado radicalmente a distribuição da propriedade fundiária naqueles 25 anos. Também parece improvável que a população da freguesia tenha passado por grandes mudanças durante esse período.

51. Este é o total de indivíduos com essas profissões. Os "fogos" (unidades domésticas, que podiam ser também unidades econômicas) chefiados por indivíduos com essas profissões somavam 225. Não está claro que distinções os recenseadores estavam tentando registrar ao usar esses três termos. "Lavoura" poderia, pelo menos em princípio, aplicar-se a um lavrador de cana. Mas a análise da variância (usando o tamanho de plantéis de escravos como variável dependente) indica estatisticamente que "roceiros", "lavradores de mandioca" e chefes de fogo com a profissão "lavoura" formavam um único grupo, e também que os chefes de fogo com essas três profissões podem ser considerados um grupo distinto do grupo formado pelos "lavradores de cana" e "lavradores". Ver também nota 55.

52. Koster, p. 360. Depois que preparei o Mapa 4, pude reconstituir o caminho feito pelo vigário do Iguape e por seus recenseadores. O censo cita os nomes dos engenhos no caso de fogos chefiados por senhores de engenho. Os nomes dessas propriedades deram uma idéia inicial e muito geral do percurso. O cruzamento dos nomes de moradores registrados no censo com informações contidas em inventários *post-mortem* e com nomes que constam dos censos parciais do Iguape de 1825-26 permitiu-me chegar a uma idéia mais exata desse percurso. Ver as três listas nominativas da freguesia em Censos (1825-26), ARC, PAE.

53. MacGregor, 4: 179, citando de Mornay; Koster, p. 360; Tollenare, 2: 412-13. Também ver M. C. de Andrade, pp. 75-76; J. Reis, "From *Banguê*", pp. 372-74; e Cabral, "Tempo". Sobre agregados de um modo mais geral, ver,

por exemplo, R. Graham, pp. 23-38; e Naro, pp. 485-517. As fontes baianas freqüentemente empregam "agregado" em vez de "morador". Ver, por exemplo, Vilhena, 2: 927; Arnizáu, p. 134; Bahia, *Falla* (1871, barão de São Lourenço), *Documento annexos*: "Relatorio do Imperial Instituto Bahiano de Agricultura", p. 7. "Agregado" com o mesmo significado aparece também em algumas das listas nominativas dos Censos (1825-26), ARC, PAE; ver, por exemplo, "Relação do Alistamento das peçoas que morão desde o Oiteiro Redondo...", "Relação Nominal ou exacto alistamento das pessoas que se comprehendem desde a Cruz das Almas..." e sobretudo duas listas do Iguape: "Alistamt^{o} das peçôas comprehendidas no mesmo alistamento com suas individuaçoens" e "Relação nominal das pessoas existentes nos Engenhos Ponto, Buraco e Victoria". (Sou grato a João Reis por me fornecer uma cópia da última lista.) Note-se, porém, que "agregado" podia ser também usado em outras situações. Ver Cap. 5.

54. Esta afirmação baseia-se no "Livro de Notas de Escrituras: Santiago do Iguape, 1831-1845", ARC, que contém apenas três contratos de arrendamento e dois autos de posse em virtude de uma escritura de arrendamento. Ver fls. 3-5, 7-8, 10-12. Dois dos contratos de arrendamento eram de engenhos; o terceiro era de uma fazenda de cana. Os dois autos de posse eram também de engenhos.

55. Este é o número dos indivíduos cujas profissões, segundo o censo, eram "lavrador" ou "lavrador de cana". O cruzamento dos nomes dos indivíduos classificados no censo como "lavradores" com outras fontes (inventários etc.) permitiu confirmar que os recenseadores utilizaram a expressão "lavrador" somente no caso de lavradores de cana. Ver também nota 51. Os 98 "lavradores" e "lavradores de cana" distribuíam-se entre 86 fogos (unidades domésticas). Deve-se notar, porém, que o censo em geral não registra profissões múltiplas, e é provável que pelo menos um chefe de fogo identificado como "proprietário", alguns profissionais liberais e talvez alguns artesãos e pescadores também plantassem cana.

56. MacGregor, 4: 179, citando de Mornay. Sobre os lavradores de cana no período colonial, ver Schwartz, *Sugar Plantations,* cap. 11; Gorender, *O escravismo*, pp. 403-4; e Ferlini, cap. 5.

57. Invs. de Antônio de Freitas da Cunha (1795), APEB, SJ, IT, a que está anexada uma cópia do "Livro"; de Manoel Lopes da Paixão (1828) e de Manoel Estanislau de Almeida (1838), ambos em ARC, IT. Os fogos dos dois lavradores de cana do Iguape estão arrolados consecutivamente em "Alistamt^{o} das

peçôas comprehendidas no mesmo alistamento com suas individuaçoens" [1825 ou 1826], ARC, PAE.

58. Dos 98 lavradores arrolados no censo de 1835, 40 eram pardos e 3 eram pretos. Os demais eram classificados como brancos. Entre os 43 não brancos incluíam-se 5 escravos libertos. Ver também Barickman, "As cores".

59. Um recenseamento dos proprietários de escravos de S. Amaro e S. Francisco do Conde feito em 1816-17 indica uma média de três lavradores escravistas de cana por engenho. Schwartz, *Sugar Plantations*, p. 454. No caso do Iguape, já que o censo de 1835 às vezes arrola mais de um lavrador em um só fogo (por exemplo, uma viúva e seu filho adulto), convém calcular a média em termos de fogos que continham pelo menos um indivíduo classificado no censo como "lavrador" ou "lavrador de cana". O cálculo resulta numa média de 3,1 fogos de lavradores escravistas de cana por engenho. Se se incluem os fogos de lavradores de cana sem escravos, essa média eleva-se para 4,1.

60. A cana cultivada por lavradores gerou 68,5% de todo açúcar produzido no Engenho Amparo, em S. Amaro, em 1795-96 e 1796-97, e 72,1% no Engenho do Meio, no Iguape, em 1830-31 e 1831-32. Invs. de Antônio Freitas da Cunha (1794) e de Clara Maria do Sacramento e Joaquim da Costa e Melo (1832), ambos em APEB, SJ, IT. Suspeito, porém, que estes representem casos extremos. Ver também Eisenberg, p. 192.

61. Inv. de Félix Júlio de São José (1815), APEB, SJ, IT. Ao morrer, Félix Júlio deixou uma dívida, entre outras, de Rs.200$000 pela alforria de um irmão.

62. Ver as fontes citadas nas notas 56 e 57 e também Vilhena, 1: 181; e as contas e declarações anexas aos inventários de lavradores de cana.

63. Ferlini, p. 217; Schwartz, *Sugar Plantations*, pp. 297-98; Gorender, *O escravismo*, pp. 403-4.

64. Antonil, p. 260; Vilhena, 1: 181; invs. de José Francisco da Silva Serra (1801), de José Francisco da Costa Lobo (1832), de Luís da Costa Ribeiro Correia (1804) e de Guilhermina Galo Gomes (1850), todos em APEB, SJ, IT; de José Manoel dos Santos (1782), de João Pereira Magalhães (1789) e de Manoel Dias Rocha (1789), todos em ARC, IT. Ver também Tollenare, 2: 411; MacGregor, 4: 179, citando de Mornay; e, de modo mais geral, Schwartz, *Sugar Plantations*, p. 298.

65. Vilhena, 1: 181-82; Tollenare, 2: 411-12; inv. de José Torquato de Barros (1859), APEB, SJ, IT.

66. J. da S. Lisboa, "Carta" (1781), p. 500; Vilhena, 1: 180-81; inv. de Maria Vitória de Meneses (1850), APEB, SJ, IT; M.C. de Andrade, p. 73.

Em relação aos abusos às vezes praticados pelos senhores de engenho, é altamente revelador o contrato de arrendamento do Engenho do Desterro, no Iguape. No início da década de 1830, o engenho era propriedade dos herdeiros de Francisco de Cavalvante e Albuquerque. Nenhum dos herdeiros, ao que parece, queria comprar os quinhões dos outros e assim tornar-se proprietário exclusivo do engenho. E, aparentemente, os herdeiros também não queriam dividir a propriedade. De qualquer maneira, em 1834, resolveram arrendá-la por nove anos. O contrato de arrendamento permitiu que três dos herdeiros permanecessem na propriedade como lavradores de cana. Mas esses herdeiros, proprietários de engenho transformados em lavradores, tiveram o cuidado de incluir no contrato várias cláusulas para protegê-los de eventuais abusos por parte do arrendatário que operava o engenho. Entre elas estava uma que especificava que teriam prioridade na moagem de sua cana. Ver "Livro de notas e escrituras: Santiago do Iguape", ARC, fls. 10-12^{v}, 73^{v}-74^{v}; e "Relação do Numero de Fogos... Iguape (1835)".

67. J. da S. Lisboa, "Carta" (1781), p. 500; Francisco Manoel da Rocha à Junta do Governo [1824?], APEB, SH, 4597.

68. J. da S. Lisboa, "Carta" (1781), p. 501; Tollenare, 2: 501; Bahia, *Falla* (1871, barão de São Lourenço), *Documentos annexos*: "Relatório do Imperial Instituto Bahiano de Agricultura", p. 15; Barickman, "Até a véspera", pp. 209-227, especialmente pp. 219-20.

69. Inv. de Maria Sabina do Sacramento (1830), APEB, SJ, IT.

70. Isto parece provável porque a maior parte das informações sobre arrendamentos na Tabela 15 vem de declarações de dívidas anexadas a inventários. Na década de 1870, Naeher (p. 204) relatou que um roceiro podia arrendar três tarefas de terra no Recôncavo por Rs.10$000 e tirar uma renda anual bruta de Rs.900$000 da venda da farinha feita com a mandioca cultivada nessas três tarefas.

71. Inv. de Antônio Lopes Ferreira e Souza (1834), APEB, SJ, IT. Sobre o café e a segurança na posse e ocupação da terra, ver Scott, pp. 256-57. Na década de 1880, o cônsul britânico na Bahia observou que entre os produtores de café da província havia muitos "pequenos lavradores ou posseiros que, em sua maioria,... não pagam nenhuma renda pelo uso da terra". *PP* (1884-85), *A&P*, 35: 1641-42.

72. Vilhena, 1: 188.
73. Blum, p. 17.

Capítulo 5

1. Câm. de S. Amaro, "Representação" (28/4/1802), *ABN*, 37 (1915): 479; Câm. de Maragogipe, "Representação" (4/8/1802), BN, II-34, 5, 100. Ver também ouv. (Cach.), Parecer (1809), BN, II-34, 5, 105.
2. Galloway, "Northeast Brazil", p. 27; Mattoso, *Bahia, século XIX*, p. 463; Nardi, pp. 10-11. Ver também Lugar, "Portuguese Tobacco Trade", pp. 53, 57; e E. C. de Melo, p. 23.
3. Ver, por exemplo, Antonil, pp. 310-12; J. de A. Castro, "Memoria sobre as especies de Tabaco", p. 197; José da Silva Lisboa a Martinho de Mello e Castro (11/12/1784), *ABN*, 32 (1910): 553; Câm. de S. Amaro, "Representação" (28/4/1802), *ABN*, 37 (1915): 479; "Representação dos Lavradores de Tabaco a S.A.R." (1814), BN, II-34, 8, 18; Arnizáu, p. 134; M. Calmon, *Memoria*, p. 30.
4. Numa amostra de 260 inventários (1780-1860) realizadas nas freguesias fumageiras de Cachoeira, 98,5% dos lavradores possuíam escravos. De modo semelhante, 91,3% dos lavradores de Maragogipe e Nazaré numa amostra de 116 inventários (1825-1860) eram escravistas. Convém lembrar que as amostras baseadas em inventários *post-mortem* excluem, por sua própria natureza, as camadas mais pobres da população livre. Ver também notas 48 e 49.
5. Estas afirmações baseiam-se sobretudo em contas anexadas aos inventários *post-mortem* de senhores de engenho e lavradores de cana, muitos dos quais estão citados na Tabela 7. Sobre o trabalho assalariado no período colonial, ver, por exemplo, Schwartz, *Sugar Plantations*, cap. 12.
6. Inv. de Luísa Rosa de Gouveia Portugal (1839), APEB, SJ, IT.
7. "Mapa estatistico" de engenhos na freguesia da Aldeia (1846), APEB, 6182; e os levantamentos feitos em 1854 dos engenhos das freguesias de Socorro, Rio Fundo, Açu da Torre e Matoim, APEB, SH, 4597. Ver também *ST*, 26: 333; ibidem, 44: 97; *PP* (1867), *A&P*, 29: 186; ibidem (1871), *A&P*, 30: 812; Bahia *Falla* (1871, barão de São Lourenço), *Documentos annexos*: "Relatório do Imperial Instituto Bahiano de Agricultura", p. 22; e idem, *Falla* (1872, J. A. de Araújo Freitas Henriques), p. 139.
8. "Relação do numero de fogos... Iguape" (1835). O censo arrola também cinco "campônios". Não está claro o que o vigário do Iguape entendia por "cam-

pônio". As contas e declarações anexadas aos inventários de senhores de engenho de lavradores de cana fornecem oito exemplos do aluguel de escravos, mas apenas um exemplo ambíguo da contratação de trabalhadores livres para a lavoura antes de 1860. Ver também Barickman, "Persistence", pp. 605-12.

9. Do censo feito em 1835 em S. Gonçalo dos Campos não consta nenhum jornaleiro ou "enxada" entre os 7.488 moradores livres e forros dessa freguesia fumageira. O censo arrola apenas 6 "fâmulos", que eram provavelmente criados domésticos. "Relação do N° de Fogos... São Gonçallo [dos Campos]" [1835].
10. Em censos de várias partes do Recôncavo, realizados em diversas datas (1779, 1788, 1825-26 e 1835), a proporção de agregados e domésticos (incluindo o pequeno número de esposas e filhos destes) varia de pouco mais de 7% da população livre no distrito de Afligidos (freguesia de S. Gonçalo dos Campos) em 1835 a quase 30% no povoado de São Francisco do Paraguaçu e áreas rurais próximas (freguesia do Iguape) em 1825-26. As percentagens citadas excluem agregados com fogos próprios. Ver Barickman, "The Slave Economy", pp. 363-64. Os estudos sobre agregados domésticos são escassos. Mas ver Samara, "Os agregados".
11. Wakefield, *View*, pp. 323-25 (para citações); idem, *England and America*, 2: especialmente pp. 1-46, 118-262. É preciso frisar que os argumentos de Wakefield pressupõem o uso da mão-de-obra (seja escrava ou livre) para fins comerciais. Não se aplicam, portanto, a situações de "economia natural".
12. Daí os esquemas complexos propostos por Wakefield para limitar a distribuição de terras em áreas recém-povoadas só mediante a venda por altos preços para assim criar nessas áreas uma classe de trabalhadores rurais assalariados. *View*, pp. 331-451; *England and America*, 2: 118-262.
13. Merivale, parte 3, especialmente pp. 260-69; Marx, pp. 931-40; Nieboer, *Slavery*; Kloosterboer, *Involuntary Labour*; Domar, pp. 18-32. Kolchin (pp. 17-20) aponta hábil e sucintamente as falhas nas críticas às vezes feitas aos modelos teóricos de Nieboer e Domar e, por extensão, de Wakefield.
14. M. Calmon, *Ensaio*, p. 5 (grifos no original).
15. Ver, por exemplo, Martins Filho e Martins, "Slavery"; Reis e Reis, "As elites"; Lago, "O surgimento"; J. de S. Martins, *O cativeiro*; e Smith, pp. 121-351. Slenes, *Os múltiplos*, a crítica mais bem fundamentada de "Slavery", de Martins Filho e Martins, discute sobretudo o peso da economia de exportação; não questiona a relação entre uma fronteira aberta e o uso de tra-

balho forçado. (As outras críticas principais questionam o volume das importações de escravos em Minas no século XIX, sugerindo que, pelo menos em algumas regiões mineiras, o aumento da população cativa foi em grande parte resultado de um processo de crescimento natural. Ver, por exemplo, Libby e Grimaldi, "Equilíbrio"; e Bergad, "After the Mining Boom".) Ver também Barickman, "Persistence" (sobre a Bahia na segunda metade do século XIX.) Sobre a relação histórica entre a disponibilidade de terra e o uso do trabalho forçado em outras partes das Américas, ver Kolchin, pp. 19-31 (que trata o caso dos Estados Unidos e também o da Rússia); e Mintz, "Slavery" (que trata o caso do Caribe).

16. Dean, "Latifundia"; J. M. de Carvalho, *A construção*, pp. 122-24; e idem, *Teatro de sombras*, pp. 26-28, 84-106.
17. O restante deste parágrafo e os dois que se seguem baseiam-se sobretudo em Vilhena, 3: 925-30; Arnizáu, p. 133, 140 n. 1; Bahia, *Falla* (1842, J. J. Pinheiro de Vasconcelos), pp. 4-5; idem, *Falla* (1871, barão de São Lourenço), *Documentos annexos:* "Relatorio do Imperial Instituto Bahiano de Agricultura", pp. 7-9, 22; idem, *Falla* (1872, J. A. de Araújo Freitas Henriques), p. 139; Manoel Pinto da Rocha ao Pres. (26/12/1857), APEB, SH, 4631; idem ao Pres. (28/9/1871), APEB, SH, 4594; *ST*, 44: 97-98; *PP* (1891), *A&P*, 30: 812; *PP* (1884), *A&P*, 35: 1595, 1613-14; *A lavoura da Bahia*, pp. 29-30; D. de Carvalho, pp. 25, 52-54; Pinto, pp. 55-57. Todas as citações no texto vêm destas fontes. Ver também Fraga Filho, *Mendigos*. De maneira mais geral, ver, por exemplo, R. Graham, pp. 23-38; Franco, *Homens livres*; H. M. M. de Castro, *Ao sul;* e I. del N. da Costa, *Arraia-miúda*.
18. O acesso à baía e aos rios e ribeirões era, para grande parte da população livre e pobre, talvez tão importante quanto o acesso à terra. Ver, por exemplo, "Lista dos Pescadores... nesta V[a]... da Cachoeira" (1824), "Lista dos pescadores... ffreguezia doiteiro Redondo" [1824], e "Lista de... todos os Senhores de bracos [*sic*]... e Pescadores desde o Brandão athe o Eng[o] da Vitoria" (1824), todos em ARC, PAE.
19. Bahia, *Falla* (1842, J. J. Pinheiro de Vasconcelos), pp. 4-5.
20. Manoel Pinto da Rocha ao Pres. (26/12/1857), APEB, SH, 4631; idem ao Pres. (28/9/1871), APEB, SH, 4594.
21. *PP* (1884), *A&P*, 35: 1595, 1613.
22. Ibidem, p. 1613.
23. Slenes, *Os múltiplos*, pp. 21-22; Fragoso e Florentino, *O arcaísmo*, pp. 43-

60; Lovejoy, pp. 51-52; Eltis, p. 135 (sobre a duração média de uma expedição negreira da Bahia à África, de ida e volta) e p. 367.

24. Verger, especialmente caps. 1 e 12; Alencastro, "Bahia", pp. 132-33; idem, *O trato;* Eltis, pp. 150-51; Tavares, *Comércio;* Miller, caps. 12-14; Florentino, *Em costas negras;* M. J. M. de Carvalho, *A liberdade,* caps. 4-7.
25. Verger, pp. 451-53, 456; inv. de Joaquim Alves da Cruz Rios (1863), APEB, SJ, IT; RET, APEB, SH, 4795, registros n°s 9-10; 4661, registro nº 14; e 4748, registro nº 38; *Contracto... para o estabelecimento de uma fabrica central de assucar no Municipio de Santo Amaro...* [Salvador, 1874?], p. 2. O contrato, uma cópia do qual se encontra em APEB, SH, 4596, também arrola como acionistas Antônio Pedroso de Albuquerque e José de Cerqueira Lima Filho, filho do mais importante traficante de escravos da Bahia no início do século XIX. Sobre Cerqueira Lima, pai, ver Verger, pp. 449-51.
26. M. Calmon, *Memoria*, p. 27.
27. Embora alguns africanos fossem reexportados para outras partes do Brasil, Eltis (p. 373, n. 38) conclui que a agricultura de exportação da Bahia absorveu "a vasta maioria" dos escravos levados da África para a província.
28. A discussão que se segue, sobre as tentativas britânicas de pôr fim ao tráfico atlântico, é baseada em Eltis, especialmente caps. 6-7; Bethell, *Abolition*; e Verger, caps. 7, 10 e 11. Também ver Tavares, *Comércio.*
29. Eltis, pp. 243-44.
30. A melhor análise do tráfico interprovincial continua sendo Slenes, "Demography", caps. 3-5. "Centro dinâmico" é expressão de Furtado, *Formação.*
31. Delegado (Cach.) ao Chefe de Polícia da Provincia (17/7/1851), APEB, SH, 6184; Bahia, *Falla* (1852, F. Gonçalves Martins), p. 53; idem, *CL*, 6: 60; *CL*, 8: 154-55; *CL*, 14: 96; *ST*, 42: 221; *ST*, 47: 55; Slenes, "Demography", p. 603. Ver também Nascimento, "Comércio".
32. Eltis, pp. 81-82; Slenes, "Demography", cap. 4.
33. Até a segunda metade da década de 1830, contudo, o preço do escravo medido em arrobas de açúcar permaneceu abaixo dos níveis que havia atingido na primeira metade do século XVIII: esse preço chegou a 73 arrobas em 1712 e a 188 arrobas em 1738. Alden, "Price Movements", pp. 340-41, 343.
34. Eltis, pp. 186-90; Fogel e Engerman, 1: 59-66 e 2: 54-87; Ransom, pp. 42-47; Bergad, *Cuban Rural Society*, pp. 203-28.
35. Os estudos sobre a distribuição da posse de escravos no Brasil colonial e oitocentista vêm-se multiplicando nos últimos anos. Ver Motta, *Corpos,* cap. 2, que resume e discute a maior parte desses estudos.

36. Schwartz, *Sugar Plantations*, pp. 438-67, especialmente pp. 444, 459-65.
37. No Iguape e também em S. Gonçalo dos Campos, os escravistas não brancos (pretos, pardos e cabras livres e forros) possuíam, em média, cerca de quatro escravos. Ver Barickman, "As cores". O censo feito em 1779 em Nazaré não fornece informações sobre a cor.
38. "Relação da Freguezia de N. Srª da Purificação de Santo Amaro" (1757), *ABN*, 31 (1909): 203; levantamento dos engenhos de S. Pedro do Açu da Torre (1854), APEB, SH, 4597. Ver também o "mapa estatístico" (1846) de 12 engenhos na freguesia da Aldeia (no sul do Recôncavo), que indica uma média de quase 21 escravos. APEB, SH, 6182.
39. Uma amostra de inventários de senhores de engenho de S. Francisco do Conde, S. Amaro e Iguape dá uma média de 74,6 escravos por engenho. A média inclui escravos utilizados em fazendas de cana quando estas eram adjacentes aos engenhos, mas exclui os de outras propriedades (por exemplo, fazendas de cana não adjacentes, fazendas de gado no interior e casas em Salvador). Fiz exclusões semelhantes ao trabalhar com os inventários de lavradores de cana e com os de lavradores dos distritos fumageiros de Cachoeira e dos municípios de Nazaré e Maragogipe.
40. Inv. do cônego Anselmo Dias Rocha (1834), APEB, SJ, IT; "Relação do numero de fogos... Iguape" (1835). Schwartz (*Sugar Plantations*, p. 452) classifica lavradores de cana com menos de cinco escravos como produtores "marginais".
41. Lugar, "Portuguese Tobacco Trade", pp. 33-35. Ver também Flory, pp. 348-49; Schwartz, *Sugar Plantations*, pp. 85-86; Fogel, p. 36; e Cap. 6 deste livro.
42. Varnhagen, p. 98 (para a passagem citada) e pp. 101-2.
43. "Relação do Nº de Fogos... São Gonçallo [dos Campos]" [1835]; Manoel Pinto da Rocha ao Pres. (26/12/1857), APEB, SH, 4631; *PP* (1877), *A&P*, 35: 1185; *EL*, [Bahia], p. 52; Bahia, *Falla* (1871, barão de São Lourenço), *Documentos annexos*: "Relatorio do Imperial Instituto Bahiano de Agricultura", p. 15; idem, *Falla* (1872, J. A. de Araújo Freitas Henriques), p. 139. Entre os autores que, no século XX, classificaram o fumo como "lavoura de pobre" ou "de quintal" estão Barros, p. 78; Egler, p. 681; Souto Mayor, pp. 87-90; e G. C. Caldas, p. 259. Sobre o cultivo do fumo por lavradores camponeses no século XX, ver, por exemplo, Maia, "Dependency"; Ramos, "Relações"; Sonneville, "Os lavradores"; e Baud e Kees, "*A lavoura dos pobres*". Para indicações da produção de fumo por camponeses antes do século XIX, ver Lugar, "Portuguese Tobacco Trade", p. 44; Flory, pp. 202-5; Nardi,

pp. 10-11; [Mendes], pp. 322-23; e M. Calmon, *Memoria*, p. 30. Também ver Palacios, *Cultivadores*.

44. "Relação do Nº de Fogos... São Gonçallo [dos Campos]" [1835]. Ver também Barickman e Few, "Ana Paulinha de Queirós".

45. Invs. de João Ferreira de Melo (1827), de Ana Rosa de S. Maria (1819), de Francisco Machado da Silva (1826), todos em APEB, SJ, IT; e de Úrsula Maria das Virgens (1823), ARC, IT; "Lista dos abitantes q. izistem desde o Disteirro Tabua e vargem te o taboleiro da gandu..." [1825 ou 1826], ARC, PAE. Antônio Lopes Ferreira e Souza, que figura no censo como morador de sua Fazenda da Vargem, mais tarde tornou-se proprietário de um engenho em S. Amaro e passou a morar lá. Ver seu inv. (1834) em APEB, SJ, IT.

46. Inv. de Antônio de Cerqueira Pinto Brandão (1887), APEB, SJ, IT. Numa amostra de 114 inventários *post-mortem* realizados nos distritos fumageiros de Cachoeira entre 1861 e 1888, 90,4% dos lavradores possuíam escravos.

47. J. R. de Brito, p. 8.

48. "Ofício do Capitão-mor da Vila de Jaguaripe... que remete a relações dos lavradores... de mandioca" (1781), BN, I-31, 30, 52. O plantel médio era de 4,2 escravos. A média e as percentagens citadas no texto excluem 48 lavradores sem escravos e também dois lavradores escravistas que, segundo o levantamento, não tinham plantado mandioca.

49. "Lista da Compª das Ordenças da povoação de Taperagoa" (1788), APEB, SH, 596 (média de 6,4 escravos por lavrador); Schwartz, *Sugar Plantations*, p. 446 (média de 6,2 escravos); inventários *post-mortem* de lavradores dos municípios de Nazaré e Maragogipe (1825-26), APEB, ST, IT (média de 6,1 escravos); "Relação do Numero de Fogos... Iguape" (1835) (média de 3,6 escravos); "mapa estatístico" de "fazendas de mandiocas" na freguesia da Aldeia (1846), APEB, SH, 6182 (média de 1,8 escravo); "relações dos estabelecimentos agrícolas" nos municípios de Alcobaça e Prado, no litoral sul (1854), APEB, SH, 2228 (média superior a 8 escravos). (Mesmo em Alcobaça e Prado, 50,6% dos lavradores escravistas de mandioca possuíam menos de 5 cativos).

50. Os exemplos citados vêm do "Ofício do Capitão-mor da Vila de Jaguaripe... que remete as relações dos lavradores empregados na plantação de mandioca" (1781), BN, I-31, 30, 52; da "Lista das mandiocas que se achão nos Lavradores do distrito da Villa de Maragogᵉ" (1780), APEB, SH, 187; e da Lista dos lavradores de mandioca de Jaguaripe (1780), APEB, SH, 199. Sobre

excedentes comercializáveis, ver Cap. 6. Os comentários de Caio Prado Júnior encontram-se em seu *Formação*, p. 161.

51. Cap.-mor (Jag.) ao Gov. (30/11/1781) e anexos, BN, I-31, 30, 52; insp. de f. (Naz.) a Patrício de S. Amaro (26/1/1789), BN, II-34,5,28; idem ao Gov. (17/3/1793), APEB, SH, 201-3; Câm. de Jaguaripe ao Gov. (5/7/1788), APEB, SH, 199; idem ao Gov. (2/8/1788), BN, II-33, 21, 64. Cf. também H. M. M. de Castro, *Ao sul*; e Morton, "Conservative Revolution", pp. 33-34.
52. Martins Pena, pp. 37-66. Sobre o sapato como "símbolo da liberdade" e sobre a proibição de os escravos usarem sapatos, ver Karasch, pp. 130-31, 362; e M. J. M. de Carvalho, *A liberdade*, p. 268.
53. Por exemplo, *Casa-grande & senzala*, *Sobrados e Mocambos*, e *Nordeste*.
54. Ou, em termos do esquema teórico de Chayanov, do ponto de vista do lavrador e sua família, o investimento na compra de mais um escravo serviria para reduzir a "penalização" do trabalho. Ver Chayanov, *The Theory*.
55. Isto foi plena e habilmente demonstrado no caso das Antilhas britânicas por Higman, *Slave Populations*; e por John, *Plantation Slaves*.
56. Grande parte da historiografia sobre estas questões está resumida e discutida por Mörner, pp. 37-81. Especificamente sobre o Brasil, ver, por exemplo, Marcílio, "Sistemas demográficos", pp. 201-2; Gorender, *O escravismo*, pp. 320-46; C. F. S. Cardoso, "Escravismo", pp. 45-53; Slenes, "Demography", caps. 6-8; e Schwartz, *Sugar Plantations*, cap. 13. No Brasil, as alforrias também contribuíram para que a população escrava não conseguisse alcançar uma taxa positiva de crescimento natural, mas nenhum estudo sugere que tenham sido um fator decisivo para essa incapacidade.
57. Curtin, *Atlantic Slave Trade*, pp. 29-30. Ver também Craton, p. 77; e Higman, *Slave Populations*. A preponderância de homens no tráfico negreiro refletia tanto preferências dos mercados americanos por cativos do sexo masculino como preferências dos mercados africanos por mulheres. Ver, por exemplo Eltis, p. 69.
58. J. da S. Lisboa, "Carta" (1781), p. 502; M. Calmon, *Ensaio*, pp. 8-10; Carson, *Primeiro relatorio*, pp. 7-8; Schwartz, *Sugar Plantations*, p. 350. Ver também, por exemplo, J. J. Reis, "População", pp. 146-49; Marcílio, "Sistemas demográficos", pp. 201-2; Gorender, *O escravismo*, pp. 320-46; C. F. S. Cardoso, "Escravismo", pp. 45-53.
59. "Lista da Comp[a] das Orden[ças] da povoação de Taperagoa" (1788), APEB, SH, 596. Sobre o arroz e a mandioca em Taperoá, ver "Sobre as terras não cultivadas pertencentes aos ex-jesuítas na Comarca dos Ilhéus" (1783),

APEB, SH, MNC; Domingos Alves Branco Moniz Barreto, "Relação que contém a descrição... da Comarca dos Ilhéos" (1790), BN, 14, 1, 10, fl. 5; B. da S. Lisboa, "Memoria sobre a Comarca dos Ilhéos", p. 18; e Cap. 3 deste livro.

60. Esta é a razão de masculinidade dos 444 escravos pertencentes a indivíduos identificados como "lavradores". O censo também arrola outros 209 escravos em fogos chefiados por indivíduos com várias outras ocupações (um senhor de engenho, vários barqueiros, serradores, taberneiros etc.). A razão de masculinidade de toda a população escrava era 123. Sobre a relação entre agricultura de exportação e mudanças na composição da população escrava, ver Marcílio, *Caiçara*, p. 104; Motta, "Família", pp. 287-311, especialmente pp. 289, 298-99; Wood, pp. 142-66, especialmente p. 63; e, de modo mais geral, C. F. S. Cardoso, "Escravismo", p. 48.

61. Os inventários dos lavradores de Nazaré e Maragogipe indicam para os escravos africanos (que haviam sido necessariamente comprados) uma razão de masculinidade de 158, o que está abaixo das razões correlatas calculadas para os africanos em fazendas de cana e engenhos. As pesquisas futuras vão precisar também considerar outras explicações possíveis para o número relativamente alto de escravas: por exemplo, talvez as mulheres fossem tão eficientes quanto os homens no cultivo e beneficiamento da mandioca, e algumas africanas talvez tivessem experiência anterior com essa cultura na África. Hoje, as mulheres desempenham papel importante na fabricação de farinha no Recôncavo. Maia, pp. 69, 121. Sobre preços de escravas, ver, por exemplo, Mattoso, Klein e Engerman, p. 69.

62. "Relação do Numero de Fogos... Iguape" (1835).

63. Curtin, *Atlantic Slave Trade*, pp. 28-30; John, pp. 8-19, 40, 55. A razão de masculinidade de toda a população escrava do Iguape (147) é quase exatamente a mesma de Guadalupe em 1730 e mais alta que a de São Domingos (Saint-Domingue) em 1754. Mörner, p. 68. Ver também Geggus, p. 79. Todas essas razões de masculinidade, porém, ficam muito abaixo das citadas por Moreno Fraginals (*O engenho*, 2-3: 110-11) para *ingenios* cubanos nas primeiras décadas do século XIX.

64. "Relação do Nº de Fogos... São Gonçallo [dos Campos]" [1835].

65. Essas estimativas, que usam a razão criança-mulher, uma medida de corte transversal (*cross-section*) para aproximar uma medida de coorte etária, são calculadas multiplicando-se a razão criança-mulher (por exemplo, 85/100 para S. Gonçalo dos Campos) por 30 (i.e., os anos que vão dos 15 de idade

aos 44, que representam 30 anos de atividade reprodutiva) e depois dividindo o produto por 10 (i.e., o número de anos contidos na faixa etária de 0 a 9, representando o número de crianças nascidas nos dez anos anteriores que estavam vivas na época do censo). Sou grato à Prof. Gillian Stevens, Departamento de Sociologia, da University of Illinois at Urbana-Champaign, por seu parecer neste assunto.

66. Esta hipótese implicaria vendas numa escala realmente grande num período bastante curto. Só os lavradores de S. Gonçalo dos Campos precisariam ter vendido, em muito poucos anos, pelo menos 2.000 escravos africanos. Como é improvável que só vendessem africanos, o volume total das vendas teria de ser ainda maior. Uma hipótese semelhante, de que os lavradores de fumo teriam alforriado grande quantidade de africanos, e sobretudo homens, não é sustentada pelo censo feito em 1835 em S. Gonçalo dos Campos, que arrola 276 escravos libertos — isto é, só 6,6% da população total de escravos e forros da freguesia. A proporção correspondente para o Iguape é de 7,8%. Dos 276 libertos de S. Gonçalo dos Campos, menos da metade (44,2%) eram homens e apenas 58 eram africanos.

67. Por exemplo, Gutiérrez, pp. 297-314; Libby, p. 58; Libby e Grimaldi, "Equilíbrio"; Metcalf, *Family*, pp. 161-63; Marcílio, *Caiçara*, p. 104; Bergad, "After the Mining Boom". Um caso particularmente curioso é a população escrava da área açucareira de Ribeira de Vazabarris (Sergipe), que em 1785 era 66% crioula e tinha uma razão de masculinidad de 119. Schwartz, *Sugar Plantations*, pp. 352-53.

68. As pesquisas sobre a demografia escrava em Maryland e na Virginia, onde o fumo também era o principal produto de exportação no período colonial, sugerem que esse tipo de transição pode ocorrer num curto período. Ver Menard, pp. 27-54; e Kulikoff, "'A Prolific People'".

69. Ver Cap. 6 deste livro. Algumas evidências em favor dessa hipótese vêm das razões de masculinidade entre escravos africanos calculadas a partir dos inventários *post-mortem* de lavradores de fumo (1780-1860) e do censo feito em 1835 em S. Gonçalo dos Campos: 171 e 162, respectivamente — muito abaixo das razões de 200 a 220 encontradas entre africanos em engenhos e fazendas de cana. Mas parece que nem só o preço determinava o sexo dos escravos que os lavradores de fumo compravam. Se fosse assim, os mais abastados possuiriam proporcionalmente mais escravos do sexo masculino que os lavradores menos ricos. Usando os dados do censo feito em 1835 em São Gonçalo dos Campos e usando o tamanho dos plantéis como *proxy* (i.e.,

indicador aproximado e indireto) da riqueza, a análise de regressão não indica nenhuma relação estatisticamente significativa entre o número de escravos possuídos e as razões de masculinidade.

70. Ver Kiple, "The Nutritional Link", segundo o qual nas áreas do Brasil onde os escravos consumiam uma dieta baseada sobretudo em farinha e carne-seca, o resultado era uma grave deficiência de aneurina, que provocava o beribéri "generalizado" e elevava a mortalidade infantil. A tese de Kiple poderia também ajudar a explicar a anomalia da grande proporção de crioulos na população escrava dos engenhos de Ribeira de Vazabarris (Sergipe) em 1785. Ver nota 67; e, sobre a dieta dos escravos dos engenhos de Sergipe, ver Mott, *Sergipe del Rey,* p. 38.
71. Higman (especialmente pp. 374-78) e John (Cap. 8) demonstram que, nas Antilhas britânicas, as taxas de mortalidade eram muito mais altas nas *plantations* de açúcar que nas propriedades produtoras de café, algodão, cacau, pimenta ou gêneros de subsistência. As diferenças nas taxas de fecundidade (que não eram especialmente baixas) eram bem menos consideráveis. Lamentavelmente, como não havia propriedades especializadas na produção de tabaco nas Antilhas britânicas no final do século XVIII e na primeira metade do século XIX, Higman e John não apresentam comparações entre o açúcar e o fumo.
72. Sobre a importância social da refeição entre os escravos e da possibilidade de comer longe do "olhar branco", ver Slenes, *Na senzala,* pp. 190-92.

Capítulo 6

1. França, *Cartas baianas,* pp. 9, 16, 19, 38, 54, 68, 84.
2. Roosevelt, pp. 123-24.
3. A maioria dos levantamentos fornece informações sobre o número de covas plantadas, não sobre a quantidade de farinha produzida. Por isso, para calcular estimativas do excedente comercializável, primeiro converti o número de covas em alqueires de farinha, usando os rendimentos relatados por observadores da época e discutidos no texto. Segundo, comparei a produção total de farinha com as necessidades de subsistência dos roceiros, suas famílias e seus escravos, o que, por sua vez, exigiu uma estimativa do tamanho médio dos fogos chefiados pelos lavradores de mandioca. Para isso usei uma média de 3,564 indivíduos livres por fogo, calculada a partir da "Lista das pessoas que se achão assistentes na Freguezia de N. Srª de Nazaré..." (1779),

APEB, SH, 596. Com base no levantamento feito em 1781 em Jaguaripe (citado na Tabela 27), calculei a percentagem de roceiros que tinham escravos (78%) e o tamanho médio do plantel de escravos (4,229). A combinação de todos esses números fornece uma estimativa do número total de indivíduos (livres e escravos) que compunham os fogos dos lavradores em determinado distrito, o que, multiplicado por 9,125 alqueires (a ração anual costumeira), dá uma estimativa das necessidades de subsistência. Em tudo isso, excluí os lavradores que não plantaram mandioca, ou que plantaram um número ignorado de covas. Este método assemelha-se ao utilizado por Schwartz em *Slaves*, p. 91.

4. J. da S. Lisboa, "Carta" (1781), p. 503; Camara, *Memoria* (1834), p. 16; Câm. de Camamu ao Pres. (3/10/1860), APEB, SH, 1281 (que também cita casos de rendimentos muito maiores).
5. Jz ord. (Jag.) ao Gov. (10/4/1785), APEB, SH, 188. As leis coloniais que obrigavam os senhores de engenho e lavradores de cana a cultivar pelo menos 500 covas de mandioca por escravo a seu serviço presumiam que eles poderiam manter suas famílias e escravos com um terço da farinha produzida por esse número de covas; o resto deveria ser vendido em mercados locais. Jz de fora (SA e SFC) ao Gov. (8/6/1817), APEB, SH, 241. Nesse caso, os rendimentos superariam 55 alqueires por mil covas. Ver também Ramos (p. 56), cuja pesquisa de campo na década de 1970 revelou que os pequenos lavradores do sul do Recôncavo comercializavam cerca de 70% de sua produção total de farinha. Não havia grandes diferenças entre as tecnologias usadas na década de 1970 e as empregadas no final do século XVIII.
6. A discussão seguinte sobre o cultivo da mandioca e o preparo da farinha baseia-se sobretudo em J. da S. Lisboa, "Carta" (1781), p. 503; idem, "Descripção" (1799), pp. 121-22; João da Costa Carneiro de Oliveira, "Breve Compendio... sobre a villa de Jaguaripe e o estado actual da plantação de mandioca nas Rossas de Nazaré" (1799), *ABN*, 36 (1914): 182-83; Vilhena, 1: 200-202; Naeher, pp. 203-5; Estrella, pp. 25-41; Rocha, pp. 23-36; Werneck, p. 78; e inventários *post-mortem*; bem como em descrições dos métodos atualmente adotados no Recôncavo e em outras áreas do Nordeste: Ramos, pp. 56-76; Saint, Jr., pp. 53-56, 59-64, 102-15; Bahia,..., CONDER, *Estudos básicos*, tomo 4: *A produção*, pp. 99-106; e Garcia, Jr., *Terra*, pp. 121-26, 129-33; e em Schmidt, caps. 2-4.
7. Koster, p. 370; Mawe, p. 73.

8. Camara, *Memoria* (1834), pp. 19-20; jz. ord. (Jag.) ao Gov. (2/10/1784, 29/1/1785, 10/4/1785, 23/10/1885, 12/5/1785 e 9/8/1785), todos em APEB, SH, 188; Lapa, *Economia colonial*, p. 167. Ver também Bahia, *Falla* (1871, barão de São Lourenço), *Documentos annexos*: "Relatorio do Imperial Instituto Bahiano de Agricultura", pp. 16-17; e o inv. do padre Francisco Ribeiro Barbosa (1807), APEB, SJ, IT, que inclui a avaliação de uma plantação de mandioca "estruída" [*sic*] por gado e ladrões.
9. Ewbank, p. 379.
10. Jousselandière, p. 213. A partir de observações de campo no Recôncavo no início da década de 1970, Saint, Jr. (p. 103) calcula que 166,5 dias de trabalho são necessários para cultivar e colher um hectare de mandioca em terreno já limpo. Na discussão no texto, parto do pressuposto de que cada cova ocupava um metro quadrado. Ver Cap. 4. Sobre as exigências de mão-de-obra, ver também J. da S. Lisboa, "Carta" (1781), p. 503.
11. Koster, pp. 372-73.
12. Os inventários *post-mortem* realizados em Maragogipe e Nazaré muitas vezes apenas mencionam "os acessórios para fazer farinha", sem nenhuma descrição adicional. Mas 76 inventários da amostra fornecem mais informações sobre o equipamento; 51 deles descrevem as rodas como "moendas". Menos de um terço delas era movido a cavalo, e somente uma estava ligada a uma roda-d'água. Ver também o levantamento feito em 1846 de 23 "fazendas de mandiocas" na freguesia de Aldeia em APEB, SH, 6182; e as gravuras, feitas no século XIX, de rodas em Kidder, 1, estampa entre pp. 242 e 243; e em Ribeyrolles, 2, estampa 56. Exceto pela energia que as move, as rodas usadas hoje no beneficiamento da mandioca parecem praticamente idênticas às descritas nas fontes dos séculos XVIII e XIX; hoje elas são freqüentemente ligadas a pequenos motores a gasolina.
13. Ewbank, 381. Embora referências a prensas de alavanca e de parafuso sejam comuns em inventários de Cachoeira, os de Maragogipe e Nazaré dão pouca informação sobre os tipos de prensa usados. Um levantamento de 23 "fazendas de mandiocas" feito em 1846 em Aldeia, porém, indica que seis das fazendas usavam tipitis; as outras 17 usavam "prensas de madeira". APEB, SH, 1682. Ver também as fotografias e desenhos de tipitis e de prensas em Schmidt, entre pp. 48 e 49.
14. Koster, p. 373. Ver a fotografia de um alguidar de cobre em Schmidt, entre pp. 64 e 65.

15. "Lista das mandiocas que se achão nos Lavradores do distrito da Villa de Maragog^{e}..." (1780), APEB, SH, 187.
16. Werneck, p. 77; "Lista dos Lavradores de mandioca... [e] dos alqu^{res} de farinha q. fazem simanariamente" (1789), BN, II-34, 5, 28; jz de órfãos e delegado (Camamu) ao Pres. (8/11/1853), APEB, SH, 2299. Hoje, no Recôncavo, os produtores de mandioca ainda fazem farinha semanal ou quinzenalmente. Ramos, p. 57; Saint, Jr., p. 106; Conceição, p. 229. Convém também observar que, depois de colhidas as raízes, o beneficiamento não pode ser adiado.
17. Ver, por exemplo, ouv. (Ilhéus) ao Gov. (26/6/1792), APEB, SH, 201-12; João Gomes da Cruz ao Gov. (17/6/1793), APEB, SH, 201-42; Câm. de Camamu ao Pres. (26/7/1826), APEB, SH, 1282; e adm. (CP) ao Pres. (27/7/1836), APEB, SH, 1609.
18. Cf. a situação descrita por Florescano (pp. 88-97, 187-88) com relação à produção de milho nas grandes propriedades (*haciendas*) do Vale do México no século XVIII. Mas, mesmo na Bahia, os celeiros permitiam aos produtores mais prósperos estocar farinha para vender em anos de crise. Ver José Nunes Moniz ao Gov. (7/2/1779), BN, I-32, 29, 62; cap.-mor (Marag.) ao Gov. (14/8/1780), APEB, SH, 408-1; cap.-mor (Sergipe) ao Gov. (9/3/1808), APEB, SH, 210; e Raimundo Monteiro de Matos Jr. ao Pres. (1852), APEB, SH, 4631.
19. [Mendes], p. 289. A discussão do trabalho no cultivo da cana que se segue é baseada sobretudo em Antonil, pp. 152-67; J. da S. Lisboa, "Carta" (1781), pp. 499-500; Vilhena, 1: 175-79; inventários *post-mortem*; Schwartz, *Sugar Plantations*, pp. 99-110, 139-42 (a melhor descrição, na historiografia, das técnicas usadas no cultivo da cana no período colonial); Koster, pp. 337-47; Grangier, pp. 8-23.
20. Caminha Filho, p. 8.
21. Percentagens calculadas a partir de inventários *post-mortem*. Ver também Antonil, pp. 152-57; J. da S. Lisboa, "Carta" (1781), p. 500; Camara, *Memoria* (1834), p. 18. A. Calmon, pp. 6-7; Fairbanks, p. vi; Carson, *Primeiro relatorio*, pp. 24-29. Bahia, *Falla* (1871, barão de São Lourenço), *Documentos annexos*: "Relatorio do Imperial Instituto Bahiano de Agricultura", pp. 15-16; D. de Carvalho, p. 25. No século XVIII e na primeira metade do oitocentos, a utilização do arado também era pouco comum nas *plantations* açucareiras de várias partes do Caribe. Craton, pp. 225-26; Watts, pp. 395, 429-32; Hall, p. 12.

22. Forth-Rouen, p. 120 (grifos no original); Caminha Filho, pp. 4-6, 12, e fotografias diante das pp. 14 e 24; Grangier, pp. 8-9.
23. Camara, *Memoria* (1834), p. 18. Calmon, p. 6; Bahia, *Falla* (1871, barão de São Lourenço), *Documentos annexos*: "Relatorio do Imperial Instituto Bahiano de Agricultura", p. 15; Grangier, p. 8. Ver também M. Calmon, *Ensaio*, p. 54; Fairbanks, p. vi; Carson, *Primeiro relatorio*; pp. 24-25, 28-29. Sou grato ao professor John Siemens, do Departamento de Engenharia Agrícola da University of Illinois at Urbana-Champaign e a Paulo Galerani, Pesquisador (Área de Difusão de Tecnologia) do CNPS (Londrina, Paraná) por confirmarem este ponto.
24. Caminha Filho, p. 5; Grangier, pp. 8-9; Forth-Rouen, p. 120. Mesmo na década de 1970, quando implementos mecanizados já eram de uso geral, os produtores de cana do Recôncavo continuavam a utilizar a tração animal para sulcar a terra nos meses chuvosos do inverno. Bahia,..., CONDER, *Estudos básicos*, tomo 4: *A produção*, p. 93. Sobre os modelos de arado na Europa a partir do final do século XVIII, ver Fussell, cap. 2.
25. Primavesi pp. 351-67. Ver também Fragoso, "A roça". Novamente, sou grato a John Siemens e a Paulo Galerani por confirmarem este ponto.
26. Watts, pp. 402-3, 406, 425, e pp. 399-402, 426 (sobre as outras técnicas usadas na Antilhas). Comparar também as gravuras do século XVIII que mostram a técnica de *cane-holing* em Craton, pp. ii e 136-37, e Sheridan, p. 110, com as fotografias de meados da década de 1940 de um terreno cortado por regos na Bahia em Caminha Filho, diante das pp. 25 e 32.
27. A. Calmon, pp. 7-12 (p. 8 para citação; grifos no original); Camara, *Memoria* (1834), pp. 13-14; Vilhena, 1: 174-75; Fairbanks, pp. vi, 34; Carson, *Primeiro relatorio*, pp. 6. 11-17, 21; Bahia, *Falla* (1871, barão de São Lourenço), *Documentos annexos*: "Relatorio do Imperial Instituto Bahiano de Agricultura", p. 15, *EL*, [Bahia], p. 46; D. de Carvalho, pp. 25-26; Grangier, p. 22.
28. Galloway, *Sugar Cane Industry*, pp. 96, 99-100; Watts, p. 404; Sheridan, p. 111; e Haskins, p. 28 (sobre a erosão no Recôncavo). Os inventários de senhores de engenho e lavradores feitos entre 1850 e 1888, como os da primeira metade do século XIX, contêm freqüentemente avaliações de canaviais de socas e ressocas — ou seja, de cana crescida após o primeiro e segundo corte. Ver também Grangier, p. 22. Em contraste, o desgaste dos solos obrigou os proprietários de *plantations* açucareiras a abandonar a prática de colher socas e ressocas (*ratoons*) em Barbados e Saint Kitts no final do século XVII e em grande parte da Jamaica em meados do século XVIII. Watts, pp. 404-5; 432.

29. Por exemplo, Schwartz (*Sugar Plantations*, p. 431), que menciona queixas de senhores de engenho do sul do Recôncavo sobre as doenças que atacavam a nova variedade de cana e reduziam as safras. Conclui que a "adoção da cana caiana parece ter sido lenta". Ibidem, p. 563, n. 52, onde cita a "Representação dos agricultores da Vila de Nazaré... sobre a moléstia que atacava a cana...", BN, II-33, 28, 69. Embora esse documento não seja datado, Schwartz o situa no "final da década de 1820". Na verdade, é de meados da década de 1860 (provavelmente de 1866) e é uma cópia manuscrita de uma petição feita pelos senhores de engenho de Nazaré. Outra versão do mesmo documento pode ser encontrada em APEB, SH, 4598. Ver também Bahia, *Relatorio* (1866, P. Leão Velloso), p. 45. A petição trata de uma praga (conhecida, na época, simplesmente como a "moléstia") que surgiu primeiro no Sudeste e atingiu o sul do Recôncavo em meados da década de 1860. A partir dali, espalhou-se pelos distritos açucareiros da margem norte da baía, obrigando os senhores de engenho a procurar novas variedades de cana para substituir a caiana, que até então haviam cultivado. Bahia, *Relatorio* (1868, J. B. Nascentes de Azambuja), p. 32; *PP* (1874), *A&P*, 33: 684. Assim, o documento nada tem a ver com a rapidez ou lentidão com que os produtores de cana adotaram a caiana. Referências à nova variedade aparecem nos inventários *post-mortem* de lavradores de cana do Iguape e de S. Francisco do Conde já em 1817-20. Ver, por exemplo, os invs. de Maria Silvéria (1817) ARC, IT; de Francisco Borja Dias Pinto (1819) e de Mateus Tavares do Amaral (1820), ambos em APEB, SJ, IT.
30. M. Calmon, *Ensaio*, p. 7; Fairbanks, p. iii. Ver também Aragão, p. xviii; *EL* (Bahia), p. 46; e, sobre a cana caiana de modo mais geral, Watts, pp. 433-34; Moreno Fraginals, *O engenho*, 1: 223-26; Galloway, *Sugar Cane Industry*, p. 96; e [Canabrava], p. 102.
31. A descrição do fabrico do açúcar que se segue é baseada em grande parte em Antonil, pp. 168-263; Vilhena, 1: 179-90; Koster, pp. 347-53; Tollenare, 2: 376-82; inventários *post-mortem*; Schwartz, *Sugar Plantations*, pp. 110-25, 142-49; Ferlini, cap. 3; e H. Fernandes, pp. 25-107.
32. Antonil, p. 230.
33. Koster, p. 351.
34. Os processos de purgação e barreamento são nitidamente ilustrados pelos desenhos em H. Fernandes, pp. 69-95, que também são reproduzidos em Schwartz, *Sugar Plantations*, p. 120.

35. Galloway, *Sugar Cane Industry*, pp. 88, 105-10, 134; Barrett, *Efficient Plantation*, pp. 3-4.
36. Tollenare, 2: 406; Koster, p. 336.
37. Souza Bahiana, p. 4, que conta também que seu interesse por experiências lhe valera a "fama de doido" entre os outros senhores de engenho.
38. M. Calmon, *Ensaio*, p. 2 (grifos no original); Carson, *Primeiro relatorio*, p. 6.
39. Pang, "Modernization", pp. 669-71; Schwartz, *Sugar Plantations*, p. 433.
40. Reconhecendo essa defasagem crescente, vários baianos voltaram-se para a Europa em busca de tecnologia para modernizar a indústria açucareira da província. Ver, por exemplo, Junta da Lavoura ao Pres. (3/6/1845), e George E. Fairbanks, "Proposta para o immediato, e pronto melhoram[to] do Assucar d'esta Provincia" (1846), ambos em APEB, SH, 4593; Bahia, *Falla* (1852, F. Gonçalves Martins), pp. 63-64; Carson, *Primeiro relatorio*; Viana Filho, "A missão Carson"; e Aragão, *Manual*.
41. M. B. N. da Silva, pp. 96-100; M. Calmon, *Ensaio*, pp. 176-77. Segundo Sturz (p. 51), havia 51 engenhos movidos a vapor na Bahia em 1837; uma contagem de 1855 identificou 144 deles. Bahia, *Falla* (1855, J. M. Wanderley), pp. 38-39. O número de engenhos movidos a vapor em 1873 consta do quadro "B" em *EL* [Bahia], s.n.
42. Gama, pp. 193-97; Moreno Fraginals, *O engenho*, 1:263-66.
43. Pontes, *Economia açucareira*, pp. 85, 112-13, 124, 180; M. B. N. da Silva, p. 98; Petrone, pp. 97-98; Gama, pp. 177-85; Ferlini, p. 120; Moreno Fraginals, *O engenho*, 1: 259-62.
44. Referências explícitas a bagaceiras aparecem em 56% dos inventários de senhores de engenho. (A percentagem só leva em conta os inventários realizados entre 1820 e 1860.) Ver também M. Calmon, *Ensaio*, p. 54; Fairbanks, p. iii; Antônio Lacerda ao pres. do Imperial Instituto Baiano de Agricultura (10/2/1862), APEB, SH, 4589; e Cap. 4.
45. Morton, "Conservative Revolution", p. 335; Moreno Fraginals, *O engenho*, 1: 220; Francisco Gonçalves Martins ao Pres. (2/10/1856), APEB, SH, 4595; Pinho, *Cotegipe*, p. 696 n. 4 e p. 697; Avé-Lallemant, pp. 25-32; Bahia, *Falla* (1851, F. Gonçalves Martins), pp. 26-28; Carson, *Parecer*; inv. de Tomás Pedreira Geremoabo (1875), APEB, SJ, IT; Grangier, tabelas da "Produção das usinas..." e "Engenhos e engenhocas...", s.n. Um aparelho de cozimento a vácuo foi instalado no Engenho Periperi em 1847, mas não está claro se funcionou durante muito tempo. Em 1873 a Bahia tinha apenas dois ou três engenhos totalmente mecanizados. Bahia, *Falla* (1847, A. I. d'Azevedo), p.

21; idem, *Falla* (1848, J. J. de Moura Magalhães), p. 48; idem, *Falla* (1871, barão de São Lourenço), *Documentos annexos*: "Relatorio do Imperial Instituto Bahiano de Agricultura", p. 20; *Descripção do apparelho de fabricar assucar assentado no Engenho Jacaracanga*. O total de 230 engenhos em 1926 não inclui engenhocas.

46. Junta da Lavoura ao Pres. (19/10/1853), APEB, SH, 4593. Ver também Bahia *CL*, 8: 88-89. Sobre o sistema bancário, ver Baptista e Guerreiro, pp. 8-52; Eisenberg, cap. 5; e E. C. de Melo, pp. 95-140. Entre os autores que argumentam que a escravidão representa um obstáculo grave ao progresso tecnológico e é incompatível com o trabalho especializado estão Moreno Fraginals, O *engenho*; e Wallerstein, p. 88. Para críticas teóricas e empíricas desse argumento, ver, por exemplo, Scott, pp. 27-37; A. B. de Castro, "A economia política", pp. 77-79; e Schwartz, *Sugar Plantations*, pp. 131, 433.
47. Citado em Pinho, *Cotegipe*, pp. 691-92 (grifo no original). Ver também *EL*, [Bahia], p. 46. Sobre a "sácaro-motriz", ver Bahia, *Falla* (1853, J. M. Wanderley), pp. 76-77.
48. M. J. de Souza e Mello, especialmente pp. x-xi. Pang ("Modernization", p. 671) também afirma que o engenho "instalou também uma máquina a vapor e experimentou uma nova variedade de cana". Não consegui encontrar nada na documentação que corroborasse essas afirmações.
49. Sobre a indústria açucareira baiana após 1860, ver Barickman, "Persistence".
50. [Mendes], p. 323. A discussão do beneficiamento do fumo que se segue é baseada sobretudo em Antonil, pp. 300-312; J. de A. Castro, "Memoria sobre as especies de Tabaco", pp. 201-9; "Le tabac", pp. 101-3; inventários *post-mortem*; Flory, pp. 183-84; e Lugar, "Portuguese Tobacco Trade", p 29, 32-33.
51. Vilhena 1: 199. Os inventários indicam que, entre os lavradores que possuíam fumeiros, menos de 15% tinham três ou mais. Se a posse de equipamento for usada como medida, a documentação sugere que 60,1% dos lavradores inventariados beneficiavam seu tabaco total ou parcialmente (torcendo-o e enrolando-o, ou — no caso do fumo em folha — curando-o e prensando-o).
52. J. de A. Castro, "Memoria sobre as especies de Tabaco", pp. 202-3; Antonil, p. 302.
53. Flory, p. 184; Goes Calmon, p. 42; "Le tabac", p. 94; Basto, p. 27. Uma vez seco, o fumo em folha tinha de ser prensado e enfardado. Os lavradores que não tinham prensa própria podiam pagar por esse serviço ou vender seu fumo

curado a comerciantes que se encarregavam de prensá-lo e enfardá-lo. "Le tabac", pp. 96-98; Sonneville, pp. 79-80; Borba, pp. 103-4.

54. A descrição do cultivo do fumo que se segue baseia-se sobretudo em Antonil, pp. 294-300, 310-14; J. da S. Lisboa, "Carta" (1781), p. 503; idem, "Descripção" (1799), p. 123; [Mendes], pp. 322-23; J. de A. Castro, "Memoria sobre as especies de tabaco", pp. 193-200; idem, "Memoria sobre a manufactura do tabaco", pp. 110-11; Vilhena, 1: 197-99; Varnhagen, pp. 100-103; Burlamaque, pp. 60-61, 78-79; "Le tabac", pp. 92-94; Basto, pp. 26-29; inventários *post-mortem*; e descrições da lavoura do fumo no Recôncavo no século XX: Haskins, pp. 250-52; Egler, pp. 681-85; e Saint Jr., pp. 74-78.
55. J. de A. Castro, "Memoria sobre as especies de Tabaco", p. 194.
56. Varnhagen, pp. 101-2. Segundo Varnhagen, o nome devia-se ao fato de que, originalmente, no "boi-de-cova", se assava um boi inteiro numa cova. A prática da ajuda mútua entre os lavradores de fumo para o transplante das mudas persiste até hoje. Saint, Jr., p. 78.
57. Vilhena, 1: 198-99; Varnhagen, p. 102. Os lavradores de fumo em Maryland no período colonial também usavam perus para esse fim. Main, p. 33.
58. Antonil, p. 310. Ver também [Mendes], p. 323. O argumento de que a escravidão era incompatível com as atividades "intensivas em cuidados" é de Fenoaltea, pp. 635-68. Sobre as mulheres e a lavoura fumageira no século XX, ver Egler, p. 681; Souto Mayor, p. 90; e Maia, pp. 91, 96-98, 166-67.
59. Antonil, pp. 312-314; Flory, p. 183; Henderson, pp. 341-42.
60. Sou grato a J. Michael Moore, Extension Agronomist-Tobacco da University of Georgia Cooperative Extension Service (Tifton, Geórgia, Estados Unidos) por confirmar este ponto.
61. Em princípio, a disponibilidade física de terra na Bahia teria permitido aos lavradores usá-la de maneira mais extensiva. (Cf. Boserup, *Evolução agrária*.) Por exemplo, após obter três ou mais colheitas de um terreno num único ano, poderiam deixar a terra de pousio por vinte anos — como se fazia na Virgínia e em Maryland — e depois limpar terreno novo a cada ano. Nesse caso, porém, para manter a produção no mesmo nível, precisariam, em qualquer ano, de uma reserva vinte vezes maior do que a área sob cultivo. (Em contraste, os plantadores de fumo da Virgínia e de Maryland, usando o mesmo o terreno para três colheitas anuais sucessivas, precisavam de uma área apenas 6,67 vezes maior que a do terreno cultivado.) Muito rapidamente, os lavradores baianos teriam sido levados a cultivar terrenos cada vez mais distantes das sedes de suas fazendas, que acabariam tendo que abandonar. O

resultado final teria sido um movimento quase constante de lavradores para o interior e para mais longe de Salvador; nesse caso, o elevado custo do transporte logo teria tornado a produção para exportação antieconômica.

62. F. H. Cardoso, p. 173 (grifos no original); Genovese, cap. 4.

63. Antonil, pp. 294-96; J. de A. Castro, "Memoria sobre as especies de Tabaco", p. 193 (para a passagem citada) e p. 196; idem, "Memoria sobre a manufactura do Tabaco", p. 110; J. da S. Lisboa, "Carta" (1781), p. 503. Ver também Vilhena, 1: 197; A. Calmon, p. 10; M. Calmon, *Memoria*, p. 28; Varnhagen, p. 100; Burlamaque, p. 60; Basto, p. 26; Egler, pp. 682-84; Haskins, p. 251; e Ramos, pp. 54-55. Além do método descrito aqui, os lavradores com menos cabeças de gado podiam usar a "vaca de corda": em vez de armar um curral, simplesmente deixariam uma vaca amarrada a uma estaca durante a noite num ponto de um terreno e, depois, em outro ponto. Ramos, pp. 54-55. Cabe notar que técnicas semelhantes eram usadas para estrumar os viveiros.

64. Calmon, *Memoria*, p. 28. Ver também Egler, pp. 681-82. Essa é precisamente a mesma relação direta entre a quantidade de esterco disponível (variável que dependia do tamanho do rebanho do lavrador) e a área sob cultivo que por muito tempo caracterizou a produção de cereais na Europa. Bath, pp. 16-23.

65. Percentagem de lavradores que tinham gado calculada a partir de inventários *post-mortem* (1780-1860). Ela corresponde quase exatamente à percentagem de lavradores de fumo que, ao se matricularem junto à Mesa de Inspeção entre 1774 e 1814, declararam que estrumavam suas plantações. Lugar, "Portuguese Tobacco Trade", p. 68. Na documentação dos séculos XVIII e XIX, não localizei referências a compras de estrume por lavradores pobres, mas isso pode refletir simplesmente a tendência das fontes a menosprezar os lavradores menores e mais pobres. A prática era comum na primeira metade do século XX. Ver Haskins, p. 251; e Egler, pp. 682-83. Também ver Lapa, p. 161.

66. Ramos, p. 47; Souto Mayor, p. 89; Egler, p. 685-86; Haskins, p. 853; Waibel, p. 323. Ao que parece, o primeiro autor a mencionar explicitamente a rotação de culturas na lavoura fumageira foi Miguel Calmon, em 1835, em sua *Memoria sobre a cultura do tabaco*, pp. 29, 36. Mas, como os exemplos da Tabela 28 deixam claro, a associação do fumo com a mandioca já se tornara comum bem antes de 1835. Também se deve frisar que a associação do fumo com a mandioca e outras culturas de subsistência se baseava na rotação, não

no consórcio (i.e., o cultivo intercalado de mais de uma lavoura num mesmo terreno). No campo brasileiro, o consórcio era e continua a ser uma prática muito mais comum do que a rotação de culturas.

67. Inv. de João Ferreira de Melo (1827), APEB, SJ, IT.
68. Inv. de Francisco Moreira Freitas (1818), ARC, IT.
69. Percentagem calculada a partir de inventários *post-mortem* (1760-1860). Cf. também G. Wright, pp. 55-74.
70. Inv. de Francisco de Oliveira Guedes (1860), APEB, SJ, IT.
71. Cf. Ellis, pp. 8-9, 12; e G. Wright, pp. 57-74.
72. Nos 116 inventários *post-mortem* de lavradores de Maragogipe e Nazaré (1825-60) que pesquisei, 60 contêm avaliações de pés de café. A maioria destes menciona "porções" ou "quintais", que raramente continham mais que algumas centenas de pés. Apenas 4 arrolam cafezais com 4 mil pés ou mais. Apenas 3 mencionam algum equipamento além de pilões para descascar o café seco.
73. Mesmo quando pequenos lavradores reduziam muito a produção de farinha para venda, a continuação da produção para consumo doméstico lhes permitia, quando os preços subiam, voltar a fazer vendas maiores e mais regulares. Ver o exemplo citado pelo cônsul britânico em *PP* (1884-85), *A&P*, 35: 1642.
74. Inventário de Hilária Maria de Jesus (1857), APEB, SJ, TI. Ver também Barickman, "Persistence", pp. 621-26; e cf. Garcia Jr., *O sul*, pp. 25, 60-67.

Conclusões

1. Ortiz, *Contrapunteo*. Citando Ortiz, no final da década de 1950, Luiz Costa Pinto (pp. 65-96) usou a analogia do contraponto ao analisar o contraste entre a produção de açúcar e a incipiente indústria do petróleo no Recôncavo. Reconheço que *Casa-grande & senzala* não é de modo algum apenas um estudo sobre o Nordeste. Mas não há como negar que, nele, Freyre concentra grande parte de sua atenção nas regiões açucareiras do Nordeste.
2. Mauro, "Ultimes réflexions", p. 273; F. de Oliveira, *O elo*, p. 22.
3. Prado Júnior, *Formação*, p. 161.
4. Na medida em que os estudos históricos futuros sobre o campesinato brasileiro incorporarem em suas análises as teorias de A. V. Chayanov (*The Theory of Peasant Economy*) ou de outros esquemas interpretativos semelhantes, esses estudos terão de enfrentar as dificuldades empíricas e teóricas de estabele-

cer uma distinção entre pequenos lavradores escravistas e agricultores camponeses. Entre os poucos estudos que, neste contexto, cita Chayanov está Mattos, *Das cores.* Também cf. Fragoso, *Homens,* pp. 131-34, 150. Em *O Sul* e em *Terra,* Garcia Jr., de um modo muito convincente, vale-se de aspectos das teorias de Chayanov para analisar o campesinato nordestino no século XX.

5. De novo, quero frisar que não estou a argumentar aqui que as crises de abastecimento tenham sido unicamente o resultado de condições meteorológicas desfavoráveis. Pelo contrário, também intervieram fatores relacionados com a estrutura social e econômica. Mas as evidências relativas à Bahia indicam claramente a importância das secas e das chuvas excessivas para uma explicação global dessas crises.
6. Ver as afirmações de Mattoso, *Bahia: a cidade*, pp. 41-43; e *Bahia, século XIX*, pp. 462-63, 521. Segundo Mattoso, o desmembramento das propriedades rurais, como conseqüência do sistema de herança de partilha igual, teria contribuído para o declínio da indústria açucareira baiana.
7. *PP* (1884), *A&P*, 35: 1613.
8. Mattoso, *Bahia, século XIX*, p. 463. Ver também Galloway, "Northeast Brazil", p. 27; e Nardi, pp. 10-11. Entre os autores que caracterizam a lavoura fumageira como mais um exemplo da agricultura de *plantation* estão, por exemplo, Arruda, "A produção económica", p. 106; e Dowbor, p. 51. Ver também Lugar, "Portuguese Tobacco Trade", pp; 27, 52-53, 55-57.
9. Maia, p. 119.
10. Não seria descabido esperar que investigações futuras encontrem padrões demográficos semelhantes nas áreas produtoras de algodão do agreste nordestino. Mas as pesquisas em andamento de Flávio Versiani e José Vergolino indicam que, no período de 1770 a 1850, a população cativa do agreste pernambucano era caracterizada por uma taxa de masculinidade de 144 homens para cada cem mulheres. Também indicam que, no período de 1770 a 1888, os africanos representavam 43,5% de todos os escravos da região. Versiani e Vergolino, "Escravos", pp. 11, 13.
11. Talvez o único outro exemplo de *mixed husbandry* seja o cultivo de trigo nos "campos gerais" do Paraná no início do século XIX. Ver Lapa, *Economia colonial,* p. 162. Mas, a partir da descrição de Lapa, fica claro que as técnicas agrícolas usadas nos "campos gerais" paranaenses eram bem menos intensivas do que as utilizadas nos distritos fumageiros da Bahia.
12. Waibel, pp. 322-23.

13. Ver, por exemplo, Roseberry, especialmente pp. 5-10, sobre "a notável variação nas estruturas e processos sociais, econômicos e políticos entre as regiões cafeeiras (na América Latina), [e] as estruturas radicalmente distintas da propriedade fundiária e as diferentes soluções do problema de mão-de-obra" nessas regiões.
14. Entre os estudos recentes que dão passos importantes nessa direção estão Mattos, *O tempo saquarema;* Fragoso, "Sistemas"; e Fragoso e Florentino, *O arcaísmo.* Mas provavelmente será controversa a ênfase que estes últimos dão a um "ideal aristocrático", de origem portuguesa, e, assim, a um "projeto arcaizante" para explicar o desenvolvimento da *plantation* escravista no Sudeste e de uma estrutura social excludente, caracterizada pela concentração da riqueza. Ver, por exemplo, Brown, "Going to Market", pp. 13-15; e cf. Slenes, "Grandeza". Pelo menos à primeira vista, a ênfase de Fragoso e Florentino num "ideal aristocrático" e no contraste entre as áreas de colonização portuguesa e as de colonização inglesa também lembra de certa forma alguns aspectos de antigos modelos explicativos, de cunho culturalista, da história da América Latina. Ver, por exemplo, Chevalier, *Land.* Sobre esses modelos culturalistas, ver as críticas feitas por Jacobsen (p. 3 e p. 357 n. 4) num estudo sobre a história agrária do altiplano peruano no século XIX que frisa os "legados coloniais" e que salienta a necessidade de se levar em conta fatores culturais. Além disso, deve-se assinalar que a riqueza e renda também eram altamente concentradas nas chamadas "treze colônias" da América britânica e nos Estados Unidos às vésperas da Guerra de Secessão, até mesmo nas cidades industriais do Norte. Ver, por exemplo, Jones, *Wealth;* e Soltow, "The Wealth".
15. Ver Fragoso e Florentino, *O arcaísmo*, pp. 147-59; e Fragoso, *Homens*, especialmente, pp. 119-51. Ver também Brown, "Internal Commerce", especialmente pp. 651-71; e cf. Stolcke, pp. 53-94.
16. Alguns estudos recentes apontam nesta direção. Ver, por exemplo, Naro, "Customary Rightholders"; H. M. M. de Castro, *Ao sul;* Faria, *A Colônia;* Marcondes, "A pequena e média propriedade"; e Nozoe e Motta, "Os produtores eventuais"; Palacios, *Cultivadores.*
17. Ao se referirem de um modo mais geral à agricultura escravista nas Américas, Berlin e Morgan (Introduction, p. 1), escrevem: "Os escravos trabalhavam. Quando, onde e principalmente como trabalhavam determinava, em grande medida, o curso de suas vidas. A centralidade do trabalho na experiência dos escravos parece tão óbvia que muitas vezes foi subestimada." Entre os poucos estudos históricos sobre o Brasil que dedicam maior atenção aos

processos de produção agrícola estão Stein, *Vassouras*, e Schwartz, *Sugar Plantations;* Fragoso, "A roça"; e idem, "Sistemas"

18. Vilhena, 2: 483; J. da S. Lisboa, "Descripção" (1799), p. 123.
19. Vilhena, 1: 232.

Apêndice

1. Ver Pres. ao vig. da Freguesia de Santana desta Cidade (13/4/1835) e idem ao jz de paz do 1° Distrito do Curato da Sé (13/4/1835), APEB, SH, 1653, ff. 28-29. Trata-se de despachos circulares, que deviam ser enviados a todos os vigários de juízes da paz da Bahia. Ver também Bahia, *CL*, 1 19-21; e J. N. de S. e Silva, p. 79. Alguns vigários apresentaram desculpas por não cumprir a ordem e realizar o censo. Ver a correspondência conservada em APEB, SH, 5212. Ao que parece, foi Thales de Azevedo o primeiro estudioso a chamar a atenção para a existência dos censos de 1835. Ver Th. de Azevedo, p. 233. Discuto os censos de 1835 em maior detalhe em "Reading the 1835 parish censuses".
2. Sobre a tentativa malograda de recensear a população da província, ver Pres. ao cap.-mor de Caetité (22/11/1824), APEB, SH, 1621, fols. 342-43; jz de fora (Marag.) ao Pres. (4/7/1826), APEB, SH, 2470; jz de fora ? (SA) ao Pres. (24/5/1826), APEB, SH, 2580. Convém assinalar que, ao contrário de alguns censos coloniais, estes não excluíram as crianças pequenas. Crianças com menos de 7 anos aparecem regularmente nas listas que incluem informação sobre a idade. Isso indicaria que, embora possivelmente organizados por companhias de ordenanças, esses censos não tinham o recrutamento como objetivo principal. Em São Paulo, no final do século XVIII e na primeira metade do XIX, os censos também eram organizados por distrito miliciano. Ver, por exemplo, Marcílio, *Caiçara*, p. 42.
3. Na identificação das mais de 20 listas que encontramos, Judith Allen e eu trabalhamos em conjunto, reunindo, sempre que necessário, todas as informações que tínhamos de diversas fontes para identificar a área abrangida por uma lista.

Fontes e bibliografia

Arquivos e coleções de fontes manuscritas

Arquivo Público do Estado da Bahia (APEB), Salvador
Arquivo Regional da Cachoeira (ARC), Cachoeira
Arquivo Municipal do Salvador (AMS), Salvador
Biblioteca Nacional, Seção de Manuscritos (BN), Rio de Janeiro
Arquivo Nacional (AN), Rio de Janeiro
Instituto Histórico e Geográfico Brasileiro (IHGB), Rio de Janeiro

Fontes primárias impressas

Obras de viajantes e outras obras estrangeiras do período em estudo

Arnold, Samuel Greene. *Viaje por América del Sur, 1847-1848*. Prólogo de José Luis Busaniche. Prefácio de David James. Buenos Aires, 1951.

Asschenfeldt, Friedr[ich]. *Memoiren aus meinem Tagenbuche, geführt während meiner Reisen und meines Aufenthaltes in Brasilien in den Jahren 1843 bis 1847*. Oldenburg, 1848.

Avé-Lallemant, Robert. *Reise durch Nord-Brasilien im Jahre 1859*. Leipzig, 1860.

Baud, Jean Chrétien. "Herinneringen". Em Graaf, H.J. de (org.), *De Reis van Z.M. "De Vlieg", Commandant Willem Kreekel naar Brazilië, 1807*, vol. 1. 2 vols. Haia, 1975.

Candler, John, e Burgess, Wilson. *Narrative of a Recent Visit to Brazil, to Present an Address on the Slave-Trade and Slavery Issued by the Religious Society of Friends*. Londres, 1853.

Castelenau, Francis de. *Renseignements sur l'Afrique Centrale et sur une nation d'hommes à queue qui s'y trouverait, d'après le rapport des nègres du Soudan, esclaves à Bahia*. Paris, 1851.

Denis, Ferdinand. *Brésil*. Publicado junto com Famin, C., *Colombie et Guyanes*. Paris, 1838.

——. *Lettres familières et fragment du journal intime de Ferdinand Denis à Bahia (1816-1817)*. Ed. Léon Bourdon. [Coimbra], 1957.

Dundas, Robert. *Sketches of Brazil; Including New Views on Tropical and European Fever, with Remarks on a Premature Decay of the System Incident to Europeans on their Return from Hot Countries.* Londres, 1852.

Ewbank, Thomas. *Life in Brazil; or, A Journal of a Visit to the Land of the Cocoa and the Palm.* Nova York, 1856.

Feldner, Wilh[elm] Christ[ian] Gotthelf v[on]. *Reisen durch mehrere Provinzen Brasiliens. Aus seinem nachgelassen Papieren.* 2 vols. Liegnitz, 1828.

Forth-Rouen, Sophie-Élie-Alexandre, Baron. "Bahia en 1847". Em Cordier, Henri, *Mélanges Américains,* pp. 113-22. Paris, 1913.

Gardner, George. *Travels in the Interior of Brazil, principally through the Northern Provinces, and the Gold and Diamond Districts during the Years 1836-1841.* Londres, 1846.

Graham, Maria [Dundas], [Lady Calcott]. *Journal of a Voyage to Brazil and Residence There During Part of the Years 1821, 1822, 1823.* Londres, 1824.

Hartt, Ch[arles] Fred[erick]. *Geology and Physical Geography of Brazil.* Boston, 1870.

Henderson, James. *A History of the Brazil; Comprising Its Geography, Commerce, Colonization, Aboriginal Inhabitants, &c. &c. &c.* Londres, 1821.

Hill, Henri. *Uma visão do comércio do Brasil em 1808*. Trad. Gilda Pires. Anot. Luís Henrique Dias Tavares. Ed. bilíngüe. [Salvador], s.d.

Kidder, Daniel P. *Sketches of Residence and Travels in Brazil, Embracing Historical and Geographical Notices of the Empire and Its Several Provinces.* 2 vols. Londres, 1845.

Koster, Henry. *Travels in Brazil.* Londres, 1816.

Laërne, C. F. van Delden. *Brazil and Java. Report on Coffee-Culture in America, Asia, and Africa, to H.E. the Minister of the Colonies.* Londres e Haia, 1885.

Lindley, Thomas. *Narrative of a Voyage to Brazil;... With General Sketches of the Country, Its Natural Productions, Colonial Inhabitants, &c. and a Description of the City and Provinces of St. Salvadore and Porto Seguro...* Londres, 1805.

MacGregor, John. *Commercial Statistics: A Digest of the Productive Resources, Commercial Legislation, Customs, Tariffs... of All Nations.* 2ª ed. 5 vols. Londres, 1850.

Mansfield, C[harles] B. *Paraguay, Brazil, and the Plate: Letters Written in 1852-1853.* With a sketch of the author's life by the Rev. Charles Kingsley, Jr. Cambridge, Mass., 1856.

Marjoribanks of Marjoribanks, Alexander. *Travels in South and North America.* Londres, 1853.

Maximiliano de Habsburgo [Ferdinand Joseph Maximilian von Österreich]. *Bahia 1860. Esboços de viagem.* Trad. Antonieta da Silva Carvalho e Carmen Silva Medeiros. Prefácio de Katia M. de Queirós Mattoso. Introd. e notas de Moema Parente Augel. Rio de Janeiro e Bahia, 1982.

Maximiliano (Príncipe de Wied-Neuwied) [Maximilian zu Wied-Neuwied]. *Viagem ao Brasil.* Trad. Edgard Süssekind de Mendonça e Flávio Poppe de Figueiredo. 2ª ed. São Paulo, 1958.

Mawe, John. *Travels in the Interior of Brazil, particularly in the Gold and Diamond Districts of that Country...* Londres, 1812.

Michelena y Rójas, F[rancisco]. *Exploración oficial por la primera vez de la América del Sur siempre por ríos...* Bruxelas, 1867.

Mouchez, Ernest [Amadée Barthélemy]. *Les côtes du Brésil, description et instructions nautiques.* 4 vols. Paris, 1864-1879.

Naeher, Julius. *Land und Leute in der brasilianischen Provinz Bahia.* Leipzig, 1881.

Prior, James. *Voyage along the Eastern Coast of Africa to Mosambique, Johanna, and Quiloa; to St. Helena; to Rio de Janeiro, Bahia, and Pernambuco in Brazil, in the Nisus Frigate.* Londres, 1819.

Ribeyrolles, Charles. *Brasil pitoresco.* Ilustr. de Victor Frond. Trad. e anot. Gastão Penalva. Prefácio de Afonso d'E. Taunay. 2 vols. São Paulo, 1941.

[Sargent, John]. *Memoir of the Rev. Henry Martyn, B.D.* Nova York, 1851.

Spix, Joh[ann] Bapt[ist] von, e Carl Friedr[ich] Phil[ipp] von Martius. *Reise in Brasilien auf Befehl Sr. Majestät Maximilian Joseph I. Königs von Baiern in den Jahren 1817 bis 1820.* 3 vols. Munique, 1823-31.

Sturz, J[ohann] J[akob]. *A Review, Financial, Statistical & Commercial of the Empire of Brazil...* Londres, 1837.

"Le tabac dans la province de Bahia". *Mémorial des manufactures de l'État* (Paris, 1889), pp. 88-102.

Tollenare, Louis-François de. *Notes dominicales prises pendant un voyage en Portugal et au Brésil en 1816, 1817, 1818.* Édition et commentaire du ms. 3434 de la Bibliothèque Sainte-Geneviève par Léon Bourdon. 3 vols. Paris, 1971-73.

Ver Huell, Q[uirijn] M[aurits] R[udolph]. *Mijne Eerste Zeereis.* Roterdã, 1842; ed. fac-similar em Graaf, H. J. de (org.), *De Reis Z.M. "Vlieg", Commandant Willem Kreekel naar Brazilië, 1807,* vol. 2. 2 vols. Haia, 1975.

Walsh, Robert. *Notices of Brazil in 1828 and 1829.* 2 vols. Londres, 1830.

Wetherell, James. *Brazil. Stray Notes from Bahia: Being Extracts from Letters, &c., during a Residence of Fifteen Years.* Ed. William Hadfield, Liverpool, 1860.

Wilberforce, Edward. *Brazil Viewed Through a Naval Glass: With Notes on Slavery and the Slave Trade.* Londres, 1856.

Publicações oficiais

Bahia (Província). *Collecção das leis e resoluções da Assembléa Legislativa da Bahia...* 33 vols. (com vários títulos). Bahia, 1862-89.

——. Commissão de Exploração do Mucury e Gequitinhonha. Innocencio Vellozo Pederneiras, Chefe da mesma Commissão. *Interesses materiaes das Comarcas do Sul da Bahia, Comarcas de Caravellas e Porto Seguro. Relatorio...* Bahia, 1851.

——. Presidência da Província. *Falla...* 66 vols. (com vários títulos). Bahia, 1828-89.

Brasil. Diretoria Geral de Estatistica. *Recenseamento da população do Brazil a que se procedeu no dia 1º de agosto de 1872.* 21 vols. em 22. Rio de Janeiro, 1873-76.

——. Diretoria Geral de Estatistica. *Relatorio e trabalhos estatisticos apresentados ao Illm. e Exm. Sr. Conselheiro Dr. João Alfredo Correa e Oliveira, Ministro e Secretario de Estado dos Negocios do Imperio, pelo Diretor Geral Interino, Dr. José Maria do Couto, em 30 de Abril de 1875.* Rio de Janeiro, 1875.

——. *Informações sobre o Estado da Lavoura.* Rio de Janeiro, 1874.

Grã-Bretanha. Parlamento. *Parliamentary Papers* (Commons).

——. Parlamento. *Slave Trade.* 95 vols. Irish University Press Series of British Parliamentary Papers. 1810-99; ed. fac-similar, Shannon, Irlanda, 1968-71.

——. Foreign Office. [Stevens, George Alexander, cônsul]. *Report for the Years 1885-1889 on the Trade of Bahia...* Diplomatic and Consular Reports on Trade and Finance. Annual Series, 793 (1890).

Outras obras e coleções de documentos publicados do período em estudo

Accioli de Cerqueira e Silva, Ignacio. *Memorias historicas e politicas da Provincia da Bahia.* Anot. [H.] Braz do Amaral. 6 vols. 1835-1843; reedição, Bahia, 1919-40.

Aguiar, Durval Vieira de. *Descrições práticas da Província da Bahia com declaração de todas as distâncias intermediárias das cidades, vilas e povoações.* Prefácio de Fernandes Sales. 1888; reedição, Rio de Janeiro e Brasília, 1979.

Aires de Casal, Padre Manuel. *Geografia brasílica ou relação histórico-geográfica do Reino do Brasil.* Prefácio de Mário Guimarães Ferri. 1817; reedição, Belo Horizonte e São Paulo, 1976.

Almanach para a Cidade da Bahia. Anno 1812. 1811; ed. fac-similar, Salvador, 1973.

Almeida, Eduardo de Castro e. *Inventario dos documentos relativos ao Brasil existentes no Archivo de Marinha e Ultramar.* Vol. I: *Bahia, 1632-1762* in *ABN*, 31 (1909). Vol. II: *Bahia, 1763-1785*, in *ABN*, 32 (1910). Vol. III: *Bahia, 1787-1798* in *ABN*, 34 (1912). Vol. IV: *Bahia, 1798-1801* in *ABN*, 36 (1914). Vol. V: *Bahia, 1801-1807* in *ABN*, 37 (1915).

Antonil, André João [João Antônio Andreoni]. *Cultura e opulência do Brasil por suas drogas e minas.* Texte de l'édition de 1711. Traduction française et commentaire par Andrée Mansuy. Paris, 1968.

Aragão, F[rancisco] M[oniz] B[arreto de]. *Manual do fabricante de assucar offerecido aos proprietarios de engenhos e aos mestres de assucar da Bahia.* Paris, 1853.

Arnizáu, José Joaquim de Almeida e. "Memoria topographica, historica, commercial e politica da Villa da Cachoeira da Provincia da Bahia" [1825]. *RIHGB*, 25 (1862), pp. 127-42.

"Bahia de outros tempos; as posturas do Senado da Camara em 1785". *RIGHB*[a], 4:11 (1897), pp. 48-72.

Basto, Manoel Moreira Dias. *These apresentada á Eschola Agricola da Bahia* ["Cultura do fumo"]. Bahia, 1891.

Benci, Jorge. *Economia cristã dos senhores no governo dos escravos* [1705]. Com um estudo preliminar feito por Pedro Alcântara Figueira e Claudinei M. M. Mendes. Rio de Janeiro, 1977.

Bittencourt [e Accioli], José de Sá. "Memoria sobre a plantação dos algodoens, sua exportação e decadencia da Lavoura de Mandioca, no Termo da Villa de Camamu" [1796]. *AAPEB*[a], 14 (1925): 51-63.

Brito, João Rodrigues de, e outros [Camara Bittencourt e Sá, Manoel Ferreira da; Castello Branco, José Diogo Gomes Ferrão; e Bulcão, Joaquim Ignacio de Sequeira]. *Cartas economico-politicas sobre a agricultura, e commercio da Bahia.* Dadas á luz por J. A. F. Benevides. Lisboa, 1821.

Brito, João Rodrigues de. "Carta I" (1807). Em *Cartas economico-politicas sobre a agricultura, e commercio da Bahia,* pp. 1-78.

Bulcão, Joaquim Ignacio de Sequeira. "Carta IV" (1807). Em *Cartas economico-politicas sobre a agricultura, e commercio da Bahia,* pp. 101-104.

Burlamaque, Frederico Leopoldo Cesar. *Manual da cultura, colheita e preparação do tabaco.* Rio de Janeiro, 1865.

Caldas, Jozé. "Noticia Geral de toda esta Capitania da Bahia desde o seu descobrimento até o prezente anno de 1759". *RIGHB[a]*, 57 (1931), pp. 2-444.

Calmon du Pin e Almeida, Antonio. *Memoria offerecida á Sociedade de Agricultura, Commercio e Industria da Provincia da Bahia* ["Memoria sobre alguns objectos de economia rural dos Engenhos"]. Bahia, 1834.

Calmon du Pin e Almeida, Miguel. *Ensaio sobre o fabrico do assucar.* Bahia, 1834.

——. *Memoria sobre a cultura do tabaco.* Bahia, 1835.

Camara Bittencourt e Sá, Manoel Ferreira da. "Carta II" (1807). Em *Cartas economico-politicas sobre a agricultura, e commercio da Bahia,* pp. 78-98.

——. *Memoria offerecida á Sociedade de Agricultura, Commercio e Industria da Bahia* ["Memoria sobre a possibilidade de plantarem os Lavradores de canna todo, ou grande parte do mantimento de que precisão, sem quebra no producto de canna; e meios de conseguir"]. Bahia, 1834.

——. *Memorias offerecidas á Sociedade de Agricultura, Commercio e Industria da Provincia da Bahia* ["Memoria N.2, sobre o carrapato"]. Bahia, 1833.

[Campos], Luiz Thomaz Navarro [de]. "Itinerario da viagem que fez por terra da Bahia ao Rio de Janeiro por ordem do principe regente, em 1808..." *RIHGB*, 47:28 (1846), pp. 433-68.

Carson, João Monteiro. *Primeiro relatorio apresentada á Presidencia da Bahia sobre os melhoramentos da cultura da canna, e do fabrico do assucar.* Bahia, 1854.

——, relator. *Parecer sobre o aparelho de fazer assucar que Thomaz Pedreira Geremoabo assentou no seo engenho...* Bahia, [1852].

Cartas baianas, 1821-1824: subsídios para o estudo dos problemas da opção na independência brasileira. António d'Oliveira Pinto da França, org. São Paulo [e Rio de Janeiro], 1980.

Carvalho, Domingos de. *These apresentada á Imperial Eschola Agricola da Bahia* ["Transformação do trabalho agricola"]. Bahia, 1887.

Castro, Joaquim de Amorim. "Memoria sobre as especies de Tabaco q. se cultivão na Vª da Caxoeira com todas as observaçoins Relativas a sua Cultura, fabrico e commercio..." [c. 1788]. Em Lapa, José Roberto do Amaral, *Economia colonial*, pp. 187-213. São Paulo, 1973.

——. "Memoria sobre a manufactura do Tabaco na Capitania da Bahia, no anno 1788". *Publicações do Arquivo Nacional*, 4 (1ª Série) (1903), pp. 109-117.

Descripção do apparelho de fabricar assucar assentado no Engenho Jacaracanga... do Barão de Cotegipe... Rio de Janeiro, 1867.

Economia açucareira do Brasil no séc. XIX: cartas de Felisberto Caldeira Brant Pontes Marquês de Barbacena. Transcrição de Carmen Vargas. Rio de Janeiro, 1976.

Estrella, José Alves de Souza. *These apresentada á Imperial Eschola Agricola da Bahia* ["Cultura da mandioca"]. Bahia, 1886.

Fairbanks, George Eduardo. *Observações sobre o commercio do assucar e o estado presente desta industria em varios paizes, acompanhadas de instrucções sobre a cultura da canna e fabrico dos seus productos.* Bahia, 1847.

Ferreira, Manoel Jesuino. *Provincia da Bahia: apontamentos.* Rio de Janeiro, 1875.

Imbert, João. *Manual do fazendeiro ou tratado domestico sobre as enfermidades dos negros.* Rio de Janeiro, 1832.

Jousselandière, S. V. Vigneron. *Novo manual pratico da agricultura intertropical...* Rio de Janeiro, 1860.

A lavoura da Bahia: opusculo agricola-politico por um veterano da Independencia e da lavoura. Bahia, 1874.

Lisboa, Baltasar da Silva. "Memoria sobre a Comarca dos Ilhéos" (1802). *ABN*, 37 (1915): 1-22.

Lisboa, José da Silva. "Carta muito interessante... para o Dr. Domingos Vandelli... em que lhe dá noticia desenvolvida sobre a Capitania da Bahia" (1781). *ABN*, 32 (1910): 494-506.

——. "Descripção da cultura da Capitania da Bahia" (1799). *ABN*, 36 (1914): 121-23.

Mappa estatistico da divisão administrativa, judiciaria e eleitoral da Provincia da Bahia. s.l. [Bahia?], s.d.

[Martins Pena, Luís Carlos]. *Comédias de Martins Pena.* Org. e anot. Darcy Damasceno, com a colaboração de Maria Filgueiras. Rio de Janeiro, 1966.

Mello, Manoel Jacintho de Sampaio e. *Novo methodo de fazer o assucar ou reforma geral dos engenhos do Brasil, em utilidade particular, e publica; offerecida a Sua Magestade Fidelissima o Senhor D. João VI.* Bahia, 1816.

[Mendes, Luís Antônio de Oliveira]. "Discurso preliminar, historico, introductivo com natureza de descripção economica da Comarca e Cidade da Bahia..." [c. 1790]. *ABN*, 27 (1905), pp. 281-348.

A Missão especial do Visconde de Abrantes. 2 vols. Rio de Janeiro, 1853.

Pereira, Hernani da Silva. *These para o doutoramento em Medicina apresentada á Faculdade da Bahia* ["Considerações sobre a alimentação no Brazil"]. Bahia, 1887.

Pinto, Abilio Moncorvo da Silva. *These inaugural apresentada á Escola Agricola da Bahia* ["A rotina permanente e a falta de braços na agricultura brasileira"]. Bahia, 1898.

"Productos exportados da Cidade do Rio de Janeiro no anno de 1796". *RIHGB*, 46, parte I (1883), pp. 195-204.

Rebello, Domingos José Antonio. "Corographia, ou abreviada historia geographica do Imperio do Brasil" (1829), *RIGHB*[a], 55 (1929), pp. 5-235.

Regis, Pedro Tito. *Duas palavras sobre a provincia da Bahia...* Bahia, 1845.

Rocha, José Caribé da. *Theses apresentadas á Imperial Eschola Agricola da Bahia* ["Cultura da mandioca"]. Bahia, 1887.

Silva, Joaquim Norberto de Souza e. *Investigações sobre os recenseamentos da população geral do Império e de cada província de per si tentados desde os tempos coloniais até hoje.* 1870; ed. fac-similar, publicada junto com [Oliveira Vianna, Francisco José de], *Resumo histórico dos inquéritos censitários realizados no Brasil*, São Paulo, 1986.

Soares, Sebastião Ferreira. *Elementos de estatistica comprehendendo a theoria da sciencia e a sua applicação á estatistica commercial do Brasil.* 2 vols. Rio de Janeiro, 1865.

——. *Notas estatísticas sobre a produção agrícola e a carestia dos gêneros alimentícios no Império do Brasil.* 1860; ed. fac-similar, Rio de Janeiro, 1977.

Sousa, Gabriel Soares de. *Notícia do Brasil* [1587]. Comentários de [Francisco Adolfo de] Varnhagen, Pirajá da Silva e [Frederico G.] Edelweiss. São Paulo, 1957.

Souza Bahiana, Manoel de Vasconcellos de. *Memoria acerca do novo systema de manufacturar o assucar em caldeiras quadradas.* Bahia, 1834.

"Termos de vereações do Senado da Camara de Santo Amaro de 1798 a 1802". *AAPEB*[a], 25 (1937), pp. 1-229.

Varnhagen, F[rancisco] A[dolfo] de. *O tabaco da Bahia; de que modo se ha de melhorar o cultivo da planta, como especialmente a cura da folha para charutos, afim de poderem estas* [sic] *rivalizar com os havanos.* Caracas, 1863; republicado em Burlamaque, Frederico Leopoldo, *Manual da cultura, colheita e preparação do tabaco...*, pp. 97-110. Rio de Janeiro, 1865.

Vianna, João Antonio de Sampaio. "Breve noticia da primeira planta de café que houve na Comarca de Caravellas ao Sul da Bahia." *RIHGB*, 5 (1847), pp. 77-79.

Vilhena, Luís dos Santos. *A Bahia no século XVIII.* Anot. [H.] Braz do Amaral. Apresentação de Edison Carneiro. 2ª ed. [1ª ed., sob o título *Recopilação de noticias soteropolitanas...*, 1921]. 3 vols. Salvador, 1969.

Werneck, Francisco Peixoto de Lacerda. *Memória sobre a fundação de uma fazenda na província do Rio de Janeiro (edição original de 1847 e edição modificada e acrescida de 1878).* Introd. de Eduardo Silva. Brasília e Rio de Janeiro, 1985.

Bibliografia citada

Abel, Wilhelm. *Agricultural Fluctuations in Europe from the thirteenth to the twentieth centuries.* Trad. Olive Ordish. Prefácio e bibliografia [suplementar] de Joan Thirsk. Londres, 1980.

Aguiar, [Manoel] Pinto de. *Abastecimento: crises, motins e intervenção.* Rio de Janeiro, 1985.

——. *Mandioca — Pão do Brasil.* Rio de Janeiro, 1982.

Albert, Bill, e Graves, Adrian (eds.). *Crisis and Change in the International Sugar Economy, 1860-1914.* Norwich, Inglaterra, 1984.

Alden, Dauril. "Late colonial Brazil, 1750-1808". Em *CHLA*, vol. 2, pp. 601-60.

——. "The Population of Brazil in the Late Eighteenth Century: A Preliminary Study". *HAHR*, 43:2 (maio de 1963), pp. 173-205.

——. "Price Movements in Brazil Before, During, and After the Gold Boom, with Special Reference to the Salvador Market, 1670-1769". Em Johnson, Lyman L. e Tandeter, Enrique (eds.), *Essays on the Price History of Eighteenth-Century Latin America*, pp. 335-71. Albuquerque, N. M., 1990.

Alden, Dauril, e Miller, Joseph C. "Unwanted Cargoes: The Origins and Dissemination of Smallpox via the Slave Trade from Africa to Brazil, c. 1560-1830".

Em Kiple, Kenneth F. (ed.), *The African Exchange: Toward a Biological History of Black People*, pp. 35-109. Durham, N.C., 1987.

Alencastro, Luiz-Felipe de. "Bahia, Rio de Janeiro et le nouvel ordre colonial, 1808-1860". Em Chase, Jeanne (comp.), *Géographie du capital marchand, 1760-1860*, pp. 131-49. Paris, 1987.

——. *O trato dos viventes: formação do Brasil no Atlântico Sul, séculos XVI e XVII*. São Paulo, 2000.

Almeida, Maria da Glória Santana de. *Sergipe: fundamentos de uma economia dependente*. Petrópolis, 1984.

Almeida, Rômulo de. "Traços da história econômica da Bahia no último século e meio". *Planejamento*, 5:4 (out.-dez. de 1977), pp. 19-54.

Amaral, Luís. *História geral da agricultura brasileira no tríplice aspecto político-social-econômico*. 2 vols. São Paulo, 1958.

Andrade, Manuel Correia de. *A terra e o homem no Nordeste*. 4ª ed., rev. e atualizada. São Paulo, 1980.

Andrade, Maria José de Souza. *A mão-de-obra escrava em Salvador, 1811-1860*. São Paulo, 1988.

Araújo, Ubiratan Castro, e Barreto, Vanda Sampaio de Sá. "A Bahia econômica e social". Em CPE, *A Inserção*, vol.1, pp. 32-89.

Arruda, José Jobson de A. *O Brasil no comércio colonial*. São Paulo, 1980.

——. "A produção económica". Em Silva, Maria Beatriz Nizza da (org.), *O império luso-brasileiro*, pp. 85-153. Lisboa, 1986.

Aufderheide, Patricia. "Upright Citizens in Criminal Records: Investigations in Cachoeira and Geremoabo, 1780-1836". *The Americas*, 38:2 (out. de 1981), pp. 173-84.

Azevedo, Esterzilda Berenstein de. *Arquitetura do açúcar: engenhos do Recôncavo baiano no período colonial*. São Paulo, 1990.

Azevedo, Thales de. *Povoamento da Cidade do Salvador*. 3ª ed., Salvador, 1969.

Bahia (Estado). Instituto de Economia e Finanças. *Atlas geoeconômico da Bahia*. Salvador, 1959.

Bahia (Estado). SEPLANTEC [Secretaria de Planejamento, Tecnologia e Ciência]. Centro de Planejamento da Bahia — CEPLAB. *Informações básicas dos municípios baianos; por microrregiões*. 6 vols. Salvador, [1978-80?].

——. Conselho de Desenvolvimento do Recôncavo (CONDER). *Estudos básicos para o projeto agropecuário do Recôncavo*. 8 vols. [Salvador], 1975.

——. Fundação de Pesquisas — CPE [Centro de Planejamento e Pesquisas]. *A inserção da Bahia na evolução nacional 1a. etapa: 1850-1889: a Bahia no século XIX.* 5 vols. Salvador, 1978.

Banco do Nordeste do Brasil, S.A., Departamento de Estudos Econômicos do Nordeste (ETENE); [e] Superintendência do Desenvolvimento do Nordeste [SUDENE], Departamento de Agricultura e Abastecimento (DAA). *Suprimento de gêneros alimentícios da Cidade de Salvador.* Fortaleza, 1965.

Baptista, José Murilo Philigret de O., e Ana Maria de Sales Guerreiro. "Bancos". Em CPE, *A inserção,* vol. 3, tomo 1: *Atividades não produtivas,* pp. 8-52.

Barickman, B. J. "'A bit of land, which they call *roça*': Slave provision grounds on sugar plantations and cane farms in the Bahian Recôncavo, 1780-1860". *HAHR,* 74:4 (nov. de 1994), pp. 649-87.

——. "As cores do escravismo: escravistas 'pretos', 'pardos' e 'cabras' no Recôncavo baiano em 1835." *População e Família* (São Paulo), 2:2 (julho-dez. de 1999), pp. 7-62.

——. "Persistence and decline: Slave labour and sugar production in the Bahian Recôncavo, 1850-1888." *Journal of Latin American Studies,* 28:3 (out. de 1996), pp. 581-633. (Uma tradução deste artigo foi publicada no Brasil com o título "Até a véspera: o trabalho escravo e produção de açúcar nos engenhos do Recôncavo baiano, 1850-1860", em *Afro-Ásia* (Salvador), 21-22 (1998-99), pp. 177-237.)

——. "Reading the 1835 parish censuses from Bahia: Citizenship, kinship, household, and slavery in early nineteenth-century Brazil." *The Americas,* 59:3 (jan. de 2003), pp. 287-324.

——. "The slave economy of nineteenth-century Bahia: Export agriculture and local market in the Recôncavo, 1780-1860". Tese de Ph.D., University of Illinois at Urbana-Champaign, 1991.

——. "'Tame Indians', 'wild heathens', and settlers in southern Bahia in the late eighteenth and early nineteenth centuries". *The Americas,* 51:3 (jan. de 1995), pp. 325-68.

Barickman, B. J., e Few, Martha. "Ana Paulinha de Queirós, Joaquina da Costa, and Their Neighbors: Free Women of Color as Household Heads in Rural Bahia (Brazil), 1835". A sair numa coletânea sobre mulheres livres de cor, organizada por David Barry Gaspar, que será publicada pela University of Illinois Press.

Barrett, Ward. "Caribbean Sugar-Production Standards in the Seventeenth and

Eighteenth Centuries". Em Parker, John (ed.), *Merchants & Scholars: Essays in the History of Exploration and Trade Collected in Memory of James Ford Bell*, pp. 145-70. Minneapolis, 1965.

——. *The Efficient Plantation and the Inefficient Hacienda*. Minneapolis, 1979.

Barros, Francisco Borges de. *Esboço chorographico da Bahia*. Bahia, 1917.

Bath, B. H. Slicher van. *História agrária da Europa ocidental (500-1850)*. [Trad. L. Crespo Fabião.] Lisboa, 1984.

Batista Junior, Paulo Nogueira. "Política tarifária britânica e evolução das exportações brasileiras na primeira metade do século XIX". *Revista Brasileira de Economia*, 34:2 (abril-junho de 1980), pp. 203-39.

Baud, Michiel, e Koonings, Kees. "*A lavoura dos pobres:* Tobacco farming and the development of commercial agriculture in Bahia, 1870-1930". *Journal of Latin American Studies*, 31:2 (maio de 1999), pp. 287-329.

Beckford, George L. *Persistent Poverty: Underdevelopment in Plantation Economies of the Third World*. Nova York, 1972.

Bergad, Laird. "After the Mining Boom: Demographic and Economic Aspects of Slavery in Mariana, Minas Gerais, 1750-1808." *Latin American Research Review*, 31:1 (1996), pp. 67-98.

——. *Cuban Rural Society in the Nineteenth Century: The Social and Economic History of Monoculture in Matanzas*. Princeton, 1990.

Bergad, Laird W.; Iglesias García, Fe; e Barcia, Maria del Carmen. *The Cuban Slave Market, 1790-1880*. Cambridge, Inglaterra, 1995.

Berlin, Ira, e Morgan, Philip D. (eds.). "The Slaves' Economy: Independent Production by Slaves in the Americas". Número especial de *Slavery and Abolition*, 12:1 (maio de 1991).

——. "Introduction" in idem (eds.), "The Slaves' Economy: Independent Production by Slaves in the Americas", pp. 1-27.

Best, Lloyd. "Outlines of a Model of a Pure Plantation Economy". *Social and Economic Studies*, 17:3 (set. de 1968), pp. 283-324.

Bethell, Leslie. *The Abolition of the Brazilian Slave Trade: Britain, Brazil and the Slave Trade Question, 1807-1869*. Cambridge, Inglaterra, 1970.

Bethell, Leslie, e Carvalho, José Murilo de. "Brazil from Independence to the middle of the nineteenth century". Em *CHLA*, vol. 3, pp. 679-746.

Blum, Jerome. *The End of the Old Order in Rural Europe*. Princeton, 1978.

Borba, Silza Fraga Costa. "Industrialização e exportação do fumo na Bahia, 1870-1930". Tese de mestrado, Universidade Federal da Bahia, 1975.

Borba, Silza F. Costa, e Santos, Luiz Chateaubriand C. dos. "Fumo". Em CPE, *A inserção*, vol. 2: *Atividades produtivas*, pp. 65-89.

Borges, Dain. *The Family in Bahia, Brazil, 1870-1945*. Stanford, 1992.

Boserup, Ester. *Evolução agrária e pressão demográfica*. Trad. Oriowaldo Queda e João Carlos Duarte. São Paulo, 1987.

Brasil. Instituto Brasileiro de Geografia e Estatística. *Enciclopédia dos municípios brasileiros*. Rio de Janeiro, 1957-58.

Braudel, Fernand. *Capitalism and Material Life, 1400-1800*. Trad. Miriam Kochan. Nova York, 1967.

Britto, Eduardo A. de Caldas. "Levantes de pretos na Bahia". *RIGHB*[a], 10:29 (1903), pp. 69-94.

Brooks, Jerome E. *The Mighty Leaf: Tobacco Through the Centuries*. Boston, 1952.

Brooks, Reuben H. "Human Response to Recurrent Drought in Northeast Brazil". *The Professional Geographer*, 23:1 (jan. de 1971), pp. 40-44.

Brown, Larissa Virginia. "Going to Market: Producers, Traders, and Consumers in the Internal Economy of Southern and Central Brazil During the Early Nineteenth Century". Comunicação apresentada ao Brazilian Studies Committee (da Conference on Latin American Studies), na Annual Meeting of the American Historical Association, Washington, D.C., dez. de 1992.

——. "Internal Commerce in a Colonial Economy: Rio de Janeiro and Its Hinterland, 1790-1822". Tese de Ph.D., University of Virginia, 1986.

Cabral, Pedro Eugênio Toledo. "Tempo de morada — a constituição do mercado de trabalho semi-assalariado na lavoura canavieira pernambucana". Em Sampaio, Yony (org.), *Nordeste rural: a transição para o capitalismo*, pp. 17-56. Recife, 1987.

Caldas, Geraldo Coni. *Conceição do Almeida: memória: minha terra, minha gente*. [Salvador?], 1974.

Caminha Filho, Adrião. *A cana de açúcar na Bahia: 1) A lavoura e a indústria; 2) Da cultura e seus problemas*. Instituto Central de Fomento Econômico da Bahia, Boletim no. 15. Bahia, 1944.

Canabrava, Alice P. "A grande lavoura". Em Holanda, Sérgio Buarque de, e Fausto, Boris (orgs.), *História geral da civilização brasileira*, tomo II, vol. 4: *Declínio e decadência do Império*, pp. 85-137. 11 vols. São Paulo, 1960-84.

Cardoso, Ciro Flamarion S. *Escravo ou camponês? O protocampesinato negro nas Américas*. São Paulo, 1987.

——. "Escravismo e dinâmica da população escrava nas Américas". *Estudos econômicos*, 13:1 (jan..-abril de 1983), pp. 41-53.

——. "O trabalho na Colônia". Em Linhares, Maria Yedda (org.), *História geral do Brasil*, pp. 69-88. Rio de Janeiro, 1990.

Cardoso, Fernando Henrique. *Capitalismo e escravidão no Brasil meridional: o negro na sociedade escravocrata do Rio Grande do Sul*. 2ª ed. Rio de Janeiro, 1977.

Carvalho, José Murilo de. *A construção da ordem: a elite política imperial*. Rio de Janeiro, 1980.

——. *Teatro de sombras: a política imperial*. São Paulo e Rio de Janeiro, 1988.

Carvalho, Marcus Joaquim Maciel de. "Hegemony and Rebellion in Pernambuco (Brazil), 1821-1835". Tese de Ph.D., University of Illinois at Urbana-Champaign, 1989.

——. *Liberdade: rotinas e rupturas do escravismo no Recife, 1822-1850*. Recife, 1998.

——. "O quilombo de Malunguinho, o rei das matas de Pernambuco". In Reis, João José, e Gomes, Flávio dos Santos (orgs.), *Liberdade por um fio: história dos quilombos no Brasil*, pp. 407-432. São Paulo, 1996.

Cascudo, Luís da Câmara. *História da alimentação no Brasil: cardápio indígena, dieta africana, ementa portuguesa (pesquisas e notas)*. São Paulo, 1967.

Castro, Antônio Barros de. "A economia política, o capitalismo e a escravidão". Em Lapa, José Roberto do Amaral (org.), *Modos de produção e realidade brasileira*, pp. 67-107. Petrópolis, 1980.

——. *7 ensaios sobre a economia brasileira*. 3ª ed., 3 vols. Rio de Janeiro, 1977-1980.

C[astro], A[rmando] de. "Morgado". Em Serrão, Joel (org.), *Dicionário de história de Portugal*. [Lisboa], 1963-71.

Castro, Josué. *Geografia da fome (o dilema brasileiro: pão ou aço)*. 10ª ed., rev. Rio de Janeiro, 1984.

Chayanov, A. V. *The Theory of the Peasant Economy*. Trad. Christel Lane e R. E. F. Smith. D[aniel] Thorner, Basile Kerblay e R. E. F. Smith, eds. Prefácio de Teodor Shanin. Madison, 1986.

Chevalier, François. *Land and Society in Colonial Mexico: The Great Hacienda*. Trad. Alvin Eustis. Prefácio de Leslie Byrd Simpson. Berkeley, 1963.

Clemens, Paul G. E. *The Atlantic Economy and Colonial Maryland's Eastern Shore: From Tobacco to Grain*. Ithaca, N.Y., 1980.

Conceição, Antonio José da. *A mandioca*. 3ª ed. São Paulo, 1984.

Costa, Avelino Jesus da. "População da Cidade da Baía em 1775". Em *Actas do V Colóquio Internacional de Estudos Luso-Brasileiros*, pp. 191-274. Coimbra, 1964.

Costa, Emília Viotti da. *Da senzala à colônia*. 2ª ed. São Paulo, 1982.

Costa, Iraci del Nero da. *Arraia-miúda: um estudo sobre os não-proprietários de escravos no Brasil*. São Paulo, 1992.

Costa Pinto, L. A. *Recôncavo: laboratório de uma experiência humana*. Rio de Janeiro, 1958.

Craton, Michael. *Searching for the Invisible Man: Slaves and Plantation Life in Jamaica*. Assist. Garry Greenland. Cambridge, Mass., 1978.

Cunha, Euclides da. *Rebellion in the Backlands (Os sertões)*. Trad. Samuel Putnam. Chicago, 1944.

Cunha, Manuela Carneiro da. *Sobre os silêncios da lei. Lei costumeira e positiva nas alforrias de escravos no Brasil do século XIX*. Cadernos IFCH Unicamp, 4. Campinas, 1983.

Cunniff, Roger Lee. "The Great Drought: Northeast Brazil, 1877-1880". Tese de Ph.D., University of Texas at Austin, 1970.

Curtin, Philip D. *The Atlantic Slave Trade: A Census*. Madison, Wisc., 1969.

——. *The Rise and Fall of the Plantation Complex: Essays in Atlantic History*. Cambridge, Inglaterra, 1990.

Dean, Warren. *A ferro e fogo: a história e a devastação da mata atlântica brasileira*. Trad. Cid Knipel Moreira. São Paulo, 1997.

——. "Latifundia and Land Policy in Nineteenth-Century Brazil". *HAHR*, 51:4 (nov. de 1971), pp. 606-25.

Deerr, Noël. *The History of Sugar*. 2 vols. Londres, 1949-1950.

Delson, Roberta M. "Sugar Production for the Nineteenth Century British Market: Rethinking the Roles of Brazil and the British West Indies." Em Albert e Graves (eds.), *Crisis and Change in the International Sugar Economy, 1860-1914*, pp. 59-80.

Diégues Júnior, Manuel. *População e açúcar no Nordeste*. Rio de Janeiro, 1954.

Domar, Evsey. "The Causes of Slavery and Serfdom: A Hypothesis". *Journal of Economic History*, 30 (março de 1970), pp. 18-32.

Dowbor, Ladislau. *A formação do capitalismo dependente no Brasil*. São Paulo, 1982.

Dunn, Richard S. *Sugar and Slaves: The Rise of the Planter Class in the English West Indies, 1624-1713*. Nova York, 1972.

Egler, Walter Alberto. "Aspectos gerais da cultura do fumo na região do Recôncavo da Bahia". *Boletim Geográfico* do Conselho Nacional de Geografia, 10:111 (nov.-dez. de 1952), pp. 679-88.

Eisenberg, Peter L. *The Sugar Industry in Pernambuco: Modernization Without Change, 1840-1910*. Berkeley, 1974.

Ellis, Frank. *Peasant Economics: Farm Households and Agrarian Development*. Cambridge, Inglaterra, 1988.

Eltis, David. *Economic Growth and the Ending of the Transatlantic Slave Trade*. Nova York e Oxford, 1987.

Falcon, Francisco José Calazans. *A época pombalina (política econômica e monarquia ilustrada)*. São Paulo, 1983.

Falcón, Gustavo Aryocara de O., e Dultra, Célia Maria de M. "Diamante". Em CPE, *A inserção*, vol. 2: *Atividades produtivas*, pp. 91-126.

F[aria], M[aria] E[mília] C[ordeiro]. "Terreiro do trigo". Em Serrão, Joel (org.), *Dicionário de história de Portugal*. [Lisboa], 1963-71.

Faria, Sheila de Castro. *A Colônia em movimento: fortuna e família no cotidiano colonial*. Rio de Janeiro, 1998.

Fenoaltea, Stefano. "Slavery and Supervision in Comparative Perspective: A Model". *The Journal of Economic History*, 44:3 (set. de 1984), pp. 635-68.

Ferlini, Vera Lúcia Amaral. *Terra, trabalho e poder: o mundo dos engenhos no Nordeste colonial*. São Paulo, 1988.

Fernandes, Florestan. *A revolução brasileira: ensaio de interpretação sociológica*. Rio de Janeiro, 1975.

Fernandes, Hamilton. *Açúcar e álcool, ontem e hoje*. Rio de Janeiro, 1971.

Fish, Warren R. "Changing Patterns of Food Use in Brazil". *Luso-Brazilian Review*, 15:1 (verão de 1978), pp. 69-89.

Florescano, Enrique. *Precios del maíz y crisis agrícolas en México (1708-1810): ensayo sobre el movimiento de los precios y sus consecuencias económicas y sociales*. México, D.F., 1969.

Florentino, Manolo. *Em costas negras: uma história do tráfico de escravos entre a África e o Rio de Janeiro: séculos XVIII e XIX*. 2ª ed., São Paulo, 1997.

Flory, Rae Jean Dell. "Bahian Society in the Mid-Colonial Period: The Sugar Planters, Tobacco Growers, Merchants, and Artisans of Salvador and the Recôncavo, 1680-1725". Tese de Ph.D., University of Texas at Austin, 1978.

Flory, Rae, e David Grant Smith. "Bahian Merchants and Planters in the Seventeenth and Early Eighteenth Centuries". *HAHR*, 58:4 (nov. de 1978), pp. 571-94.

Fogel, Robert William. *Without Consent or Contract: The Rise and Fall of American Slavery*. Nova York, 1989.

Fogel, Robert William, e Engerman, Stanley L. *Time on the Cross: The Economics of American Negro Slavery*. 2 vols. Boston, 1974.

Forman, Shepard. *The Brazilian Peasantry*. Nova York, 1975.

Fragoso, João Luís Ribeiro. *Homens de grossa aventura: acumulação e hierarquia na praça mercantil do Rio de Janeiro, 1790-1830*. 2ª ed., rev. Rio de Janeiro, 1998.

——. "Sistemas agrários em Paraíba do Sul (1850-1920) — um estudo das relações não-capitalistas de produção". Tese de mestrado, Universidade Federal do Rio de Janeiro, 1983.

——. "A roça e as propostas de modernização na agricultura fluminense do século XIX: o caso do sistema agrário escravista-exportador em Paraíba do Sul". *Revista Brasileira de História*, 6:12 (março-ago. de 1986), pp. 125-60.

Fragoso, João Luís Ribeiro, e Florentino, Manolo Garcia. *O arcaísmo como projeto: mercado atlântico, sociedade agrária e elite mercantil em uma economia colonial tardia: Rio de Janeiro, c. 1790-c.1840*. 4ª ed., ampliada. Rio de Janeiro, 2001.

——. "Marcelino, filho de Inocencia Crioula, neto de Joana Cabinda: um estudo sobre as famílias escravas em Paraíba do Sul (1835-1872)". *Estudos econômicos*, 17:2 (maio-agosto de 1987), pp. 151-73.

Franco, Maria Sylvia de Carvalho. *Homens livres na ordem escravocrata*. 3ª ed., São Paulo, 1983 [1ª ed., 1969].

Fraga Filho, Walter. *Mendigos, moleques e vadios na Bahia do século XIX*. São Paulo e Salvador, 1995.

Freyre, Gilberto. *Casa-grande & senzala: formação da família brasileira sob o regime patriarcal*. 22ª ed. Rio de Janeiro, 1983 [1ª ed., 1933].

——. *Nordeste: aspectos da influência da cana sobre a vida e a paisagem no Nordeste Brasileiro*. 2ª ed. Rio de Janeiro, 1951.

——. *Sobrados e mucambos: decadência do patriarcado rural e desenvolvimento do urbano*. 2ª ed., rev. 3 vols. Rio de Janeiro, 1951.

Funes, Eurípedes Antônio. "Goiás, 1800-1850: um período de transição da mineração à agropecuária". Tese de mestrado, Universidade Federal Fluminense, 1983.

Furtado, Celso. *Formação econômica do Brasil*. 18ª ed. São Paulo, 1982.

Fussell, G. E. *The Farmer's Tools, 1500-1900: The History of British Farm Implements, Tools, and Machinery Before the Tractor Came*. Londres, 1952.

Galliza, Diana Soares de. *O declínio da escravidão na Paraíba, 1850-1888*. João Pessoa, 1979.

Galloway, J. H. "The Last Years of Slavery on the Sugar Plantations of Northeastern Brazil". *HAHR*, 71:4 (nov. de 1971), pp. 586-605.

——. "Northeast Brazil, 1700-50: The Agricultural Crisis Re-examined". *Journal of Historical Geography*, 1:1 (jan. de 1975), pp. 21-38.

——. *The Sugar Cane Industry: An Historical Geography from Its Origins to 1914*. Cambridge, Inglaterra, 1989.

——. "The Sugar Industry of Pernambuco During the Nineteenth Century". *Annals of the Association of American Geographers*, 58:2 (junho de 1968), pp. 285-303.

Gama, Ruy. *Engenho e tecnologia*. São Paulo, 1983.

Garcia Jr., Afrânio Raul. *O Sul: caminho do roçado: estratégias de reprodução camponesa e transformação social*. São Paulo e Brasília, 1989.

——. *Terra de trabalho*. Rio de Janeiro, 1983.

Geggus, David P. "Sugar and Coffee Cultivation in Saint Domingue and the Shaping of the Slave Labor Force". Em Berlin, Ira, e Morgan, Philip D. (eds.), *Cultivation and Culture: Labor and the Shaping of Slave Life in the Americas*, pp. 73-98. Charlottesville, 1993.

Genovese, Eugene D. *The Political Economy of Slavery: Studies in the Economy & Society in the Slave South*. Nova York, 1967.

Góes Calmon, Francisco Marques de. *Vida econômico-financeiro da Bahia: elementos para a história de 1808-1889*. 1925; reedição, Salvador, 1979.

Gomes, Flávio dos Santos. *Histórias de quilombolas: mocambos e comunidades de senzalas no Rio de Janeiro — século XIX*. Rio de Janeiro, 1995.

Gonzales, Michael J. *Plantation Agriculture and Social Control in Northern Peru, 1875-1933*. Austin, 1985.

Gorender, Jacob. *A escravidão reabilitada*. São Paulo, 1990.

——. *O escravismo colonial*. 3ª ed. São Paulo, 1980.

Graham, Richard. *Patronage and Politics in Nineteenth-Century Brazil*. Stanford,1990.

Grangier, Alexandre. *A canna de assucar na Bahia. (Inquerito sobre a cultura da canna e a industria assucareira no Estado da Bahia — setembro a dezembro 1925)*. Rio de Janeiro, 1926.

Graves, Adrian. "Plantation". Em Eatwell, John; Milgate, Murray; e Newman, Peter (eds.), *The New Palgrave: A Dictionary of Economics*. Londres, 1987.

Guimarães, Alberto Passos. *Quatro séculos de latifúndio*. 5ª ed. Rio de Janeiro, 1981.

Gutiérrez, Horacio. "Demografia escrava numa economia não-exportadora:

Paraná, 1800-1830". *Estudos econômicos*, 17:2 (maio-ago. de 1987), pp. 297-314.

Hall, Douglas. *Five of the Leewards, 1834-1870: The Major Problems of the Post-Emancipation Period in Antigua, Barbuda, Montserrat, Nevis, and St. Kitts.* St. Laurence, Barbados, 1971.

Handler, Jerome S., e Lange, Frederick W. *Plantation Slavery in Barbados: An Archaeological and Historical Investigation.* Cambridge, Mass., 1978.

Haskins, Edward Cooper. "An Agricultural Geography of the Recôncavo of Bahia". Tese de Ph.D., University of Minnesota, 1956.

Hermann, Lucila. *Evolução da estrutura social de Guaretinguetá num período de trezentos anos.* 2ª ed., São Paulo, 1986 [1ª ed., 1948].

Higman, B. W. *Slave Populations of the British Caribbean, 1807-1834.* Baltimore, 1984.

[Holanda Ferreira, Aurélio Buarque de.] *Novo Aurélio Século XXI: o dicionário da língua portuguesa.* Versão CD-ROM 3.0. Rio de Janeiro, [2001].

Ianni, Octavio. *Raças e classes sociais no Brasil.* 3ª ed., rev. São Paulo, 1987.

Imlah, Albert H. *Economic Elements in the Pax Britannica: Studies in British Foreign Trade in the Nineteenth Century.* Nova York, 1958.

Jacobsen, Nils. *Mirages of Transition: The Peruvian Altiplano, 1780-1930.* Berkeley, 1993.

Jambeiro, Marusia de Brito. *Engenhos de rapadura: racionalidade do tradicional numa sociedade em desenvolvimento.* São Paulo, 1973.

Jancsó, István. "As exportações da Bahia durante a República Velha (1889-1930): considerações preliminares". Em Mauro, Frédéric (org.), *L'Histoire Quantitative au Brésil de 1800 à 1900*, pp. 335-57. Colloques Internationaux du Centre National de la Recherche Scientifique, no. 543. Paris, 1973.

——. *Na Bahia contra o Império: história do ensaio de sedição de 1798.* São Paulo e Salvador, 1996.

Jobim, Leopoldo. *Reforma agrária no Brasil Colônia.* São Paulo, 1983.

Jones, Alice Hanson. *Wealth of a Nation to Be.* Nova York, 1980.

John, A. Meredith. *The Plantation Slaves of Trinidad: A Mathematical and Demographic Enquiry.* Cambridge, Inglaterra, 1988.

Johnson, Harold B., Jr. "A Preliminary Inquiry into Money, Prices, and Wages in Rio de Janeiro, 1763-1823". Em Alden, Dauril (org.), *The Colonial Roots of Modern Brazil: Papers of the Newberry Library Conference*, pp. 230-83. Berkeley, 1973.

Karasch, Mary C. *Slave Life in Rio de Janeiro, 1808-1850*. Princeton, 1987.

Kennedy, John Norman. "Bahian Elites, 1750-1822". *HAHR*, 53:3 (ago. de 1973), pp. 415-39.

Kiple, Kenneth F. *The Caribbean Slave: A Biological History*. Cambridge, Inglaterra, 1984.

——. "The Nutritional Link with Slave Infant and Child Mortality in Brazil". *HAHR*, 64:9 (nov. de 1989), pp. 677-90.

Kiple, Kenneth F., e King, Virginia Himmelsteib. *Another Dimension to the Black Diaspora: Diet, Disease, and Racism*. Cambridge, Inglaterra, 1981.

Kloosterboer, W[illemina]. *Involuntary Labour Since the Abolition of Slavery: A Survey of Compulsory Labour Throughout the World*. Introd. de J. J. Fahrenport. Leiden, 1960.

Kolchin, Peter. *Unfree Labor: American Slavery and Russian Serfdom*. Cambridge, Mass., 1987.

Kowarick, Lúcio. *Trabalho e vadiagem: a origem do trabalho livre no Brasil*. São Paulo, 1987.

Kraay, Hendrik. "'As Terrifying as Unexpected': The Bahian Sabinada, 1837-1838". *HAHR*, 72:4 (nov. de 1992), pp. 501-27.

——. *Race, State, and Armed Forces in Independence-Era Brazil: Bahia, 1790s-1840s*. Stanford, 2001.

Kula, Marcin. "Schiavitù e servaggio nelle aziende agrarie della prima età moderna: Polonia e Brasile". *Studi Storici*, 18:4 (1971), pp. 63-76.

Kula, Witold. *Théorie économique du système féodale: Pour un modèle de l'économie polonaise 16e et 18e siècles*. Prefácio de Fernand Braudel. Paris, 1970.

Kulikoff, Allan. "A 'Prolifick' People: Black Population Growth in the Chesapeake Colonies, 1700-1790". *Southern Studies*, 14 (inverno de 1977), pp. 391-428.

——. *Tobacco and Slaves: The Development of Southern Cultures in the Chesapeake, 1680-1800*. Chapel Hill, 1986.

Kuznesof, Elizabeth Anne. *Household Economy and Urban Development: São Paulo, 1765-1836*. Boulder, 1986.

Lapa, José Roberto do Amaral. *O antigo sistema colonial*. São Paulo, 1982.

——. *Economia colonial*. São Paulo, 1973.

Lara, Silvia Hunold. *Campos da violência: escravos e senhores na Capitania do Rio de Janeiro, 1750-1808*. Rio de Janeiro, 1988.

Leff, Nathaniel H. *Underdevelopment and Development in Brazil*. 2 vols. Londres, 1982.

Lenharo, Alcir. *As tropas da moderação (o abastecimento da Corte na formação política do Brasil — 1808-1842).* São Paulo, 1979.

Lewin, Linda. "Natural and Spurious Children in Brazilian Inheritance Law from Colony to Empire: A Methodological Essay". *The Americas,* 43:3 (jan. de 1992), pp. 352-96.

Libby, Douglas Cole. *Transformação e trabalho em uma economia escravista.* São Paulo, 1988.

Libby, Douglas Cole, e Grimaldi, Márcia. "Equilíbrio e estabilidade: economia e comportamento demográfico num regime escravista, Minas Gerais no século XIX". Em *Reflexões sobre a escravidão: tráfico e sociedade escravocrata,* pp. 26-43. Fundação Casa de Rui Barbosa, Papéis Avulsos, 7. [Rio de Janeiro, 1988.]

Linhares, Maria Yedda. *História do abastecimento: uma problemática em questão.* Brasília, 1979.

——. "Subsistência e sistemas agrários na Colônia: uma discussão". *Estudos econômicos,* 13, número especial (1983), pp. 745-62.

Lobo, Eulália Maria. *História do Rio de Janeiro (do capital comercial ao capital industrial e financeiro).* 2 vols. Rio de Janeiro, 1978.

Lovejoy, Paul E. *Transformations in Slavery: A History of Slavery in Africa.* Cambridge, Inglaterra, 1983.

Lugar, Catherine. "The Merchant Community of Salvador, Bahia, 1780-1830". Tese de Ph.D., State University of New York at Stony Brook, 1980.

——. "The Portuguese Tobacco Trade and Tobacco Growers of Bahia in the Late Colonial Period". Em Alden, Dauril, e Dean, Warren (eds.), *Essays Concerning the Socioeconomic History of Brazil and Portuguese India,* pp. 26-70. Gainesville, 1977.

Machado, Maria Helena. "Em torno da autonomia escrava: uma nova direção para a história social da escravidão". *Revista Brasileira de História,* 8:16 (março-ago. de 1988), pp. 143-60.

Machado, Eduardo Paes, e Oliveira, Eliene Simone S. "Cacau". Em CPE, *A inserção,* vol. 2: *Atividades produtivas,* pp. 161-80.

Machado Neto, Zahidé. *Quadro sociológico da "Civilização" do Recôncavo.* Centro de Estudos Baianos, Publicação no. 71. Salvador, 1971.

Mahony, MaryAnn. "The World Cacao Made: Society, Politics, and History in Southern Bahia, Brazil, 1820-1919". Tese de Ph.D., Yale University, 1996.

Maia, Sylvia dos Reis. "Dependency and Survival of Sapeaçu Small Farmers — Bahia, Brazil". Tese de Ph.D., Boston University, 1985.

Main, Gloria L. *Tobacco Colony: Life in Early Maryland, 1650-1720*. Princeton, 1982.

Marcílio, Maria Luiza. *Caiçara: terra e população: estudo de demografia histórica e da história social de Ubatuba*. São Paulo, 1986.

——. "Sistemas demográficos no Brasil do século XIX". Em idem (org.), *População e sociedade: evolução das sociedades pré-industriais*, pp. 193-207. Petrópolis, 1984.

Marcondes, Renato Leite. "A pequena e média propriedade na grande lavoura cafeeira do Vale do Paraíba". *Locus: Revista de História*, 4:2 (1998), pp. 35-54.

Marquese, Rafael de Bivar. *Administração e escravidão: idéias sobre a gestão da agricultura escravista brasileira*. São Paulo, 1999.

Martins, José de Souza. *O cativeiro da terra*. 2ª ed. São Paulo, 1981.

Martins Filho, Amilcar, e Martins, Roberto B. "Slavery in a Nonexport Economy: Nineteenth-century Minas Gerais Revisited". *HAHR*, 63:3 (ago. de 1983), pp. 537-68.

Martins, Roberto Borges. "Growing in Silence: The Slave Economy of Nineteenth-Century Minas Gerais, Brazil". Tese de Ph.D., Vanderbilt University, 1980.

Mattos, Ilmar Rohloff de. *O tempo saquarema*. São Paulo [e Brasília], 1987.

Mattos, Maria Regina Mendonça Furtado. "Vila do Príncipe — 1850-1890. Sertão do Seridó. Um estudo de caso da pobreza". Tese de mestrado, Universidade Federal Fluminense, 1985.

Mattos de Castro, Hebe Maria. *Ao sul da história*. São Paulo, 1987.

——. *Das cores do silêncio: os significados da liberdade no Sudeste escravista, Brasil Século XIX*. 2ª ed., Rio de Janeiro, 1998.

Mattoso, K[atia] M. de Queirós. "Au Nouveau Monde: Une Province d'un Nouvel Empire: Bahia au XIXᵉ siècle". Thèse de doctorat d'état, Université de Paris — Sorbonne (Paris IV), 1986.

——. *Bahia: a cidade do Salvador e seu mercado no século XIX*. São Paulo, 1978.

——. *Bahia, século XIX: uma província no Império*. Rio de Janeiro, 1992.

——. "Conjoncture et société au Brésil à la fin du XVIIIᵉ siècle: Prix et salaires à la veille de la Révolution des Alfaiates — Bahia 1798". *Cahiers des Amériques Latines*, Série "Sciences de l'Homme", 5 (jan.-junho de 1970), pp. 33-53

——. "Os preços na Bahia de 1750 a 1930." Em Mauro, Frédéric (org.), *L'Histoire Quantitative au Brésil de 1800 à 1900*, pp. 167-198. Colloques Internationaux du Centre National de la Recherche Scientifique, no. 543. Paris, 1973.

Mattoso, Katia M. de Queirós; Klein, Herbert S.; e Engerman, Stanley L. "Notas sobre as tendências e padrões dos preços de alforria na Bahia, 1819-1888". Em Reis, João José (org.), *Escravidão e invenção da liberdade: estudos sobre o negro no Brasil*, pp. 60-72. São Paulo, 1988.

Mauro, Frédéric. "Ultimes réflexions sur la non-industrialisation de Bahia". Em idem (org.), *La préindustrialisation du Brésil: Essais sur une économie en transition, 1830/50-1930/50*, pp. 262-75. Paris, 1984.

Maxwell, Kenneth R. *Conflicts and Conspiracies: Brazil and Portugal, 1750-1807*. Cambridge, Inglaterra, 1973.

Meillassoux, Claude. *Anthropologie de l'esclavage: Le ventre de fer et d'argent*. Paris, 1986.

Melo, Evaldo Cabral de. *O Norte agrário e o Império, 1871-1889*. Rio de Janeiro, 1984.

Melo, Mário Lacerda de. *Regionalização agrária do Nordeste*. SUDENE, Estudos regionais, 3. Recife, 1978.

Menard, Russell R. "The Maryland Slave Population, 1650 to 1730: A Demographic Profile of Blacks in Four Counties". *William and Mary Quarterly*, 3ª série, 32:1 (jan. 1975), pp. 27-54.

Merivale, Herman. *Lectures on Colonization and Colonies Delivered Before the University of Oxford in 1839, 1840, & 1841...* 1861; reedição, Londres, 1928.

Metcalf, Alida C. *Family and Frontier in Colonial Brazil: Santana de Parnaíba, 1580-1822*. Berkeley, 1992.

——. "Fathers and Sons: The Politics of Inheritance in a Colonial Brazilian Township." *HAHR*, 66:3 (ago. de 1986), pp. 455-84.

Meuvret, Jean. "La circulation monétaire et l'utilisation économique de la monnaie dans la France du XVIe et du XVIIe siècle". Em idem, *Études d'histoire moderne et contemporaine*, pp. 15-28. Paris, 1947.

Miller, Joseph. *Way of Death: Merchant Capitalism and the Angolan Slave Trade, 1730-1830*. Madison, 1988.

Mintz, Sidney W. *Caribbean Transformations*. Baltimore, 1974.

——. "Slavery and the Rise of Peasantries". *Historical Reflections/Réflexions Historiques*, 6 (1979), pp. 213-42.

——. *Sweetness and Power: The Place of Sugar in Modern History*. Nova York, 1986.

Mörner, Magnus. "'Comprar o criar': fuentes alternativas de suministro de esclavos en las sociedades plantacionistas del Nuevo Mundo". *Revista de Historia de América*, 91 (jan.-junho de 1981), pp. 37-81.

Moreno Fraginals, Manuel. *O engenho: o complexo sócio-econômico açucareiro cubano*. Trad. Sônia Rangel e Rosemary C. Abílio. 3 vols. em 2. São Paulo, 1987-89.

——. "Plantation economies and societies in the Spanish Caribbean, 1866-1930". Em *CHLA*, vol. 4, pp. 187-231.

Morton, F. W. O. "The Conservative Revolution of Independence: Economy, Society, and Politics in Bahia, 1790-1840". Tese de D.Phil., Oxford University, 1974.

——. "The Royal Timber in Late Colonial Bahia". *HAHR*, 58:1 (fev. de 1978), pp. 41-61.

Mott, Luiz R. B. *Sergipe del Rey: população, economia e sociedade*. [Aracaju, 1986.]

——. "Subsídios à história do pequeno comércio no Brasil". *Revista de História* (São Paulo), 3:105 (jan.-março de 1976), pp. 81-106.

Motta, José Flávio. *Corpos escravos, vontades livres: posse de cativos e família escrava em Bananal (1801-29)*. São Paulo, 1999.

——. "A família escrava e a penetração do café em Bananal, 1801-1829". Em *Anais do XV Encontro Nacional de Economia*,2: 287-311. 2 vols. s.l., [1987].

Nardi, Jean Baptiste. *O fumo no Brasil-Colônia*. São Paulo, 1987.

Naro, Nancy. "Customary Rightholders and Legal Claimants to Land in Rio de Janeiro, Brazil, 1870-1890". *The Americas*, 48:4 (abril de 1992), pp. 485-517.

Nascimento, Anna Amélia Vieira. *Dez freguesias da Cidade do Salvador: aspectos sociais e urbanos do século XIX*. Salvador, 1986.

Nascimento, Iolanda Maria do. "Comércio de cabotagem e tráfico interprovincial de escravos em Salvador (1850/1890)." Tese de mestrado, Universidade Federal Fluminense, 1986.

Nieboer, H. J. *Slavery as an Industrial System: Ethnological Researches*. Haia, 1900.

Nogueira Jr., Paulo. "Política tarifária britânica e evolução das exportações brasileiras na primeira metade do século XIX". *Revista Brasileira de Economia*, 34:2 (abril-junho de 1980), pp. 203-39.

Novais, Fernando A. *Portugal e Brasil na crise do Antigo Sistema Colonial (1777-1808)*. São Paulo, 1979.

Nozoe, Nelson, e Motta, José Flávio. "O produtores eventuais de café: notas sobre os primórdios da cafeicultura paulista (Bananal, 1799-1829)." *Locus: Revista de História*, 5:1 (1999), pp. 51-84.

Ocampo, José Antonio. *Colombia y la economía mundial, 1830-1910.* Bogotá, 1984.

Oliveira, Francisco de. *O elo perdido: classe e identidade de classe.* São Paulo, 1987.

——. "A emergência do modo de produção de mercadorias: uma interpretação teórica da economia da República Velha no Brasil". Em Holanda, Sérgio Buarque de, e Fausto, Boris (orgs.), *História geral da civilização brasileira,* tomo III, vol. 1: *Estrutura de poder e economia (1889-1930),* pp. 391-414. 11 vols. São Paulo, 1960-84.

Oliveira, Maria Inês Côrtes de. *O liberto: o seu mundo e os outros, Salvador, 1790/1890.* São Paulo, 1988.

Oliveira, Oscar. *Os dízimos eclesiásticos do Brasil nos períodos da Colônia e do Império.* 2ª ed., Belo Horizonte, 1964.

Ortiz, Fernando. *Contrapunteo cubano del tabaco y el azúcar (Advertencia de sus contrastes agrarios, económicos, históricos y sociales, su etnografía y su transculturación).* Introd. de Bronislaw Malinowski. Prólogo de Herminio Portell Vilá. Havana, 1940.

Palacios, Guilllermo. *Cultivadores libres, Estado y crisis de la esclavitud en Brasil en la época de la Revolución Industrial.* México, D.F., 1998.

Pang, Eul-Soo. O *Engenho Central do Bom Jardim na economia baiana: alguns aspectos de sua história, 1875-1891.* Rio de Janeiro, 1979.

——. "Modernization and Slavocracy in Nineteenth-Century Brazil". *Journal of Interdisciplinary History,* 9:4 (primavera de 1979), pp. 667-88.

Petrone, Maria Thereza Schorer. *A lavoura canavieira em São Paulo: expansão e declínio (1765-1851).* São Paulo, 1968.

Pinho, [José] Wanderley [de Araújo]. *Cotegipe e seu tempo: primeira phase, 1815-1867.* São Paulo, 1937.

——. *História de um engenho do Recôncavo, Matoim — Novo Caboto — Freguesia: 1552-1944.* 2ª ed. São Paulo, 1982.

Prado Júnior, Caio. *Formação do Brasil contemporâneo: Colônia.* 20ª ed. [1ª ed., 1942]. São Paulo, 1987.

——. *História econômica do Brasil.* 24ª ed., São Paulo, 1980 [1ª ed., 1945].

Price, Jacob. *France and the Chesapeake: A History of the French Tobacco Monopoly, 1674-1791, and of Its Relationship to the British and American Tobacco Trades.* 2 vols. Ann Arbor, Mich., 1973.

Primavesi, Ana. O *manejo ecológico do solo.* 5ª ed. São Paulo, 1982.

Querino, Manuel. *Costumes africanos no Brasil.* Prefácio e notas de Arthur Ramos. Rio de Janeiro, 1938.

Ramos, Eduardo Lacerda. "Relações entre o crescimento industrial e o desenvolvimento agrícola da região fumageira da Mata Fina — industrialização da mandioca". Tese de mestrado, Escola de Agronomia da Universidade Federal da Bahia (Cruz das Almas), 1972.

Ransom, Roger L. *Conflict and Compromise: The Political Economy of Slavery, Emancipation, and the American Civil War.* Cambridge, Inglaterra, 1989.

Ransom, Roger L., e Sutch, Richard. *One Kind of Freedom: The Economic Consequences of Emancipation.* Cambridge, Inglaterra, 1977.

Reis, Eustáquio J., e Reis, Elisa P. "As elites agrárias e a abolição da escravidão no Brasil". *Dados,* 31:3 (1988), pp. 309-41.

Reis, Jaime. "Hunger in the Northeast: Some Historical Aspects". Em Mitchell, Simon (ed.), *The Logic of Poverty: The Case of the Brazilian Northeast,* pp. 41-57. Londres, 1981.

Reis, João José. "A elite baiana face aos movimentos sociais, Bahia: 1824-1840". *Revista de História* (São Paulo), 54:108 (out.-dez. de 1976), pp. 341-84.

——. "Escravos e coiteiros no quilombo do Oitizeiro — Bahia, 1806". Em Reis, João José, e Gomes, Flávio dos Santos (orgs.), *Liberdade por um fio: história dos quilombos no Brasil,* pp. 332-72. São Paulo, 1996.

——. *A morte é uma festa: ritos fúnebres e revolta popular no Brasil no século XIX.* São Paulo, 1991.

——. "População e rebelião: notas sobre a população escrava na Bahia na primeira metade do século XIX". *Revista das Ciências Humanas* (Salvador) 1:1 (1980), pp. 143-54.

——. "Slave Rebellion in Brazil: The African Muslim Uprising in Bahia, 1835". Tese de Ph.D., University of Minnesota, 1983. (Publicado no Brasil com o título *Rebelião escrava no Brasil: a história do levante dos malês, 1835* [São Paulo, 1986].)

Reis, João José, e Aguiar, Márcia Gabriela D. de. "'Carne sem osso e farinha sem caroço': o motim de 1858 contra a carestia na Bahia". *Revista de História* (São Paulo), 135 (1996), pp. 133-160.

Reis, João José, e Silva, Eduardo. *Negociação e conflito: a resistência negra no Brasil escravista.* São Paulo, 1989.

Ribeiro, Ellen dos Santos. "Abastecimento de farinha da Cidade do Salvador, 1850-1870: aspectos históricos". Tese de mestrado, Universidade Federal da Bahia, 1982.

Roseberry, William. Introduction in *Coffee, Society and Power in Latin America*, ed. William Roseberry, Lowell Gudmondson e Mario Samper Kutschbach, pp. 1-37. Baltimore, 1995.

Roosevelt, Anna Curtenius. *Parmana: Prehistoric Maize and Manioc Cultivation Along the Amazon and Orinoco*. Nova York, 1980.

Russell-Wood, A. J. R. "Colonial Brazil: The Gold Cycle, *c.*1690-*c.*1750". Em *CHLA*, vol. 2, pp. 547-600.

Saint, William Staver, Jr. "The Social Organization of Crop Production: Cassava, Tobacco and Citrus in Bahia, Brazil". Tese de Ph.D., Cornell University, 1977.

Samara, Eni de Mesquita. "Os agregados: uma tipologia do fim do período colonial". *Estudos econômicos*, 11:3 (dez. de 1981), pp. 159-68.

——. *As mulheres, o poder e a família: São Paulo, século XIX*. São Paulo, 1989.

Sampaio, José Luiz Pamponet; Meira, Mércia Maria Lima; Lins, Yara Cecy Falcón; e Nascimento, Maria de Fátima. "Algodão e têxtil na Bahia". Em CPE, *A inserção*, vol. 2: *Atividades produtivas*, pp. 181-230.

Sampaio, Theodoro Fernandes. "Excursões no interior do estado: da Capital ao fundo da bahia de Todos os Santos: o noroeste desta bahia". *Diário Official* [da Bahia] (11 de abril de 1916), pp. 3049-50.

Santos, Luiz Chateaubriand Cavalcanti dos, e Dultra, Hermano José Thomy. "Café". Em CPE, *A inserção*, vol. 2: *Atividades produtivas*, pp. 127-60.

Santos Filho, Lycurgo dos. *Uma comunidade rural do Brasil antigo (aspectos da vida patriarcal no sertão da Bahia)*. São Paulo, 1956.

Santos, Milton. *A rêde urbana do Recôncavo*. Salvador, 1959.

Schmidt, Carlos Borges. *Lavoura caiçara*. Rio de Janeiro, 1958.

Schnackenbourg, Christian. "From Sugar Estate to Central Factory: The Industrial Revolution in the Caribbean (1840-1905)". Em Albert e Graves (eds.), *Crisis and Change in the International Sugar Economy, 1860-1914*, pp. 83-93.

——. *Histoire de l'industrie sucrière en Guadeloupe aux XIXe et XXe siècles*, vol. 1. Paris, 1980.

Schwartz, Stuart B. "Cantos e quilombos numa conspiração de escravos haussás — Bahia, 1814". Em Reis, João José, e Gomes, Flávio dos Santos (orgs.), *Liberdade por um fio: história dos quilombos no Brasil*, pp. 373-406. São Paulo, 1996.

——. "Colonial Brazil, *c.*1580-*c.*1750: Plantations and peripheries". Em *CHLA*, vol. 2, pp. 423-99.

——. "Resistance and Accomodation in Eighteenth-Century Brazil: The Slaves' View of Slavery". *HAHR*, 57:1 (fev. de 1977), pp. 69-81.

——. *Slaves, Peasants, and Rebels: Reconsidering Brazilian Slavery.* Urbana, Illinois, 1992.

——. *Sugar Plantations in the Formation of Brazilian Society: Bahia, 1550-1835.* Cambridge, Inglaterra, 1985. (Publicado no Brasil com o título *Segredos internos* [São Paulo, 1999].)

Scott, Rebecca J. *Slave Emancipation in Cuba: The Transition to Free Labor, 1860-1899.* Princeton, 1985.

Sheridan, Richard B. *Sugar and Slavery: An Economic History of the British West Indies, 1623-1775.* Baltimore, 1973.

Silva, Celestino da. "Municipio de Cachoeira (Estado da Bahia): notas e impressões sobre o distrito de S. Thiago do Iguape". *AAPEB[a]*, 36 (1938), pp. 387-435.

Silva, Eduardo. "O Barão de Pati de Alferes e a fazenda de café da Velha Província". "Introdução" a Werneck, Francisco Peixoto de Lacerda, *Memória sobre a fundação de uma fazenda na província do Rio de Janeiro (edição original de 1847 e edição modificada e acrescida de 1878).* Brasília e Rio de Janeiro, 1985.

——. "Entre Zumbi e Pai-João, o escravo que negocia". *Jornal do Brasil* (18 de agosto de 1985), "Caderno especial", p. 3.

Silva, Francisco Carlos Teixeira da. "A morfologia da escassez: crises de subsistência e política econômica no Brasil Colônia (Salvador e Rio de Janeiro, 1680-1790)". Tese de doutorado, Universidade Federal Fluminense, 1990.

Silva, José Graziano da (coord.). *Estrutura agrária e produção de subsistência na agricultura brasileira.* 2ª ed. São Paulo, 1986.

Silva, Maria Beatriz Nizza da. *A primeira gazeta da Bahia: A Idade d'Ouro no Brasil.* São Paulo, 1978.

Silva Campos, [João da]. *Crônica da Capitania de São Jorge dos Ilhéus.* Edição comemorativa de sua elevação à categoria de Cidade. Rio de Janeiro, 1981.

Simonsen, Roberto C. *História econômica do Brasil (1500/1820).* 8ª ed. São Paulo, 1978.

Slenes, Robert Wayne. "The Demography and Economics of Brazilian Slavery: 1850-1888". Tese de Ph.D., Stanford University, 1975.

——. "Grandeza ou decadência? O mercado de escravos e a economia cafeeira da província do Rio de Janeiro, 1850-1888." Em Costa, Iraci del Nero (org.), *Brasil: história econômica e demográfica,* pp. 103-155. São Paulo, 1986.

——. *Os múltiplos de porcos e diamantes: a economia escravista de Minas Gerais no século XIX*. Cadernos IFCH Unicamp, 1985.

——. *Na senzala, uma flor: esperanças e recordações na formação da família escrava — Brasil Sudeste, século XIX*. Rio de Janeiro, 1999.

Smith, Roberto. *Propriedade da terra e transição: estudo da formação da propriedade da terra e transição para o capitalismo no Brasil*. São Paulo, 1990.

Soltow, Lee. "The Wealth, Income and Social Class of Men in Large Northern Cities in the United States." Em Smith, James D. (ed.), *The Personal Distribution of Income and Wealth*. Nova York, 1975.

Sonneville, Jules Jacques. "Os lavradores de fumo: Sapeaçu-BA, 1850-1940". Tese de mestrado, Universidade Federal da Bahia, 1982.

Souza, Francisco Antonio dos Santos. *Alimentação na Bahia — Suas consequencias*. These apresentada á Faculdade de Medicina da Bahia em 30 de outubro de 1910. Bahia, 1910.

Souza, Paulo César. *A Sabinada: a revolta separatista da Bahia 1837*. São Paulo, 1987.

Souto Mayor, Ariadne Soares. "Comentário do mapa da produção de fumo da Bahia". *Boletim Geográfico* do Conselho Nacional de Geografia, 11:112 (jan.-fev. de 1953), pp. 87-90.

Stein, Stanley J. *The Brazilian Cotton Manufacture: Textile Enterprise in an Underdeveloped Area, 1850-1950*. Cambridge, Mass., 1957.

——. *Vassouras: A Brazilian Coffee County, 1850-1900*. 2ª ed., Nova York, 1976.

Stolcke, Verena. *Cafeicultura: homens, mulheres e capital (1850-1980)*. São Paulo, 1986.

Stubbs, Jean. *Tobacco on the Periphery: A Case Study in Cuban Labour History, 1860-1958*. Cambridge, Inglaterra, 1985.

Taunay, Affonso de E[scragnolle]. *História do café no Brasil*. 15 vols. Rio de Janeiro, 1939-1943.

Tavares, Luís Henrique Dias. *Comércio proibido de escravos*. São Paulo, 1988.

Taylor, Kit Sims. *Sugar and the Underdevelopment of Northeastern Brazil, 1500-1970*. Gainesville, Fla., 1978.

Thompson, E. P. "The Moral Economy of the English Crowd in the Eighteenth Century". *Past and Present*, 50 (1971), pp. 76-136.

Tilly, Charles. "Food Supply and Public Order in Early Modern Europe". Em idem (org.), *The Formation of National States in Western Europe*, pp. 380-455. Princeton, 1975.

Torres, [João Batista de] Vasconcelos. *Condições de vida do trabalhador na agroindústria do açúcar.* Rio de Janeiro, 1945.

Universidade Federal da Bahia. Faculdade de Arquitetura. Centro de Estudos da Arquitetura na Bahia (CEAB). *Introdução ao estudo da evolução urbana de Cachoeira — BA.* 2 vols. vol. 2: *Cachoeira nos séculos XIX e XX.* Salvador, 1979.

Ukers, William H. *All About Coffee.* Nova York, 1922.

Vainfas, Ronaldo. *Ideologia e escravidão: os letrados e a sociedade escravista no Brasil colonial.* Petrópolis, 1986.

Van Young, Eric. *Hacienda and Market in Eighteenth-Century Mexico: The Rural Economy of the Guadalajara Region, 1675-1820.* Berkeley, 1981.

Verger, Pierre. *Fluxo e refluxo do tráfico de escravos entre o Golfo de Benim e a Bahia de Todos os Santos dos séculos XVII a XIX.* Trad. Tasso Gadzanis. São Paulo, 1987.

Versiani, Flávio Rabelo, e Vergolino, José Raimundo. "Escravos e riqueza no agreste pernambucano, 1770-1887." Comunicação apresentada no V Congresso da Brazilian Studies Association, Recife, junho de 2000.

Viana Filho, Luís. "A missão Carson e o melhoramento dos engenhos baianos". *Brasil açucareiro,* 27:6 (junho de 1946), pp. 66-68.

——. *O negro na Bahia.* Prefácio de Gilberto Freyre. 3ª ed. Rio de Janeiro, 1988.

Vianna, Francisco Vicente. *Memoria sobre o Estado da Bahia.* Bahia, 1893.

Waibel, Leo. *Capítulos de geografia tropical e do Brasil.* 2ª ed., anot. Rio de Janeiro, 1979.

Wakefield, Edward Gibbon. *England and America: A Comparison of the Social and Political State of Both Nations.* 2 vols. Londres, 1833.

——. *A View of the Art of Colonization, in Letters Between a Statesman and a Colonist.* Introd. de James Collier. 1849; reedição, Oxford, 1914.

Wallerstein, Immanuel. *The Modern World-System: Capitalist Agriculture and the Origins of the European World-Economy in the Sixteenth Century.* Nova York, 1974.

Watts, David. *The West Indies: Patterns of Development, Culture and Environmental Change Since 1492.* Cambridge, Inglaterra, 1987.

Williams, Eric. *From Columbus to Castro: The History of the Caribbean, 1492-1969.* Nova York, 1984.

Wood, Peter H. *Black Majority: Negroes in Colonial South Carolina from 1670 to the Stono Rebellion.* Nova York, 1974.

Wright, Angus Lindsay. "Market, Land, and Class: Southern Bahia, Brazil, 1890-1940". Tese de Ph.D., University of Michigan, 1976.

Wright, Gavin. *The Political Economy of the Cotton South: Households, Markets, and Wealth in the Nineteenth Century*. Nova York, 1978.

Zemella [Vianna], Mafalda P. *O abastecimento da capitania das Minas Gerais no século XVIII*. 2ª ed., São Paulo, 1990 [1ª ed., 1951].

Mapas

Brasil. Fundação IBGE — Instituto Brasileiro de Geografia [e Estatística]. Departamento de Cartografia. *Carta do Brasil — escala 1:100 000*, folha SD-24-J-I: *Jaguaripe*. [Rio de Janeiro], 1967.

——. *Carta do Brasil — escala 1:100 000*, folha SD-24-X-A-IV: *Baía de Todos os Santos*. [Rio de Janeiro], 1972.

Brasil. Ministério do Interior. Superintendência do Desenvolvimento do Nordeste [SUDENE]. *Região Nordeste do Brasil — 1:100.000*, folha SD-24-V-B-III: *Santo Estêvão*. s.l., 1975.

——. *Região Nordeste do Brasil — 1:100.000*, folha SD-24-V-B-IV: *Santo Antônio de Jesus*. s.l., 1975.

Sampaio, Theodoro Fernandes. *Carta do Reconcavo da Bahia*. 1899; reedição, Salvador, 1928.

Índice

O texto deste livro foi composto em Sabon, desenho tipográfico de Jan Tschichold de 1964, baseado nos estudos de Claude Garamond e Jacques Sabon no século XVI, em corpo 10/13,5. Para títulos e destaques foi utilizada a tipografia Frutiger, desenhada por Adrian Frutiger em 1975.

A impressão se deu sobre papel Chamois fine 80g/m² pelo Sistema Cameron da Divisão Gráfica da Distribuidora Record.